John Stuard Mill, Th. Gomperz

John Stuart Mill´s Gesammelte Werke

Fünfter Band: Grundsätze der politischen Ökonomie

John Stuard Mill, Th. Gomperz

John Stuart Mill´s Gesammelte Werke
Fünfter Band: Grundsätze der politischen Ökonomie

ISBN/EAN: 9783743379350

Hergestellt in Europa, USA, Kanada, Australien, Japan

Cover: Foto ©Suzi / pixelio.de

Manufactured and distributed by brebook publishing software (www.brebook.com)

John Stuard Mill, Th. Gomperz

John Stuart Mill´s Gesammelte Werke

John Stuart Mill's
Gesammelte Werke.

Autorisirte Uebersetzung

unter Redaction

von

Professor Dr. Th. Gomperz.

Fünfter Band.

Grundsätze der politischen Oekonomie. Erster Band.

Leipzig, 1869.

Fues's Verlag (R. Reisland).

Grundsätze

der

politischen Oekonomie

nebst

einigen Anwendungen derselben auf die Gesellschaftswissenschaft.

Von

John Stuart Mill.

Mit Genehmigung des Verfassers

übersetzt von

Adolf Soetbeer.

(Dritte deutsche Ausgabe.)

I. Band.

Leipzig, 1869.

Fues's Verlag (R. Reisland).

Vorwort

zur
dritten deutschen Ausgabe.

Die erste Ausgabe der deutschen Bearbeitung der Grundsätze der politischen Oeconomie von J. Stuart Mill erschien in den Jahren 1851 und 1852, unter Zugrunblegung der zweiten Ausgabe des Originals vom Jahre 1849. Seitdem hat dies Werk, welches allseitig als eine der hervorragendsten und dauerhaftesten Leistungen unserer Zeit auf dem Gebiete der volkswirthschaftlichen Literatur anerkannt worden ist und von Jahr zu Jahr weiteren Einfluß erlangt hat, in England selbst sechs Auflagen erlebt und in diesen, wenn auch nicht so sehr im äußeren Umfange und in der Anordnung, doch im Inhalte mancher wichtigen Abschnitte mehrfache und wesentliche Veränderungen erfahren. Es gilt dies insbesondere in Bezug auf den Socialismus, das Associationswesen, die Theorie der internationalen Werthe, die landwirthschaftlichen Zustände Irlands, die Regulirung des englischen Geldwesens, die Modalität der Einkommensteuer, die Lehre vom Zinsfuß u. a.

Bei der gegenwärtigen dritten deutschen Ausgabe, die, nach freundschaftlicher Uebereinkunft mit den Verlegern der beiden früheren Ausgaben, im Interesse einer Gesammt-Ausgabe der Mill'schen Werke in einem neuen Verlage erscheint, hat Herr Professor Th. Gomperz

Mill, gesammelte Werke. V. (Politische Oeconomie. I.)

in Wien auf mein Ersuchen sich freundlichst der Mühe unterzogen, Zusätze und Aenderungen, welche die sechste Original=Ausgabe gegen die fünfte aufweist, einzuschalten und außerdem wünschenswerthe redactionelle Verbesserungen vorzunehmen, wofür ich ihm zu auf= richtigem Danke verpflichtet bin.

Wie die beiden früheren deutschen Ausgaben der Mill'schen Grundsätze der politischen Oeconomie zur Förderung volkswirthschaft= licher Lehren und Interessen in erfreulichster Weise vielfach anregend und nachhaltig gewirkt haben, so wird hoffentlich dies durch die neue verbesserte und weiter zu verbreitende dritte Ausgabe auch ferner geschehen.

Hamburg, den 16. April 1869.

Ad. S.

Vorrede des Verfassers.

———

Das Erscheinen eines Buchs, wie das vorliegende, über einen Gegenstand, der bereits in so vielen verdienstlichen Werken behandelt ist, dürfte einige Erläuterung erfordern.

Vielleicht könnte die Bemerkung genügen, daß unter den vorhandenen Werken über die Volkswirthschaft keines die neuesten Fortschritte umfaßt, welche in der Theorie dieses Gegenstandes gemacht sind. Manche neue Ideen und neue Anwendungen von Ideen wurden durch die Erörterungen der letztverflossenen Jahre zu Tage gefördert, namentlich über das Geldwesen, den auswärtigen Handel und die wichtigen mehr oder minder innig mit der Colonisation verknüpften Fragen. Es erschien angemessen, das Feld der Volkswirthschaft in seiner gesammten Ausdehnung auf's neue zu durchmustern, wenn auch nur zu dem Zwecke, um die Ergebnisse dieser Untersuchungen der Wissenschaft gleichsam einzuverleiben und mit den Grundsätzen in Einklang zu bringen, welche vorher von den besten Denkern aufgestellt worden sind, die unseren Gegenstand behandelt haben.

Die Ausfüllung solcher Lücken in früheren Werken, welche einen ähnlichen Titel führen, ist indeß nicht der einzige, noch auch der hauptsächliche Zweck gewesen, den der Verfasser in's Auge gefaßt hat. Die Absicht seines Buches unterscheidet es von allen Werken über Volkswirthschaft, welche in England seit dem „Volkswohlstand" von Adam Smith erschienen sind.

Die am meisten charakteristische Eigenschaft des letzterwähnten
Werks, und gerade diejenige, durch welche es sich vornehmlich von
einigen anderen unterscheidet, welche demselben in Rücksicht der bloßen
Darlegung der allgemeinen volkswirthschaftlichen Grundsätze gleich=
stehen oder es selbst übertreffen, ist die, daß es beständig die Grund=
sätze und deren Anwendungen mit einander verbindet. Dies setzt von
selbst einen weit umfassenderen Kreis des Denkens und Wissens
voraus als in der Volkswirthschaft, wenn man diese als einen
Zweig abstracter Wissenschaft auffaßt, eingeschlossen ist. Für praktische
Zwecke ist die Volkswirthschaft mit vielen anderen Zweigen der Ge=
sellschaftswissenschaft unzertrennlich verschlungen. Von bloßen Detail=
fragen abgesehen, gibt es vielleicht kein einziges praktisches Problem
— selbst diejenigen nicht ausgenommen, die am ehesten einen rein wirth=
schaftlichen Charakter zu besitzen scheinen können — welches sich auf
Grund wirthschaftlicher Voraussetzungen allein entscheiden ließe. Diese
Wahrheit hat Adam Smith niemals aus den Augen verloren und
bei seinen Anwendungen der Volkswirthschaft verweist er fortwährend
auf andere und häufig viel bedeutendere Erwägungen, als die reine
Volkswirthschaft darbietet.   Darum empfängt der Leser auch jenen
Eindruck sicherer Herrschaft über die Principien der Wissenschaft zum
Behufe ihrer praktischen Anwendung, dem der „Volkswohlstand" es
verdankt, daß er allein unter den Werken über Volkswirthschaft nicht
nur bei dem allgemeinen Lesepublicum beliebt geworden, sondern
auch auf Geschäftsleute und Staatsmänner einen nachhaltigen Ein=
druck gemacht hat.   .

      Der Verfasser ist der Ansicht, daß ein Werk, welches in seiner
Aufgabe und allgemeinen Auffassung demjenigen von Adam Smith
nachstrebt, aber den erweiterten Kenntnissen und fortgeschrittenen
Ideen der Jetztzeit sich anpaßt, eben der Beitrag sei, den die volks=
wirthschaftliche Literatur gegenwärtig erfordert.   Der „Volkswohl=
stand" ist in vielen Theilen veraltet, in allen unvollständig. Seit Adam

Smith's Zeit ist die eigentliche Volkswirthschaft gewissermaßen aus
ihrer Kindheit aufgewachsen, und wenn auch die Gesellschaftswissen=
schaft, von welcher jener ausgezeichnete Denker sein specielles Thema
in praktischer Rücksicht nie getrennt hat, sich noch in den ersten
Stadien ihrer Entwickelung befindet, so ist sie doch manche Stufen
weiter gekommen über den Punkt hinaus, wo er sie gelassen hat. Es
ist indeß bisher nicht unternommen worden, Adam Smith's prak=
tische Weise, die Volkswirthschaft zu behandeln, mit dem seitdem
erworbenen Zuwachs an theoretischer Kenntniß zu verbinden oder
die wirthschaftlichen Erscheinungen in ihrer Beziehung zu den besten
socialen Ideen der Gegenwart so darzulegen, wie Adam Smith dies,
mit bewundernswürdigem Erfolge, in Betreff der philosophischen
Lehren seines Jahrhunderts gethan hat.

Diesen Plan hat der Verfasser des vorliegenden Werkes vor
Augen gehabt. Sollte es ihm auch nur theilweise gelingen, den=
selben zu verwirklichen, so würde auch dies schon eine so nützliche
Leistung sein, daß er um ihretwillen gerne alle Chancen des Miß=
lingens auf sich nimmt. Es darf aber hinzugefügt werden, daß
wenn auch der Verfasser sich eine praktische und, so weit die Natur
des Gegenstandes es zuläßt, populäre Aufgabe gestellt hat, er des=
halb doch nicht versucht hat, den einen oder den anderen dieser
Vorzüge durch die Aufopferung einer streng wissenschaftlichen Be=
handlung seines Gegenstandes zu erkaufen. Sein Wunsch ist freilich,
daß dies Buch mehr sei als lediglich eine Darlegung der abstracten
Lehren der Volkswirthschaft, aber er wünscht nicht minder, daß man
eine solche Darlegung darin finden möge.

———

Die gegenwärtige (sechste) Auflage ist, gleich allen früheren,
durchweg revidirt und weitere Erläuterungen eben so wie Erwide=
rungen auf neue Einwürfe sind überall dort hinzugefügt worden,
wo dies erforderlich schien — in der Regel jedoch nahmen diese

Zusätze keinen beträchtlichen Raum in Anspruch. Die bedeutendste
Erweiterung hat der Abschnitt erfahren, der vom Zinsfuß handelt;
die meisten dieser Zusätze gleichwie viele geringere Verbesserungen
verdanke ich den kritischen Bemerkungen und sonstigen Mittheilungen meines Freundes Professor Cairnes, eines der streng-
wissenschaftlichsten Volkswirthe der Gegenwart.

Einleitung.

Auf jedem Gebiete menschlicher Angelegenheiten geht die Praxis der Wissenschaft lange voran. Systematische Untersuchung über die Wirksamkeit der Naturkräfte ist das späte Ergebniß einer langen Reihe von Bemühungen, diese Kräfte zu praktischen Zwecken zu benutzen. Die Auffassung der Volkswirthschaft als einer Wissenschaft ist demgemäß sehr neu; aber der Gegenstand, mit dem ihre Untersuchungen sich beschäftigen, hat zu allen Zeiten nothwendig eines der hauptsächlichsten praktischen Interessen der Menschen abgegeben und zuweilen ein sehr ungebührliches Uebergewicht behauptet.

Dieser Gegenstand ist: „Vermögen". Schriftsteller über Volkswirthschaft wollen das Wesen des Vermögens, sowie die Gesetze seiner Hervorbringung und Vertheilung lehren oder untersuchen. Näher oder entfernter ist hierin die Wirksamkeit aller derjenigen Ursachen einbegriffen, durch welche die Lage des Menschengeschlechtes oder irgend einer bürgerlichen Gesellschaft, in Rücksicht jenes allgemeinen Ziels menschlicher Wünsche, verbessert oder verschlimmert wird. Hiermit ist nicht gesagt, daß irgend eine Abhandlung über Volkswirthschaft alle diese Ursachen zu erörtern oder auch nur aufzuzählen vermöchte; was die Volkswirthschaft unternimmt, ist, die Gesetze und Principien, nach denen dieselben wirken, so weit sie bekannt sind, nachzuweisen.

Jedermann hat einen für gewöhnliche Zwecke ganz ausreichenden Begriff davon, was unter Vermögen zu verstehen ist. Die Untersuchungen, welche hierauf Bezug haben, laufen nicht Gefahr mit denen, die sich auf ein anderes Gebiet der großen menschlichen Interessen beziehen, verwechselt zu werden. Jedermann weiß, daß

reich sein etwas anderes ist als aufgeklärt, brav oder menschlich
sein; daß die Fragen: wie ein Volk Vermögen erwirbt, und wie es
frei oder tugendhaft oder ausgezeichnet in der Literatur, in den
schönen Künsten, im Kriegswesen oder in der Politik wird, ganz
verschiedene Untersuchungen sind. Indirect stehen freilich alle diese
Dinge in Verbindung und eines wirkt zurück auf das andere. Ein
Volk ist zuweilen frei geworden, weil es zuerst vermögend wurde;
oder vermögend, weil es zuerst frei geworden. Der Glaube und die
Gesetze eines Volkes wirken mächtig auf seine volkswirthschaftliche
Lage; diese wiederum wirkt zurück auf seine geistige Ausbildung und
gesellschaftlichen Verhältnisse, auf seinen Glauben und seine Gesetze.
Obschon so die Gegenstände in sehr naher Berührung mit einander
stehen, so sind sie doch wesentlich verschieden, und ist dies auch nie
anders angenommen worden.

Es ist nun in keiner Weise die Absicht dieser Schrift, nach
metaphysischer Spitzfindigkeit der Definition zu trachten, wo die
durch einen Ausdruck bezeichneten Begriffe für praktische Zwecke
hinlänglich festgestellt erscheinen.

Wie wenig man aber auch hätte erwarten sollen, daß über
einen so einfachen Gegenstand wie die Frage, was als Vermögen
zu betrachten sei, eine Begriffsverwirrung stattfinden könne, so ist
es doch geschichtliche Thatsache, daß eine solche bestanden hat, daß
Theoretiker und praktische Staatsmänner gleichmäßig, und zu einer
gewissen Periode ganz allgemein, von ihr ergriffen waren und daß
sie manche Generationen hindurch der europäischen Politik eine
falsche Richtung gegeben hat. Es gilt dies von jener Lehre, die man
seit Adam Smith's Zeit mit dem Namen des Mercantilsystems
bezeichnet hat.

So lange das Mercantilsystem vorherrschend war, ward durch=
weg in der Politik der einzelnen Staaten, sei es ausdrücklich oder
stillschweigend, angenommen, Vermögen bestehe allein in baarem
Gelde oder in den edlen Metallen, welche, wenn auch noch nicht
in der Form von Geld, doch direct zu solchem ausgemünzt werden
konnten. Den damals vorherrschenden Lehren gemäß vermehrte alles,
was nur die Anhäufung von Geld oder edlen Metallen in einem
Lande beförderte, dessen Wohlstand; was dagegen die Ausfuhr edler
Metalle aus einem Lande zur Folge hatte, trug zu dessen Verarmung
bei. Wenn ein Land keine Gold= oder Silber=Minen besaß, so galt
als die einzige Erwerbthätigkeit, wodurch es bereichert wurde, der
auswärtige Handel, da nur durch diesen Geld in's Land gebracht
werden konnte. Jeder Handelszweig, von dem man annahm, daß
er mehr Geld außer Landes führe als hineinbringe, war als ein
verlustbringender Handel angesehen, wie bedeutend und werthvoll

seine Ergebnisse auch in anderer Beziehung sein mochten. Die Ausfuhr von Waaren war begünstigt und ermuntert (sogar auf eine
den wirklichen Hilfsquellen des Landes äußerst lästige Weise), weil
man hoffte, daß die Zurückvergütung für die ausgeführten Waaren
wirklich in Gold und Silber geschehen werde, da ja ihr Preis in
Geld bedungen war. Die Einfuhr jeder anderen Sache als von
edlen Metallen ward als ein dem vollen Preise der eingeführten
Waaren gleichkommender Verlust betrachtet; ausgenommen, wenn
sie eingeführt wurden um mit Gewinn wieder ausgeführt zu werden,
oder wenn sie, als Rohstoffe oder Werkzeuge einer inländischen
Industrie, in den Stand setzten Ausfuhrartikel wohlfeiler hervorzubringen und so indirect eine größere Ausfuhr zu bewirken. Der
Welthandel ward als ein Wettkampf angesehen, welche unter den
Nationen den größten Theil des vorhandenen Goldes und Silbers
zu sich heranziehen könne. Bei einer solchen Concurrenz konnte keine
Nation etwas gewinnen ohne daß andere dadurch eben so viel verloren oder wenigstens verhindert wurden es zu erwerben.

Es kommt oft vor, daß die allgemeine Meinung eines Zeit-
alters — eine Meinung, von welcher zu der Zeit niemand frei war,
noch auch ohne eine außerordentliche Anstrengung des Geistes oder
Muthes frei sein konnte — einem darauf folgenden Zeitalter als
ein so handgreiflicher Irrthum erscheint, daß die einzige Schwierigkeit
dann nur darin besteht, sich vorzustellen, wie so etwas je habe
glaublich erscheinen können. Es ist dies der Fall gewesen mit der
Lehre, daß Geld gleichbedeutend sei mit Vermögen. Diese Auffassung
scheint zu verkehrt, als daß man sie für eine ernstliche Meinung
halten sollte; sie gleicht einem jener kindischen Einfälle, welche
augenblicklich durch das Wort einer erwachsenen Person berichtigt
werden. Es möge aber niemand sich einbilden, daß er jener Täuschung
entgangen wäre, wenn er zur Zeit als sie vorherrschend war gelebt
hätte. Alle Verhältnisse, welche das tägliche Leben und der gewöhnliche Geschäftsgang mit sich führten, trugen dazu bei, solche Täuschung
zu begünstigen; so lange als diese Verhältnisse das einzige Medium
waren, durch welches man den Gegenstand betrachtete, mußte das
als eine unbestrittene Wahrheit gelten, was wir jetzt für einen
groben Irrthum halten. Einmal in Frage gestellt, war derselbe
freilich zugleich verurtheilt. Hierauf konnte aber so leicht niemand
verfallen, der nicht vertraut geworden war mit einer solchen Anschauung der volkswirthschaftlichen Erscheinungen wie sie erst durch
Adam Smith und seine Erklärer zum allgemeinen Verständniß
gelangt ist.

In der täglichen Umgangssprache wird Vermögen immer durch
Geld bezeichnet. Wenn man fragt, wie reich jemand ist, so erhält man

zur Antwort: er hat so und so viel tausend Thaler. Jede Einnahme und Ausgabe, alle Gewinne und Verluste, alles wodurch jemand reicher oder ärmer wird, berechnet man als das Einnehmen oder Ausgeben von so und so viel Geld. Freilich werden bei dem Inventarium des Vermögens einer Person nicht nur das wirklich in ihrem Besitze befindliche oder ihr schuldige Geld, sondern auch alle anderen Werthgegenstände in Anschlag gebracht. Diese letzteren erscheinen jedoch nicht in ihrer eigentlichen Beschaffenheit, sondern als solche Geldbeträge, wofür sie zu verkaufen wären; wenn sie für weniger zu verkaufen sein sollten, so gilt ihr Eigenthümer für weniger reich, obschon die Dinge selbst genau die nämlichen sind. Es ist ferner wahr, daß Leute dadurch nicht reich werden, daß sie ihr Geld unbenutzt behalten, und daß sie um zu gewinnen es ausgeben müssen. Diejenigen, welche sich durch den Handel bereichern, thun dies, indem sie sowohl Geld für Waaren als Waaren für Geld geben, und das erstere ist eben so nothwendig als das letztere; aber derjenige, welcher Waaren kauft um zu gewinnen, thut dies um sie wieder für Geld zu verkaufen und in der Erwartung, mehr Geld zurück zu erhalten, als er ausgelegt hat. Geld zu erhalten erscheint daher der Person selbst als der letzte Zweck. Es trifft sich oft, daß man jemanden nicht mit Geld bezahlt, sondern auf andere Weise, indem er Waaren zu einem entsprechenden Werthe gekauft hat, welche ihm gegen die von ihm verkauften angerechnet werden; aber er nahm diese zu einem bestimmten Geldbetrage an und in der Meinung, daß sie ihm eventuell mehr Geld einbringen würden als der Preis, zu dem sie ihm berechnet sind. Ein Kaufmann, der ein großes Geschäft hat und sein Capital rasch umsetzt, hat zu einer gegebenen Zeit nur einen kleinen Theil seines Vermögens in baarem Gelde. Er betrachtet sein Lager indeß nur in so fern als werthvoll, als er dasselbe in Geld umsetzen kann; er sieht kein Geschäft als abgeschlossen an bis nicht der Reinertrag ihm in Geld entweder bezahlt oder gutgeschrieben ist. Wenn er sich vom Geschäfte zurückzieht, so macht er alles zu Gelde, und erst wenn er dies gethan, meint er seinen Gewinn realisirt zu haben — gerade als ob Geld das einzige Vermögen wäre und Geldeswerth nur das Mittel jenes zu erwerben. Wenn man nun fragt, zu welchem andern Zwecke Geld wünschenswerth sei als um den eigenen oder Anderer Bedarf oder Genüsse zu befriedigen, so würde der Vertheidiger des Systems keineswegs in Verlegenheit kommen. Gewiß würde er sagen, ist dies der Gebrauch des Vermögens und zwar ein sehr lobenswerther, so lange er sich auf einheimische Waaren beschränkt, weil in solchem Falle andere deiner Landsleute genau um dieselbe Summe bereichert werden, die du ausgibst. Verausgabe dein Ver-

mögen, wenn du willst, für jede beliebigen Genüsse, aber dein Reichthum besteht nicht in den Genüssen, sondern in der Summe Geldes
oder der jährlichen Geldeinnahme, womit du sie erkaufst.

Während auf solche Weise manche Dinge derjenigen Meinung,
welche die Basis des Mercantilsystems ist, Eingang verschafften,
gibt es auch eine Art Begründung, freilich eine sehr ungenügende,
für den Unterschied, den jenes System zwischen Geld und jeder
anderen Art von werthvollem Besitz so sehr hervorhebt. Wir
betrachten in der That, und mit Recht, Jemanden als im Besitz
der Vortheile eines Vermögens, nicht nach Verhältniß der nützlichen
und angenehmen Dinge, deren er sich für den Augenblick erfreut,
sondern nach der Menge nützlicher und angenehmer Dinge, die zu
seiner Verfügung stehen, nach der Macht, welche er besitzt für seinen
Bedarf zu sorgen oder gewünschte Gegenstände zu erlangen. Nun
ist aber Geld an sich diese Macht, während in einem civilisirten
Staate alle andern Dinge solche Macht nur dadurch zu verleihen
scheinen, daß man sie gegen Geld austauscht. Der Besitz jeder
anderen Vermögenssache bedeutet den Besitz dieser besonderen Sache
und nichts weiter: wenn man statt ihrer eine andere Sache wünscht,
muß man jene erst verkaufen, oder sich der Schwierigkeit und Ver-
zögerung (wenn nicht der Unmöglichkeit) aussetzen, Jemanden zu
finden, der das hat, wessen man bedarf, und zugleich geneigt ist
es gegen dasjenige, was man selbst hat, zu vertauschen. Mit Geld
aber ist man auf einmal im Stande alle kaufbaren Gegenstände
sich anzuschaffen. Derjenige, dessen Vermögen in Geld besteht oder
in Dingen, die leicht zu Geld zu machen sind, scheint sowohl sich
selbst als anderen, nicht eine bestimmte Sache zu besitzen, sondern
alle Dinge, zu deren Ankauf das Geld ihn befähigt. Der Nutzen
des Vermögens besteht hauptsächlich nicht so sehr in den Genüssen,
welche es verschafft, sondern in der Macht, welche sein Besitzer in
Händen hat überhaupt Zwecke zu erreichen; und diese Macht wird
von keiner anderen Art des Vermögens so unmittelbar und so
sicher verliehen wie vom Gelde. Geld ist die einzige Form des
Vermögens, welche gleichzeitig zu jedem beliebigen Gebrauch angewendet werden kann, nicht ausschließlich nur zu einem bestimmten
Gebrauch. Diese Eigenthümlichkeit des Geldes mußte um so mehr
Eindruck auf die Regierungen machen als dieselbe gerade für sie
von bedeutender Wichtigkeit ist. Eine civilisirte Regierung zieht
verhältnißmäßig wenig Vortheil aus Steuern, wenn sie dieselben
nicht in Geld erheben kann. Wenn sie große oder plötzliche
Zahlungen zu leisten hat, namentlich Zahlungen an fremde Länder
für Kriege oder Subsidien, sei es nun zu Eroberungszwecken oder
um sich gegen Eroberung zu schützen (bis vor kurzem die beiden

hauptsächlichen Gegenstände internationaler Politik), so wird schwerlich
ein anderes Zahlungsmittel als Geld seinen Zweck erfüllen. Alle
diese Gründe zusammen wirken dahin, daß sowohl Privatpersonen
als Regierungen bei Schätzung ihrer Mittel fast ausschließlich dem
Gelde Wichtigkeit beilegen und alle übrigen Dinge, wenn sie dieselben
als einen Theil ihrer Hilfsquellen in Betracht ziehen, kaum anders
ansehen als das umständlichere Mittel Geld zu erlangen. Dieses
gewährt ihnen ja die unbegrenzte und zugleich augenblickliche Verfügung über das von ihnen Gewünschte, was am besten dem Begriffe
des Vermögens entspricht.

Eine Ungereimtheit bleibt immer eine Ungereimtheit, auch wenn
man entdeckt hat, welche Scheingründe ihr Eingang verschafften.
Die Mercantil-Theorie mußte in ihrem wahren Charakter sich darstellen, sobald man anfing, wenn auch erst auf unvollkommene
Weise, die Grundlage dieser Verhältnisse zu erforschen und ihre
Vorbedingungen aus dem Wesen der Dinge selbst, und nicht aus
den Formen und Phrasen des gewöhnlichen Sprachgebrauchs, abzuleiten. Sobald man sich fragte: was versteht man denn eigentlich
unter Geld? worin besteht sein wesentlicher Charakter und die
eigentliche Beschaffenheit seines Gebrauchs? kam man zu der
Ansicht, daß Geld wie andere Dinge nur in Rücksicht seines Ge-
brauches ein wünschenswerther Besitz sei und daß dieser Gebrauch,
anstatt unbegrenzt zu sein, wie man irrthümlich angenommen hatte,
ein genau bestimmter und begrenzter sei, nämlich darin bestehe,
auf eine leichtere Weise den Ertrag der Erwerbthätigkeit nach dem
Belieben derjenigen zu vertheilen, welche zusammen Anspruch daran
haben. Fernere Betrachtung zeigte, daß der Nutzen des Geldes in
keiner Weise dadurch befördert wird, daß die Menge, welche davon
in einem Lande vorhanden und im Umlauf ist, sich vermehrt, indem
der Dienst, welchen das Geld leistet, eben so gut durch einen
kleinen wie durch einen großen Gesammtvorrath erfüllt wird. Zwei
Millionen Scheffel Getreide können nicht so viel Personen ernähren
als vier Millionen; aber zwei Millionen Thaler können eben so
viel Handel vermitteln, eben so viele Waaren kaufen und verkaufen
als vier Millionen Thaler, wenn auch zu geringeren Nominal-
preisen.

Geld an sich befriedigt keinen Bedarf, erfüllt keinen Zweck.
Sein Werth besteht lediglich darin, daß es eine passende Form ist,
worin jemand seine Einnahmen aller Art empfängt, welche Einnahmen er späterhin zur beliebigen Zeit in die Formen verwandelt,
worin sie ihm nützlich sein können. Der Unterschied zwischen einem
geldreichen Lande und einem Lande ganz ohne Geld würde nur
in dem Genuß und der Entbehrung der durch das Geld bewirkten

Verkehrserleichterung liegen; es handelt sich hierbei um Ersparung von Zeit und Mühe, wie man z. B. mit Wasserkraft mahlt statt mit Händen. Der Nutzen des Geldes gleicht, um noch Adam Smith's Beispiel anzuwenden, dem Vortheil, den Straßen gewähren. Geld für Vermögen ansehen ist die nämliche Art Irrthum als wenn man die Chaussee, auf der man am leichtesten nach seinem Hause oder nach seinen Ländereien gelangt, für das Haus und die Länd=bereien selbst ansehen wollte. Indem Geld ein Werkzeug von wich=tigem öffentlichem und Privat=Nutzen ist, gilt es mit Recht als Vermögen, aber auch jede andere Sache, die zu einem menschlichen Zwecke dient und welche die Natur nicht umsonst darbietet, ist Vermögen. Vermögend sein, heißt: einen großen Vorrath nützlicher Dinge oder die Mittel dieselben anzuschaffen besitzen. Alles und jedes bildet daher einen Theil des Vermögens, was in den Stand setzt Dinge anzuschaffen, wofür irgend etwas Nützliches oder Angenehmes in Tausch gegeben würde. Dinge, für welche man im Wege des Tausches nichts erhalten kann, wie nützlich oder nothwendig sie auch sein mögen, sind nicht Vermögen in dem Sinne wie dieser Ausdruck in der Volkswirthschaft gebraucht wird. Luft z. B., obgleich das nothwendigste aller Lebensbedürfnisse, hat keinen Marktpreis, weil man sie umsonst haben kann. Einen Vorrath von Luft ansammeln würde niemandem Gewinn oder Vortheil bringen, und die Gesetze ihrer Hervorbringung und Vertheilung gehören· einem von der Volkswirthschaft sehr verschiedenen Studium an. Obschon aber Luft kein Vermögen ist, so sind die Menschen doch viel reicher dadurch, daß sie dieselbe umsonst erhalten, weil die Zeit und Arbeit, welche sonst erforderlich wären um für das dringendste aller Bedürf=nisse zu sorgen, zu anderen Zwecken angewendet werden kann. Es lassen sich jedoch Umstände denken, unter denen Luft einen Vermö=gensbestandtheil bilden würde. Wenn die Gewohnheit aufkäme lange in Räumen zu verweilen, wohin die Luft nicht von selbst dringt, wie bei den in die See hinabgelassenen Taucherglocken, so würde ein künstlich zugeführter Luftvorrath gleich dem in die Häuser gebrachten Wasser einen Preis haben. Wenn durch irgend eine Naturrevolution die atmosphärische Luft für den Verbrauch seltener werden sollte oder monopolisirt werden könnte, so würde Luft einen sehr hohen Marktwerth erhalten. In einem solchen Falle würde der Besitz von Luft über den eigenen Bedarf hinaus für ihren Eigenthümer Vermögen sein. Das allgemeine Vermögen der Menschen möchte so auf den ersten Blick durch etwas vermehrt erscheinen, was für sie eigentlich doch ein großes Unglück wäre. Allein dies würde ein Irrthum sein; denn wie reich auch der Besitzer von Luft werden möchte, alle anderen Personen würden gerade um den Betrag ärmer sein, den sie dann für dasjenige bezahlen müßten, was sie vorher umsonst erhalten hatten.

Dies führt zu einer wichtigen Unterscheidung für die Bedeutung des Wortes „Vermögen", je nachdem man es auf die Besitzungen eines Individuums oder einer Nation oder der ganzen menschlichen Gesellschaft anwendet. Von dem Vermögen der menschlichen Gesellschaft ist alles ausgeschlossen, was nicht an sich einem Zwecke der Nützlichkeit oder Annehmlichkeit entspricht. Zum Vermögen einer Privatperson gehört dagegen alles und jedes, was, wenn auch an sich nutzlos, sie in den Stand setzt von anderen einen Theil ihrer Habe an nützlichen oder annehmlichen Dingen zu beanspruchen. Man nehme z. B. eine Hypothek von tausend Thalern in einem Landgute. Diese ist Vermögen für denjenigen, dem sie eine Einnahme verschafft und der sie vielleicht für den vollen Betrag der Schuld beliebig verkaufen kann. Für das Land jedoch ist eine solche Hypothek kein Vermögen. Wenn die Verbindlichkeit aufgehoben würde, so wäre das Land darum weder reicher noch ärmer; der hypothekarische Gläubiger würde tausend Thaler verloren und der Eigenthümer des Landgutes sie gewonnen haben. Vom nationalen Gesichtspunkte aus war die Hypothek an sich kein Vermögen, sondern sie gab A. nur einen Anspruch auf B.'s Vermögen. Für A. war sie Vermögen, und zwar ein Vermögen, welches er auf eine dritte Person übertragen konnte. Was er aber so übertrug war in der That ein gemeinschaftliches Eigenthum zum Betrage von tausend Thalern in dem Landgute, dessen alleiniger Eigenthümer dem Namen nach B. war.

Aehnlich verhält es sich mit der Lage der Staatsgläubiger eines Landes: sie haben eine Hypothek auf das allgemeine Vermögen des Landes. Die Vernichtung der Schuld würde keine Vernichtung von Vermögen sein, sondern eine Uebertragung desselben — eine unrechtliche Vermögensberaubung einiger Glieder des Gemeinwesens zum Vortheil der Regierung oder der Steuerpflichtigen. Fundirtes Eigenthum kann daher nicht als ein Theil des National-Vermögens gerechnet werden. Diejenigen, welche sich mit statistischen Berechnungen beschäftigen, beachten dies nicht immer. Bei Schätzung der Roheinnahme eines Landes z. B., begründet auf die Ergebnisse der Einkommensteuer, wird das aus angelegten Capitalien herrührende Einkommen nicht immer ausgeschlossen; gleichwohl werden die Steuerpflichtigen nach ihrem ganzen Nominal-Einkommen angesetzt, ohne daß es gestattet wird hiervon den Antheil abzuziehen, der von ihnen erhoben wird um das Einkommen der Staatsgläubiger zu bilden. Bei dieser Berechnung wird daher ein Theil des allgemeinen Einkommens des Landes zweimal gerechnet,

und für Großbritannien erscheint so der Gesammtbetrag um etwa
dreißig Millionen Pfund Sterlinge größer als er wirklich ist. Dagegen
kann ein Land in sein Vermögen alles Capital einrechnen, welches
seine Bürger in fremden Staatsschulden und an anderen ihnen im
Auslande ausstehenden Schulden besitzen. Aber auch dies ist nur
in so fern Vermögen für sie als es ein Miteigenthum an dem
Vermögen anderer bildet. Dasselbe bildet keinen Theil des Gesammt=
vermögens des Menschengeschlechtes; es kommt bei der Vertheilung,
aber nicht bei dem Bestande des allgemeinen Vermögens in
Betracht.

Man hat vorgeschlagen Vermögen durch „Erwerbsmittel"
(instruments) zu definiren, indem man darunter nicht nur Geräth=
schaften und Maschinen, sondern die ganze Anhäufung von Mitteln
versteht, welche Privatpersonen oder Gesellschaften zur Erreichung
ihrer Zwecke besitzen. So ist ein Feld ein Erwerbsmittel, weil es
dazu dient Korn zu erlangen; Korn gehört dahin als Mittel zur
Erlangung von Mehl; Mehl als Mittel zur Erlangung von Brot;
Brot dient als Mittel zur Befriedigung des Hungers und zur
Erhaltung des Lebens. Hier kommen wir endlich zu Dingen, welche
nicht Erwerbsmittel sind, da sie ihrer selbst wegen gewünscht werden
und nicht nur als Mittel für fernere Zwecke.

Diese Auffassung der Sache ist, theoretisch genommen, richtig;
oder vielmehr, diese Ausdrucksweise kann neben anderen mit Nutzen
gebraucht werden, nicht als ob sie eine von der gewöhnlichen ver=
schiedene Auffassung der Sache darböte, sondern weil sie der gewöhn=
lichen Auffassung mehr Bestimmtheit und Wahrheit gibt. Sie
entfernt sich jedoch zu weit von dem gewohnten Sprachgebrauch als
daß sie allgemeine Annahme erhalten oder für andere Zwecke von
Nutzen sein sollte als für gelegenheitliche Erläuterung.

„Vermögen" kann demnach so definirt werden: alle nützlichen
und angenehmen Dinge, welche einen Tauschwerth besitzen — oder
mit anderen Worten, alle nützlichen oder angenehmen Dinge, mit
Ausnahme derjenigen, welche man in beliebiger Menge ohne Opfer
und Arbeit erhalten kann.

Der einzige Einwand gegen diese Definition scheint der zu
sein, daß sie eine viel erörterte Frage in Ungewißheit läßt, nämlich
ob die sogenannten nichtmateriellen Producte als Vermögen zu
betrachten sind; ob z. B. die Geschicklichkeit eines Arbeiters oder
irgend eine andere natürliche oder erworbene Befähigung des
Körpers oder Geistes Vermögen zu nennen sei, oder nicht? Diese
Frage ist indeß von keiner sehr großen Wichtigkeit und wird, soweit

sie eine Erörterung erheischt, passender an einer anderen Stelle betrachtet werden*).

Nach diesen Vorbemerkungen in Betreff von Vermögen wenden wir nun zunächst unsere Aufmerksamkeit auf den außerordentlichen Unterschied, welcher in dieser Beziehung zwischen einzelnen Nationen sowie zwischen verschiedenen Zeitaltern besteht. Es zeigt sich dieser Unterschied sowohl in der Menge als in der Art des Vermögens, und nicht minder in der Weise, wie das in einer Gesellschaft vorhandene Vermögen unter den Mitgliedern derselben vertheilt ist. Es gibt vielleicht in jetziger Zeit kein Volk oder Gemeinwesen, welches gänzlich von den wild wachsenden Producten des Pflanzenreiches lebt. Aber manche Stämme leben noch ausschließlich oder fast ausschließlich von wilden Thieren, dem Ertrage der Jagd oder des Fischfangs. Ihre Kleidung sind Felle, ihre Wohnungen rohgebildete Hütten aus Baumstämmen oder Büschen, die sie ohne Weiteres wieder verlassen. Da ihre Nahrung eine Aufbewahrung nur wenig verträgt, so sammeln sie davon keinen Vorrath und sind oft großen Entbehrungen ausgesetzt. Das Vermögen eines solchen Gemeinwesens besteht allein in den Fellen, welche sie tragen, in wenigen Zierrathen, für welche der Geschmack selbst bei den wildesten Stämmen besteht, in einigen rohen Geräthen, in Waffen, womit sie das Wildpret tödten oder gegen Feinde, die ihnen den Unterhalt streitig machen, kämpfen, in Kähnen um über Flüsse und Seen zu setzen oder in der See zu fischen, und vielleicht in einigem Pelzwerk oder anderen Erzeugnissen der Wildniß, gesammelt um im Verkehr mit civilisirten Völkern gegen wollene Decken, Branntwein und Tabak ausgetauscht zu werden, von welchen fremden Waaren sie ebenfalls einen noch nicht verbrauchten Theil vorräthig haben können. Diesem kargen Inventarium an Sachgütern muß noch ihr Landbesitz zugerechnet werden, von welchem Productionsmittel sie freilich im Vergleich mit fortgeschrittenen Nationen einen geringen Nutzen ziehen, das aber doch die Quelle ihres Unterhalts ist und auch einen Marktwerth hat, wenn es in der Nachbarschaft ein ackerbautreibendes Gemeinwesen gibt, welches mehr Land verlangt als es besitzt. Dies ist derjenige Zustand größester Armuth, worin, so weit bekannt, ganze Gemeinwesen menschlicher Geschöpfe sich befinden; es gibt jedoch viel reichere Gemeinwesen, in denen Bestandtheile der Bevölkerung sich hinsichtlich der Nahrung und des Wohlseins in einer Lage befinden, die vermuthlich nicht mehr zu beneiden ist als die der Wilden.

---

*) Buch I, Cap. III.

Der erste große Fortschritt über diesen Zustand hinaus besteht in der Zähmung nützlicher Thiere. Es bildet sich der Hirten- oder Nomaden-Zustand, wo die Menschen nicht von dem Ertrage der Jagd, sondern von Milch und deren Producten und von dem jährlichen Zuwachs ihrer Heerden leben. Diese Lage ist nicht nur an sich wünschenswerth, sondern führt auch zu ferneren Fortschritten und in ihr wird ein viel bedeutenderer Betrag von Vermögen angesammelt. So lange die ausgedehnten natürlichen Weiden der Erde noch nicht so voll besetzt sind, daß sie rascher verzehrt werden als sie sich von selbst wieder erzeugen, kann ein reichlicher und beständig anwachsender Vorrath von Subsistenzmitteln angesammelt und aufbewahrt werden durch wenig andere Arbeit als nur durch Beschützung des Viehs gegen die Angriffe wilder Thiere und gegen die Gewalt oder List räuberischer Menschen. Thätige und haushälterische Personen besitzen daher zu Zeiten durch ihre eigenen Anstrengungen, und Familien- und Stammes-Häupter durch die Bemühungen der durch ein Abhängigkeitsverhältniß mit ihnen Verbundenen große Heerden. So entsteht im Hirten-Zustande Ungleichheit des Besitzes — etwas, das im Zustande der Wilden kaum vorkommt, wo Niemand mehr hat als das durchaus Nothwendige und in dringenden Fällen selbst dieses mit seinem Stamme theilen muß. Im Nomaden-Zustande haben Einige Ueberfluß an Vieh, hinreichend um Viele zu ernähren, während Andere nicht dazu gelangen irgend etwas Ueberflüssiges sich anzueignen oder zu behalten, oder vielleicht auch gar kein Vieh besitzen. Der Lebensunterhalt hat aber aufgehört unsicher zu sein, weil die besser gestellten von ihrem Ueberfluß keinen anderen Gebrauch machen können als die weniger vom Glück begünstigten zu ernähren, indem jede Vermehrung der Zahl der mit ihnen verbundenen Personen sowohl ihre Sicherheit als Macht vermehrt. So werden sie in den Stand gesetzt sich selbst von aller Arbeit außer der des Regierens und der Oberaufsicht frei zu machen und Abhängige zu gewinnen um für sie im Kriege zu fechten und in Friedenszeiten ihnen zu dienen. Eine Eigenthümlichkeit dieses Gesellschaftszustandes ist es, daß ein Theil des Gemeinwesens, und in gewissem Grade die Gesammtheit desselben freie Zeit hat. Nur ein Theil der Zeit wird durch die Sorge für Nahrung in Anspruch genommen und die übrige Zeit nicht durch ängstliche Gedanken für Morgen oder durch nothwendige Erholung von körperlicher Anstrengung ausgefüllt. Ein solches Leben begünstigt in hohem Grade das Entstehen neuer Bedürfnisse und eröffnet die Möglichkeit zu ihrer Befriedigung. Es entsteht ein Verlangen nach besserer Kleidung, besseren Werkzeugen und Geräthen als womit der Zustand der Wilden sich begnügt. Der Ueberfluß an Nah-

rungsmitteln macht es thunlich die Anstrengung eines Theils des
Stammes diesen Zwecken zuzuweisen. Bei allen oder doch den
meisten nomadischen Gemeinwesen finden wir Manufacturwaaren
grober, und bei einigen auch feiner Sorte. Es ist deutlich nach=
gewiesen, daß während die Theile der Welt, welche die Wiege der
neuen Civilisation gewesen sind, noch allgemein sich im Nomaden=
zustande befanden, schon eine beträchtliche Geschicklichkeit erreicht
war im Spinnen, Weben und Färben wollener Zeuge, in der
Bereitung des Leders, und, worin sich eine noch schwierigere
Erfindung zeigt, in der Bearbeitung der Metalle. Selbst speculative
Wissenschaft nahm ihre ersten Anfänge von der Muße, welche dieser
Stufe des gesellschaftlichen Fortschrittes eigenthümlich ist. Die ältesten
astronomischen Beobachtungen werden einer Ueberlieferung zufolge,
welche eine große Wahrscheinlichkeit für sich hat, den Hirten von
Chaldäa zugeschrieben.

  Der Uebergang von diesem Zustand der Gesellschaft zum acker=
bautreibenden ist keineswegs leicht — denn keine große Veränderung
in den Gewohnheiten der Menschen findet anders statt als mit
Schwierigkeiten, und im Allgemeinen ist jede entweder schmerzlich
oder sehr langsam — aber er liegt, wenn man es so nennen darf,
in dem natürlichen Gange der Ereignisse. Die Zunahme der Be=
völkerung von Menschen und Vieh müßte bald für die Fähigkeit
der Erde natürliche Weide zu gewähren zu bedeutend werden.
Diese Ursache hat unzweifelhaft zuerst die Bearbeitung des Bodens
veranlaßt, eben so wie dieselbe in einer späteren Periode zur Folge
hatte, daß die überflüssigen Horden der im Nomadenzustande geblie=
benen Nationen sich über diejenigen Völker ergossen, welche schon
zum Ackerbau übergegangen waren, bis diese letzteren hinlängliche
Macht erlangt hatten solche Einfälle zurückzutreiben, und die angrei=
senden Nationen, dieser Gelegenheit beraubt, ebenfalls genöthigt
wurden ackerbautreibende Gemeinwesen zu bilden.

  Nachdem dieser große Schritt vollbracht war, scheinen die
folgenden Fortschritte der Menschheit (einzelne seltene Fälle aus=
genommen) keineswegs so rasch gewesen zu sein als man vielleicht
erwartet haben mochte. Die Menge von Nahrungsmitteln, welche
die Erde selbst bei dem schlechtesten Ackerbausystem hervorzubringen
im Stande ist, übertrifft so sehr dasjenige, was bei einem nur
nomadischen Zustande gewonnen werden kann, daß eine große
Zunahme der Bevölkerung die unausbleibliche Folge ist. Aber diese
Vermehrung der Nahrungsmittel wird nur durch eine sehr gestei=
gerte Arbeitsanwendung erlangt. Eine ackerbautreibende Bevöl=
kerung hat daher nicht nur viel weniger freie Zeit als eine noma=
dische, sondern die Ackerbauer mit unvollkommenen Werkzeugen und

ungeſchicktem Verfahren, welches für eine lange Zeit in Anwendung
blieb und auf dem größeren Theil der Erde noch jetzt nicht auf=
gegeben iſt, produci:en keinen ſo großen Ueberfluß an Nahrungs=
mitteln über ihren nothwendigen Verbrauch hinaus, daß ſie im
Stande wären eine zahlreiche Claſſe von Arbeitern zu unterhalten,
welche in anderen Gebieten der Erwerbthätigkeit Beſchäftigung
fänden. Ueberdies wird das Ueberflüſſige, ſei es nun wenig oder
viel, gewöhnlich den Producenten abgenommen, entweder durch die
Regierung, der ſie unterworfen ſind, oder durch Privatperſonen,
welche durch überlegene Gewalt oder auch durch Benutzung reli=
giöſer oder überlieferter Gefühle der Unterwürfigkeit ſich als Herren
des Bodens hingeſtellt haben.

Die erſtere dieſer Arten der Aneignung, die von Seiten der
Regierung, iſt den ausgedehnten Monarchien, welche von einer vor=
geſchichtlichen Z.it an die Ebenen Aſiens eingenommen haben,
eigenthümlich. Wenn auch die Regierung in dieſen Gegenden nach
dem jedesmaligen perſönlichen Charakter verſchieden iſt, ſo läßt ſie
doch den Landleuten ſelten mehr als das eben zum Leben Noth=
wendige, und entzieht ihnen ſelbſt dieſes in dem Maße, daß ſie ſich
genöthigt ſieht, wenn ſie alles, was jene haben, genommen hat,
ihnen einen Theil davon wieder zurück zu leihen um ſie mit Saat
zu verſehen und ihnen das Leben bis zur nächſten Ernte zu friſten.
Wenn es unter einer ſolchen Verwaltung der größeren Maſſe der
Bevölkerung auch ſehr ſchlecht geht, ſo iſt doch die Regierung durch
die Einziehung ſehr vieler kleiner Summen im Stande bei einiger=
maßen guter Verwaltung einen Reichthum zur Schau zu ſtellen, zu
dem die allgemeine Lage der Geſellſchaft in auffallendem Mißver=
hältniſſe ſteht. Hieraus erklärt ſich die hergebrachte Meinung hin=
ſichtlich des großen Reichthums orientaliſcher Nationen, von welcher
die Europäer erſt in neuerer Zeit zurückgekommen ſind.

An dieſem Vermögen nehmen, abgeſehen von dem beträchtlichen
Antheil, welcher in .den Händen der Erhebungsbeamten verbleibt,
natürlich noch manche Perſonen außer dem eigentlichen Haushalt
der Souverains Theil. Vieles davon vertheilt ſich unter die ver=
ſchiedenen Angeſtellten der Regierung und ſonſt nach der Gunſt
oder Laune des Souverains. Ein Theil wird auch gelegentlich zu
gemeinnützigen Werken angewendet. Teiche, Brunnen, Bewäſſe=
rungscanäle, ohne welche in vielen tropiſchen Gegenden Landbau
kaum zu betreiben iſt, die Deiche gegen die Ueberſchwemmung der
Flüſſe, die Bazars für Handelsleute, die Serai's für Reiſende —
von welchen Anſtalten keine hätte hergeſtellt werden können durch
die kärglichen Mittel derer, welche ſie benutzen — verdanken ihr
Entſtehen der Freigebigkeit oder dem aufgeklärten eigenen Intereſſe

von Fürsten der besseren Art; oder hier und da dem Wohlwollen
oder der Ostentation eines reichen Privatmannes, dessen Vermögen
indeß, wie man immer finden wird, wenn man es bis zu seiner
Quelle verfolgt, unmittelbar oder in entfernterer Weise aus dem
Staatseinkommen herrührt, meistens durch eine directe Verleihung
daraus abseiten des Souverains.

Nachdem der Beherrscher einer Gesellschaft dieser Art für
seinen eigenen Unterhalt und denjenigen aller Personen, an denen
er ein Interesse hat, reichlich gesorgt und so viele Soldaten wie
er für seine Sicherheit oder seinen Staat als nöthig erachtet angenommen hat, so behält er noch einen verwendbaren Ueberschuß,
welchen er gerne gegen seiner Neigung zusagende Luxuartikel austauscht. Gleiches findet statt bei den Personen, welche durch die
Gunst der Fürsten oder auch durch Verwaltung der öffentlichen
Einkünfte sich bereichert haben. So entsteht eine Nachfrage nach
künstlichen und kostbaren Industrieerzeugnissen, die sich nur für einen
beschränkten, aber reichen Markt eignen. Diese Nachfrage wird oft
fast ausschließlich durch Kaufleute vorgeschrittener Gemeinwesen befriedigt, oft aber bildet sich auch im Lande selbst eine Classe von
Handwerkern, durch welche gewisse Industriezweige zu einer so hohen
Entwickelung gebracht werden als dies durch Ausdauer und Handgeschicklichkeit, ohne tiefere Kenntniß der Eigenthümlichkeit der
Sachen, geschehen kann, wie solches z. B. bei einigen Baumwoll-
geweben in Ostindien der Fall ist. Diese Handwerker werden von
dem Ueberfluß der Lebensmittel unterhalten, welche die Regierung
und ihre Agenten als ihren Antheil des Ertrages zu sich nehmen.
Dies trifft so buchstäblich zu, daß in einigen Ländern der Arbeiter,
statt die Arbeit mit sich nach Hause zu nehmen und deren Bezahlung nach ihrer Vollendung zu erhalten, mit seinen Geräthschaften
nach seines Kunden Haus geht und dort unterhalten wird bis die
Arbeit fertig ist. Die Unsicherheit alles Besitzes bei diesem Gesellschaftszustande veranlaßt jedoch selbst die reichsten Käufer solchen
Artikeln den Vorzug zu geben, welche unvergänglicher Art sind und
bei kleinem Umfange großen Werth enthalten, also leicht versteckt
oder fortgeschafft werden können. Gold und Edelsteine bilden daher
einen verhältnißmäßig großen Theil des Vermögens solcher Nationen, und mancher reiche Asiate trägt beinahe seinen ganzen Reichthum an seiner Person oder schmückt damit die Frauen seines
Harems. Niemand außer dem Monarchen denkt daran, sein Vermögen auf eine Weise anzulegen, welche keine Fortschaffung zuläßt.
Der Monarch freilich, wenn er sich auf seinem Throne sicher fühlt
und denselben auch seinen Nachkommen ruhig hinterlassen zu können
meint, folgt zuweilen seinem] Geschmacke für dauerhafte Bauwerke

und gründet Pyramiden oder das Taj Mehal und das Mausoleum
zu Sekundra. Die rohen Gewerkswaaren für den Bedarf der
Landbauer werden von den Dorf-Handwerkern gefertigt, welche
wiederum ihre Vergütung erhalten durch Land, welches ihnen ab-
gabenfrei zum Anbau gegeben wird, oder durch Gebühren, die ihnen
in einem Antheil an dem den Dorfbewohnern von der Regierung
übrig gelassenen Ernteertrag gewährt werden. Ein solcher Gesellschaftszustand entbehrt indeß nicht eines Handelstandes; dieser zerfällt
in zwei Abtheilungen, in Getreidehändler und Geldwechsler. Die
Getreidehändler kaufen für gewöhnlich das Korn nicht von den
Producenten selbst, sondern von den Agenten der Regierung, welche,
da sie das Einkommen in natura empfangen, froh sind anderen
das Geschäft zu überlassen dasselbe an die Plätze zu schaffen, wo
der Fürst, seine höheren Civil- und Militär-Beamten, die große
Masse seiner Truppen und die Handwerker, welche den Bedarf
dieser verschiedenen Personen befriedigen, sich zusammen finden. Die
Geldwechsler leihen den unglücklichen Landbauern, wenn sie durch
schlechte Ernten oder fiscalische Expressungen zu Grunde gerichtet
sind, die Mittel ihr Leben zu fristen und die Bestellung des Bodens
fortzusetzen, und erhalten bei der folgenden Ernte mit enormen
Zinsen die Rückzahlung; oder sie leihen auch nach einem größeren
Maßstabe der Regierung oder denen, welchen diese einen Theil des
Einkommens verliehen hat, und werden entschädigt durch Anwei-
sungen auf die Steuereinnehmer oder durch Ueberweisung gewisser
Districte um sich selbst aus den Einkünften bezahlt zu machen. Um
sie in den Stand zu setzen dies zu thun, wird ihnen gewöhnlich
gleichzeitig ein großer Theil der Regierungsgewalt mit übertragen,
welche sie ausüben bis entweder die Districte sich losgekauft haben
oder durch die Einkünfte die Schuld getilgt ist. So beziehen sich
die Handelsoperationen dieser beiden Classen von Kaufleuten hauptsächlich auf diejenigen Landesproducte, welche das Einkommen der
Regierung bilden. Aus diesem Einkommen wird ihr Capital
periodisch mit einem Gewinne wieder ersetzt, und dieses ist auch die
Quelle, aus der ihre ursprünglichen Geldmittel fast immer her-
geflossen sind. In allgemeinen Umrissen ist dies die volkswirthschaftliche Lage der meisten asiatischen Länder wie dieselbe vom
Anfang der zuverlässigen Geschichte an gewesen ist und noch jetzt
sich überall findet, wo sie nicht durch fremden Einfluß gestört
worden.

In den ackerbautreibenden Gemeinwesen Europa's, deren Verhältnisse im Alterthum uns am besten bekannt sind, ging es anders
zu. Diese waren bei ihrem Ursprunge meistens kleine Stadtgemeinden,
bei deren erster Gründung in einem unbewohnten Lande oder in

einer Gegend, wo die früheren Einwohner vertrieben worden waren, der in Besitz genommene Boden systematisch in gleicher oder beinahe gleichen Loosen unter die das Gemeinwesen bildenden Familien vertheilt wurde. In einigen Fällen gab es da statt einer Stadt einen Bund von Städten, bewohnt von einem Volke derselben Abstammung, welches sich, wie man annahm, um die nämliche Zeit im Lande niedergelassen hatte. Jede Familie producirte ihre eigene Nahrung und die Zeugstoffe, die gewöhnlich von den Frauen der Familie zu den groben Geweben, mit denen die damalige Zeit zufrieden war, verarbeitet wurden. Steuern bestanden nicht, da es entweder keine besoldete Regierungsbeamte gab, oder wenn diese da waren, für ihre Besoldung durch einen reservirten Antheil des Landes, der durch Sclaven für Rechnung des Staates bearbeitet wurde, gesorgt war; das Heer bestand aus der Gesammtheit der Bürger. Der ganze Ertrag des Bodens gehörte daher ohne Abzug der Familie, die ihn erbaute. So lange der Fortgang der Ereignisse dieses Eigenthumsverhältniß fortdauern ließ, war der Gesellschaftszustand für die Mehrheit der freien Landbauer vermuthlich ein ganz wünschenswerther und unter ihm war in einigen Fällen die Ausbildung der Menschheit in geistiger Cultur außerordentlich rasch und glänzend. Dies ereignete sich besonders da, wo mit vortheilhaften Umständen der Abstammung und des Clima's, sowie gewiß unter dem Zusammentreffen mancher günstiger Zufälle, von denen jetzt jede Spur verloren ist, der Vorzug einer Lage an den Küsten des großen mittelländischen Meeres verbunden war, dessen andere Küsten schon mit geordneten Gemeinwesen besetzt waren. Die Kenntniß, die man bei einer solchen Lage von fremden Erzeugnissen erlangte, und der leichte Zugang fremder Ideen und Erfindungen ließen diese Gemeinwesen freier von dem Zwange des Herkommens, welches gewöhnlich bei einem rohen Volke eine so außerordentliche Macht hat. Um nur von ihrer industriellen Entwickelung zu sprechen, so entstand bei ihnen frühzeitig eine Mannigfaltigkeit von Bedürfnissen und Wünschen, wodurch sie angetrieben wurden ihrem eigenen Boden alles, was sie vermochten, abzugewinnen; war ihr Boden unfruchtbar oder dessen Productivität erschöpft, so legten sie sich oft auf den Handel und kauften die Erzeugnisse fremder Länder um sie in anderen Ländern mit Nutzen wieder zu verkaufen.

Die Dauer dieses Zustandes der Dinge war jedoch von Anfang an unsicher. Diese kleinen Gemeinwesen lebten in einem fast beständigen Kriegszustande. Hierfür gab es viele Ursachen. Bei den roheren und nur ackerbautreibenden Gemeinwesen war schon der Druck ihrer steigenden Bevölkerung bei beschränktem Landbesitze eine oft vorkommende Ursache, zumal jener Druck bei dem rohen Zustande ihres

Aderbaues so häufig durch Mißernten vermehrt wurde und sie hin=
sichtlich ihres Unterhalts von einem sehr kleinen Landgebiete abhängig
waren. Bei solchen Gelegenheiten fand oft eine Auswanderung in
Masse statt, oder es ward eine Schaar der jungen Bevölkerung
vom Gemeinwesen ausgesandt, um mit dem Schwert in der Hand
minder kriegerische Völker aufzusuchen, welche aus ihrem Lande ver=
trieben oder auch als Sclaven zurückbehalten werden konnten um
es zum Besten ihrer Berauber zu bauen. Was die weniger fort=
geschrittenen Stämme aus Nothwendigkeit thaten, das thaten die
günstiger gestellten aus Ehrgeiz und Kriegslust, und nach einiger
Zeit waren diese sämmtlichen Stadt=Gemeinwesen entweder Eroberer
oder Eroberte. In einigen Fällen begnügte sich der erobernde Staat
mit der Auflegung eines Tributs auf den Besiegten. Indem letzterer,
in Anbetracht jener Belastung, von der Ausgabe und Sorge für
seinen eigenen Schutz zu Lande und zu Wasser frei war, konnte er
sich dabei eines bedeutenden Maßes volkswirthschaftlichen Wohlseins
erfreuen, während das herrschende Gemeinwesen einen Zuwachs
von Vermögen erhielt, der zu Zwecken eines umfassenden Aufwandes
angewendet werden konnte. Von solch' einem Zuschuß wurden das
Parthenon und die Propyläen erbaut, die Sculpturen des Phidias
bezahlt und die Feste gefeiert, für welche Aeschylus, Sophokles,
Euripides und Aristophanes ihre Dramen dichteten. Dieser Zustand
der politischen Beziehungen war, so lange er sich erhielt, für den
Fortschritt und die höchsten Interessen des Menschengeschlechtes von
großem Nutzen, besaß indeß nicht die Elemente der Dauerhaftigkeit.
Ein kleines eroberndes Gemeinwesen, welches seine Eroberungen sich
nicht einverleibt, wird stets am Ende selbst erobert. Die allge=
meine Herrschaft verblieb daher dem Volke, welches jene Einverlei=
bung in Ausübung brachte, den Römern. Welches auch immer ihre
anderen Plane sein mochten, sie begannen oder endeten damit, daß
sie einen großen Theil des fremden Landes wegnahmen um ihre
eigenen herrschenden Bürger zu bereichern, und daß sie die vor=
nehmsten Besitzer des Uebriggelassenen in den regierenden Körper
aufnahmen. Es ist unnöthig, bei der trübseligen volkswirthschaft=
lichen Geschichte des römischen Reiches zu verweilen. Sobald Un=
gleichheit des Vermögens in einem Gemeinwesen, das nicht beständig
beschäftigt ist durch Gewerbfleiß die Unbilden des Glücks wieder
gut zu machen, einmal angefangen hat, macht dieselbe ungeheure
Fortschritte; die großen Vermögen verschlingen die kleineren. Das
römische Reich ward schließlich bedeckt mit den ausgedehnten Land=
gütern von verhältnißmäßig wenigen Familien, für deren Luxus
und noch mehr für deren Prachtliebe die kostbarsten Erzeugnisse
erzielt wurden, während die Anbauer des Bodens Sclaven waren

ober kleine Pächter in beinahe sclavischer Abhängigkeit. Von dieser
Zeit an nahm das Vermögen des Reiches fortschreitend ab. Im
Anfange reichten das Staatseinkommen und die Hilfsquellen reicher
Privatleute noch aus um Italien mit glänzenden öffentlichen und
Privat-Gebäuden zu bedecken; aber endlich schwand das Vermögen
unter dem entnervenden Einfluß einer schlechten Regierung so zu=
sammen, daß das Uebrigbleibende nicht einmal genügte diese Gebäude
vor dem Verfall zu bewahren. Die Macht und der Reichthum der
civilisirten Welt reichten nicht mehr aus der nomadischen Bevöl=
kerung, welche die nördliche Grenze umgab, die Spitze zu bieten;
diese überschwemmte das Reich und es trat nun eine neue Ordnung
der Dinge ein.

Bei dieser neuen Gestaltung, zu welcher die europäische Gesell=
schaft jetzt umgebildet ward, konnte die Bevölkerung jedes Landes
betrachtet werden als zusammengesetzt aus zwei besonderen Nationen
oder Racen, den Eroberern und den Eroberten. Die ersteren waren die
Eigenthümer des Landes, die letzteren dessen Anbauer. Diesen
ward gestattet das Land zu besitzen unter Bedingungen, welche als
Ausfluß der Gewalt immer lästig waren, selten jedoch bis zu einer
förmlichen Sclaverei gingen. Schon während der letzteren Zeiten
des römischen Reiches hatte die Sclaverei auf den Landgütern in
einem großen Umfang sich zu einer Art von Leibeigenschaft umge=
bildet; die coloni der Römer waren mehr Hörige als wirkliche
Sclaven. Die Unfähigkeit und der Widerwille der erobernden Bar=
baren gegen eine persönliche Aufsicht über industrielle Beschäftigungen
mußte dahin führen, daß man den Bauern als einen Antrieb zur
Anstrengung ein eigenes Interesse an dem Boden mit gewährte.
Wenn sie z. B. gezwungen waren drei Tage in der Woche für
ihre Herren zu arbeiten, so verblieb ihnen dagegen der Ertrag der
übrigen Tage. Wenn man von ihnen verlangte, Vorräthe verschie=
bener Art, gewöhnlich für den Verbrauch der Burg, zu liefern,
und sie auch häufig übertriebenen Requisitionen unterworfen waren,
so durften sie doch, wenn sie diesen Anforderungen genügt hatten,
über dasjenige, was sie sonst noch erzielen konnten, beliebig ver=
fügen. Unter diesem Systeme während des Mittelalters ward es
Leibeigenen möglich Eigenthum zu erwerben, eben so wie dies bis
vor Kurzem noch in Rußland stattfand. Erwerbungen dieser Art
sind die ursprüngliche Quelle des Vermögens im jetzigen Europa.

In jenem Zeitalter der Gewaltthätigkeit und Unordnung war
der erste Gebrauch, den ein Leibeigener von der geringen Habe,
welche er hatte erwerben können, machte, sich frei zu kaufen und
sich in eine Stadt oder einen befestigten Flecken, welche seit der
Zeit der römischen Herrschaft unzerstört geblieben war, zu begeben;

oder auch er verbarg sich dort, ohne sich losgekauft zu haben. An jenem Zufluchtsort, umgeben von anderen seines Standes, versuchte er nun sich gegen die Mißhandlungen und Erpressungen der Kriegerkaste durch seine eigene und seiner Genossen Tapferkeit einigermaßen zu schützen. Diese freigewordenen Leibeigenen wurden meistens Handwerker und lebten durch Austausch der Erzeugnisse ihres Gewerbefleißes gegen die überflüssigen Lebensmittel und Rohstoffe, welche der Boden seinen Feudal-Eigenthümern gewährte. Dies rief gewissermaßen ein europäisches Gegenstück zu der volkswirthschaftlichen Lage der asiatischen Länder hervor, nur daß es hier, statt eines einzigen Monarchen und einer schwankenden Zahl von Günstlingen und Beamten, eine zahlreiche und im beträchtlichen Grade festangesessene Classe großer Landbesitzer gab. Diese trugen viel weniger Pracht zur Schau, weil jeder einzelne über viel geringere Mittel zu verfügen hatte und lange Zeit hindurch diese hauptsächlich darauf verwenden mußte, eine Anzahl Anhänger zu unterhalten, welche die kriegerische Sitte des damaligen Gesellschaftszustandes und der geringe Schutz von Seiten der Regierung für seine Sicherheit unerläßlich machte. Die größere Beständigkeit, die Festigkeit der persönlichen Stellung, welche dieser Gesellschaftszustand im Vergleich mit der entsprechenden asiatischen Einrichtung darbot, war vermuthlich ein Hauptgrund, weshalb er sich günstiger für Verbesserungen auswies. Von dieser Zeit an ist der volkswirthschaftliche Fortschritt der Gesellschaft nicht ferner unterbrochen worden. Sicherheit der Person und des Eigenthums wuchs langsam, aber anhaltend, und die Künste des Lebens machten beständig Fortschritte. Beraubung war nicht mehr die einzige Quelle der Bereicherung, und das lehnsherrliche Europa reifte zu dem handel- und gewerbtreibenden Europa. In der letzteren Hälfte des Mittelalters enthielten die Städte von Italien und Flandern sowie die deutschen Reichsstädte und einige Städte in Frankreich und England eine große und kräftige Bevölkerung von Handwerkern und viele wohlhabende Bürger, deren Reichthum durch Gewerbefleiß oder durch Handel mit den Erzeugnissen solches Gewerbefleißes erworben war. Die Commons von England, der tiers-état von Frankreich, der Bürgerstand des Continents im allgemeinen stammen von ihnen ab. Da sie sparsam blieben, während die Nachkommenschaft der Feudal-Aristokratie verschwenderisch war, so erwarben jene nach und nach von letzterer das Eigenthum eines großen Theils des Bodens. In einigen Fällen ward diese natürliche Tendenz durch Gesetze verzögert, die den Zweck hatten, den Landbesitz bei denselben Familien zu erhalten; in andern Fällen ward sie durch politische Revolutionen beschleunigt. Allmälig, obschon ziemlich langsam, hörte

für die unmittelbaren Anbauer des Bodens in allen mehr civili=
sirten Ländern der leibeigene oder halbleibeigene Zustand auf; die
rechtliche Stellung sowie die volkswirthschaftliche Lage derselben ist
jedoch bei den verschiedenen europäischen Nationen und in den
großen Gemeinwesen, welche von den Abkömmlingen der Europäer
jenseits des atlantischen Meeres gegründet sind, noch äußerst
mannigfaltig.

Unsere Erde enthält jetzt verschiedene ausgedehnte Landstriche,
mit mannichfachen Vermögensbestandtheilen in einer Fülle versehen,
von der frühere Zeitalter nicht einmal den Begriff hatten. Ohne
gezwungene Arbeit wird jährlich dem Boden eine ungemeine Menge
Lebensmittel abgewonnen. Diese ernähren außer ihren eigenen
Producenten eine gleiche und zuweilen eine noch größere Anzahl
von Arbeitern, welche mit der Hervorbringung von unzähligen
Arten Industrie=Artikeln oder mit deren Transport von Platz zu
Platz beschäftigt sind; ferner eine Menge von Personen, welche bei
der Leitung und Beaufsichtigung dieser mannichfachen Arbeiten zu
thun haben, und außer diesen allen, zahlreicher als in den üppigsten
alten Staatsgeschäften, einen Stand, dessen Beschäftigungen nicht
direct productiver Art sind, und einen andern Stand, der überall
keine Beschäftigung hat. Die auf solche Art gewonnenen Lebens=
mittel ernähren eine weit größere Bevölkerung als je auf einem
gleichen Flächenraum gelebt hat, wenigstens in den nämlichen
Gegenden, und zwar ist dieser Unterhalt sicher gestellt gegen perio=
disch wiederkehrende Hungersnoth, welche man in der früheren Ge=
schichte Europa's so häufig findet, und die im Oriente auch jetzt
noch nicht selten eintritt. Abgesehen von dieser großen Zunahme
hinsichtlich der Menge der Nahrungsmittel, hat sich deren Beschaf=
fenheit und Mannichfaltigkeit bedeutend verbessert. Annehmlichkeiten
und Luxusgegenstände sind nicht länger auf eine kleine und reiche
Classe beschränkt, sondern verbreiten sich in großem Ueberfluß durch
manche ausgedehnte Schichten der Gesellschaft. Die Welt hat bis
dahin nichts gesehen, was den Gesammthilfsquellen auch nur eines
dieser Gemeinwesen, wenn es dieselben für einen unvorhergesehenen
Zweck aufbietet, zu vergleichen wäre: seiner Befähigung Flotten
und Heere zu unterhalten, öffentliche Werke, sei es zum Nutzen
oder zur Zierde, auszuführen, nationale Acte der Freigiebigkeit,
wie z. B. den Loskauf der westindischen Sclaven, in's Werk zu setzen,
Colonien zu gründen, für den Volksunterricht zu sorgen — kurz,
jedes zu thun, was Kosten erfordert, und zwar ohne Opfer hin=
sichtlich des Lebensbedarfs oder selbst nur einer wesentlichen Bequem=
lichkeit seiner Bewohner.

In allen diesen für sie charakteristischen Einzelheiten zeigen die neuen industriellen Gemeinwesen indeß bedeutende Abweichungen von einander. Wenngleich alle im Vergleich mit früheren Zeitaltern vermögend erscheinen, so thun sie dies doch in sehr verschiedenen Abstufungen. Selbst unter den Ländern, welche mit Recht für die reichsten gelten, haben einige einen vollständigeren Gebrauch von ihren productiven Hilfsquellen gemacht und im Verhältniß zum Umfange ihres Gebiets es zu einem weit größeren Ertrage gebracht als andere. Auch unterscheiden sie sich nicht allein hinsichtlich der Größe des Vermögens, sondern auch in Rücksicht der Raschheit seiner Zunahme. Die Verschiedenheiten bei der Vertheilung des Vermögens sind noch bedeutender als bei seiner Hervorbringung. Groß ist die Verschiedenheit in der Lage der ärmsten Volksclassen in verschiedenen Ländern sowie in dem Verhältniß der Zahl und des Reichthums der über den ärmsten stehenden Classen. Es findet selbst hinsichtlich der Beschaffenheit und der Bezeichnung der Classen, welche zunächst den Ertrag des Bodens unter sich theilen, in manchen Gegenden keine geringe Verschiedenheit statt. In einigen Gegenden sind die Landeigenthümer eine Classe für sich, fast gänzlich abgesondert von der mit dem Anbau beschäftigten Bevölkerung; in anderen ist der Eigenthümer des Bodens fast stets auch dessen Anbauer, dem der Pflug gehört und der ihn oft selbst handhabt. Wo der Eigenthümer nicht selbst Landwirth ist, findet zuweilen zwischen ihm und den Arbeitern eine vermittelnde Thätigkeit statt, die des Pächters, welcher den Unterhalt der Arbeiter vorschießt, die Geräthschaften hergibt und, nach Bezahlung der Rente an den Landeigenthümer, den ganzen Ertrag erhält; in anderen Fällen sind der Landwirth, seine bezahlten Agenten und die Arbeiter die einzigen Theilhaber. Gewerke werden zuweilen von zerstreut lebenden Personen getrieben, welche die Werkzeuge oder Maschinerie, derer sie bedürfen, selbst besitzen oder leihen und außer ihrer eigenen Familie wenig Arbeiter beschäftigen; in anderen Fällen arbeitet eine große Anzahl zusammen in Einem Gebäude mit kostspieligen und künstlichen Maschinen, welche das Eigenthum reicher Fabrikanten sind. Den nämlichen Unterschied findet man beim kaufmännischen Geschäfte. Der Großhandel wird überall mittelst bedeutender Capitalien betrieben; die Detailgeschäfte dagegen, welche zusammengenommen ebenfalls einen sehr großen Capitalbetrag beschäftigen, werden theils in kleinen Läden betrieben, hauptsächlich durch die persönlichen Bemühungen der Händler selbst mit ihren Familien und vielleicht einem oder zwei Lehrlingen, theils in großen Etablissements, zu denen die Geldmittel durch einen reichen Privatmann oder eine Gesellschaft hergegeben werden und wo zahlreiche

besolbete Ladendiener den Betrieb besorgen. Außer diesen Unter=
schieden in den volkswirthschaftlichen Erscheinungen, die sich in den ver=
schiedenen Theilen der sogenannten civilisirten Welt zeigen, haben
alle jene früheren Zustände, welche wir vorhin vorführten, bis zu
unseren Tagen in dem einen oder anderen Theile der Welt fort=
bestanden. Jagdtreibende Gemeinwesen gibt es noch in Amerika,
nomadische in Arabien und in den Steppen des nördlichen Asiens;
der Gesellschaftszustand im Orient ist noch im Wesentlichen wie er
immer gewesen ist; das große russische Reich ist noch jetzt in
mancher Beziehung ein wenig verändertes Abbild des feudalen
Europa's. Jede von den großen Typen der menschlichen Gesell=
schaft bis hinunter zu dem der Esquimos oder Patagonier besteht
noch heutigen Tages.

Diese merkwürdigen Unterschiede in den verschiedenen Bestand=
theilen des Menschengeschlechtes rücksichlich der Hervorbringung und
Vertheilung des Vermögens müssen, wie alle anderen Erscheinungen,
ihre bestimmten Gründe haben. Dieselben ausschließlich den Ab=
stufungen der Kenntniß, die man zu verschiedenen Zeiten und in
verschiedenen Gegenden von den Naturgesetzen und physikalischen
Hülfsmitteln gehabt hat, zuzuschreiben, gibt keine genügende Er=
klärung. Viele sonstige Ursachen wirken mit, und gerade die Fort=
schritte und die ungleiche Vertheilung der physikalischen Kenntnisse
sind zum Theil eben so sehr die Folgen, wie sie theilweise die Ursache
der jedesmaligen Vermögens=Hervorbringung und Vertheilung bilden.

So weit die wirthschaftliche Lage der Nationen sich auf den
Zustand der physikalischen Kenntnisse bezieht, ist sie Gegenstand für
die Naturwissenschaften und die darauf begründeten Künste. Insoweit
aber die Ursachen moralischer oder psychologischer Art sind, von
Maßregeln und gesellschaftlichen Verhältnissen oder von Principien
der menschlichen Natur abhängen, gehört ihre Untersuchung nicht
der Naturwissenschaft, sondern der Ethik und Gesellschaftswissenschaft
an und ist Gegenstand der politischen Oeconomie oder der Volks=
wirthschaft.

Die Hervorbringung von Vermögen, die Gewinnung der Mittel
zum menschlichen Unterhalt und Genuß aus dem Material, welches
unsere Erde darbietet, ist offenbar nichts Willkürliches, sondern hat
ihre nothwendigen Bedingungen. Einige von diesen sind physika=
lischer Art, von den Eigenschaften des Stoffes oder vielmehr von
der jedesmaligen größeren oder geringeren Kenntniß dieser Eigen=
schaften abhängig. Diese werden von der Volkswirthschaft nicht
untersucht, sondern als gegeben angenommen, und wegen der Be=
weise beruft man sich auf die Naturwissenschaft oder die tägliche
Erfahrung. Indem die Volkswirthschaft mit diesen gegebenen Ver=

hältnissen der äußeren Natur andere Wahrheiten, welche Gesetze der menschlichen Natur sind, in Verbindung bringt, bemüht sie sich die secundären oder abgeleiteten Gesetze, wonach sich die Hervorbringung des Vermögens richtet, nachzuweisen. In diesen liegt nothwendig die Erklärung der Verschiedenheit des Reichthums und der Armuth für die Vergangenheit und die Gegenwart, sowie der Grund für alle weitere Ausbildung des Vermögens, welche der Zukunft vorbehalten ist.

Ungleich den Gesetzen der Production sind diejenigen der Gütervertheilung zum Theil aus menschlichen Anordnungen hervorgegangen. Die Art und Weise wie das Vermögen sich innerhalb einer gegebenen Gesellschaft vertheilt, ist von den in derselben vorherrschenden Verordnungen und Gebräuchen abhängig. Obschon aber Regierungen oder Nationen bis zu einem gewissen Maße vorschreiben können, wie diese Anordnungen wirken sollen, so vermögen sie doch nicht willkürlich zu bestimmen, wie diese Anordnungen wirken werden. Die Bedingungen, von denen ihre Macht hinsichtlich der Vertheilung des Vermögens abhängig ist, und die Art und Weise wie auf diese Vertheilung das verschiedenartige Verfahren einwirkt, wonach die Gesellschaft verfahren kann, bilden eben so sehr wie die physikalischen Naturgesetze eine Aufgabe für wissenschaftliche Untersuchung.

Die Gesetze der Gütererzeugung und der Gütervertheilung und einige der daraus abzuleitenden praktischen Folgerungen sind der Gegenstand des vorliegenden Werkes.

Erstes Buch.

Production.

Capitel I.

Von den Erfordernissen der Production.

§. 1. Die Erfordernisse der Production sind zweierlei: Arbeit und geeignete Naturgegenstände.

Arbeit ist entweder körperlich oder geistig, oder genauer ausgedrückt, wird entweder mittelst der Muskeln oder mittelst der Nerven beschafft; und müssen in diesen Begriff nicht allein die Anstrengung an sich, sondern auch alle Empfindungen unangenehmer Art, alle körperliche Beschwerde, alles geistige Mißbehagen, welche mit einer besonderen Beschäftigung verbunden sind, eingeschlossen werden. Hinsichtlich des anderen Erfordernisses, der geeigneten Naturgegenstände, ist zu bemerken, daß einige derselben schon in der Art, daß sie gleich zur Befriedigung des menschlichen Bedarfs dienen können, von selbst entstehen oder vorhanden sind. Es gibt Höhlen und ausgehöhlte Bäume, welche Obdach gewähren können; Früchte, Wurzeln, wilden Honig und andere Naturerzeugnisse, mittelst derer das menschliche Leben gefristet werden kann; aber selbst bei diesen wird gewöhnlich eine beträchtliche Menge Arbeit erfordert, freilich nicht um sie zu schaffen, sondern um sie zu finden und sich anzueignen. Abgesehen jedoch von diesen wenigen und (ausgenommen für den ersten Anfang der menschlichen Gesellschaft) unwichtigen Fällen, dienen die von der Natur dargebotenen Gegenstände den menschlichen Bedürfnissen erst dann, nachdem sie durch menschliche Bemühung, in größerem oder geringerem Maße, eine

Umgestaltung erfahren haben. Selbst bie wilben Thiere bes Walbes unb ber See, von benen bie Jagb= unb Fischerstämme ihren Unter= halt ziehen, müssen, bevor sie als Nahrung bienen, getöbtet unb zerlegt werben unb fast burchgängig irgenb eine Zubereitung erfahren, welche Verrichtungen ein gewisses Maß menschlicher Arbeit erforbern. Die Umgestaltung, welche natürliche Stoffe erfahren, bevor sie in biejenige Form gebracht werben, worin sie zum uumittelbaren Gebrauch ber Menschen sich eignen, variirt von biesem ober einem noch geringern Grabe ber Veränberung ihrer Beschaffenheit unb äußeren Erscheinung bis zu einer so vollstänbigen Umgestaltung, baß von ihrer ursprünglichen Gestaltung keine Spur mehr zu bemerken ist. Zwischen einem Stücke Mineral, bas in ber Erbe gefunben ist, unb einem Pfluge, einer Axt ober einer Säge ist bie Aehnlichkeit sehr gering. Geringer noch ist bie Aehnlichkeit zwischen Porzellan unb bem zersetzten Granit, woraus es verfertigt ist, ober zwischen Glas unb mit Soba gemischtem Sanbe. Noch größer ist ber Unterschieb zwischen einem Schafvließe ober einer Hand voll Baumwollsaamen unb einem Mouselingewebe ober einem Stück Tuch, unb selbst bie Schafe unb bie Saat sinb nicht von selbst entstanben, sonbern bie Folgen vorangegangener Arbeit unb Sorgfalt. In biesen verschiebenen Fällen ist bas schließliche Probuct so außerorbentlich verschieben von bem burch bie Natur bargebotenen Stoff, baß nach bem gewöhn= lichen Sprachgebrauch bie Natur als nur bas Material hergebenb angesehen wirb.

Die Natur leistet jeboch mehr als baß sie Stoffe hergibt, sie gewährt auch Kräfte. Unsere Erbe empfängt nicht träge bie Formen unb Eigenschaften aus ber Hanb bes Menschen, sie hat eine thätige Energie, woburch sie mitwirkt unb selbst als Ersatz ber Arbeit benutzt werben kann. In älteren Zeiten verwanbelten bie Menschen ihr Korn in Mehl, inbem sie es zwischen zwei Steinen zerrieben. Zunächst verfielen sie bann auf eine Erfinbung, welche sie in ben Stanb setzte burch Herumbrehen einer Hanbhabe ben einen Stein sich auf bem anbern brehen zu lassen, unb bieses Verfahren ist mit geringer Verbesserung noch jetzt ber gewöhnliche Gebrauch im Orient. Die hierzu erforberliche Muskelanstrengung war jeboch sehr beschwerlich unb erschöpfenb, so baß sie häufig als eine Strafe für Sclaven gewählt wurbe. Als eine Zeit kam, wo bie Arbeit unb Mühen ber Sclaven geschont werben sollten, warb ber größere Theil bieser körperlichen Anstrengungen baburch unnöthig gemacht, baß man ben obern Stein auf bem unteren nicht burch mensch= liche Kraft, sonbern burch bie Macht bes Winbes ober bes herab= fallenben Wassers sich brehen ließ. In biesem Falle überwies man Naturkräften — bem Winbe ober ber Schwerkraft bes Wassers —

einen Theil derjenigen Verrichtung, die vorher nur durch Arbeit beschafft ward.

§. 2. Fälle wie der eben erwähnte, wo eine gewisse Arbeits= menge entbehrlich geworden ist, indem man ihre Leistung einer Naturkraft überwiesen hat, geben leicht eine irrthümliche Ansicht von dem Verhältnisse der Leistungen der Arbeit und der Natur= kräfte: als wenn das Zusammenwirken dieser Kräfte und mensch= licher Betriebsamkeit auf die Fälle beschränkt wäre, wo man mittelst jener etwas verrichtet, was sonst durch Arbeit gethan wäre, oder als wenn in dem Falle, wo die Dinge so zu sagen mit der Hand gemacht werden, die Natur nur passives Material gewährte. Dies ist eine Täuschung. Die Naturkräfte sind in dem einen Falle eben so direct wirksam wie in dem anderen. Ein Arbeiter nimmt einen Flachs= oder Hanfstengel, spaltet ihn in gesonderte Fasern, dreht einige von diesen mit seinen Fingern zusammen, mit Hilfe eines einfachen Werkzeuges, der sogenannten Spindel. Nachdem er so einen Faden gebildet hat, legt er viele solcher Fäden dicht neben einander und zieht andere ähnliche Fäden quer über jene, so daß jeder abwechselnd über und unter denen, die im rechten Winkel zu ihm liegen, hindurchgeht, welches Verfahren durch ein Werk= zeug, das sogenannte Weberschiff, erleichtert wird. Er hat nun ein gewebtes Zeug hervorgebracht, entweder Leinen oder Segeltuch, je nach dem Stoff. Man sagt, er habe dies mit der Hand gethan, indem vorausgesetzt wird, daß keine Naturkraft dabei mit thätig gewesen sei. Aber durch welche Kraft ist jeder Schritt bei dieser Verrichtung möglich geworden und wodurch wird das angefertigte Gewebe zusammengehalten? Geschieht dies nicht durch die Halt= barkeit und das natürliche Zusammenhängen der Fasern? Dies ist eine von den Kräften in der Natur, welche wir gegen andere mechanische Kräfte abmessen, und bei der wir ermitteln können, wie viel davon erforderlich ist, um anderen das Gegengewicht zu halten.

Wenn wir jeden andern Fall untersuchen, wo von der thätigen Einwirkung auf die Natur die Rede ist, so werden wir auf gleiche Weise finden, daß die Naturkräfte, oder mit anderen Worten, die Eigenthümlichkeiten des Stoffes es sind, die alles beschaffen, sobald einmal die Sachen in die richtige Lage zu einander gebracht sind. Diese Eine Verrichtung nämlich, Dinge in die rechte Lage zu bringen, so daß die ihnen beiwohnenden eigenthümlichen Kräfte wie die bei anderen Naturgegenständen sich vorfindenden Kräfte auf sie einwirken können, das ist alles, was Menschen mit dem Stoffe thun oder thun können. Der Mensch thut weiter nichts, als daß er ein Ding dem andern nahe bringt oder davon entfernt. Er bringt die Saat in den Boden, und die natürlichen Kräfte der Vegetation schaffen nach und nach Wurzel, Stiel, Blätter, Blüte und Frucht. Mit der Axt durchhauet der Mensch einen Baum, und dieser fällt durch die natürliche Schwerkraft; er durchsägt ihn auf besondere Weise, und die physische Eigenschaft, wonach die weichere Substanz der härteren weicht, zertheilt ihn in Bretter, welche er mittelst durchgetriebener Nägel oder einem verbindenden Stoff zu gewissen Stellungen einrichtet, und so einen Tisch, ein Haus u. s. w. anfertigt. Er bringt einen Funken zu Feuerungs= material und es entzündet sich; mittelst des Verbrennens kocht dieses die Nahrung, schmilzt oder erweicht das Eisen, verwandelt Malz und Rohrsaft in Bier oder Zucker. Der Mensch hat keine anderen Mittel auf den Stoff einzuwirken, als indem er ihn bewegt. Be= wegung und Widerstand gegen Bewegung, das sind die einzigen Dinge, wozu seine Muskeln eingerichtet sind. Durch Zusammen= ziehen der Muskeln kann er einen Druck auf einen äußeren Gegen= stand hervorbringen und bei hinlänglicher Stärke diesen in Be= wegung setzen, oder wenn letzterer schon in Bewegung war, ihn aufhalten oder ganz zum Stillstand bringen; mehr kann der Mensch nicht thun. Aber eben dies reicht hin um ihm alle die Gewalt zu geben, die das Menschengeschlecht über Naturkräfte erlangt hat, welche unermeßlich mächtiger sind als die Menschen selbst. Wie groß diese Gewalt auch schon sein mag, so hat sie doch unzweifel= haft die Bestimmung, noch weit größer zu werden. Der Mensch übt diese Macht aus, indem er sich entweder vorhandener Natur= kräfte bedient oder Gegenstände zu solcher Mischung und Verbindung zusammenfügt, daß Naturkräfte dadurch hervorgebracht werden. Wenn er z. B. ein brennendes Schwefelholz an Feuerung hält und darüber Wasser in einen Kessel gießt, so schafft er die Ausdehnungs= kraft des Dampfes, eine Kraft, welche in so hohem Grade zur Erreichung menschlicher Zwecke nützlich geworden ist.

In der physikalischen Welt wird demnach Arbeit immer und ausschließlich nur dazu angewendet, um Gegenstände in Bewegung zu setzen; die Eigenschaften des Stoffes, die Naturgesetze verrichten das Uebrige. Die Geschicklichkeit und der Scharfsinn der Menschen werden hauptsächlich angestrengt, um Bewegungen zu entdecken, welche durch ihre Kraft von praktischem Nutzen und fähig sind, die Wirkungen, welche man wünscht, herbeizuführen. Während aber Bewegung die einzige Wirkung ist, welche der Mensch unmittelbar und direct durch seine Muskeln hervorbringen kann, so ist darum nicht nothwendig, daß hierdurch direct alle die Bewegungen, deren er bedarf, hervorgebracht werden. Der erste und nächstliegende Ersatz ist die Muskelthätigkeit des Viehes. Nach und nach bringt

er es ferner dahin, daß auch die Kräfte der unbelebten Natur ihm
helfen müssen, indem er es z. B. einrichtet, daß Wind oder Wasser,
Dinge, die schon in Bewegung sind, einen Theil ihrer Bewegung
den Rädern mittheilen, welche vor dieser Erfindung durch Muskelkraft gedreht wurden. Er erzwingt diesen Dienst von der Kraft
des Windes und Wassers durch eine Reihe von Thätigkeiten, welche
gleich den früheren darin bestehen, gewisse Gegenstände in gewisse
Lagen zu bringen, worin sie eine sogenannte Maschine bilden, aber
die hierzu nothwendige Muskelthätigkeit wird nicht beständig erneuert,
sondern ein für allemal vollbracht, und so findet im Ganzen eine
große Ersparung von Arbeit statt.

§. 3. Einige Schriftsteller haben die Frage aufgeworfen, ob
die Natur bei einer Art der Erwerbthätigkeit der Arbeit mehr
Beistand gewähre als bei anderen; sie haben behauptet, daß bei
einigen Beschäftigungen die Arbeit das meiste thue, bei anderen die
Natur. Hierbei scheint jedoch viel Begriffsverwirrung obzuwalten.
Der Theil, welcher bei jedem menschlichen Werke der Natur gehört,
ist unbestimmbar und unermeßlich. Es ist unmöglich zu entscheiden,
ob die Natur bei einer Sache mehr leiste als bei einer anderen.
Man kann nicht einmal behaupten, daß die Arbeit weniger thue;
man kann nur sagen, daß weniger Arbeit erforderlich sei; wenn aber
das, was davon erfordert wird, durchaus nicht entbehrt werden
kann, so ist das Product eben so sehr Ergebniß der Arbeit wie der
Natur. Wenn zwei Bedingungen gleichmäßig nothwendig sind um
überhaupt eine Wirkung hervorzubringen, so ist es nutzlos, zu sagen,
wie viel von der einen und wie viel von der andern hervorgebracht
sei; es gleicht dies dem Versuche, entscheiden zu wollen, welche
Hälfte einer Scheere beim Schneiden mehr zu thun habe oder
welcher von den Factoren 5 und 6 am meisten zu der Summe
von 30 beitrage. Die Gestalt, unter welcher solche Auffassung vornämlich zum Vorschein kommt, ist die Annahme, daß die Natur
den menschlichen Bemühungen bei der Landwirthschaft mehr Beistand
gewähre als bei der Fabrication. Diese Ansicht, welche die französischen Oeconomisten festhielten und von der auch Adam Smith
nicht frei war, entstand aus einer unrichtigen Auffassung vom
Wesen der Bodenrente. Da diese ein Preis ist, der für eine Na-
turleistung entrichtet wird, und da bei der Fabrication ein solcher
Preis nicht bezahlt wird, so haben jene Schriftsteller sich vorgestellt,
daß es die größere Menge der Dienste sei, wofür der Preis bezahlt
werde. Eine reichlichere Erwägung der Sache würde darauf geführt
haben, daß der Grund, weshalb die Benutzung des Bodens einen
Preis bedingt, lediglich in der Beschränktheit seiner Menge liegt,
und daß, wenn Luft, Hitze, Electricität, chemische Eigenschaften und

die anderen Naturkräfte, welche Fabrikanten anwenden, nur ſparſam
zu Gebote ſtänden und wie der Boden aufgekauft und angeeignet
werden könnten, auch für dieſe eine Rente erhoben werden würde.
§. 4. Dies leitet zu einer Unterſcheidung, welche, wie wir
ſehen werden, von beſonderer Wichtigkeit iſt. Einige Naturkräfte
ſind hinſichtlich der Menge unbeſchränkt, andere beſchränkt. Die
Bezeichnung einer unbeſchränkten Menge iſt natürlich nicht buch=
ſtäblich, ſondern im praktiſchen Sinne zu verſtehen, nämlich eine
Menge, welche über den Gebrauch unter irgend welchen, oder
wenigſtens unter den jetzigen Umſtänden hinausreicht. In einigen
erſt ſeit kurzem bevölkerten Ländern iſt der Boden in praktiſcher
Rückſicht in unbeſchränkter Menge vorhanden; es iſt mehr davon
vorhanden als die dermalige Bevölkerung des Landes oder ein
Zuwachs derſelben in den folgenden Generationen benutzen kann.
Aber ſelbſt hier iſt hinſichtlich der Märkte oder Transportmittel
günſtig gelegener Boden in beſchränkter Menge; es iſt nicht ſo
viel davon vorhanden als Perſonen gerne einnehmen und anbauen
oder ſonſt zu ihrem Nutzen anwenden würden. In allen alten
Ländern iſt culturfähiger Boden, wenigſtens Land von ziemlicher
Fruchtbarkeit zu den der Menge nach beſchränkten Productions=
Factoren zu rechnen. Für gewöhnliche Zwecke kann Waſſer an den
Ufern von Flüſſen oder Seen als in unbeſchränkter Fülle vorhanden
angeſehen werden; wenn es aber zu Bewäſſerungen erfordert wird,
ſo kann Waſſer ſelbſt da zur Befriedigung aller Bedürfniſſe unzu=
reichend ſein; in Gegenden, welche für ihren Verbrauch von Ciſternen
oder Teichen, oder von nicht reichhaltigen oder gar dem Verſiechen
ausgeſetzten Brunnen abhängig ſind, gehört Waſſer ſogar zu den
Dingen, deren Menge am meiſten beſchränkt iſt. Wo Waſſer an
ſich reichlich vorhanden iſt, da kann doch Waſſerkraft, d. h. ein
durch ſeine mechaniſche Kraft zum Dienſte der Fabrication geeig=
netes herabfallendes Waſſer, außerordentlich beſchränkt ſein, im
Vergleich mit dem Gebrauch, der davon gemacht werden würde,
wenn es reichlicher wäre. Steinkohlen, Erze und andere in der
Erde anzutreffende Stoffe ſind noch beſchränkter als der Boden.
Sie ſind nicht allein nur an gewiſſen Oertlichkeiten zu finden,
ſondern auch zu erſchöpfen, obſchon ſie an einem gegebenen Orte
zur Zeit in viel größerer Fülle vorhanden ſein können als ſie für
jetzt benutzt werden würden, ſelbſt wenn man ſie unentgeltlich
erhalten könnte. Der Fiſchfang in der See iſt in den meiſten
Fällen eine Naturgabe, deren Umfang praktiſch unbeſchränkt iſt;
aber der Wallfiſchfang im nördlichen Eismeer iſt lange Zeit unzu=
reichend geweſen für die Nachfrage, welche ſelbſt bei den durch die
Koſten ſolcher Unternehmungen in die Höhe getriebenen Preiſen

stattfanden. Auch die ungeheure Ausdehnung, welche in Folge
davon die große Südseefischerei genommen hat, geht der Erschöpfung
gleichfalls entgegen. Flußfischerei ist eine natürliche Hülfsquelle sehr
beschränkter Art und würde bald erschöpft sein, wenn man jedem
ohne weiteres gestatten wollte sie zu benutzen. Luft kann selbst in
dem Zustande, den wir Wind nennen, in den meisten Lagen in
einer für jeden möglichen Gebrauch ausreichenden Menge erhalten
werden. Gleiches gilt an der Seeküste oder an großen Flüssen vom
Wassertransport, obschon Landungsplätze oder Häfen, zur Erleich=
terung eines solchen Transports geeignet, an vielen Plätzen nicht
die Ausdehnung haben, welche man benutzen würde, wenn sie leicht
zu erlangen wäre.

Späterhin wird nachgewiesen werden, wie viel in der Wirthschaft
der menschlichen Gesellschaft davon abhängt, daß einige der wichtigsten
Naturkräfte und insbesondere der Boden nur in beschränkter Menge
vorhanden sind. Für jetzt soll nur das bemerkt werden, daß so
lange die Menge einer Naturkraft unbeschränkt ist, sie keinen Markt=
werth bedingen kann, es sei denn, daß sie einem künstlichen Monopol
unterworfen würde; niemand wird nämlich etwas geben für eine
Sache, die er umsonst erhalten kann. Sobald aber eine Beschrän=
kung praktisch wirksam wird, sobald man nicht mehr so viel von
einer Sache haben kann als davon angeeignet und benutzt werden
würde, wenn man sie umsonst erhalten könnte, erlangt das Eigen=
thum und die Benutzung von Naturkräften einen Tauschwerth.
Wenn in einem bestimmten Districte mehr Wasserkraft verlangt
wird als herabfallendes Wasser zu diesem Zwecke dort vorhanden
ist, so werden einige für die Benutzung eines solchen Wassers ein
Aequivalent geben. Wenn irgendwo mehr Boden zum Anbau verlangt
wird als eine Gegend überhaupt oder von einer bestimmten Be=
schaffenheit und mit bestimmten Vortheilen der Lage besitzt, so wird
Boden von dieser Beschaffenheit und Lage für einen gewissen Preis
verkauft oder für eine jährliche Rente verpachtet werden. Dieser
Gegenstand wird späterhin ausführlich erörtert werden; es ist indeß
oft von Nutzen, durch kurze Andeutung Grundsätze und Schluß=
folgerungen, zu deren vollständiger Darlegung und Erläuterung noch
nicht der rechte Zeitpunkt da ist, vorwegzunehmen.

Capitel II.

Von der Arbeit als einem Factor der Production.

§. 1. Die Arbeit, welche bei der Hervorbringung eines für menschlichen Gebrauch bestimmten Artikels vorkommt, wird entweder direct bei dieser Sache angewendet, oder bei den vorangehenden Verrichtungen, welche bestimmt sind die folgenden zu erleichtern und vielleicht deren Möglichkeit bedingen. Beim Brotbacken z. B. ist die bei dieser Sache selbst angewendete Arbeit die des Bäckers; aber die Arbeit des Müllers, obschon nicht direct bei der Herstellung des Brotes, sondern der des Mehls angewendet, ist doch gleichmäßig ein Theil der Gesammtsumme von Arbeit, wodurch das Brot hervorgebracht worden ist. Gleiches gilt von der Arbeit der Landleute, welche gesäet und geerntet haben. Man kann der Ansicht sein, daß alle diese Personen ihre Arbeit direct bei der Sache angewendet hätten, indem Korn, Mehl und Brot dieselbe Substanz sei in drei verschiedenen Zuständen. Wir wollen uns auf diese rein sprachliche Streitfrage nicht einlassen, aber da ist noch der Pflüger, welcher den Acker für die Saat zugerichtet hat und dessen Arbeit niemals mit der Substanz in irgend einem ihrer Zustände in Berührung kam, und der Pflugverfertiger, dessen Betheiligung noch entfernter war. Alle diese Personen erhalten schließlich die Vergütung ihrer Arbeit aus dem Brote oder dessen Preise; der Pflugverfertiger eben so gut wie alle übrigen. Da nämlich Pflüge zu nichts anderem dienen als zum Ackern des Bodens, so wird niemand Pflüge aus einem anderen Grunde verfertigen, als weil der dadurch vermehrte Ertrag aus dem Boden eine Quelle abgibt, woraus für die Arbeit des Pflugverfertigers ein entsprechendes Aequivalent angewiesen werden kann. Wenn der Ertrag in der Form von Brot benutzt oder verbraucht wird, so muß auch das Brot dieses Aequivalent geben; das Brot muß ausreichen um alle diese Arbeiter und verschiedene andere zu entschädigen, z. B. die Zimmerleute und Mauerleute, welche die landwirthschaftlichen Gebäude aufgeführt, diejenigen, welche die zum Schutz der Ernte nothwendigen Zäune und Gräben gemacht haben, die Berg- und Hüttenleute, welche das Eisen, woraus der Pflug und andere Geräthe gemacht sind, gewonnen und zugerichtet haben. Diese und der Pflugverfertiger sind jedoch hinsichtlich ihrer Vergütung nicht abhängig von dem Brote, welches aus dem Ertrage

einer einzigen Ernte bereitet wird, sondern von dem aus dem
aller Ernten, die nach und nach eingesammelt werden bis der Pflug
oder die Gebäude und Zäune verbraucht sind.

Wir müssen noch eine andere Art von Arbeit hinzufügen,
nämlich den Transport der Producte vom Ort ihrer Hervor=
bringung zum Orte, wo sie gebraucht werden sollen: die Arbeit
das Korn auf den Markt zu bringen und vom Markte nach der
Mühle, dann das Mehl von der Mühle zum Bäcker und das Brot
von dem Backhause nach der Stelle, wo es schließlich verbraucht
wird. Diese Arbeit ist zuweilen sehr beträchtlich. Mehl wird von
jenseits des atlantischen Meers und Korn aus dem Inneren von
Rußland nach England gebracht. Außer den hierbei unmittelbar
beschäftigten Arbeitern, den Fuhrleuten und Seeleuten, kommen
noch kostbare Werkzeuge in Betracht, wie Schiffe, deren Herstellung
viele Arbeit erfordert hat. Diese letztere Arbeit ist jedoch nicht
hinsichtlich ihrer ganzen Vergütung auf das Brot angewiesen,
sondern nur hinsichtlich eines Theils, indem Schiffe während ihrer
Dauer zum Transport vieler verschiedener Arten von Waaren
benutzt werden.

Es ist daher kein leichtes Verfahren die Arbeit zu schätzen,
welche zur Herstellung einer bestimmten Waare erforderlich gewesen.
Die Rubriken dieser Berechnung sind sehr zahlreich und, wie es
manchem erscheinen mag, unendlich. Wenn wir nämlich als einen
Theil der zur Herstellung des Brotes angewendeten Arbeit die
Arbeit des Schmieds, der den Pflug gemacht hat, mitrechnen, so
kann man fragen, warum man nicht auch die Arbeit bei Herstellung
der vom Schmied gebrauchten Werkzeuge mit in Anrechnung bringen
soll, und dann wieder die Werkzeuge, die gebraucht sind um diese zu
machen, und so immer weiter zurück bis zum Uranfange. Nachdem
wir aber ein oder zwei Stufen auf dieser aufsteigenden Leiter
hinangestiegen sind, kommen wir in das Bereich von Theilchen,
welche für die Berechnung zu klein sind. Man nehme z. B. an,
daß der Pflug, bis er abgenutzt ist, ein Dutzend Jahre dauern
wird. Nur ein Zwölftheil der Arbeit für Anfertigung des Pfluges
muß daher einer einzelnen Jahresernte in Rechnung gestellt werden.
Ein Zwölftel der Arbeit bei Anfertigung eines Pflugs ist ein
Betrag, der eine Schätzung zuläßt. Aber die nämliche Reihe von
Geräthen reicht vielleicht für den Pflugverfertiger aus um hundert
Pflüge zu schmieden, welche während der zwölf Jahre ihrer Dauer
dazu dienen, den Boden von hundert verschiedenen Landgütern zu
bearbeiten. Ein zwölfhundertstel Theil der Arbeit bei Anfertigung
der Geräthe wird daher verausgabt bei der Besorgung einer Jahres=
ernte eines einzelnen Landguts, und wenn dieser Bruchtheil nun

weiter nach Verhältniß vertheilt werden soll unter die verschiedenen
Kornsäcke und Laibe Brot, so ist es auf den ersten Blick augenscheinlich,
daß solche winzige Beträge für irgend welchen praktischen Zweck,
der mit der Waare in Beziehung steht, gar nicht in Betracht
kommen. Es ist wahr, daß wenn der Geräthe-Verfertiger nicht
gearbeitet hätte, das Korn und das Brot nicht hervorgebracht
worden wären, aber die Rücksicht auf diese Arbeit wird ihren Preis
nicht um den zehnten Theil eines Pfennigs erhöhen.

§. 2. Eine andere der Arten, wie Arbeit indirect oder entfernt zur Hervorbringung einer Sache mitwirkt, verdient besondere
Aufmerksamkeit, insofern nämlich als sie angewendet wird um Nahrungsmittel zu schaffen, wodurch die Arbeiter, während sie bei der
Production beschäftigt sind, unterhalten werden sollen. Diese vorgängige Anwendung von Arbeit ist eine unerläßliche Bedingung
bei jeder über den kleinsten Maßstab hinausgehenden productiven
Verrichtung. Mit Ausnahme der Arbeit des Jägers und Fischers
gibt es schwerlich irgend eine Art Arbeit, bei welcher ein unmittelbarer Ertrag stattfindet. Productive Verrichtungen müssen eine
gewisse Zeit lang fortgesetzt werden ehe man ihre Früchte erhält.
Wofern nicht der Arbeiter, bevor er sein Werk beginnt, einen
Vorrath von Nahrungsmitteln besitzt oder Zugang zu den Vorräthen eines anderen erhalten kann, hinlänglich um sich so lange
zu erhalten bis die Production fertig ist, vermag er nur solche
Arbeit zu unternehmen, welche in vereinzelten Zwischenräumen beiläufig neben der Sorge für seinen Unterhalt betrieben werden kann.
Selbst Nahrungsunterhalt kann er nicht in irgend reichlichem Maße
sich verschaffen, denn jedes Verfahren zu diesem Behufe erfordert,
daß schon ein solcher Vorrath vorhanden sei. Die Landwirthschaft
bringt erst nach Verlauf von Monaten Nahrungsmittel hervor,
und wenn auch die Arbeiten des Landwirths nicht nothwendig die
ganze Zeit über fortlaufend sind, so nehmen sie doch einen beträchtlichen Theil der Zeit in Anspruch. Landwirthschaft ist aber ohne
im Voraus producirte Nahrungsmittel nicht nur unmöglich, sondern es muß eine sehr bedeutende Menge davon vorräthig sein,
wenn ein irgend beträchtliches Gemeinwesen im Stande sein soll
sich ganz von der Landwirthschaft zu erhalten. Länder wie England
und Frankreich sind nur dadurch in den Stand gesetzt die Landwirthschaft eines neuen Jahres zu betreiben, weil diejenige früherer
Jahre in diesen Ländern oder anderswo für hinreichenden Unterhalt gesorgt hat um ihre ackerbautreibende Bevölkerung bis zur
nächsten Ernte zu ernähren. Sie sind nur dadurch befähigt, außer
den Nahrungsmitteln so viele andere Dinge hervorzubringen, weil
der am Ende der letzten Ernte vorhandene Vorrath von Lebens-

mitteln ausreicht um nicht nur die landwirthschaftlichen Arbeiter,
sondern daneben noch eine zahlreiche gewerbtreibende Bevölkerung
zu ernähren.

Die zur Hervorbringung dieses Vorraths von Lebensmitteln
angewendete Arbeit bildet einen großen und wichtigen Theil der
vorangegangenen Arbeit, welche nothwendig gewesen ist um die
Betreibung der jetzigen Arbeit möglich zu machen. Zwischen diesen
und anderen Arten vorangegangener oder vorbereitender Arbeit
besteht indeß ein Unterschied, der besondere Beachtung erheischt.
Der Müller, der Landmann, der Pflugverfertiger, der Fuhrmann
und der Wagenmacher, selbst der Seemann und der Schiffbauer,
wenn diese dabei thätig gewesen, sie alle erhalten ihre Vergütung
aus dem schließlichen Product — dem Brote, welches aus dem
Korn bereitet ist, für welches sie auf verschiedene Weise thätig gewesen oder zu dieser Thätigkeit die Werkzeuge geliefert haben. Die
Arbeit, welche die Nahrung zum Unterhalt aller dieser Arbeiter
hervorbrachte, ist für das schließliche Ergebniß — das Brot der
letzten Ernte — eben so nothwendig als irgend ein anderer Theil
der Arbeit, aber sie erhält nicht wie dieser hieraus ihre Vergütung.
Jene vorangegangene Arbeit hat ihre Vergütung schon aus vorangegangenen Lebensmitteln erhalten. Um irgend ein Product hervorzubringen bedarf man Arbeit, Geräthschaften und Stoffe, sowie
Lebensmittel zur Ernährung der Arbeiter. Aber die Geräthschaften
und Stoffe dienen zu nichts anderem als zur Erlangung des Products, oder werden wenigstens zu keinem anderen Gebrauch angewendet, und die Arbeit ihrer Herstellung kann nur dann Vergütung
finden, wenn das Product erlangt worden. Die Lebensmittel haben
dagegen an und für sich einen Nutzen und werden direct zu ihrem
Gebrauch verwendet, nämlich Menschen zu ernähren. Die auf die
Hervorbringung von Nahrungsmitteln angewendete und daraus be-
lohnte Arbeit bedarf keiner erneuerten Vergütung aus den Erzeugnissen der später folgenden Arbeit, welche durch sie unterhalten ist.
Nehmen wir an, daß die nämlichen Arbeiter eine Fabrication betreiben und zugleich Lebensmittel zu ihrem eigenen Unterhalt hervorbringen, so erhalten sie für ihre Mühe die Nahrungsmittel und
die fabricirten Artikel; wenn sie aber auch die Stoffe hervorbringen
und die Geräthschaften verfertigen, so erhalten sie für diese Mühe
nichts als eben nur die fabricirten Artikel.

Der auf den Besitz von Nahrungsmitteln, die zum Unterhalt
von Arbeitern zu verwenden sind, begründete Anspruch auf Vergütung ist anderer Art. Wenn jemand einen Vorrath von Nahrungsmitteln hat, so steht es in seiner Macht diesen in Unthätigkeit selbst
zu verzehren, oder auch andere zu ernähren, damit diese ihn bedienen,

für ihn fechten oder singen oder tanzen. Wenn er nun statt dessen
seine Nahrungsmittel productiven Arbeitern gibt um diese während
ihrer Arbeit zu erhalten, so kann und wird er natürlich aus dem
Ertrage derselben eine Vergütung beanspruchen; er wird sich aber
nicht mit einer einfachen Zurückbezahlung begnügen. Wenn er
lediglich das Gegebene zurückempfängt, so ist er ja nur in derselben
Lage wie vorher und hat keinen Vortheil davon, daß er es auf=
geschoben seine Ersparnisse zu eigenem Nutzen oder Vergnügen zu
verwenden. Er wird auf einen Ersatz für diese Unterlassung sehen;
er wird erwarten, daß sein Vorschuß an Nahrungsmitteln ihm mit
einem Zuschlag zurückerstattet werde, den man in der Geschäfts=
sprache den Gewinn (profit) nennt. Die Aussicht auf diesen Gewinn
wird überhaupt für ihn zum Theil Veranlassung gewesen sein,
durch Ersparung am eigenen Verbrauch einen Vorrath anzuhäufen
oder doch die Verwendung dieses letzteren zu seinem persönlichen
Genuß auszusetzen. Auch die Lebensmittel, welche andere Arbeiter
während der Herstellung der Geräthschaften oder Stoffe ernährt
haben, mußten durch jemanden im Voraus angeschafft sein; es tritt
aber hierbei der Unterschied ein, daß das endliche Product nicht
allein den Gewinn, sondern auch die Vergütung der Arbeit zu
gewähren hat. Der Verfertiger der Geräthschaften, z. B. des Pflugs,
wartet gewöhnlich nicht auf seine Bezahlung bis die Ernte einge=
bracht ist; der Landwirth gibt sie ihm in Vorschuß und tritt in
seine Stelle ein, indem er Eigenthümer des Pflugs wird. Nichts=
destoweniger muß doch aus der Ernte die Bezahlung herfließen;
denn der Landwirth würde die Auslage nicht übernehmen, wenn
er nicht erwartete, daß die Ernte ihm Rückzahlung und dazu einen
Gewinn für seine neue Auslage gewähren werde, — mit anderen
Worten, daß die Ernte, außer der Vergütung für die Feldarbeiter
und einem Gewinn für die Auslage dieserhalb, ihm noch einen aus=
reichenden Ueberschuß liefern werde um die Arbeiter des Pflug=
verfertigers zu bezahlen und sowohl dem Pflugverfertiger als auch
dem Landwirth einen Gewinn wegen ihrer betreffenden Vorschüsse
zu gewähren.

§. 3. Aus diesen Betrachtungen geht ·hervor, daß bei einer
Aufzählung und Eintheilung der Arten der Erwerbthätigkeit, die
zur indirecten oder entfernteren Beförderung anderer productiver
Arbeit dienen, es nicht nöthig ist die Arbeit der Hervorbringung
von Nahrungsmitteln und anderen Lebensbedürfnissen zum Verbrauch
der productiven Arbeiter einzuschließen. Der Hauptendzweck einer
solchen Arbeit ist nämlich der Lebensunterhalt selbst. Wenn der
Besitz eines Vorraths davon auch in den Stand setzt andere Arbeit
zu schaffen, so ist dies nur eine zufällige Folge.

Die übrigen Arten, wie Arbeit auf indirecte Weise zur Pro=
duction mitwirkt, lassen sich unter fünf Rubriken bringen.

Erstens: Arbeit auf die Hervorbringung von Stoffen ange=
wendet, mit denen sich später die Gewerbthätigkeit zu beschäftigen
hat. Diese Arbeit beschränkt sich in vielen Fällen auf bloße An=
eignung („extractive Industrie", wie man sie genannt hat). Die
Arbeit des Bergmanns z. B. besteht in Verrichtungen um aus der
Erde Substanzen heraus zu fördern, welche zu mannigfachen, für
den menschlichen Gebrauch geeigneten Artikeln umgewandelt werden
können. Die hier in Rede stehende Industrie beschränkt sich jedoch
nicht auf die Herausbeförderung von Stoffen. Kohlen z. B. werden
nicht allein zu industriellen Verrichtungen, sondern auch zur Er=
wärmung der Menschen selbst gebraucht. Wenn sie so benutzt
werden, sind sie nicht ein Stoff, sondern ein schließliches Product.
Dasselbe geschieht bei einer Mine von Edelsteinen. Diese werden
freilich zu einem unbedeutenden Betrage auch bei den productiven
Gewerben gebraucht, wie Diamanten vom Glaser, Schmirgel und
Corund zum Poliren, aber ihre hauptsächliche Bestimmung als
Schmuck ist ein directer Gebrauch. Gewöhnlich erfordern sie indeß,
ehe sie so benutzt werden, eine künstliche Vorkehrung, was es
vielleicht rechtfertigt, wenn man sie als Stoffe ansieht. Erze aller
Art sind lediglich Stoffe.

Unter die Rubrik: Production von Stoffen, müssen wir die
Thätigkeit der Holzhauer einschließen, wenn sie mit dem Fällen und
Behauen von Bauholz zu Gebäuden oder von sonstigem Holz zu
Zwecken des Zimmermanns oder anderer Gewerke beschäftigt ist.
In den Wäldern von Amerika, Norwegen, Deutschland, der Pyre=
näen und Alpen kommt diese Art von Arbeit in weitem Umfange
bei von selbst gewachsenen Bäumen in Anwendung. In anderen
Fällen muß man zu der Arbeit der Holzhauer die Arbeit desjenigen,
welcher die Bäume gepflanzt und gezogen hat, hinzurechnen.

In dieser nämlichen Rubrik sind auch einbegriffen: die Arbeiten
des Landmanns bei dem Anbau von Flachs, Hanf, Baumwolle, bei
der Zucht von Seidenwürmern, bei der Erzielung von Viehfutter,
bei der Hervorbringung von Gerbe= und Farbestoffen, von Oelsaaten
und vielen anderen Dingen, deren Nutzen allein darin besteht, daß
sie in anderen Gebieten der Industrie erforderlich sind. Es gehört
noch dahin die Arbeit des Jägers, insofern er es auf Pelzwerk
oder Federn abgesehen hat, die des Schafhirten und Viehzüchters
in Rücksicht auf Wolle, Häute, Hörner, Borsten, Pferdehaare und
dergleichen. Die als Stoffe bei dem einen oder anderen Ver=
fahren in der Industrie benutzten Dinge sind von der mannig=
faltigsten Art und stammen aus jedem Theil des Thier=, Pflanzen=

und Mineral-Reiches. Außerdem sind die fertigen Erzeugnisse vieler Industriezweige die Stoffe für andere. Der von dem Spinner hervorgebrachte Faden wird zu fast gar nichts anderem benutzt als zum Stoff für den Weber. Selbst das Erzeugniß des Webstuhls wird hauptsächlich als Stoff für die Verfertiger von Kleidungsstücken und von Möbeln gebraucht, oder auch von ferneren Werkzeugen einer productiven Industrie, wie es der Fall mit dem Segelmacher ist. Der Gerber und der Lederfabrikant finden ihre ganze Beschäftigung in der Verwandlung roher Stoffe in so zu nennende vorbereitete Stoffe. Wollte man es ganz genau nehmen, so wären fast alle Nahrungsmittel, wie sie aus den Händen des Landwirths kommen, nichts mehr als Material für die Beschäftigung des Bäckers und des Kochs.

§. 4. Die zweite Art indirecter Arbeit ist die, welche auf die Herstellung von Werkzeugen und Geräthen zur Erleichterung der Arbeit angewendet wird. Es ist dies im ausgedehntesten Sinne zu verstehen, mit Einbegriff aller beständigen Hilfsmittel zur Production, von einem Feuerstein und dem zum Anschlagen von Funken bestimmten Stück Stahl an bis zum Dampfschiff oder zur complicirtesten Fabrications-Maschine. Zuweilen kann freilich unentschieden sein, wo die Grenzlinie zwischen Geräthschaften und Stoffen zu ziehen sei. Einige zur Production benutzte, z. B. Feuerung, pflegen im täglichen Sprachgebrauch weder mit dem einen noch dem andern Namen bezeichnet zu werden, indem die populäre Ausdrucksweise sich nach Anforderungen gestaltet, die anderer Art sind als die einer wissenschaftlichen Darlegung. Um eine Vervielfältigung der Abtheilungen und Benennungen, welche einer in wissenschaftlicher Rücksicht unwichtigen Unterscheidung entsprechen, zu vermeiden, begreifen die Volkswirthe im allgemeinen alle Dinge, welche als unmittelbare Mittel der Production benutzt werden, entweder in die Classe der Geräthschaften oder die der Stoffe. (Die nicht unmittelbaren Mittel sollen gleich in Betracht kommen.) Die Grenzlinie wird am gewöhnlichsten und passendsten so bestimmt, daß man als „Stoff" jedes Productionsmittel ansieht, welches nur einmal gebraucht werden kann, indem es durch eine einzige Anwendung, wenigstens als Mittel für den vorliegenden Zweck, vernichtet wird. Feuerung z. B. kann, einmal verbrannt, nicht wieder als Feuerung gebraucht werden; was davon so noch benutzt werden kann, ist nur ein gewisser Theil, der das erste Mal noch nicht verbrannt worden. Und sie kann nicht allein nicht benutzt werden, ohne consumirt zu werden, sondern sie ist allein dadurch von Nutzen, daß sie consumirt wird; wenn kein Theil der Feuerung zerstört würde, so könnte keine Wärme erzeugt werden. Eben so wird ein Vließ als solches zerstört, wenn es zu Fäden gesponnen wird, und die Fäden können nicht mehr als Fäden benutzt werden, sobald sie zu einem Zeuge verwebt sind. Aber eine Axt wird nicht als Axt vernichtet, wenn mit ihr ein Baum gefällt worden, und sie kann nachher dazu benutzt werden, noch hundert oder tausend Bäume umzuhauen. Wenngleich die Axt durch die Benutzung jedesmal in einem geringen Grade verschlechtert wird, so erfüllt sie ihre Leistung keineswegs dadurch, daß sie verschlechtert wird, wie dies bei der Kohle und dem Bließ durch ihre Vernichtung der Fall ist; im Gegentheil, jene ist um ein desto besseres Werkzeug, je besser sie der Verschlechterung widersteht. Es gibt einige mit Recht zu den Stoffen gerechnete Dinge, welche als solche zum zweiten und dritten Male benutzt werden können, aber erst dann, wenn das Product, zu dem sie zuerst gebraucht wurden, aufgehört hat. Das Eisen, das einen Wasserbehälter oder eine Zahl Röhren gebildet hat, kann umgeschmolzen werden um daraus einen Pflug oder eine Dampfmaschine herzustellen; die Steine, woraus ein Haus gebaut war, können, nachdem dieses niedergerissen, zum Bau eines andern Hauses benutzt werden. Dies kann indeß nicht geschehen, so lange das ursprüngliche Product besteht; ihr Gebrauch als Stoff ist bis zur Erschöpfung der ersten Benutzung ausgesetzt. Bei den als Geräthschaften classificirten Dingen ist es anders, sie können wiederholt zu neuen Arbeiten benutzt werden bis zu dem zuweilen sehr fern liegenden Zeitpunkt, wo sie unbrauchbar geworden, während das durch sie Geleistete unvermindert fortbesteht, und wenn es vergeht, dies nach seinen eigenen Gesetzen oder durch eigene Zufälligkeiten thut*).

Der einzige praktische Unterschied von besonderer Wichtigkeit, der aus der Unterscheidung zwischen Stoffen und Geräthschaften hervorgeht, hat unsere Aufmerksamkeit schon bei einer andern Gelegenheit auf sich gezogen. Weil Stoffe als solche durch einen einmaligen Gebrauch zerstört werden, so muß die gesammte Arbeit,

---

*) Der Berichterstatter über dieses Werk im „Edinburgh Review" (October 1848) gibt die Unterscheidung zwischen Stoffen und Geräthschaften etwas anders an. Er schlägt vor, als Stoffe alle die Dinge zu betrachten, „welche, nachdem sie die mit der Production verbundene Veränderung erfahren haben, selbst Gegenstände des Austausches sind", und als Geräthschaften (Instrumente) „diejenigen Dinge, welche angewendet werden, jene Veränderung herbeizuführen, die aber nicht selbst Theil des tauschbaren Ergebnisses werden". Dieser Unterscheidung gemäß würde die in einer Fabrik verbrauchte Feuerung nicht als ein Stoff, sondern als ein Werkzeug oder Instrument anzusehen sein. — Diese Ausdrucksweise stimmt allerdings besser als die im Texte vorgeschlagenen mit dem ursprünglichen physikalischen Begriff von „Stoff" (material), allein die Unterscheidung, worauf sie sich gründet, ist für die Volkswirthschaft ziemlich irrelevant.

welche zu ihrer Hervorbringung erforderlich war, wie auch die
Sparsamkeit desjenigen, der die Mittel zu ihrer Betreibung her=
gegeben, aus dem Ertrage jenes einmaligen Gebrauchs ihre Ver=
gütung erhalten. Da Geräthschaften hingegen einen wiederholten
Gebrauch gestatten, so ist auch die Gesammtheit der Producte, zu
deren Hervorbringung sie behilflich gewesen sind, ein Fonds, der
zur Vergütung für die Arbeit ihrer Herstellung und für die Ent=
haltsamkeit derjenigen, durch deren Ersparnisse solche Arbeit gefördert
wurde, in Anspruch genommen wird. Es reicht hin, wenn jedes
Product einen Bruchtheil, meistens einen ganz unbedeutenden, zu
solcher Vergütung beiträgt, oder auch zur Entschädigung des un=
mittelbaren Producenten, der diese Vergütung demjenigen, der die
Geräthschaften hervorgebracht hat, vorgeschossen hat.

§. 5. Drittens: außer den Stoffen, welche sie verarbeitet, und
den Geräthschaften, durch die sie erleichtert wird, bedarf die Erwerb=
thätigkeit Vorkehrungen, daß ihre Verrichtungen vor Störungen
und ihre Producte vor Beschädigung durch zerstörende Naturwirkungen
oder durch Gewaltthätigkeit und Raubsucht der Menschen geschützt
werden. Hieraus entsteht eine andere Art und Weise, wie Arbeit,
ohne direct auf das Product selbst angewendet zu werden, zu dessen
Hervorbringung mit wirksam ist, indem sie nämlich zur Beschützung
der Erwerbthätigkeit verwendet wird. Dies ist die Absicht bei allen
Baulichkeiten zu industriellen Zwecken, wie Fabriken, Waarenhäusern,
Docks, Scheunen, Kornspeichern, ländlichen Gebäuden für das Vieh
und die Verrichtungen der landwirthschaftlichen Arbeit. Die Gebäude,
worin die Arbeiter leben oder die zu ihrer persönlichen Annehm=
lichkeit bestimmt sind, bleiben ausgeschlossen. Diese sowie die Nah=
rungsmittel der Arbeiter befriedigen wirkliche Bedürfnisse und kommen
bei der Vergütung der Arbeit mit in Betracht. — In manchen
Fällen wird Arbeit noch directer zur Beschützung productiver Ver=
richtungen verwendet. Der Hirte hat wenig andere Beschäftigung
als das Vieh vor Beschädigung zu schützen; die positive Thätigkeit
hinsichtlich der von ihm zu erzielenden Producte geht damit fast
Hand in Hand. Der Arbeit derer, die Zäune und Gräben oder
Wälle und Deiche machen, ist schon früher Erwähnung geschehen.
Hierher gehört noch die Arbeit des Soldaten, des Polizeibeamten,
des Richters. Diese werden freilich nicht ausschließlich durch die
Beschützung der Erwerbthätigkeit beschäftigt und eben so wenig ist
ihre Bezahlung für den einzelnen Producenten ein Theil der Pro=
ductionskosten; allein ihre Bezahlung erfolgt aus den Steuern,
welche aus dem Ertrage der Erwerbthätigkeit herfließen, und in
jedem erträglich regierten Staate leistet ihre Wirksamkeit einen die
Kosten weit überwiegenden Dienst. Für die Gesellschaft im Ganzen

bilden sie daher einen Theil der Productionskosten, und wenn der
Ertrag der Production nicht ausreichen würde, diese Arbeiter außer
den sonst erforderlichen zu ernähren, so könnte die Production nicht
stattfinden, wenigstens nicht in ihrer dermaligen Gestalt und Weise;
wenn der Schutz, welchen die Regierung der Erwerbthätigkeit
gewährt, wegfiele, so würden die Producenten gezwungen sein,
entweder einen großen Theil ihrer Zeit und Arbeit der Production
zu entziehen, um diesen zur Vertheidigung zu verwenden, oder auch
Bewaffnete zu ihrer Vertheidigung anzunehmen. In solchem Falle
müßte diese ganze Arbeit ihre directe Vergütung aus dem Ertrage
erhalten, und Sachen, welche die Bezahlung dieser hinzukommenden
Arbeit tragen würden, könnten nicht hervorgebracht werden. Unter den
bestehenden Verhältnissen bezahlt jedes Product seine Quote für den
nämlichen Schutz, und ungeachtet der Verschwendung, welche bei
den Regierungsausgaben vorfällt, erhält man denselben auf diese
Weise in besserer Beschaffenheit und mit viel geringeren Kosten.

§. 6. Viertens: eine große Menge von Arbeit wird dazu
verwendet, nicht die Producte selbst hervorzubringen, sondern dieselben
nach ihrer Hervorbringung allen denen, zu deren Gebrauch sie
bestimmt sind, zugänglich zu machen. Viele wichtige Classen von
Arbeitern finden in irgend einer Leistung dieser Art ihre alleinige
Beschäftigung. Dahin gehören erstlich die ganze Classe von Fuhr=
leuten zu Lande oder zu Wasser, Maulthiertreiber, Wagenführer,
Seeleute, Schauerleute, Kohlenträger, Arbeitsleute, Eisenbahn=
beamte und dergleichen; ferner gehören dahin die Verfertiger aller
Transportmittel von Schiffen, Böten, Wagen, Locomotiven u. s. w.
und Wege, Canäle und Eisenbahnen müssen ebenfalls hierher ge=
rechnet werden. Wege werden zuweilen von der Regierung angelegt
und dem Publicum umsonst geöffnet; die Arbeit ihrer Herstellung
wird aber nichtsdestoweniger aus dem Ertrage der Production
bezahlt. Jeder Producent bezahlt für den Gebrauch derjenigen,
welche zu seiner Annehmlichkeit beitragen, indem er seine Quote zu
den für die Erbauung von Wegen überhaupt erhobenen Steuern
entrichtet, und wenn die Wege nur einigermaßen mit Einsicht an=
gelegt werden, so vermehren sie den Ertrag seiner Erwerbthätigkeit
um weit mehr als den von ihm bezahlten Betrag.

Eine andere zahlreiche Classe von Arbeitern, deren Geschäft
darin besteht, die hervorgebrachten Producte ihren in's Auge ge=
faßten Verbrauchern zugänglich zu machen, ist die Classe der Krämer
und Kaufleute, oder, wie man sie nennen könnte, der Vertheiler.
Große Zeitvergeudung und Mühe sowie oft bis zur Unthunlichkeit
sich steigernde Schwierigkeiten würden stattfinden, wenn die Consu=
menten die Artikel, deren sie bedürfen, nur durch ein directes

Geschäft mit den Producenten erhalten könnten. Sowohl Produ=
centen als Consumenten sind viel zu sehr zerstreut und die letzteren
oft in zu großer Entfernung von den ersteren. Um diesen Verlust
an Zeit und Arbeit zu vermindern, nahm man in alten Zeiten
seine Zuflucht zu Messen und Märkten, wo Consumenten und Pro=
ducenten zu gewissen Zeitabschnitten ohne weitere Vermittlung zu=
sammentraten. Diese Einrichtung paßt für manche Artikel, namentlich
für landwirthschaftliche Producte, da Landleute zu gewissen Zeiten
von ihrer Beschäftigung abkommen können. Aber selbst in diesem
Falle ist für Käufer, welche andere Beschäftigung haben und nicht
in unmittelbarer Nachbarschaft wohnen, das Hinkommen oft sehr
mühsam und störend. Für solche Artikel, deren Hervorbringung
längere Zeit erfordert, mußten diese wiederkehrenden Märkte in be=
deutenden Zwischenräumen abgehalten werden und die Bedürfnisse
der Consumenten entweder so lange vorher versorgt werden oder
so lange unbefriedigt bleiben, weshalb schon, ehe noch die Verhält=
nisse der Gesellschaft die Herstellung von Läden gestatteten, die
Befriedigung dieser Bedürfnisse allgemein in die Hände herum=
ziehender Krämer fiel. Der Hausirer, der einmal im Monat sich
zeigen mochte, wurde dem Markte, der nur einmal oder zweimal
im Jahre wiederkehrte, vorgezogen. In ländlichen Districten,
entfernt von Städten oder großen Dörfern, hat das Gewerbe der
Hausirer auch jetzt noch nicht ganz aufgehört. Auf einen Verkäufer,
welcher einen festen Aufenthalt und feste Kunden hat, kann man sich
jedoch noch mehr verlassen, so daß die Consumenten es vorziehen,
wenn es ohne viele Umstände geschehen kann, sich an ihn zu wenden.
Verkäufer finden deshalb ihren Vortheil darin sich an jedem Orte
zu etabliren, wo eine hinreichende Zahl Consumenten in der Nähe
ist um ihnen eine entsprechende Vergütung zu verschaffen.

　　In vielen Fällen sind die Producenten und Detailverkäufer
dieselben Personen, wenigstens in Rücksicht des Eigenthums der
Betriebsmittel und der Beaufsichtigung der Geschäfte. Der Schneider,
der Schuster, der Bäcker und viele andere Gewerbetreibende sind
zugleich die Producenten der Artikel, mit denen sie handeln, insofern
die letzte Stufe der Production in Betracht kommt. Diese Ver=
bindung der Geschäfte der Gewerbetreibenden und des Detaillisten
ist jedoch nur dann passend, wenn der Artikel an oder nahe dem
zum Verkauf geeigneten Platze mit Vortheil erzeugt werden kann
und außerdem in einzelnen Stücken verfertigt und verkauft wird.
Sind Dinge aus der Entfernung herbeizuschaffen, so kann die näm=
liche Person nicht füglich die Anfertigung und den Detailverkauf
derselben beaufsichtigen. Wenn Artikel am besten und wohlfeilsten
im Großen hergestellt werden, so erfordert eine einzige Fabrik so

viele verschiebene Richtungen für ihren Absatz, daß der Detail=
verkauf am angemessensten einer besonderen Thätigkeit überlassen
wird. Selbst Schuhe und Röcke, wenn sie auf einmal in großer
Menge geliefert werden sollen, wie für den Bedarf eines Regiments
oder Arbeitshauses, erhält man gewöhnlich nicht direct von den
Producenten, sondern von Zwischenhändlern, deren Geschäft es ist zu
ermitteln, von welchen Producenten man die Sachen am besten und
wohlfeilsten erhalten kann. Selbst wenn Dinge bestimmt sind schließlich
im Detail verkauft zu werden, so ruft doch die Bequemlichkeit auch
hinsichtlich ihrer meistens eine Classe von Großhändlern hervor.
Sobald Producte und Geschäfte sich über einen gewissen Punkt
vermehrt haben, wenn Eine Fabrik viele Läden versorgt und Ein
Laden seine Waaren von vielen verschiedenen Fabriken beziehen muß,
so läßt der Zeitverlust und die Mühe, welche sowohl für die Fabri=
kanten wie Detaillisten durch eine directe Geschäftsverbindung entstehen
würde, es ihnen vortheilhafter erscheinen mit einer kleineren Anzahl
von Großhändlern oder Kaufleuten zu thun zu haben. Diese kaufen
dann um wieder zu verkaufen, indem sie von den verschiedenen Pro=
ducenten Waaren einkaufen und dieselben wieder an die Detaillisten
absetzen, damit diese sie weiter unter die Consumenten vertheilen.
Aus diesen verschiedenen Elementen besteht die „vertheilende (distri=
buirende) Classe", deren Thätigkeit die der producirenden Classe
ergänzt. Die so vertheilten Producte oder ihr Preis sind die Quelle,
woraus die Vertheiler für ihre persönlichen Bemühungen und für
die Enthaltsamkeit, welche sie in den Stand setzte, die für das
Geschäft der Vertheilung erforderlichen Mittel vorzuschießen, ihre
Vergütung erhalten.

§. 7. Wir haben nun die Aufzählung der Arten, wie die auf
die äußere Natur angewendete Arbeit zur Production dient, beendigt.
Es gibt aber noch eine andere Art der Arbeitsanwendung, die
ebenfalls, obschon entfernter, zu diesem Zwecke beiträgt, nämlich
solche Arbeit, welche sich direct auf die Menschen selbst bezieht.
Jeder Mensch ist von seiner Kindheit an auf Kosten vieler Arbeit
erzogen, und wenn diese Arbeit oder ein Theil derselben nicht auf
ihn verwendet wäre, so würde das Kind niemals das Alter und
die Kraft erreicht haben, wodurch es in den Stand gesetzt wird
selbst wieder ein Arbeiter zu werden. Für das Gemeinwesen im
Ganzen bilden die Arbeit und Kosten für Auferziehung der jugend=
lichen Bevölkerung einen Theil der Auslage, die eine Bedingung
der Production ist, und sind aus dem künftigen Ertrage ihrer Arbeit
mit Zuschlag wieder zu erstatten. Von den einzelnen Individuen
werden diese Arbeit und Kosten gewöhnlich aus anderen Beweg=
gründen, als um solchen schließlichen Ersatz zu erlangen, über=

Arbeit als Factor der Production.   43

nommen, und für die meisten Zwecke der Volkswirthschaft brauchen
sie nicht als Productionskosten in Anrechnung gebracht zu werden.
Aber die technische oder industrielle Erziehung des Gemeinwesens,
die Arbeitsanwendung um die Gewerbe der Production zu lernen
und zu lehren sowie in diesen Gewerben sich Geschicklichkeit anzu=
eignen und mitzutheilen, diese Arbeit wird in Wirklichkeit und im
allgemeinen außschließlich in der Absicht übernommen um dadurch
größern oder werthvolleren Ertrag zu erzielen, und zu dem Behufe,
damit der Lernende eine Vergütung von gleichem oder größerem
Werth für sich gewinne sowie außerdem eine entsprechende Ver=
gütung für die Arbeit des Lehrers, falls ein solcher hinzu=
gezogen ist.

    Wie die Arbeit, welche productive Kräfte sei es der Hand oder
des Kopfes verleiht, als ein Theil derjenigen Arbeit betrachtet
werden kann, wodurch die menschliche Gesellschaft ihre productive
Thätigkeit erfüllt — oder mit anderen Worten als ein Theil der
Productionskosten der Gesellschaft — so ist es auch der Fall mit
der Arbeit, welche auf die Erhaltung productiver Kräfte ange=
wendet wird, indem sie verhindert, daß diese durch Zufall oder
Krankheit vernichtet oder geschwächt werden. Die Arbeit ein Arztes
oder Chirurgen, wenn sie von Personen, die in einem Gewerbe
beschäftigt sind, benutzt wird, muß in der Gesellschaftswirthschaft
als ein Opfer betrachtet werden, das man auf sich nimmt um den
Theil der productiven Hilfsquellen der Gesellschaft, welcher in dem
Leben und den körperlichen oder geistigen Kräften ihrer productiven
Mitglieder liegt, vor Untergang durch Tod oder Krankheit zu
bewahren. Für die Individuen bildet dies freilich nur einen
Theil, zuweilen einen gar nicht wahrnehmbaren Theil der Beweg=
gründe, welche sie veranlassen sich einer ärztlichen Behandlung zu
unterziehen. Nicht so sehr aus wirthschaftlichen Motiven lassen sich
Personen ein Bein amputiren oder suchen von einem Fieber befreit
zu werden, wenngleich, falls sie dieses thäten, auch schon darin
allein eine hinlängliche Veranlassung läge. Dies ist daher einer
von den Fällen, wo Arbeit und Auslagen, obschon der Production
förderlich, doch nicht zu diesem Endzweck oder im Hinblick auf die
daraus entspringenden Erträge übernommen werden und daher außer
der Sphäre der meisten allgemeinen Sätze liegen, welche die Volks=
wirthschaft in Rücksicht auf productive Arbeit aufzustellen Gelegen=
heit hat. Wenn jedoch die Gesellschaft und nicht die Individuen in
Betracht kommen, so müssen diese Arbeit und Auslage angesehen
werden als ein Theil des Vorschusses, wodurch die Gesellschaft ihre
productive Thätigkeit bewirkt und wofür sie durch deren Ertrag
entschädigt wird.

§. 8. Eine andere Art Arbeit, welche gewöhnlich als geistige classificirt wird, aber zum schließlichen Product eben so direct, wenn auch nicht ganz so unmittelbar wie die Handarbeit selbst beiträgt, ist die Arbeit der Erfinder industrieller Verfahrungsarten. Ich sage, sie wird gewöhnlich als geistige Arbeit classificirt, weil sie es in Wirklichkeit nicht ausschließlich ist. Jede menschliche Anstrengung ist aus geistigen und körperlichen Elementen zusammengesetzt. Der dummste Handlanger, der Tag für Tag den mechanischen Act des Ersteigens einer Leiter wiederholt, verrichtet eine theilweise intellectuelle Aufgabe; der verständigste Hund oder Elephant könnte wahrscheinlich hierzu nicht abgerichtet werden. Das schwachsinnigste menschliche Wesen ist nach vorgängiger Unterweisung im Stande eine Mühle zu drehen, aber ein Pferd kann dies ohne jemanden, der es lenkt und beaufsichtigt, nicht thun. Andererseits findet sich ein körperlicher Bestandtheil auch bei der rein geistigen Arbeit, wenn sie irgend ein äußerliches Ergebniß liefert. Newton hätte die „Principia" nicht zu Tage gefördert ohne die körperliche Bemühung seines Aufschreibens oder des Dictirens; und er muß manche Figuren gezeichnet und viele Berechnungen und Beweise niedergeschrieben haben, während er sein Werk im Geiste vorbereitete. Außer der Arbeit ihres Gehirns haben Erfinder meistentheils mit ihren Händen manche Arbeit durchzumachen bei den Modellen, welche sie herstellen, und den Experimenten, die sie versuchen, bevor ihre Idee erfolgreich zur wirklichen Ausführung kommen kann. Möge ihre Arbeit indeß körperlich oder geistig sein, sie bildet einen Theil der Gesammtarbeit, wodurch die Production zu Stande gebracht wird. Watt's Arbeit bei Erfindung der Dampfmaschine war ein eben so wesentlicher Theil der Production als die der Handwerker, die bei ihrer Herstellung beschäftigt waren, und der Ingenieure, welche sie einrichteten; und die Arbeit des ersteren ward nicht weniger als die der übrigen in der Aussicht auf eine Vergütung aus dem Ertrage unternommen. Oft wird die Arbeit der Erfindung ganz nach dem nämlichen Maßstabe wie die der Ausführung geschätzt und bezahlt. Viele Fabrikanten von verzierten Artikeln haben in ihrem Geschäfte Erfinder, welche eben so Taglohn oder Gehalte für das Entwerfen von Mustern erhalten wie andere für deren Copirung. Alles dies ist genau eben so Theil der Productionsarbeit, wie die Arbeit des Verfassers eines Buches nicht minder ein Theil der Production desselben ist als die Arbeit des Druckers und Buchbinders.

Vom nationalen oder universellen Gesichtspunkte aus ist die Arbeit des Gelehrten oder speculativen Denkers eben so sehr ein Theil der Production im engsten Sinne des Worts wie die des

Erfinders einer praktischen Kunstfertigkeit. Viele dieser Erfindungen sind die directen Folgen theoretischer Entdeckungen, und jede Erweiterung der Kenntniß von den Naturkräften ist fruchtbar gewesen in Anwendungen zu Zwecken des äußeren Lebens. Der elektromagnetische Telegraph war die wunderbare und ganz unerwartete Folge der Experimente Oersted's und der mathematischen Forschungen von Ampère. Die neue Schifffahrtskunst ist ein unvorhergesehener Ausfluß aus der rein speculativen und anscheinend nur wißbegierigen Untersuchung der alexandrinischen Mathematiker über die Eigenthümlichkeit von drei Curven, die durch den Durchschnitt einer ebenen Fläche und eines Kegels gebildet werden. Der Wichtigkeit der Gedanken an und für sich kann selbst vom rein productiven und materiellen Gesichtspunkte aus keine Grenze gesetzt werden. Insofern diese materiellen Früchte, wenn auch das Ergebniß, doch selten die directe Absicht bei den Bestrebungen der Gelehrten sind und ihre Vergütung im allgemeinen auch nicht aus der vermehrten Production herfließt, die zufällig und meistens nach einem langen Zwischenraume durch ihre Entdeckungen verursacht sein mag, so braucht dieser schließliche Einfluß für die meisten Zwecke der Volkswirthschaft nicht in Betracht gezogen zu werden. Speculative Denker werden gewöhnlich nur als die Producenten von Büchern oder anderen nützlichen und verkaufbaren Dingen, die von ihnen herrühren, classificirt; wenn wir aber, wozu man bei der Volkswirthschaft immer bereit sein sollte, unsern Gesichtskreis erweitern und nicht auf individuelle Handlungen und die Beweggründe, durch welche sie bestimmt wurden, sondern auf nationale und universelle Ergebnisse blicken, so muß intellectuelle Speculation als ein höchst einflußreicher Theil der productiven Arbeit der Gesellschaft angesehen werden, und was von Hilfsquellen der letzteren dazu verwendet wird, solche Arbeit zu befördern und zu belohnen, muß als ein sehr productiver Theil ihrer Ausgabe gelten.

§. 9. In der vorangehenden Uebersicht der Arten der Arbeitsanwendung zur Förderung der Production ist die gewöhnliche Unterscheidung der Erwerbthätigkeit (industry) als landwirthschaftliche, gewerbliche und commercielle wenig vorgekommen. In Wahrheit erfüllt diese Eintheilung die Zwecke einer Classification auch sehr ungenügend. Viele bedeutende Zweige der productiven Thätigkeit finden darin keine Stelle oder doch nicht ohne großen Zwang; z. B., um nicht von Jägern und Fischern zu sprechen, der Bergmann, der Straßenbauer und der Seemann. Zwischen landwirthschaftlicher und gewerblicher Betriebsamkeit kann die Grenze nicht genau gezogen werden. Sollen z. B. der Müller und der Bäcker zu den Landwirthen oder zu den Gewerktreibenden gezählt werden?

Ihre Beschäftigung ist ihrem Wesen nach eine gewerkliche; die Nahrungsmittel haben ihre Gemeinschaft mit dem Boden aufgegeben, bevor sie ihnen überliefert worden. Dies kann jedoch mit gleicher Wahrheit von dem Drescher, dem Worfler, dem Butter= und Käse= bereiter gesagt werden, Beschäftigungen, welche immer als land= wirthschaftliche gegolten haben, vermuthlich weil es Brauch ist, daß sie von auf dem Landgute wohnenden Leuten und unter derselben Aufsicht wie das Pflügen verrichtet werden. Für viele Zwecke müssen alle diese Personen, einschließlich des Müllers und Bäckers, in die= selbe Classe mit Pflügern und Schnittern gestellt werden. Sie alle kommen in Betracht bei der Hervorbringung von Nahrungsmitteln und ihre Vergütung hängt ab von den hervorgebrachten Nahrungs= mitteln. Wo die eine dieser Classen zahlreich und in guten Um= ständen ist, da sind es auch die anderen; sie bilden zusammenge= nommen das landwirthschaftliche Interesse, sie leisten dem Gemein= wesen durch ihre vereinten Arbeiten nur Eine Art Dienst und werden aus einer gemeinschaftlichen Quelle bezahlt. Selbst die Bear= beiter des Bodens, wenn der Ertrag nicht in Nahrungsmitteln, sondern in Stoffen zu gewerklichen Zwecken besteht, gehören in manchen Beziehungen zu derselben Abtheilung der Gesellschafts= Oeconomie wie die Gewerktreibenden. Der Baumwollpflanzer in Carolina und der Schafzüchter in Australien haben mit dem Spinner und Weber mehr Interessen gemeinsam, als mit dem Getreidebauer. Andererseits hat aber die Erwerbthätigkeit, welche unmittelbar mit dem Boden zu thun hat, wie wir hernach sehen werden, einige Eigenthümlichkeiten, von denen manche wichtige Folgerungen abhängen und welche sie von allen folgenden Stufen der Produc= tion, möge diese von derselben Person betrieben werden oder nicht, unterscheiden; von der Thätigkeit des Dreschers und Wörflers eben so sehr als von der des Baumwollspinners. Wenn ich daher von landwirthschaftlicher Arbeit spreche, werde ich im allgemeinen diese, und nur diese meinen, falls nicht das Gegentheil ausdrücklich be= merkt wird oder aus dem Zusammenhange hervorgeht. Der Aus= druck gewerktreibend oder fabricirend (manufacturing) ist zu unbe= stimmt um von großem Nutzen zu sein, wo Genauigkeit erfordert wird; wenn ich denselben gebrauche, so wünsche ich ihn mehr als eine populäre, nicht als eine wissenschaftliche Bezeichnungsweise betrachtet zu sehen.

Capitel III.

Von der unproductiven Arbeit.

§. 1. Arbeit ist zur Production unentbehrlich, hat aber nicht immer Production zur Folge. Es gibt manche Arbeit und zwar von einem hohen Grade von Nützlichkeit, bei der es auf Production nicht abgesehen ist. Man hat daher die Arbeit unterschieden als productive und unproductive. Zwischen den Volkswirthen ist nicht wenig über die Frage gestritten worden, welche Arten der Arbeit als unproductive gelten sollten, und sie haben mitunter übersehen, daß thatsächliche Verhältnisse unter ihnen eigentlich nicht streitig waren.

Viele Schriftsteller haben nicht darauf eingehen wollen eine Arbeit als productiv zu bezeichnen, wenn ihr Ergebniß nicht in einem materiellen Gegenstand handgreiflich vorliegt und von einer Person auf die andere übertragen werden kann. Andere (und zu diesen gehören M'Culloch und J. B. Say) betrachten das Wort unproductiv als einen beschimpfenden Ausdruck und erklären sich dagegen, daß irgend eine Arbeit, welche als nützlich betrachtet wird, welche einen der Kosten werthen Gewinn oder Genuß hervorbringt, damit bezeichnet werde. Die Arbeit der Regierungsbeamten, der Armee und Flotte, der Aerzte, Rechtsgelehrten, Lehrer, Musiker, Tänzer, Schauspieler, der häuslichen Dienerschaft u. s. w., wenn sie wirklich das erfüllen, wofür sie bezahlt werden, und nicht zahlreicher sind als zu ihrer Leistung erforderlich ist, sollten nicht (behaupten jene Schriftsteller) als unproductiv gebrandmarkt werden, welchen Ausdruck sie als gleichbedeutend mit verschwenderisch und werthlos zu betrachten scheinen. Mir scheint dies jedoch ein Mißverstehen des streitigen Punktes zu sein. Da Production nicht der einzige Endzweck des menschlichen Daseins ist, so enthält der Ausdruck unproductiv nicht nothwendig eine Beschimpfung; und diese ist in dem vorliegenden Falle auch niemals beabsichtigt gewesen. Die Frage ist lediglich eine sprachliche und auf die Classification bezügliche. Sprachliche Differenzen sind jedoch auf keine Weise unwichtig, selbst wenn sie sich nicht auf Meinungsverschiedenheiten gründen; denn wenn auch jede von den beiden Bezeichnungen mit der ganzen Wahrheit sich verträgt, so werden sie doch gewöhnlich die Aufmerksamkeit auf verschiedene Seiten derselben hinlenken.

Wir müssen daher ein wenig auf die Betrachtung eingehen, welcher verschiedene Sinn den Ausdrücken: „productiv" und „un= productiv" in Bezug auf Arbeit beigelegt werden kann.

Zuvörderst muß man sich erinnern, daß selbst bei der soge= nannten materiellen Production das, was hervorgebracht wird, nicht der Stoff ist, woraus es besteht. Die gesammte Arbeit aller mensch= lichen Wesen in der Welt ist nicht im Stande den allergeringsten Theil eines Stoffes hervorzubringen. Das Weben von Tuch ist weiter nichts als auf eine besondere Weise die Wolltheilchen wieder aneinander zu fügen. Korn zu bauen ist weiter nichts als einen Theil des Stoffes, den man Saat nennt, in eine Lage zu bringen, wo er Stofftheilchen aus der Erde und Luft an sich ziehen kann, um die neue Combination, welche man Pflanze nennt, zu bilden. Obschon wir aber keinen Stoff zu schaffen im Stande sind, so können wir es doch dahin bringen, daß er Eigenschaften annimmt, wodurch er nützlich wird, nachdem er für uns nutzlos gewesen war. Was wir hervorbringen oder hervorzubringen wünschen, ist immer, wie Say es richtig bezeichnet, nur eine Nützlichkeit. Arbeit schafft keine Gegenstände, sondern Nützlichkeiten. Andererseits verbrauchen und zerstören wir auch nicht die Gegenstände selbst; der Stoff woraus sie zusammengesetzt waren bleibt in mehr oder weniger ver= änderter Gestalt. Was wirklich verbraucht worden, sind nur die Eigenschaften, wodurch sie für den Zweck, zu dem sie angewendet wurden, geeignet waren. Sehr passend wird daher von Say und anderen die Frage aufgeworfen: da wir, wenn man von uns sagt, daß wir Gegenstände hervorbringen, nur Nützlichkeiten hervorbringen, warum sollte denn nicht jede Arbeit, welche eine Nützlichkeit her= vorbringt, für productiv gelten? Warum soll diese Bezeichnung dem Wundarzt, welcher einen Arm wieder einsetzt, dem Richter oder Gesetzgeber, welcher Sicherheit verschafft, verweigert, und dem Steinschneider, der einen Diamant bearbeitet, ertheilt werden? Warum sollte sie dem Lehrer, von dem ich eine Kunst lerne um mein Brot zu verdienen, versagt, und dem Conditor, der Bonbons für den augenblicklichen Genuß des Gaumens bereitet, zuerkannt werden?

Es ist nun vollkommen wahr, daß alle diese Arten der Arbeit Nützlichkeit hervorbringen, und die Frage, die uns jetzt beschäftigt, könnte überhaupt nicht aufgeworfen werden, wenn das Hervor= bringen von Nützlichkeit ausreichte, um dem Begriff, den die Menschen sich gewöhnlich von productiver Arbeit gebildet haben, zu entsprechen. Production und productiv sind also elliptische Aus= drücke, welche die Idee eines hervorgebrachten Etwas in sich schließen, aber dieses Etwas in seiner gewöhnlichen Auffassung scheint mir nicht Nützlichkeit, sondern Vermögen zu sein. Productive Arbeit bedeutet Arbeit, welche Vermögen hervorbringt. Wir werden daher zu der in unserem ersten Capitel berührten Frage zurückgeführt, was Vermögen sei: ob nur materielle Producte oder alle nützlichen Producte darunter begriffen sind?

§. 2. Die durch Arbeit hervorgebrachten Nützlichkeiten sind dreierlei Art.

Erstens: Nützlichkeiten, welche äußerlichen Gegenständen einverleibt sind. Dies geschieht vermittelst Arbeit, die dazu angewendet wird, äußerliche materielle Dinge mit Eigenschaften zu versehen, wodurch sie Menschen diensam werden. Dies ist der gewöhnliche Fall und bedarf keiner Erläuterung.

Zweitens: Nützlichkeiten, welche menschlichen Wesen einverleibt sind. Die Arbeit wird in diesem Falle dazu angewendet, menschlichen Wesen Eigenschaften beizubringen, wodurch sie sich selbst und anderen Dienste leisten können. Zu dieser Classe gehört die Arbeit aller derjenigen, welche mit Erziehung zu thun haben, nicht nur der Schullehrer, Hauslehrer, Professoren, sondern auch der Regierungen, soweit sie sich mit Erfolg die Verbesserung des Volkes angelegen sein lassen; der Sittenlehrer und Geistlichen, sofern sie wirklichen Nutzen zu Wege bringen; die Arbeit der Aerzte, sofern sie dazu dient, Leben sowie leibliche und geistige Kräftigkeit zu erhalten; die Arbeit der Lehrer für körperliche Fertigkeiten und die mannigfachen Handwerke, Wissenschaften und Künste, sammt der Arbeit der Lernenden bei der Aneignung derselben — überhaupt alle und jede Arbeit, die irgend welche Personen ihr Leben hindurch dazu anwenden, um Kenntnisse zu fördern oder ihre eigenen oder anderer körperliche und geistige Fähigkeiten auszubilden.

Drittens und letztens: Nützlichkeiten, welche keinem Gegenstande einverleibt sind, sondern nur in geleisteten Diensten bestehen. Dahin gehört die Gewährung eines Vergnügens oder die Abwendung einer Unbequemlichkeit oder eines Schmerzes während einer längeren oder kürzeren Zeit, aber ohne einen dauernden Besitz in den verbesserten Eigenschaften einer Person oder Sache zurückzulassen. Die Arbeit wird angewendet, nicht, wie in den beiden früheren Fällen, um ein anderes Ding in den Stand zu setzen eine Nützlichkeit zu gewähren, sondern um direct eine Nützlichkeit hervorzubringen, z. B. die Arbeit eines Virtuosen, Schauspielers u. a. Ohne Zweifel kann auch hierdurch etwas dauernd Gutes bewirkt werden, hinsichtlich des Gefühls, der Stimmung oder der allgemeinen Unterhaltungweise der Zuschauer; oder anstatt des Guten kann das Gegentheil eintreten. Weder das eine noch das andere ist indeß die beabsichtigte Wirkung oder das Ergebniß, um deswillen

der Darstellende sich bemüht und der Zuschauer bezahlt; es ist nur
auf das unmittelbare Vergnügen abgesehen. Solcher Art ist ferner
die Arbeit der Armee und Flotte; im besten Falle verhindern sie,
daß ein Land erobert, verletzt oder beleidigt wird, was allerdings
ein Dienst ist, aber weiter thun sie auch nichts im Interesse des
Landes. Gleicher Art ist die Arbeit des Gesetzgebers, des Rich=
ters, des Gerichtsbeamten und aller anderen Angestellten der
Regierung in ihren gewöhnlichen Leistungen, abgesehen von dem
Einfluß, den sie auf die Förderung des National=Geistes ausüben
mögen. Der Dienst, den sie leisten, besteht in der Aufrechthaltung
von Frieden und Sicherheit, diese bilden die von ihnen hervor=
gebrachte Nützlichkeit. Einige meinen vielleicht, daß Fuhrleute,
Kaufleute oder Detaillisten zu derselben Classe gerechnet werden
sollten, weil ihre Arbeit den Gegenständen keine neuen Eigenschaften
verleiht. Meine Antwort ist, daß dies letztere allerdings stattfindet;
die Gegenstände erhalten die Eigenschaft, daß sie an den Ort ge=
langen, wo man ihrer bedarf. Das ist eine sehr nützliche Eigen=
schaft und die dadurch gewährte Nützlichkeit ist den Dingen selbst
einverleibt, welche nun wirklich an dem Platze sind, wo sie zum
Gebrauch verlangt werden und in Folge dieser vermehrten Nütz=
lichkeit zu einem höheren Preise verkauft werden können, welcher
der zu diesem Zwecke verwendeten Arbeit entspricht. Diese Arbeit
gehört daher nicht in die dritte, sondern in die erste Classe.

§. 3. Wir haben nun zu betrachten, welche von diesen drei
Classen der Arbeit als Vermögen hervorbringend anzusehen ist,
denn in dieser Bedeutung muß der Ausdruck „productiv", wenn
er an und für sich gebraucht wird, genommen werden. Nützlichkeiten
der dritten Classe, nämlich Annehmlichkeiten, die nur so lange
dauern, als man sie genießt, und Dienste, die nur so lange dauern
als man sie leistet, können nicht Vermögen genannt werden, außer
nach einer anerkannten Metapher. Bei dem Begriff von Vermögen
ist es wesentlich, daß ein Ansammeln zulässig sei; Dinge, die nach
ihrer Hervorbringung nicht eine Zeit lang aufbewahrt werden können
bevor sie gebraucht werden, sind wohl nie als Vermögen angesehen
worden, weil, wie viel davon auch hervorgebracht und genossen
werden mag, die Person, welche den Genuß derselben hat, dadurch
nicht reicher oder in ihren Umständen besser gestellt wird. Dagegen
findet keine so entschiedene und bestimmte Verletzung des Her=
kommens statt, wenn man jedes Product, das zugleich nützlich und
der Ansammlung fähig ist, als Vermögen betrachtet. Die Geschick=
lichkeit, die Tüchtigkeit und Ausdauer der Handarbeiter eines Landes
gelten nicht minder für einen Theil des National=Vermögens als
ihre Geräthschaften und Maschinen. Dieser Definition gemäß sollten

wir als productiv alle die Arbeit betrachten, die angewendet wird
um bleibende Nützlichkeiten zu schaffen, mögen diese nun mensch=
lichen Wesen oder irgend welchen lebenden oder leblosen Gegen=
ständen einverleibt sein. Diese Bezeichnung habe ich in einer früheren
Schrift*) empfohlen, als den Zwecken der Classification am meisten
sich anpassend, obschon sie dem gewöhnlichen Sprachgebrauche nicht
genau entspricht.

Bei Anwendung des Ausdrucks Vermögen auf die erwerb=
thätigen Fähigkeiten menschlicher Wesen scheint jedoch in der popu=
lären Auffassung stets eine stillschweigende Beziehung auf materielle
Producte stattzufinden. Die Geschicklichkeit eines Handarbeiters gilt
blos darum als Vermögen, weil sie ein Mittel abgibt, Vermögen
im materiellen Sinne zu erwerben. Fähigkeiten, welche dem Anschein
nach dies nicht bezwecken, werden nicht so angesehen. Ein Land
wird schwerlich reicher genannt werden, einen wie kostbaren Besitz
es auch habe in dem Genius, den Tugenden, der Bildung seiner
Einwohner; es sei denn, daß diese als zu veräußernde Dinge be=
trachtet werden, wodurch man das materielle Vermögen anderer
Länder heranzieht, wie dies die alten Griechen und verschiedene
Nationen der neueren Zeit gethan haben. Hätte ich nun eine neue
Terminologie aufzustellen, so würde ich es vorziehen, die Unter=
scheidung mehr nach der Dauerhaftigkeit, als nach der materiellen
Beschaffenheit der Producte zu treffen. Da ich jedoch Ausdrücke
gebrauche, von denen der gewöhnliche Sprachgebrauch schon voll=
ständig Besitz genommen hat, so scheint es mir rathsam, dieselben
so anzuwenden, daß man jenem Gebrauch möglichst wenig Gewalt
anthut. Jede Verbesserung in der Terminologie, die man durch
Veränderung der hergebrachten Bedeutung einer populären Bezeich=
nung erhält, wird gewöhnlich durch die Unbestimmtheit, welche
aus dem Streit zwischen den alten und neuen Begriffsverbindungen
entsteht, zu theuer erkauft.

Wenn daher in diesem Werke von Vermögen die Rede ist, so
ist darunter nur das sogenannte materielle Vermögen zu verstehen,
und unter productiver Arbeit nur solche Arten von Anstrengung,
welche Nützlichkeiten hervorbringen, die materiellen Gegenständen
einverleibt sind. Indem ich mich auf diesen Sinn des Worts be=
schränke, will ich übrigens den vollen Umfang dieser beschränkten
Annahme benutzen und ich werde die Benennung „productiv“ der=
jenigen Arbeit nicht versagen, welche zwar kein materielles Product
als directes Ergebniß liefert, aber schließlich eine Vermehrung mate=

*) Essays on some Unsettled Questions of Political Economy
Essay III.

4*

rieller Producte zur Folge hat. So betrachte ich die auf die An=
eignung gewerblicher Geschicklichkeit angewendete Arbeit als productiv,
nicht in Rücksicht der Geschicklichkeit selbst, sondern der durch sie
verfertigten Producte, zu deren Hervorbringung die Arbeit des
Lernens des Gewerbes wesentlich beiträgt. Die Arbeit von Regie=
rungsbeamten, indem sie einen Schutz gewährt, welcher, auf die
eine oder andere Weise geleistet, für das Gedeihen der Gewerb=
thätigkeit unentbehrlich ist, muß als productiv gelten, weil ohne sie
materielles Vermögen in der Fülle, wie es jetzt der Fall ist, nicht
vorhanden sein könnte. Man kann solche Arbeit indirect oder
mittelbar productiv nennen, im Gegensatz zu der Arbeit des Acker=
bauers und des Baumwollspinners, welche unmittelbar productiv
sind. Diese alle gleichen sich darin, daß sie das Gemeinwesen durch
materielle Producte reicher machen als es vorher war; sie ver=
mehren das materielle Vermögen oder wollen dies thun.

§. 4. Unter unproductiver Arbeit soll dagegen solche verstanden
werden, welche nicht mit der Hervorbringung von materiellen Ver=
mögen schließt, welche, wie reichlich und erfolgreich sie auch betrieben
wird, das Gemeinwesen und die Welt im Ganzen nicht reicher an
materiellen Producten macht, sondern vielmehr ärmer um alles
dasjenige, was von den betreffenden Arbeitern, während sie so
beschäftigt sind, verbraucht wird.

In der Sprache der Volkswirthschaft ist jede Arbeit unproductiv,
welche mit einem unmittelbaren Genusse endet, ohne eine Ver=
mehrung des angesammelten Vorraths bleibender Genußmittel.
Unserer gegenwärtigen Definition gemäß muß sogar alle diejenige
Arbeit als unproductiv gelten, welche mit einem wenn auch noch so
wichtigen Vortheil schließt, sofern nicht zu diesem eine Vermehrung
der materiellen Producte gehört. Die Arbeit der Rettung eines
Freundes aus Lebensgefahr ist nicht productiv, falls nicht dieser
Freund ein productiver Arbeiter ist, der mehr producirt als con=
sumirt. Einem religiösen Menschen muß die Rettung einer Seele
als ein viel wichtigerer Dienst erscheinen als die Rettung eines
Lebens, aber er wird deshalb nicht einen Missionär oder einen
Geistlichen productive Arbeiter nennen, wofern sie nicht, wie die
Südsee=Missionäre in einigen Fällen gethan haben, außer den Lehren
der Religion noch die Künste der Civilisation lehren. Andererseits
ist es einleuchtend, daß je größer die Zahl der Missionäre und
Geistlichen ist, welche eine Nation unterhält, sie um so weniger auf
andere Dinge zu verwenden hat; während dagegen, je mehr eine
Nation in umsichtiger Weise ausgibt, um landwirthschaftliche und
gewerkliche Arbeiter in Thätigkeit zu halten, sie desto mehr zu jedem
anderen Zwecke zu verwenden haben wird. Durch ersteres ver=

mindert sie, bei sich sonst gleichbleibenden Verhältnissen, ihren
Vorrath an materiellen Producten, durch letzteres vermehrt sie
denselben.

Unproductive Arbeit kann eben so nützlich sein als productive;
sie kann selbst in Betreff bleibender Vortheile nützlich sein. Ihr
Nutzen kann aber auch nur in einer vergnüglichen Stimmung bestehen,
welche, wenn sie vorbei ist, keine Spur zurückläßt; oder sie kann
auch nicht einmal diese gewähren, sondern reine Vergeudung sein.
In allen diesen Fällen wird die Gesellschaft oder die Menschheit
dadurch nicht reicher, sondern ärmer. Alle materiellen Producte,
die jemand, während er nichts thut, verbraucht, werden für diese
Zeitdauer den materiellen Producten, welche die Gesellschaft sonst
besessen haben würde, entzogen. Wenn aber auch die Gesellschaft
durch unproductive Arbeit nicht reicher wird, so kann es doch der
Einzelne werden. Ein unproductiver Arbeiter kann für seine Arbeit
von denen, welche Vergnügen oder Vortheil daraus ziehen, eine
Vergütung erhalten, die für ihn eine bedeutende Vermögensquelle
wird. Sein Gewinn wird aber durch den Verlust jener aufgewogen;
dieselben mögen für ihre Ausgabe ein volles Aequivalent erhalten
haben, allein sie sind um so viel ärmer geworden. Wenn ein
Schneider einen Rock verfertigt und ihn verkauft, so findet eine
Uebertragung des Preises von dem Kunden an den Schneider statt
und außerdem ist ein Rock da, den es früher nicht gab; was aber
ein Schauspieler gewinnt, ist nur eine Uebertragung aus den Geld-
mitteln des Zuschauers auf seine, läßt aber keinen Vermögens-
gegenstand zur Entschädigung des Zuschauers zurück. So gewinnt
das Gemeinwesen in seiner Gesammtheit durch des Schauspielers
Arbeit nichts und verliert an seiner Einnahme alles dasjenige, was
er verbraucht, indem es nur das behält, was er zurücklegt. Ein
Gemeinwesen kann indeß durch unproductive Arbeit auf Kosten
anderer Gemeinwesen sein Vermögen vergrößern, eben so wie dies
bei den einzelnen Menschen unter einander der Fall ist. Der Verdienst italienischer Opernsänger, deutscher Gouvernanten, französischer
Ballettänzer ist für ihre Heimathsländer eine Vermögensquelle,
wenn sie mit einem Theil ihres Verdienstes dahin zurückkehren.
Die kleinen Staaten Griechenlands, besonders die roheren und in der
Cultur zurückgebliebenen, waren Pflanzschulen von Soldaten, welche
sich den Fürsten und Satrapen des Orients vermietheten, um nutzlose
und verheerende Kriege zu führen, und die mit ihren Ersparnissen
heimkehrten, um den Abend ihres Lebens im Vaterlande hinzu-
bringen. Dies waren unproductive Arbeiter, und der ihnen aus-
bezahlte Sold sowie die von ihnen gewonnene Beute waren für die
Länder, welche solche hergaben, eine Auslage ohne Ersatz, aber

obschon kein Gewinn für die Menschheit im ganzen, waren sie doch
für Griechenland ein Gewinn. In einer späteren Periode versahen
dasselbe Land und seine Colonien das römische Reich mit einer
anderen Classe von Abenteurern, welche unter den Namen von Phi=
losophen und Rhetoren der Jugend der höheren Stände das
lehrten, was als die werthvollste Bildung galt. Es waren in der
Hauptsache unproductive Arbeiter, aber ihre reiche Belohnung war
für ihr Vaterland eine Vermögensquelle. Das Vermögen der
Menschheit im ganzen erhielt in keinem dieser Fälle einen Zuwachs.
Wenn die Dienste solcher Arbeiter von Nutzen waren, so erhielt
man sie um den Preis eines Theils des allgemeinen materiellen
Vermögens; wenn sie nutzlos waren, so war alles, was diese
Arbeiter verbrauchten, Vergeudung.

-Der Vergeudung sind indeß auch andere Dinge unterworfen
als nur unproductive Arbeit. Productive Arbeit kann ebenfalls ver=
geudet werden, wenn von ihr mehr verwendet wird als wirklich zur
Production beiträgt. Wenn Mangel an Geschicklichkeit bei den
Arbeitern oder an Einsicht bei denen, die sie leiten, eine verkehrte
Anwendung von productiver Erwerbthätigkeit verursacht, wenn ein
Landmann fortfährt mit drei Pferden und zwei Leuten zu pflügen,
wo erfahrungsmäßig zwei Pferde und ein Mann ausreichen, da
wird die überflüssige Arbeit, wenngleich zu Zwecken der Production
angewendet, vergeudet. Wenn ein neues Verfahren Eingang findet,
welches sich nicht besser oder nicht einmal gleich gut erweist wie die
vorher gebräuchlich gewesenen, so ist die auf die Vervollkommnung
der Erfindung und deren praktische Ausführung verwendete Arbeit
vergeudet, obschon sie zu einem productiven Zweck angewendet wurde.
Productive Arbeit kann ein Volk ärmer machen, wenn das durch
sie hervorgebrachte Vermögen, d. h. die dadurch bewirkte Ver=
mehrung des Vorraths an nützlichen und wünschenswerthen Dingen
von der Art ist, daß kein unmittelbarer Begehr danach stattfindet;
z. B. wenn eine Waare unverkäuflich ist, weil davon weit über die
dermalige Nachfrage hinaus producirt wird, oder wenn Speculanten
irgendwo Docks und Lagerhäuser bauen, ehe es dort irgend einen
Handel gibt. Die bankerotten Staaten in Nordamerika haben bei
ihren voreiligen Eisenbahn= und Canal=Anlagen diesen Mißgriff
gemacht, und es bleibt dahingestellt, ob nicht England bei der unver=
hältnißmäßigen Entwickelung der Eisenbahn=Unternehmungen diesem
Beispiel gefolgt ist. Arbeit, die auf die Erwartung einer entfernten
Vergütung hin verwendet worden, während die großen Anforderungen
oder die beschränkten Hilfsmittel des Gemeinwesens es erheischen,
daß die Vergütung rasch erfolge, können das Land nicht allein in
der Zwischenzeit um alles das ärmer lassen, was diese Arbeiter

verbrauchen, sondern selbst schließlich weniger reich, als wenn gleich
anfangs eine unmittelbare Vergütung gesucht und Unternehmungen
mit der Absicht eines entfernteren Gewinnes aufgeschoben worden
wären.

§. 5. Die Unterscheidung zwischen productiv und unproductiv
findet auf die Consumtion eben so gut Anwendung wie auf die
Arbeit. Nicht alle Mitglieder der Gesellschaft sind Arbeiter, alle
aber sind Consumenten und consumiren entweder auf productive oder
unproductive Weise. Wer weder direct noch indirect zur Production
etwas beiträgt, ist ein unproductiver Consument. Die einzigen
productiven Consumenten sind die productiven Arbeiter, wobei
natürlich die Arbeit der Leitung eben so gut einbegriffen ist als die
der Ausführung. Aber selbst bei productiven Arbeitern ist die
Consumtion nicht durchweg productive Consumtion. Was sie consumiren, um ihre Gesundheit, Stärke und Arbeitsfähigkeit zu erhalten
oder zu befördern, oder um andere productive Arbeiter, die später an
ihre Stelle eintreten sollen, aufzuziehen, gehört zur productiven Consumtion. Consumtion durch Vergnügungen oder Luxus hingegen,
gleichviel ob durch müssige oder betriebsame Personen, muß als
unproductiv gelten, da Production weder deren Zweck ist noch
dadurch befördert wird, vorbehältlich einer gewissen Menge von
Erheiterung, die zum Lebensbedarf zu zählen ist, da ihre gänzliche
Entbehrung sich mit der größtmöglichen Wirksamkeit der Arbeit nicht
vereinigen ließe. Zur productiven Consumtion gehört allein dasjenige, was darauf zielt, die Productionskräfte des Gemeinwesens,
die entweder in seinem Boden, seinen Rohstoffen, in der Zahl und
Tauglichkeit seiner Productions-Werkzeuge oder in der Bevölkerung
selbst vorhanden sind, zu erhalten und zu vermehren.

Es gibt eine große Zahl Producte, von denen man behaupten
kann, daß sie keine andere, als eine unproductive Consumtion zulassen.
Der jährliche Verbrauch von goldenen Tressen, von Ananas oder
Champagner muß als unproductiv gelten, weil diese Dinge die
Production nicht mehr fördern noch auch zur Erhaltung des Lebens
oder der Kräfte mehr dienen als dies andere, viel minder kostspielige Dinge auch gethan hätten. Hieraus könnte man schließen,
daß die auf ihre Hervorbringung angewendete Arbeit nicht in dem
Sinne, wie dieser Ausdruck von den Volkswirthen verstanden wird,
als productiv zu betrachten sei. Ich räume ein, daß keine Arbeit,
welche auf die Hervorbringung von Dingen zum Gebrauch unproductiver Consumenten angewendet wird, zur wirklichen Bereicherung
der Gesellschaft beiträgt. Der Schneider, welcher für jemand, der
nicht producirt, einen Rock macht, ist ein productiver Arbeiter; in
wenigen Wochen oder Monaten ist jedoch der Rock abgetragen,

während der Träger nichts producirt hat, um ihn wieder zu ersetzen,
und das Gemeinwesen ist dann durch die Arbeit des Schneiders
nicht reicher, als wenn dieselbe Summe für ein Theaterbillet aus=
gegeben wäre. Nichtsdestoweniger ist die Gesellschaft durch jene
Arbeit so lange, als der Rock hielt, reicher gewesen, d. h. so lange,
bis die Gesellschaft durch eines ihrer unproductiven Mitglieder das
Product jener Arbeit auf eine unproductive Weise verbrauchen ließ.
Der Fall mit den goldenen Treffen oder den Ananas ist hiervon
nicht weiter verschieden als daß diese Dinge noch mehr als der
Rock von dem Charakter des Lebensbedarfes entfernt sind; sie ge=
hören ebenfalls, bis sie verbraucht worden sind, zum Vermögen.

§. 6. Hierbei sehen wir nun, daß es eine für das Vermögen
eines Gemeinwesens wichtigere Unterscheidung gibt als selbst die
zwischen productiver und unproductiver Arbeit, nämlich die Unter=
scheidung zwischen Arbeit zur Versorgung der productiven und der
zur Versorgung unproductiver Consumtion; zwischen Arbeit, welche
dazu angewendet wird die productiven Hilfsquellen des Landes zu
erhalten und zu vermehren, und derjenigen, welche sonstige Anwen=
dung findet. Von der Production eines Landes ist nur ein Theil
dazu bestimmt auf productive Weise verbraucht zu werden; das
übrige versorgt die unproductive Consumtion der Producenten und
die ganze Consumtion der unproductiven Classen. Nehmen wir an,
daß der für den ersten Zweck verwendete Theil des jährlichen Er=
trages sich auf die Hälfte beläuft, so ist es überhaupt die Hälfte
der productiven Arbeiter des Landes, von deren Thätigkeit das
bleibende Vermögen des Landes abhängt. Die andere Hälfte ist
von Jahr zu Jahr und von Generation zu Generation beschäftigt
Dinge hervorzubringen, welche verbraucht werden und ohne Ersatz
verschwinden. Was diese Hälfte consumirt, ist in Rücksicht auf eine
bleibende Wirkung für die National=Hilfsquellen eben so vollständig
verloren, als wenn es unproductiv consumirt wäre. Nimmt man
an, daß diese letztere Hälfte der arbeitenden Bevölkerung aufhören
würde zu arbeiten und daß die Regierung oder ihre Kirchspiele sie
ein ganzes Jahr hindurch in Müssiggang unterhielten, so würde die
erste Hälfte ausreichen, um, wie sie auch vordem gethan hat, ihren
eigenen Bedarf und den für die andere Hälfte hervorzubringen so
wie um den Vorrath an Stoffen und Geräthschaften unvermindert
zu erhalten. Die unproductiven Classen freilich würden entweder
verkommen oder genöthigt sein ihren eigenen Unterhalt hervor=
zubringen, und das ganze Gemeinwesen würde während eines Jahres
lediglich auf den nothwendigen Bedarf beschränkt sein. Die Quellen
der Production blieben jedoch ungeschwächt und im darauf folgenden
Jahre würde [nicht nothwendig ein geringerer Ertrag stattfinden

als wenn keine solche Zwischenzeit der Unthätigkeit eingetreten
wäre. Wäre dagegen der Fall umgekehrt gewesen, hätte die erste
Hälfte der Arbeiter ihre gewohnten Beschäftigungen aufgegeben und
die zweite Hälfte die ihrige fortgesetzt, so würde das Land am Ende
des Jahres gänzlich verarmt sein.

Es wäre indeß ein großer Irrthum, den bedeutenden Theil
des jährlichen Ertrages, welcher in einem wohlhabenden Lande zur
Versorgung der unproductiven Consumtion verwendet wird, zu
bedauern. Es hieße dies: beklagen, daß das Gemeinwesen von
seinem nothwendigen Bedarf so viel zu seinem Vergnügen und zu
allen höheren Zwecken ersparen kann. Dieser Theil des Ertrages
ist der Fonds, woraus alle übrigen Bedürfnisse des Gemeinwesens
als die für die Erhaltung des bloßen Lebens bestritten werden —
der Maßstab seiner Mittel zum Lebensgenuß, und seiner Befähigung,
alle nicht=productiven Zwecke zu erfüllen. Daß ein großer Ueber=
schuß hierzu zu Gebote steht und auch dazu verwendet wird, hierüber
kann man sich nur freuen. Was zu bedauern ist und Abhilfe
erheischt, das ist die auffallende Ungleichheit, wie dieser Ueberschuß
vertheilt wird, der geringe Werth der Gegenstände, denen er sich
größtentheils zuwendet, und der bedeutende Antheil, welcher Per=
sonen zufällt, die dafür keine entsprechende Dienste zurückvergüten.

Capitel IV.

Vom Capital.

§. 1. In den vorhergehenden Capiteln ist nachgewiesen, daß
außer den ursprünglichen und universellen Erfordernissen der Pro=
duction — Arbeit und Naturfactoren — es noch ein anderes
Erforderniß gibt, ohne welches, über die rohen und kärglichen An=
fänge der allerersten Erwerbthätigkeit hinaus, keine productiven Ver=
richtungen möglich sind: nämlich ein vorgängig angesammelter
Vorrath von Erzeugnissen früherer Arbeit. Dieser angesammelte
Vorrath von Arbeitsertrag heißt Capital. Die Leistung des Ca=
pitals bei der Production gründlich zu verstehen, ist von der äußersten
Wichtigkeit, denn manche von den irrigen Begriffen, mit denen die

Volkswirthschaft zu kämpfen hat, entspringen aus der unvollkom=
menen und verwirrten Auffassung dieses Punktes.

Von Personen, die gar nicht daran gewöhnt sind über solche
Gegenstände nachzudenken, wird Capital als gleichbedeutend mit Geld
angenommen. Dieses Mißverständniß ist bereits in der Einleitung
erörtert worden. Geld ist eben so wenig gleichbedeutend mit Capital
als mit Vermögen. Geld vermag an und für sich nicht irgend einen
Theil der Aufgabe des Capitals zu erfüllen, denn es kann der Pro=
duction selbst keinen Beistand gewähren. Um dies thun zu können,
müssen andere Dinge dafür eingetauscht sein, und jede Sache für die
andere Dinge eingetauscht werden können, ist in gleichem Maße
tauglich zur Production beizutragen. Was das Capital für die
Production thut, besteht darin, Obdach, Schutz, Geräthschaften und
Stoffe, welche zu einer Arbeit erforderlich sind, zu verschaffen und
die Arbeiter während des Betriebes zu ernähren und sonst zu unter=
halten. Dies sind die Dienste, welche die jetzige Arbeit von den
früheren und deren Ertrage verlangt. Alles und jedes, was zu
diesem Gebrauche bestimmt wird — also dazu, productive Arbeit
mit ihren verschiedenen Erfordernissen zu versorgen — ist Capital.

Um uns mit der richtigen Auffassung vertraut zu machen, wollen
wir betrachten, was mit dem Capital geschieht, das in einem der
Geschäftszweige, welche die productive Erwerbthätigkeit eines Landes
bilden, angelegt ist. Ein Fabrikant z. B. hat einen Theil seines
Capitals in der Form von Gebäuden, die zum Betriebe seines
Geschäftes eingerichtet und bestimmt sind; einen anderen Theil
besitzt er in der Form von Maschinen; ein dritter Theil besteht,
wenn er ein Spinner ist, in roher Baumwolle, Flachs oder Schaf=
wolle, ist er ein Weber, in Garnen oder Seide, und so weiter
nach der Art des Geschäfts. Für Nahrungsmittel und Kleidung
der Fabrikarbeiter direct zu sorgen ist in jetziger Zeit nicht mehr
gebräuchlich, und wenige Capitalisten, ausgenommen die Producenten
dieser Artikel selbst, haben einen irgend erheblichen Theil ihres
Capitals in der Gestalt von Nahrungsmitteln und Kleidung. Statt
dessen hat jeder Capitalist Geld, welches er seinen Arbeitern aus=
zahlt und diese so in den Stand setzt selbst für ihren Bedarf zu
sorgen. Ferner hat er fertige Waaren auf seinem Lager, durch
deren Verkauf er ferner Geld erhalten kann, um es auf dieselbe
Weise anzuwenden sowie um seinen Vorrath an Stoffen wieder zu
ergänzen und seine Gebäude und Maschinen, wenn sie abgenutzt
sind, wieder herzustellen. Sein Geld und seine fertigen Waaren
sind indeß nicht durchweg Capital, denn er widmet sie nicht völlig
jenen Zwecken. Er gebraucht einen Theil des ersteren und des
Ertages der anderen, um für seinen persönlichen Unterhalt und den

seiner Familie zu sorgen, oder Stallknechte und Kammerdiener zu
miethen, oder Jäger und Hunde zu halten, oder seine Kinder zu
erziehen, oder Steuern zu bezahlen, oder zu milden Zwecken. Worin
besteht denn sein Capital? Genau in dem Theile seiner Habe,
welcher Art diese auch sei, die er zu neuer Production anzuwenden
beabsichtigt. Es kommt gar nicht darauf an, ob ein Theil derselben
oder das Ganze in einer Form sich befinde, worin es die Bedürfnisse
der Arbeiter nicht direct befriedigen kann. Nehmen wir z. B. an,
unser Capitalist sei ein Kurzewaaren-Fabrikant und sein Geschäfts-
Capital bestände außer seinen Maschinen für den Augenblick lediglich
in Eisenwaaren. Eisenwaren können keine Arbeiter ernähren. Nichtsdestoweniger kann er durch eine einfache Veränderung der Bestimmung dieser Waaren die Ernährung der Arbeiter bewerkstelligen.
Angenommen, daß er beabsichtigt hätte, mit einem Theil des Ertrags
derselben eine Koppel Hunde oder ein Diener-Personal zu unterhalten, daß er aber seinen Entschluß änderte und jenen Betrag für
seine Geschäfte verwendete, indem er damit den Lohn für eine
größere Anzahl Arbeiter bestreitet. Diese werden so in den Stand
gesetzt, die Nahrungsmittel, welche sonst von den Hunden oder der
Dienerschaft verbraucht wären, zu kaufen und zu consumiren. So
hat, ohne daß der Unternehmer den kleinsten Theil der Nahrungsmittel gesehen oder berührt hätte, sein Entschluß veranlaßt, daß so
viel mehr von den im Lande befindlichen Nahrungsmitteln dem
Gebrauche productiver Arbeiter überwiesen und um eben so viel
weniger auf eine völlig unproductive Weise consumirt wird. Nun
verändere man die Voraussetzung und nehme an, daß was so als
Arbeitslohn verausgabt wird, auf andere Weise ausgegeben wäre,
nicht für den Unterhalt von Dienern und Hunden, sondern zum
Ankauf von Silberzeug und Juwelen; und um die Wirkung recht
deutlich zu machen, wollen wir annehmen, daß die Veränderung in
einem beträchtlichen Maßstabe stattfinde und eine große Summe
vom Ankauf von Silberzeug und Juwelen zurückgezogen wird, um
productive Arbeiter zu beschäftigen, welche, nach unserer Annahme,
vorher gleich den irischen Bauern nur halbe Beschäftigung und
halben Unterhalt haben. Die Arbeiter werden den empfangenen
höheren Lohn nicht für Silberzeug und Juwelen, sondern für Lebensmittel ausgeben. Es gibt jedoch im Land keine überflüssigen Nahrungsmittel noch auch unproductive Arbeiter oder Thiere, deren
Unterhalt für productive Zwecke frei wird, wie in dem früheren
Falle; Lebensmittel werden daher, wenn möglich, eingeführt werden;
geschicht es nicht, werden die Arbeiter eine Zeitlang bei ihrer
schmalen Kost verbleiben müssen. Diese durch die Umwandlung der
unproductiven Ausgaben des Capitalisten in productive verursachte

Veränderung in der Nachfrage hat zur Folge, daß im nächsten
Jahre mehr Nahrungsmittel aber weniger Silbergeschirr und Ju=
welenarbeit werden hervorgebracht werden. So hat wiederum, ohne
irgend etwas mit dem Unterhalt der Arbeit direct zu thun zu
haben, die von einzelnen Personen ausgehende Umgestaltung irgend
welchen Theils ihres Eigenthums von einer unproductiven zu einer
productiven Bestimmung die Wirkung gehabt, daß mehr Nahrungs=
mittel für Consumtion productiver Arbeiter gewonnen werden. Der
Unterschied zwischen Capital und Nicht=Capital liegt also nicht in
der Art der Sachgüter, sondern in der Absicht des Capitalisten —
in seinem Willen, dieselben lieber für den einen Zweck als für
einen anderen zu gebrauchen. Alles Eigenthum, wie wenig es auch
an sich für den Gebrauch der Arbeiter geeignet sein mag, ist Ca=
pital, sobald dasselbe oder der daraus zu erhaltende Werth zur
productiven Anwendung bestimmt wird. Die Summe aller Werthe,
über die so von ihren betreffenden Besitzern verfügt wird, bildet
das Capital des Landes. Ob alle diese Werthe in einer solchen
Gestalt sind um direct zu einem productiven Gebrauch angewendet
zu werden, das macht keinen Unterschied. Einmal zu jenem Zwecke
bestimmt, finden sie gewiß einen Weg, um sich in Dinge umzu=
gestalten, die zu solcher Anwendung geeignet sind.

§. 2. Wie alles, was vom Ertrage eines Landes zur Pro=
duction bestimmt wird, Capital ist, so ist, umgekehrt, das gesammte
Capital des Landes zur Production bestimmt. Dieser zweite Satz
muß jedoch mit einigen Beschränkungen und Erläuterungen auf=
gefaßt werden. Ein Fonds kann productive Anwendung aufsuchen,
ohne eine solche zu finden, die den Neigungen seines Besitzers ent=
spricht; er ist dann noch Capital, aber unangewendetes Capital.
Oder der Vermögensstamm kann in unverkauften Waaren bestehen,
die keine directe Anwendung zu productivem Gebrauch zulassen und
für den Augenblick nicht zu verkaufen sind; auch diese sind, bis sie
verkauft werden, unangewendetes Capital. Ferner können künst=
liche oder zufällige Umstände es nothwendig machen, ehe man sich
auf Production einläßt, einen größeren Vorrath im voraus, d. h.
ein größeres Capital zu besitzen, als der Natur der Sache nach
erforderlich ist. Nehmen wir an, daß die Regierung eine Steuer
auf eine gewisse Production in einem ihrer früheren Stadien legt,
z. B. durch Besteuerung des Stoffes. Der Fabrikant muß die
Steuer auslegen, bevor er die Fabrikation beginnt, und befindet
sich daher in der Nothwendigkeit, einen größeren Vermögensstamm
zu besitzen, als für die von ihm betriebene Production an sich
erfordert oder wirklich angewendet wird. Er muß ein größeres
Capital haben, um dieselbe Menge productiver Arbeit zu unter=

halten, oder (was auf dasselbe hinauskommt) mit einem gegebenen
Capital unterhält er weniger Arbeit. Diese Weise der Steuer=
erhebung beschränkt daher unnöthiger Weise die Erwerbthätigkeit
des Landes, indem ein Theil des von seinen Eignern zur Pro=
duction bestimmten Fonds seinem Zwecke entzogen und bleibend in
der Form eines Vorschusses an die Regierung zurückgehalten wird.

Ein anderes Beispiel ist folgendes. Ein Pächter kann sein
Landwesen zu einer solchen Zeit des Jahres antreten, daß er eine,
zwei, selbst drei Vierteljahrsrenten zu bezahlen hat, bevor er aus
dem Ertrage eine Vergütung erhält. Er ist daher genöthigt, jene
von seinem Capital zu bezahlen. Nun ist aber Rente, wenn sie
für das Land selbst und nicht für die durch Arbeit darauf vor=
genommenen Verbesserungen bezahlt wird, keine productive Ausgabe.
Sie ist keine Auslage für den Unterhalt der Arbeit oder für die
Anschaffung von Geräthschaften oder Stoffen, die durch Arbeit her=
vorgebracht sind; sie ist der Preis, der für die Benutzung einer
Privateigenthum gewordenen Naturkraft entrichtet wird. Diese
Naturkraft ist in der That eben so unentbehrlich wie irgend eines
der Geräthschaften, aber das Bezahlen eines Preises dafür ist es
nicht. Bei den Geräthschaften, die durch Arbeit hervorgebracht
sind, ist irgend ein Preis die nothwendige Bedingung ihres Vor=
handenseins; der Boden hingegen ist von der Natur gegeben. Die
Bezahlung für denselben gehört daher nicht zu den Productions=
ausgaben. Die Nothwendigkeit, diese Bezahlung aus dem Capital
zu bestreiten, macht erforderlich, daß ein größeres Capital, eine
größere vorangegangene Ansammlung des Ertrages früherer Arbeit
da sein muß als von Natur nothwendig oder als erforderlich ist,
wo Land unter anderer Bedingung besessen wird. Dieses Extra=
Capital, obschon von seinen Eignern zur Production bestimmt, wird
in Wirklichkeit auf unproductive Weise angewendet und jährlich
nicht durch seinen eigenen Ertrag wieder ersetzt, sondern aus dem
Ertrage der Arbeit, die durch das übrige Capital des Pächters
unterhalten wird.

Schließlich ist der große Theil des productiven Capitals eines
Landes, der zur Bezahlung der Löhne und Gehalte der Arbeiter
angewendet wird, offenbar nicht durchaus nothwendig zur Pro=
duction. So viel davon als über den wirklichen Lebensbedarf hin=
ausgeht (was bei geschickten Arbeitern in beträchtlichem Maße der
Fall ist), wird nicht ausgegeben um Arbeit zu unterhalten, sondern
um dafür eine Extra-Vergütung zu geben, und die Arbeiter könnten
wegen dieses Theils der Vergütung warten bis die Production
fertig ist. Dieser Theil brauchte nicht nothwendig als Capital
vorher da zu sein, und wenn die Arbeiter unglücklicher Weise des=

selben gänzlich entbehren sollten, so könnte doch eine gleich große Production stattfinden. Damit den Arbeitern ihre ganze Vergütung in täglichen oder wöchentlichen Zahlungen vorgeschossen werden konnte, mußte ein größeres Capital im voraus vorhanden und zu productivem Gebrauch bestimmt sein als hinreichen würde, die Production in ihrer bestehenden Ausdehnung zu betreiben — größer um den Betrag der Vergütung, den die Arbeiter mehr erhalten als das wohlverstandene Interesse eines Sclavenbesitzers seinen Sclaven zutheilen würde. Nur nachdem ein reichliches Capital schon angesammelt worden, war es möglich, daß eine Vergütung der Arbeit über den bloßen Unterhalt hinaus gebräuchlich wurde. Denn was man so bezahlt, wird nicht wirklich zur Production verwendet, sondern zum unproductiven Gebrauch productiver Arbeiter; es wird dadurch bewiesen, daß der zur Production vorhandene Fonds bedeutend genug ist um für gewöhnlich einen Theil davon blos aus Rücksicht auf Convenienz zu verwenden.

Wie man bemerkt haben wird, habe ich angenommen, daß die Arbeiter immer vom Capital leben; dieses ist auch unverkennbar der Fall, obschon das Capital nicht nothwendig von einem sogenannten Capitalisten hergegeben zu sein braucht. Wenn der Arbeiter sich durch seinen eigenen Fonds unterhält, wenn z. B. ein Landwirth von dem Ertrage seines Bodens lebt oder ein Handwerker auf eigene Rechnung arbeitet, so werden sie doch durch Capital, d. h. durch im voraus angeschaffte Fonds erhalten. Der Landmann lebt nicht von dem Ernteertrag des laufenden Jahres, sondern von dem des letztverflossenen; der Handwerker lebt nicht von dem Ertrage der Arbeit, welche er unter Händen hat, sondern derjenigen, die er früher verfertigt und verwerthet hat. Jeder wird dadurch ein kleines eigenes Capital erhalten, welches er periodisch aus dem Ertrage seiner Arbeit wieder ersetzt. Der große Capitalist wird auf gleiche Weise durch früher angeschaffte Fonds unterhalten. Wenn er persönlich seine Geschäfte betreibt, so muß von seiner Ausgabe für ihn selbst und seine Familie so viel als eine billige Vergütung seiner Arbeit nicht überschreitet, für einen Theil seines Capitals angesehen werden, welches wie jedes andere Capital zum Zweck der Production ausgegeben wird, und seine persönliche Consumtion, soweit sie im nothwendigen Unterhalt besteht, ist productive Consumtion.

§. 3. Auf die Gefahr hin langweilig zu sein, muß ich noch einige Erläuterungen mehr hinzufügen, um den Begriff von Capital in ein noch helleres Licht zu setzen. Wie schon Say mit Recht bemerkt, wird gerade bei den Elementen unserer Wissenschaft Erläuterung am nützlichsten angebracht, weil die größten Irrthümer,

welche darin vorherrschen, sich auf den Mangel einer völligen
Beherrschung der Elementarbegriffe zurückführen lassen. Auch ist
dies nicht zu verwundern; ein Zweig kann krank und alles übrige
gesund sein, aber Fäulniß in der Wurzel verbreitet Siechthum über
den ganzen Baum. Wir wollen daher betrachten, ob und in welchen
Fällen das Eigenthum derer, welche von den Zinsen ihres Besitz=
thums leben, ohne persönlich bei der Production beschäftigt zu sein,
als Capital betrachtet werden kann. Im gewöhnlichen Sprach=
gebrauch wird es so genannt, und in Beziehung auf den Einzelnen
nicht unpassend. Jeder Fonds, aus dem der Besitzer ein Einkommen
ableitet, welches er benutzen kann, ohne daß er den Fonds selbst
zu verringern oder zu vernichten braucht, ist für ihn gleichbedeutend
mit Capital. Aber die eilfertige und unbedachtsame Uebertragung
von Sätzen, welche hinsichtlich einzelner Personen richtig sind, auf
einen allgemeinen Gesichtspunkt, ist in der politischen Oeconomie
die Quelle unzähliger Irrthümer gewesen. In dem vorliegenden
Beispiele ist dasjenige, was für den Einzelnen wirkliches Capital
ist, für die Nation ebenfalls Capital oder auch nicht, je nachdem
der Fonds, den er bei unserer Annahme nicht aufgebracht hat, von
sonst jemand aufgebracht ist oder nicht.

Nehmen wir z. B. an, daß A gehörendes Eigenthum zum
Werthe von 10,000 Thaler an einen Landwirth oder Fabrikanten
B geliehen und in dessen Geschäft mit Vortheil angewendet wird.
Es ist eben so gut Capital als ob es B selbst gehörte. A ist wirklich
Landmann oder Fabrikant, zwar nicht persönlich, aber in Rücksicht
seines Eigenthums. Capital zum Werthe von 10,000 Thaler wird
zur Production angewendet, zum Unterhalt von Arbeitern und zur
Anschaffung von Werkzeugen und Stoffen. Dieses Capital gehört
A, während B die Mühe übernimmt es anzuwenden und zu seiner
Vergütung den Unterschied erhält zwischen dem Gewinn, den es
verschafft, und den Zinsen, die er an A bezahlt. Dieser Fall ist
der einfachste von allen.

Nehmen wir nun ferner an, A's 10,000 Thaler wären, statt
an B geliehen zu sein, an einen Landeigenthümer C auf Hypothek
geliehen und von diesem zur Verbesserung der productiven Kräfte
seines Gutes durch Einzäunen, Entwässerung, Wegeanlegung oder
Mergeln angewendet. Dies ist productive Anwendung. Die 10,000
Thaler sind fest angelegt, aber nicht vergeudet. Sie gewähren eine
bleibende Vergütung; der Boden gibt nun einen vermehrten Ertrag,
hinreichend, wenn die Auslagen mit Einsicht gemacht worden, binnen
wenigen Jahre den Betrag zurückzuerstatten und mit der Zeit ihn
mannichfach zu vervielfältigen. Hier wird also ein Werth von
10,000 Thalern angewendet um den Ertrag · des Bodens zu ver=

mehren. Dies bildet ein Capital, wofür C, wenn er sein Land verpachtet, die Einkünfte in der nominellen Form einer größeren Rente erhält, während die Hypothek A berechtigt von diesen Einkünften in der Form von Zinsen solche jährliche Summen zu empfangen, wie zwischen ihnen vereinbart worden. — Wir wollen uns nun die Umstände anders denken, daß C das Darlehen nicht zur Verbesserung des Landes anwendet, sondern zur Abbezahlung einer früheren und lästigeren Hypothek oder zur Versorgung seiner Kinder. Ob die so angewendeten 10,000 Thaler Capital sind oder nicht, wird davon abhängen, was der schließliche Empfänger mit dem Betrage anfängt. Wenn die Kinder ihr Vermögen in einem productiven Geschäft anlegen oder der Hypothekgläubiger den ihm zurückgezahlten Betrag einem anderen Landeigenthümer zur Verbesserung seiner Ländereien oder einem Fabrikanten zur Ausdehnung seines Geschäftes leiht, so bleibt es Capital, weil es auf productive Weise angewendet wird.

Nehmen wir aber an, der anleihende Landeigenthümer C sei ein Verschwender, der sein Gut beschwert, nicht um sein Vermögen zu vermehren, sondern um es zu verprassen, indem er den geliehenen Betrag für Equipagen und Lustbarkeiten ausgibt. Nach einem oder zwei Jahren ist der Betrag verschwendet, und zwar ohne Ersatz. A ist eben so reich wie vorhin; er hat freilich nicht mehr die 10,000 Thaler, aber eine hypothekarische Forderung an das Gut, die er nach wie vor für jene Summe verkaufen kann. C ist indeß um 10,000 Thaler ärmer, niemand aber reicher. Man kann freilich sagen, daß diejenigen, welche aus dem Gelde, während es verschwendet wurde, einen Gewinn gezogen haben, reicher sind. Gewiß wenn C es im Spiel verloren oder durch seine Diener darum betrogen wurde, so ist es eine bloße Uebertragung, keine Vernichtung, und diejenigen, welche die Summe gewonnen haben, können sie productiv anwenden. Wenn aber C den gehörigen Werth seiner Ausgabe in Verzehrungs- oder Luxus-Gegenständen erhalten hat, welche er persönlich oder durch seine Diener oder Gäste verbraucht hat, so sind diese Artikel nicht mehr vorhanden, und es ist nichts hervorgebracht, um sie zu ersetzen. Hätte dagegen dieselbe Summe bei der Landwirthschaft oder in einer Fabrik Anwendung gefunden, so würde die stattgefundene Consumtion am Ende des Jahres durch neue Producte, von denen, welche in solchem Fall die Consumenten gewesen wären, hervorgebracht, mehr als aufgewogen sein. Durch C's Verschwendung ist dasjenige, was sonst mit einem Ersatz consumirt worden wäre, nun ohne einen solchen verbraucht. C's Handwerker können während seines Treibens einen Gewinn gemacht haben; wenn aber das Capital auf productive Weise ver-

ausgabt wäre, so hätten Bauleute, Zäunemacher, die Verfertiger
von Geräthschaften und die Gewerktreibenden, welche den Verbrauch
der arbeitenden Classen versorgen, einen entsprechenden Gewinn
gemacht, während C nach Verlauf der Zeit (ganz abgesehen von
einer Vermehrung) die 10,000 Thaler oder den Werth dafür wieder
erseßt erhalten haben würde, was jeßt nicht der Fall ist. Im ganzen
betrachtet stellt sich also ein Unterschied von mindestens 10,000 Thalern
zum Nachtheil des Gemeinwesens heraus, nämlich der Betrag von
C's unproductiver Ausgabe. Für A ist der Unterschied nicht we=
sentlich, weil sein Einkommen ihm gesichert ist und er, so lange die
Sicherheit gut und der allgemeine Zinsfuß derselbe ist, seine
Hypothek zu ihrem ursprünglichen Werthe verkaufen kann. Für A
ist also die hypothekarische Forderung von 10,000 Thaler an C's
Gut wirklich ein Capital zu diesem Betrage; aber ist es dies in
Beziehung auf das Gemeinwesen? Keineswegs. A hatte ein Capital
von 10,000 Thalern, dieses ist aber durch C's Verschwendung ver=
nichtet. A erhält jeßt sein Einkommen nicht aus dem Ertrage
seines Capitals, sondern aus einer anderen Einkommensquelle, die
C zugehört, vermuthlich aus seiner Bodenrente, d. h. aus Zahlungen,
welche ihm Pächter aus dem Ertrage ihres Capitals entrichten.
Das National=Capital ist um 10,000 Thaler verringert, und das
National=Einkommen um alles das, was diese 10,000 Thaler, als
Capital angewendet, hervorgebracht haben würden. Der Verlust
trifft nicht den Eigner des zerstörten Capitals, weil der Zerstörer
sich verbindlich gemacht hat, ihn dafür zu entschädigen. Ganz
bedeutend ist aber der Verlust, den das Gemeinwesen erlitten hat.
Was für die Benußung und die Consumtion des Eigners bestimmt
war, war nur die Zinse; das Capital selbst würde angewendet
worden sein zu dem beständigen Unterhalt einer entsprechenden Zahl
Arbeiter, welche regelmäßig, was sie consumirt haben, wieder her=
vorbringen; dieses Unterhalts werden sie ohne Ersaß beraubt.

    Wir wollen die Voraussetzung noch weiter verändern und
annehmen, das Geld sei nicht von einem Landwirth, sondern vom
Staate angeliehen. A leiht sein Capital der Regierung um Krieg
zu führen; er kauft vom Staate sogenannte Staatsschuldscheine, d. h.
Obligationen der Regierung zur Zahlung eines gewissen jährlichen
Einkommens. Wenn die Regierung das Geld zur Herstellung einer
Eisenbahn anwendete, so möchte dies eine productive Anwendung
sein und A's Eigenthum würde noch productives Capital bleiben.
Wenn es aber zum Kriege verwendet wird, d. h. zur Besoldung
von Officieren und Soldaten, welche nichts hervorbringen, und zur
Vernichtung einer Menge Schießpulver und Kugeln ohne Ersaß, so
ist die Regierung in derselben Lage wie der verschwenderische Land=

wirth C, und A's 10,000 Thaler sind einmal National=Capital zu
dem Betrage gewesen, aber jetzt nicht mehr. In Rücksicht auf
Vermögen oder Production ist dieser Betrag in's Wasser geworfen,
obschon aus anderweitigen Gründen die Verwendung gerechtfertigt
sein kann. A's Einkommen fließt in der Folge nicht aus dem
Ertrage seines eigenen Capitals, sondern aus Steuern, welche aus
dem Ertrage des übriggebliebenen Capitals des Gemeinwesens ge=
nommen werden, dem aber sein Capital zur Entschädigung solcher
Zahlung keine Einkünfte verschafft. Sein Capital ist und bleibt
verloren, und was er jetzt besitzt, ist ein Anspruch auf die Einkünfte
aus anderer Leute Capital und Erwerbthätigkeit. Diesen Anspruch
kann er verkaufen und das Aequivalent seines Capitals zurückerhalten,
welches er hernach auf productive Weise anwenden kann. Richtig;
aber sein eigenes Capital erhält er nicht zurück, noch auch etwas,
was durch dasselbe hervorgebracht ist. Dieses und alle möglichen
Einkünfte daraus sind verloren; was er erhält, ist das Capital
eines anderen, welches dieser gegen seine Forderung an die Steuern
zu vertauschen Willens ist. Ein anderer Capitalist setzt sich an A's
Stelle als hypothekarischer Gläubiger des Publicums, A tritt an
die Stelle des anderen Capitalisten als Besitzer eines Fonds, der
zur Production angewendet wird oder es werden kann. Durch
diesen Tausch werden die productiven Kräfte des Gemeinwesens
weder vermehrt noch vermindert. Der Verlust für das Capital des
Landes geschah, als die Regierung A's Geld nahm, wodurch ein
Werth von 10,000 Thaler der productiven Anwendung entzogen
oder vorenthalten, und dagegen dem unproductiven Verbrauch über=
wiesen und ohne Aequivalent zerstört wurde.

Capitel V.

Fundamentalsätze in Betreff des Capitals.

§. 1. Wenn die vorangegangenen Erklärungen ihrem Zwecke
entsprechen, so haben sie nicht nur den Begriff des Capitals hin=
sichtlich seiner Definition hinreichend erörtert, sondern auch mit seiner
concreten Auffassung inmitten des Dunkels, womit die Verwicklung
einzelner Umstände jenen Begriff umgibt, hinlänglich vertraut
gemacht, so daß selbst der in diesen Dingen unbewanderte Leser für

gewisse Elementarsätze oder Theorien in Betreff des Capitals vor=
bereitet sein wird; das vollständige Verständniß derselben ist schon
ein bedeutender Schritt aus der Finsterniß an's Licht.

Der erste dieser Sätze ist: daß die Erwerbthätigkeit durch das
Capital begrenzt ist. Dies ist so klar, daß es in vielen gewöhn=
lichen Sprachweisen als selbstverständlich angenommen wird. Eine
Wahrheit gelegentlich einsehen, ist aber ein anderes Ding, als sie
für gewöhnlich anerkennen und keine ihr widersprechende Sätze
zulassen. Das vorstehende Axiom ward bis auf die neueste Zeit
fast allgemein von Gesetzgebern und politischen Schriftstellern unbe=
achtet gelassen; Lehren, die damit unvereinbar sind, werden noch
jetzt sehr häufig vorgetragen und gelehrt.

In folgenden gewöhnlichen Ausdrucksweisen wird die Wahr=
heit unseres Satzes anerkannt. Erwerbthätigkeit auf eine besondere
Anwendung hinlenken, wird durch die Phrase bezeichnet: Capital
auf solches Geschäft wenden. Erwerbsthätigkeit auf Ländereien
anwenden, nennt man ihnen Capital zuwenden; Arbeit in einem
Fabricationszweige anwenden, nennt man Capital in einer Fabrik
anlegen. Hierin liegt, daß Erwerbsthätigkeit in keinem größeren
Umfange betrieben werden kann als Capital zur Anwendung vor=
handen ist. Dieser Satz muß in der That, sobald er deutlich auf=
gefaßt wird, auch zugegeben werden. Der Ausdruck, Capital an=
wenden, ist natürlich metaphorisch; was in Wirklichkeit angewendet
wird, ist Arbeit, Capital ist nur die unentbehrliche Bedingung.
Man spricht ferner oft von den productiven Kräften des Capitals.
Dieser Ausdruck ist, buchstäblich genommen, nicht richtig. Eigentlich
sind nur die Arbeit und die Naturkräfte productiv. Wenn man
von einem Theil des Capitals den Ausdruck gebrauchen will, daß
es eine eigene productive Kraft habe, so sind dies nur Werkzeuge
und Maschinen, von denen man behaupten kann, daß sie (wie Wind
und Wasser) der Arbeit Beistand leisten. Der Unterhalt der
Arbeiter und die Stoffe der Production haben keine productive
Kraft, aber die Arbeit kann ihre productive Kraft nur dann äußern,
wenn sie mit jenen versehen ist. Es kann nicht mehr Erwerbs=
thätigkeit geben als diejenige, die mit Stoffen zur Bearbeitung
und mit Nahrungsmitteln versorgt ist. So selbstverständlich dies
ist, so wird es doch oft vergessen, daß die Bevölkerung eines
Landes nicht durch den Ertrag ihrer gegenwärtigen, sondern einer
früheren Arbeit erhalten wird und ihre Bedürfnisse befriedigt. Man
consumirt was hervorgebracht war, nicht was jetzt erst hervor=
gebracht wird. Von dem, was hervorgebracht war, wird nur ein
Theil dem Betrieb productiver Arbeit zugewiesen, und von dieser
Arbeit wird und kann nicht mehr stattfinden als jener so zugewiesene

Theil, d. h. das Capital des Landes, ernähren und mit den Stoffen und Werkzeugen zur Production versehen kann.

Dennoch hat man in Mißachtung einer so einleuchtenden That-sache lange Zeit die Meinung gehegt, daß Gesetze und Regierungen im Stande wären, Erwerbthätigkeit zu schaffen, ohne zugleich auch Capital zu schaffen. Nicht dadurch, daß man das Volk arbeit-samer machte oder die Wirksamkeit seiner Arbeit steigerte, wozu bis zu einem gewissen Grade die Regierung beitragen kann, wollte man die Production heben; sondern, wenn das Volk schon so angestrengt und mit solcher Geschicklichkeit arbeitete wie es im Stande war, meinte man doch noch, daß die Regierung fernere Beschäftigung hervorrufen könne, ohne für fernere Fonds zu sorgen. Eine Regie-rung kann durch Verbotgesetze die Einfuhr gewisser Waaren ver-hindern. Wenn sie hierdurch bewirkt hat, daß die Waare im Lande hervorgebracht wird, so kann sie sich rühmen, das Land mit einem neuen Industriezweige bereichert zu haben; sie kann die Summe des Ertrages und die auf diese Production angewendete Arbeit in statistischen Tabellen vorführen, und das ganze als einen Gewinn für das Land, der durch die Verbotgesetze erreicht sei, geltend machen. In England freilich ist diese Art der politischen Arithmetik ziemlich in Mißcredit gekommen; sie steht aber bei den Nationen des europäischen Continents noch in voller Blüthe. Hätten die Gesetzgeber eingesehen, daß die Erwerbthätigkeit durch das Capital begrenzt wird, so würden sie bemerkt haben, daß, da das Gesammt-capital des Landes nicht vermehrt worden, jeder Theil desselben, der in Folge ihrer Gesetze sich dem neuerworbenen Industriezweige zugewendet, von irgend einem andern abgezogen oder demselben vor-enthalten wurde; in diesem aber würde wahrscheinlich das betreffende Capital derselben Menge von Arbeit Anwendung verschafft haben, wie es nun in seiner neuen Beschäftigung thut *).

---

*) Als Ausnahme muß übrigens zugegeben werden, wenn die durch das Verbotgesetz hervorgerufene oder aufrecht gehaltene Industrie zu der Classe der sogenannten häuslichen Industriezweige gehört. Diese werden von Personen betrieben, die ohnehin schon ernährt werden (durch den Arbeiter oder seine Frau oder Kinder in der Zwischenzeit anderer Beschäftigungen). Es ist daher nicht nöthig, daß Capital übertragen wird, um diese Beschäftigung zu über-nehmen, abgesehen vom Werthe der Stoffe und Werkzeuge, der oft ganz unbeträchtlich ist. Wenn daher ein Schutzzoll die Folge hat, daß diese Beschäf-tigung aufgenommen wird, so findet in diesem Falle wirklich eine vermehrte Production des Landes statt. — Um unsere theoretische Aufstellung unangreifbar zu machen, müssen wir diesen besondern Fall einräumen; die praktische Lehre vom Freihandel wird aber dadurch nicht berührt. Häusliche Industriezweige können der Natur der Sache nach keinen Schutz nöthig haben, weil der Preis des Products, wie sehr er auch herabgedrückt werden mag, fast ganz reiner

§. 2. Weil aber die Erwerbthätigkeit durch das Capital begrenzt wird, so folgt daraus doch nicht, daß sie immer diese Grenze erreicht. Es können mitunter nicht so viele Arbeiter herbeigeschafft werden als das vorhandene Capital erhalten und beschäftigen würde. Dies kommt bekanntlich in neuen Colonien vor, wo Capital zuweilen nutzlos umkommt, weil es an Arbeitskraft fehlt; die Niederlassung am Schwanenfluß in den ersten Jahren nach ihrer Gründung war ein Beispiel dafür. Von dem vorhandenen Capital werden viele Personen erhalten, die nichts hervorbringen oder doch weit mehr als sie thun, hervorbringen könnten. Wenn die Arbeiter auf niedrigeren Lohn gesetzt oder veranlaßt werden für denselben Lohn mehr Stunden zu arbeiten, oder wenn ihre Familien, die jetzt schon vom Capital erhalten werden, in ausgedehnterem Maße als gegenwärtig geschieht zur Vermehrung des Ertrags angehalten würden, so würde ein gegebenes Capital mehr Erwerbthätigkeit beschäftigen. Die unproductive Consumtion productiver Arbeiter, welche jetzt gänzlich vom Capital versorgt wird, könnte aufhören oder aufgeschoben werden bis der Ertrag da ist, und mehr productive Arbeiter könnten mit demselben Betrage erhalten werden. Durch solche Mittel könnte die Gesellschaft aus den vorhandenen Hilfsquellen einen größeren Ertrag gewinnen, und zu solchen Mitteln wird sie gezwungen, wenn die plötzliche Vernichtung eines bedeutenden Theils ihres Capitals die möglich wirksamste Anwendung des Uebriggebliebenen zu einer höchst wichtigen Zeitfrage macht. Wo die Erwerbthätigkeit noch nicht zu der durch das Capital gesteckten Grenze gelangt ist, können Regierungen sie auf verschiedenen Wegen dieser Grenze näher bringen, z. B. durch das Heranziehen neuer Arbeiter, wie dies bei der Einführung von Kulis und freien Negern in Westindien der Fall ist. Es gibt aber noch einen andern Weg, auf dem Regierungen eine Steigerung der Erwerbthätigkeit hervorrufen können, nämlich durch Anschaffung von Capital. Sie können Steuern auflegen und deren Betrag auf productive Weise anwenden; oder was auf dasselbe hinauskommt, sie können Einkommen oder Ausgabe besteuern und die Einkünfte

---

Gewinn ist, indem der Unterhalt der Arbeiter aus anderen Quellen her versorgt wird. Wenn daher die häuslichen Producenten sich vor der Mitbewerbung zurückziehen, so geschieht dies niemals aus Nothwendigkeit, sondern weil das Product die Arbeit, welche es kostet, nicht werth ist, und zwar nach der Meinung der besten Richter, nämlich derer, die das eine genießen und sich der anderen unterziehen. Sie geben dem Opfer, ihre Kleider kaufen zu müssen, vor der Arbeit, sie anzufertigen, den Vorzug. Sie wollen ihre Arbeit nicht fortsetzen, wofern nicht die Gesellschaft ihnen mehr dafür geben will, als das Product nach ihrer eigenen Meinung werth ist.

davon auf die Abbezahlung der Staatsschulden verwenden. Die
Staatsgläubiger werden nach erhaltener Rückzahlung ein Ein=
kommen aus ihrem Eigenthum zu ziehen wünschen, und das meiste
davon wird also seinen Weg zu einer productiven Anwendung finden,
während ein bedeutender Theil desselben vorher aus dem Fonds
für unproductive Ausgabe genommen worden, weil man gewöhnlich
seine Steuern nicht davon bezahlt, was man sonst als Ersparniß
zurückgelegt hätte, sondern theilweise, wenn nicht hauptsächlich, von
demjenigen, was man sonst verzehrt hätte. Es kann hinzugefügt
werden, daß jede Vermehrung der productiven Kraft des Capitals
(oder richtiger ausgedrückt, der Arbeit) durch Verbesserungen in den
täglichen Gewerben oder sonst, dahin wirkt, die Arbeitsbeschäftigung
zu vermehren. Wenn nämlich überhaupt ein größerer Ertrag statt=
findet, so ist es immer wahrscheinlich, daß ein gewisser Theil der
Zunahme erspart und in Capital verwandelt werden wird, daß ins=
besondere die vermehrten Einkünfte der productiven Industrie einen
neuen Reiz geben, um Fonds aus unproductiver zu productiver
Bestimmung übergehen zu lassen.

§. 3. Während einerseits die Erwerbthätigkeit durch das
Capital begrenzt ist, so gibt andererseits das Capital der Erwerb=
thätigkeit neue Beschäftigung oder kann dies wenigstens geben, und
zwar ohne bestimmbare Grenze. Es fällt mir nicht ein in Abrede
zu stellen, daß Capital, oder ein Theil desselben, anders als zur
Ernährung von Arbeitern anzuwenden ist, indem es ja in Maschinen,
Gebäuden, Bodenverbesserungen und dergleichen fest angelegt sein
kann. Bei jeder großen Zunahme des Capitals wird ein bedeutender
Theil desselben meistens auf diese Weise angelegt werden und daher
den Arbeitern nur eine Mitwirkung verschaffen, nicht sie unter=
halten. Meine Behauptung geht dahin, daß der zum Unterhalt
der Arbeiter bestimmte Theil des Capitals (sonstige Veränderungen
außer Betracht gelassen) in's Unendliche vermehrt werden könne,
ohne die Unmöglichkeit, für sie Beschäftigung zu finden, herauszu=
stellen — mit anderen Worten, daß so lange es arbeitsfähige
menschliche Wesen und Nahrung zu ihrem Unterhalte gibt, sie auch
immer bei irgend einer Production beschäftigt werden können. Bei
diesem Satze müssen wir etwas verweilen, da er einer von denen
ist, welchen, wenn sie in allgemeinen Ausdrücken vorgebracht werden,
außerordentlich leicht beigestimmt wird, die jedoch in dem Gedränge
und der Verwirrung der thatsächlichen socialen Verhältnisse nicht
so leicht festzuhalten sind. Dieser Satz steht auch mit den gewöhn=
lichen Lehren sehr im Widerspruch. Keine Meinung ist unter den
Menschen weiter verbreitet als diese, daß die unproductive Ausgabe
der Reichen für die Beschäftigung der Armen nothwendig sei. Vor

Adam Smith war diese Lehre kaum in Frage gestellt und selbst seit seiner Zeit haben berühmte und verdienstvolle Schriftsteller *) behauptet, daß, wenn die Consumenten mehr als einen bestimmten Theil ihres Einkommen sparen und in Capital verwandeln würden, ohne einen zum Capital des Landes in einem gewissen Verhältnisse stehenden Betrag davon der unproductiven Verausgabung zuzu= wenden, die Extra=Ansammlung lediglich eben so große Vergeudung wäre, weil für die Waaren, welche das so geschaffene Capital her= vorbringen würde, kein Absatz sich fände. Nach meiner Ansicht ist dies einer der vielen Irrthümer in der Volkswirthschaft, die darin ihren Ursprung haben, daß man nicht mit der Prüfung der einfachen Fälle beginnt, sondern sich mit einem Mal in die Verwickelung der concreten Erscheinungen hineinstürzt.

Es ist einleuchtend, daß wenn eine wohlwollende Regierung alle Nahrungsmittel so wie alle Geräthschaften und Stoffe des Gemeinwesens besäße, sie von allen, denen sie einen Antheil an den Nahrungsmitteln gestattete, productive Arbeit verlangen könnte; auch dürfte sie nicht um ein Feld zur Anwendung dieser productiven Arbeit in Verlegenheit sein, denn so lange ein einziger Mangel, den materielle Gegenstände befriedigen können, bei irgend einem Individuum vorhanden wäre, so könnte das Gemeinwesen zur Hervorbringung solcher Dinge, welche jenen Mangel befriedigen würden, veranlaßt werden. Nun thun aber die einzelnen Privat= personen im Besitz von Capital, wenn sie dieses durch neue An= sammlung vergrößern, genau dasselbe, was wir bei jener wohl= wollenden Regierung vorausgesetzt haben. Da es erlaubt ist im Wege der Hypothese irgend welchen Fall aufzustellen, so wollen wir uns den denkbar äußersten Fall vorstellen. Nehmen wir an, jeder Capitalist gewönne die Meinung, daß er, weil er sich nicht mehr verdient mache als ein gutgeleiteter Arbeiter, auch nicht besser leben dürfe, und sparte deshalb aus Gründen der Gewissenhaftig= keit den Ueberschuß seiner Einkünfte; oder nehmen wir an, daß diese Enthaltsamkeit nicht freiwillig sei, sondern daß sie allen Capitalisten und gleichfalls den Landeigenthümern durch Gesetz oder die öffentliche Meinung auferlegt werde. Unproductiver Verbrauch wird dann auf seine niedrigste Stufe gebracht und es entsteht die Frage, wie soll das vermehrte Capital Anwendung finden. Wer soll die Waaren kaufen, welche dasselbe hervorbringen wird, da nicht einmal für die früher hervorgebrachten hinreichend Abnehmer sich fanden? Die Waaren werden daher unverkauft bleiben, sie werden in den Lägern verkommen, bis das Capital wieder auf

---

*) J. B. Malthus, Chalmers, Sismondi.

seinen ursprünglichen Belauf oder selbst noch um so viel weiter,
als die Nachfrage der Consumenten sich vermindert hat, zurück=
gegangen ist. Allein dieß ist nur die eine Seite der Sache. In
dem angenommenen Falle würde freilich seitens der Capitalisten
und Landeigenthümer keine Nachfrage nach Luxusgegenständen statt=
finden, allein wenn diese Classen ihr Einkommen in Capital um=
wandeln, so vernichten sie dadurch die Consumtionsfähigkeit nicht,
sondern übertragen dieselbe nur von sich auf die Arbeiter, denen
sie Beschäftigung geben. In Rücksicht der Arbeiter sind nun zwei
Annahmen möglich: entweder wächst ihre Anzahl im entsprechenden
Verhältniß zur Vermehrung des Capitals oder sie thut es nicht.
Im ersteren Falle zeigt sich keine Schwierigkeit. Die Hervor=
bringung der nothwendigen Bedürfnisse für die neue Bevölkerung
tritt an die Stelle der Hervorbringung der Luxusgegenstände eines
Theils der alten Bevölkerung und ersetzt so vollständig den ver=
lorenen Betrag der Beschäftigung. Angenommen indeß, es fände
keine Bevölkerungszunahme statt; alles was früher von Capitalisten
und Landeigenthümern für Luxusgegenstände ausgegeben worden,
werde in der Gestalt erhöhter Löhne unter die vorhandenen Arbeiter
vertheilt, welche, wie wir voraussetzen wollen, schon hinlänglich
mit dem nothwendigen Bedarf versehen sind. Was ist die Folge?
Die Arbeiter werden Consumenten von Luxusgegenständen, und
das vordem zur Hervorbringung von Luxusgegenständen angewen=
dete Capital bleibt in der Lage noch eben so angewendet zu werden;
der Unterschied liegt nur darin, daß die Luxusgegenstände unter
das Gemeinwesen im allgemeinen vertheilt werden, statt auf wenige
beschränkt zu bleiben. Die Capital=Ansammlung und die Production
könnten sich so lange immer fort vermehren, bis alle Arbeiter jeden
Genuß von Vermögen hätten, der sich mit der Fortsetzung ihrer
Arbeit vertrüge, vorausgesetzt, daß ihre Arbeitskraft physisch aus=
reichte diese ganze Summe von Genüssen für ihre Gesammtzahl
hervorzubringen. So ist die Grenze des Vermögens nie der
Mangel an Consumenten, sondern an Producenten und Productions=
kraft. Jeder Zuwachs des Capitals gibt der Arbeit entweder
vermehrte Beschäftigung oder vermehrte Vergütung; bereichert ent=
weder das Land oder die arbeitenden Classen. Wenn sich mehr Hände
finden, welche zu beschäftigen sind, so vermehrt sich der gesammte
Ertrag; bleibt die Zahl dieselbe, so fällt diesen ein größerer Antheil
daran zu, und in diesem Falle vergrößert sich vielleicht der Ertrag
selbst, indem die Arbeiter zu größerer Anstrengung sich angetrieben
fühlen.

§. 4. Ein zweiter Fundamentalsatz in Betreff des Capitals
bezieht sich auf die Quelle, woraus es fließt. Capital ist das

Ergebniß des Sparens. Der Beweis hiefür liegt vollſtändig ſchon darin, was bereits über die Sache bemerkt worden. Einige fernere Erläuterungen dürften indeß erforderlich ſein.

Wenn Jedermann zu ſeinem perſönlichen Genuß alles, was er ſelbſt hervorbringt, und alles Einkommen, welches er von dem durch andere hervorgebrachten empfängt, ausgeben würde, ſo könnte eine Vermehrung des Capitals nicht ſtattfinden. Mit geringfügiger Ausnahme war alles Capital urſprünglich das Ergebniß der Erſpa= rung. Ich ſage: mit geringfügiger Ausnahme; denn eine Perſon, welche für ihre eigene Rechnung arbeitet, kann auch für ihre Rech= nung alles, was ſie hervorbringt, verausgaben, ohne hilflos zu werden. Der Vorrath an Nahrungsmitteln, von denen ſie lebt bis ſie ihre Ernte eingebracht oder ihre Waare verkauft hat, iſt zwar wirkliches Capital, kann aber nicht eine Erſparung genannt werden, da er gänzlich zur Befriedigung des eigenen Bedarfes gebraucht wird und eine Enthaltſamkeit nicht vorgekommen iſt. Wir können uns eine Anzahl von Individuen oder Familien denken, angeſiedelt auf eben ſo vielen beſonderen Stücken Land, jede von dem Ertrag ihrer eigenen Arbeit lebend und dieſen Ertrag gänzlich verbrauchend. Aber ſelbſt dieſe müſſen ſo viel ſparen (d. h. von ihrer perſönlichen Conſumtion ſparen) als zur Ausſaat nöthig iſt. Einige Erſparung muß daher ſelbſt in dieſem allereinfachſten wirth= ſchaftlichen Zuſtande ſtattfinden, man muß mehr hervorgebracht haben als man verbraucht, oder weniger verbrauchen als man her= vorgebracht hat. Noch mehr muß dies der Fall ſein, bevor man andere Arbeiter beſchäftigen oder die Production über das Maß, wozu die eigenen Hände ausreichen, hinaus vermehren kann. Alles was Jemand zum Unterhalte und Betriebe irgend welcher anderen Arbeit als ſeiner eigenen anwendet, muß urſprünglich durch Sparen zuſammengebracht ſein; irgend einer muß es hervorgebracht und ſich den Verbrauch desſelben verſagt haben. Man darf daher ohne weſentliche Ungenauigkeit behaupten, daß alles Capital und ins= beſondere jeder Zuwachs des Capitals das Ergebniß der Erſpa= rung iſt.

Bei einem rohen und gewaltſamen Zuſtand der Geſellſchaft kommt es fortwährend vor, daß diejenige Perſon, welche Kapital hat, nicht die nämliche iſt, welche es erſpart hat, ſondern daß Jemand, der ſtärker iſt oder zu einem mächtigeren Gemeinweſen gehört, ſich durch Plünderung in den Beſitz desſelben geſetzt hat. Selbſt bei einem Zuſtand der Dinge, wo das Eigenthum geſchützt war, iſt die Vermehrung des Capitals gewöhnlich längere Zeit hindurch aus Entbehrungen hervorgegangen, welche, obſchon ſie im Weſentlichen auf dasſelbe hinauskommen wie Erſparung, doch gemeiniglich nicht so benannt werden, weil sie nicht freiwillig sind. Die wirklichen Producenten sind Sclaven gewesen, die gezwungen wurden, so viel hervorzubringen als die Gewalt aus ihnen erpressen konnte, und so wenig zu verbrauchen als das eigene Interesse oder die gewöhnlich sehr karge Menschlichkeit ihrer Arbeitsherren gestatten wollte. Diese Art der gezwungenen Ersparung würde jedoch keine Vermehrung des Capitals zur Folge gehabt haben, wäre nicht ein Theil ihres Betrages auch vom Herrn freiwillig gespart. Wenn von diesem Alles, was er durch seine Sclaven hatte hervorbringen und entbehren lassen, zu seinen persönlichen Genüssen wäre verbraucht worden, so würde er sein Capital nicht vermehrt haben noch im Stande gewesen sein, eine zunehmende Zahl von Sclaven zu unterhalten. Ueberhaupt war die Unterhaltung von Sclaven durch eine vorangegangene Ersparung bedingt, wenigstens mußte ein Vorrath von Lebensmitteln im Voraus angeschafft sein. Diese Ersparung braucht jedoch nicht durch eine freiwillige Entbehrung des Herrn selbst bewirkt zu sein, sondern wahrscheinlich ward sie es durch die Enthaltsamkeit der Sclaven, während sie frei waren, indem die Plünderung oder der Krieg, der ihnen ihre persönliche Freiheit raubte, auch ihr angesammeltes Vermögen auf den Eroberer übertrug.

Es gibt noch andere Fälle, in denen der Ausdruck Ersparung mit den gewöhnlich dazu gehörigen Nebenbegriffen nicht genau das Verfahren bezeichnet, wodurch Capital vermehrt wird. Wenn man z. B. behaupten wollte, der einzige Weg zur Beschleunigung der Capitalsvermehrung sei die Vermehrung der Ersparung, so würde vermuthlich der Begriff von größerer Enthaltsamkeit und gesteigerter Entbehrung sich aufdrängen. Es ist aber einleuchtend, daß dasjenige, was die productive Arbeitskraft vermehrt, auch einen neuen Fonds verschafft um davon zu sparen, und in den Stand setzt das Capital zu vermehren, nicht nur ohne neue Entbehrung, sondern zugleich mit einer Zunahme der persönlichen Consumtion. Nichtsdestoweniger findet auch hier, im wissenschaftlichen Sinne, eine gesteigerte Ersparung statt. Obschon mehr verbraucht wird, so wird doch noch mehr erspart — die Production überwiegt die Consumtion, und es ist gewiß nicht unrichtig, dies eine größere Ersparung zu nennen. Ist diese Bezeichnung auch nicht unantastbar, so gibt es doch keine andere, die nicht eben so großen Einwendungen ausgesetzt wäre. Sparen ist: weniger verbrauchen als hervorgebracht worden. Durch solches Verfahren wird das Capital vermehrt und es ist nicht nothwendig, daß man an und für sich weniger verbraucht. Wir müssen uns nicht in dem Maße von Wörtern abhängig machen, daß wir nicht den Ausdruck „Ersparung" in

diesem Sinne gebrauchen sollten, ohne Gefahr zu laufen zu ver=
gessen, daß, um Capital zu vermehren, es außer der verminderten
Consumtion noch einen anderen Weg gibt, nämlich mehr hervor=
zubringen.

§. 5. Ein dritter Fundamentalsatz in Betreff des Capitals,
der mit dem eben erörterten eng zusammenhängt, ist, daß das
Capital, obschon erspart und das Ergebniß von Ersparung, nichts=
destoweniger consumirt wird. Das Wort Ersparung bedeutet nicht,
daß man das Ersparte nicht consumirt, noch liegt nothwendig darin,
daß die Consumtion aufgeschoben werde, sondern nur, daß wenn
es unmittelbar consumirt wird, dies nicht von dem geschieht, der
es erspart hat. Wenn etwas nur für künftigen Gebrauch zurück=
gelegt wird, so sagt man, daß es aufgespeichert wird, und während
dies stattfindet, wird es überall nicht consumirt. Wird es als
Capital verwendet, so wird es gänzlich verbraucht, freilich nicht vom
Capitalisten. Ein Theil wird ausgetauscht für Werkzeuge oder
Maschinen, welche durch den Gebrauch abgenutzt werden; ein Theil
für Saat oder Stoffe, welche als solche durch das Aussäen oder
die Verarbeitung zu Grunde gehen und durch den Verbrauch des
schließlichen Products völlig vernichtet werden. Das Uebrige wird
als Lohn an productive Arbeiter bezahlt, welche es für ihren täg=
lichen Bedarf verbrauchen, oder wenn sie ihrerseits einiges davon
wieder sparen, so wird dies, im allgemeinen genommen, nicht auf=
gespeichert, sondern vermittelst Sparcassen, wohlthätiger Vereine
oder auf anderen Wegen wieder als Capital angewendet und
verbraucht.

Der eben aufgestellte Grundsatz ist ein deutliches Beispiel, wie
nothwendig es ist, auf die ersten Elementarwahrheiten unserer
Wissenschaft zu achten. Derselbe gehört zu den allerersten unter
diesen, und doch ist gewöhnlich Niemand sich desselben bewußt, der
über die Sache nicht gehörig nachgedacht hat; die meisten sträuben
sich sogar ihn zuzugeben, wenn er zuerst aufgestellt wird. Der große
Haufe verkennt es völlig, daß das Ersparte auch verbraucht wird;
ihm erscheint jeder Sparende in dem Lichte eines Menschen, welcher
aufspeichert. Das große Publicum kann ein solches Verfahren für
zulässig oder selbst lobenswerth halten, wenn es geschieht um für
eine Familie zu sorgen und dergleichen, aber es hat gar keinen
Begriff davon, daß dasselbe für andere Leute wohlthätig sein kann.
Sparen gilt ihm ganz gleichbedeutend mit: etwas für sich selbst
behalten; während Verausgaben bei ihm so viel heißt wie: ver=
theilen unter andere. Jemand, der seine Habe im unproductiven
Verbrauch ausgibt, wird angesehen als einer, der rings um sich

Wohlthaten verbreitet, und dies geht so weit, daß ein Theil dieser
nämlichen Popularität ihm sogar dann noch verbleibt, wenn er
verausgabt was ihm selbst nicht gehört, wenn er nicht nur sein
eigenes Capital, falls er eines gehabt hat, vernichtet, sondern unter
dem Vorwande des Borgens und mit dem Versprechen der Zurück=
bezahlung sich in den Besitz von Capitalien setzt, die anderen
gehören, und diese gleichfalls vernichtet.

Dieser populäre Irrthum entspringt daraus, daß man nur
zum kleinen Theil die Folgen beachtet, welche aus dem Ersparen
und dem Verschwenden herrühren, indem nämlich an diejenige Seite
der Wirkungen, welche man nicht mit den Augen sieht, auch nicht
gedacht wird. Das Auge folgt dem, was erspart wird, bis zu einer
eingebildeten Geldkiste und verliert es dort aus dem Gesicht; dem,
was verschwendet wird, folgt man bis zu den Händen der Gewerbs=
leute und Diener; aber weder in dem einen noch dem anderen Falle
reicht der Blick bis zur schließlichen Bestimmung des Ersparten und
Verschwendeten. Ersparung zum Zweck einer productiven Anlegung
und Verschwendung fallen in dem ersten Stadium ihrer Verrich=
tungen ziemlich zusammen. Die Wirkung beider beginnt mit Con=
sumtion, mit der Vernichtung eines gewissen Vermögentheils; nur
sind die Dinge, die verbraucht werden, sowie die consumirenden
Personen verschieden. In dem einen Falle geschieht eine Abnutzung
von Werkzeugen, eine Zerstörung von Stoffen und einer Menge
von Nahrungsmitteln und Kleidung, welche Arbeitern gegeben und
von diesen durch den Gebrauch vernichtet werden; im anderen
Falle eine Consumtion (d. h. eine Vernichtung) von Weinen, Equi=
pagen und Möbeln. Bis so weit ist die Folge für das National=
vermögen ziemlich dieselbe; in beiden Fällen ist eine gleiche Menge
vernichtet worden. Aber bei der Verschwendung ist das erste Sta=
dium zugleich das letzte; der betreffende Theil des Arbeitsertrages
ist verschwunden ohne etwas dafür zurückzulassen. Dagegen hat
andererseits die ersparende Person während der ganzen Zeit, daß
die Zerstörung vor sich ging, Arbeiter beschäftigt um wieder etwas
neues zu schaffen, welche denn auch, wie sich schließlich findet, ein
Aequivalent dessen, was verbraucht worden, mit einem Zuwachs
wiederherstellen. Und da dieser Vorgang ohne einen neuen Act
des Sparens in's Unendliche wiederholt werden kann, so wird eine
einmalige Ersparung ein Fonds um unaufhörlich eine entsprechende
Anzahl von Arbeitern zu unterhalten, welche jährlich ihren eigenen
Unterhalt mit einem Gewinn dazu reproduciren.

Die Dazwischenkunft von Geld ist es, die für eine mit der
Sache nicht vertraute Auffassung den wahren Charakter dieser

Erscheinungen verdunkelt. Da fast alle Ausgabe durch Geld ver=
mittelt wird, so kommt letzteres dazu, als die Hauptfigur in dem
Geschäfte angesehen zu werden. Weil nun das Geld nicht umkommt,
sondern nur die Besitzer wechselt, so übersehen die Leute die Ver=
nichtung, welche im Falle einer unproductiven Verausgabung statt=
findet. Dies ist aber weiter nichts als eine Verwechslung zwischen
Geld und Vermögen. Das vernichtete Vermögen war nicht das
Geld, sondern die Weine, Equipagen und Möbeln, die für das
Geld gekauft waren, und da diese ohne Ersatz vernichtet worden,
so ist die Gesellschaft, im ganzen genommen, um diesen Betrag
ärmer. Man könnte vielleicht einwenden, Weine, Equipagen und
Möbeln seien keine Mittel des Unterhalts, auch nicht Werkzeuge
und Stoffe, und hätten in keinem Falle zum Unterhalt der Arbeiter
angewendet werden können; solche Artikel seien zu nichts Anderem
als zum unproductiven Verbrauch passend, und der Schade für das
Vermögen des Gemeinwesens sei damals entstanden, als sie hervor=
gebracht, nicht als sie verbraucht wurden. Ich bin bereit dies ein=
zuräumen, so weit es für das Argument erforderlich ist. Die
Bemerkung würde ganz zutreffend sein, wenn diese verausgabten
Luxusgegenstände von einem einmal gegebenen, niemals wieder aus=
zufüllenden Vorrath genommen würden. Da sie jedoch im Gegen=
theil fortwährend wieder hervorgebracht werden, so lange sich Con=
sumenten dafür finden, und in vermehrter Menge hervorgebracht
werden, um einer vermehrten Nachfrage zu entsprechen, so erhält
z. B. die jährliche Ausgabe eines Consumenten von 5000 Thalern
für Luxusgegenstände eine entsprechende Anzahl von Arbeitern von
Jahr zu Jahr beschäftigt um Dinge hervorzubringen, welche für
die Production von keinem Nutzen sind. Ihre Dienste sind, soweit
die Vermehrung des Nationalvermögens in Betracht kommt, ver=
loren, und die Werkzeuge, Stoffe und Nahrungsmittel, welche sie
jährlich verbrauchen, werden in demselben Maße dem allgemeinen,
zu productiven Zwecken anwendbaren Vermögensstamm des Gemein=
wesens entzogen. In dem Verhältnisse, wie eine Classe der Bevöl=
kerung leichtsinnig oder verschwenderisch ist, nimmt die Industrie
des Landes die Richtung, Luxusgegenstände für deren Gebrauch
hervorzubringen, dagegen wird nicht allein die Beschäftigung für
productive Arbeit vermindert, sondern auch der Unterhalt und die
Werkzeuge, welche die Mittel solcher Beschäftigung sind, bleiben
wirklich in geringerer Menge vorhanden.

Um es kurz zu sagen, Sparen bereichert und Verschwenden
macht arm, das Gemeinwesen eben so gut wie den Einzelnen —
was mit anderen Worten nur besagt, daß die Gesellschaft im ganzen
um dasjenige reicher ist, was sie für den Unterhalt und die För=

berung productiver Arbeit ausgibt, aber ärmer um dasjenige, was
sie zu ihren Vergnügungen verbraucht*).

---

*) Es dürfte sich vielleicht verlohnen, die Aufmerksamkeit auf verschiedene
Umstände zu lenken, die bis zu einem gewissen Grade den Schaden vermindern, welchen die Verschwendung einzelner dem allgemeinen Vermögen verursacht, oder eine mehr oder minder reichliche Compensation als eine Folge des
Schadens selbst ergeben. Dazu gehört, daß es Verschwendern in der That nicht
gelingt, alles, was sie ausgeben, auch zu verbrauchen. Ihre gewöhnliche Sorglosigkeit hinsichtlich der Ausgaben bewirkt, daß sie von allen Seiten geprellt
und beraubt werden, oft durch Personen von einer sparsamen Lebensweise. Von
den Geschäftsführern, Aufsehern und selbst den Hausdomestiken leichtsinniger reicher
Leute werden fortwährend große Summen angesammelt; auch bezahlen sie viel
höhere Preise für ihre Einkäufe als Leute von umsichtigem Charakter, was mit
ein Grund ist, daß sie als Kunden populär sind. Sie sind daher in der That
nicht im Stande, eine der von ihnen verschwendeten Habe irgend gleichkom-
mende Vermögensmenge in Besitz zu nehmen und zu vernichten. Viel davon
geht lediglich auf andere über, von welchen dann ein Theil erspart wird. —
Ferner ist nicht außer Acht zu lassen, daß die Verschwendung einiger andere
zu einer gezwungenen Sparsamkeit veranlassen kann. Nehmen wir an, daß in
Folge der Laune eines Verschwenders eine plötzliche Nachfrage nach irgend
welchem Luxusartikel entsteht, bei dem keine Vermehrung des gewöhnlichen
Angebots stattgefunden hat, da jene nicht vorher veranschlagt worden. Der
Preis wird steigen und kann dies über die Mittel und Neigungen einiger
der gewöhnlichen Kunden hinaus, welche in Folge davon ihren gewohnten
Genuß einschränken und den Betrag ersparen. Wenn sie dieses nicht thun,
sondern fortfahren einen eben so großen Werth als früher für den Artikel auszugeben, so erhalten die Verkäufer für nur dieselbe Menge Waare eine Bezahlung, die um alles das, was der Verschwender bezahlt hat, gesteigert ist.
So wird der Betrag, den er verliert, auf sie vollständig übertragen und kann
ihrem Capital hinzugefügt werden, indem sein vermehrter persönlicher Verbrauch
aufgewogen wird durch die Entbehrungen anderer Käufer, welche für dasselbe Aequivalent weniger als gewöhnlich von ihrem herkömmlichen Genusse
erhalten haben. Andererseits muß aber irgendwo ein Gegenproceß stattfinden,
weil der Verschwender seine Einkäufe in anderer Beziehung vermindert haben
muß, um die Vermehrung hierbei auszugleichen. Er hat vielleicht Fonds ein-
gezogen, die zur Unterhaltung productiver Arbeit angewendet wurden, und die
Verkäufer von Nahrungsmitteln und Productionswerkzeugen haben Waaren
zurückbehalten oder für den gleichen Betrag von Waaren eine geringere Bezahlung als gewöhnlich empfangen. Solche Verluste am Einkommen oder
Capital, wenn sie nicht nicht einen außerordentlichen Betrag erreichen, werden
von betriebsamen Personen meistens durch vermehrte Enthaltsamkeit und Entbehrung wieder gut gemacht, so daß das Capital des Gemeinwesens im ganzen
genommen nicht geschwächt wird, und der Verschwender seine Genußsucht nicht
so sehr auf Kosten der bleibenden Hilfsquellen, sondern der zeitweiligen Vergnügungen und Bequemlichkeiten anderer befriedigt. In allen Fällen wird
aber das Gemeinwesen ärmer um dasjenige, was einer verbraucht, wofern
nicht andere in Folge davon veranlaßt werden, ihren Verbrauch zu beschränken.
Es gibt noch andere und verborgenere Wege, wodurch die Verschwendung einiger
durch die Extraersparungen anderer ihre Compensation mit sich bringt; aber
dies kann erst in dem Theile des vierten Buches, der von dem beschränkenden
Princip bei Anhäufung des Capitals handelt, in Betracht gezogen werden.

§. 6. Wir kehren zu unserem Fundamentalsatze zurück. Alles was hervorgebracht wird, wird auch verbraucht, sowohl was erspart als auch was, wie man es nennt, verschwendet wird; das erstere eben so schnell wie das letztere. Alle gewöhnlichen Ausdrucksweisen der Sprache suchen dies aber zu verbergen. Wenn man vom alten Reichthum eines Landes, von den von Vorfahren ererbten Reich= thümern und in ähnlichen Ausdrücken spricht, so ist der darin lie= gende Begriff, daß die so überlieferten Reichthümer lange vorher zu der Zeit, als sie zuerst erworben sein sollen, producirt seien und daß von dem Capital des Landes im gegenwärtigen Jahre nichts hervorgebracht wurde als was im Laufe desselben dem Gesammt= betrage hinzugefügt worden ist. Die Sache verhält sich aber ganz anders. Der größere Theil des jetzt in England befindlichen Ver= mögens ist durch Menschenhände während der letzten zwölf Monate hervorgebracht worden. Ein kleiner Theil jenes großen Gesammt= betrages hat freilich schon vor etwa 10 Jahren bestanden; von dem dermaligen productiven Capital des Landes jedoch fast nichts als nur landwirthschaftliche Gebäude, Fabriken, sowie wenige Schiffe und Maschinen, und selbst diese würden in den meisten Fällen nicht so lange gedauert haben, wenn nicht in der Zwischenzeit frische Arbeit angewendet wäre, um sie in Stand zu erhalten. Grund und Boden sind fast das einzige, was Bestand hat. Alles und jedes was hervorgebracht wird, vergeht, und bei den meisten Dingen geschieht dies sehr schnell. Viele Arten des Capitals sind ihrer Natur nach zu einer langen Aufbewahrung nicht geeignet und es gibt nur sehr wenige Arten der Production, die eines sehr ver= längerten Bestehens fähig sind. Die Westminster=Abtei hat freilich, mit gelegentlichen Ausbesserungen, manche Jahrhunderte schon ge= standen; einige griechische Skulpturen haben über 2000 Jahre bestanden, die Pyramiden etwa das Doppelte oder Dreifache dieser Dauer. Dies waren aber zu einem unproductiven Gebrauch bestimmte Gegenstände. Wenn wir Brücken und Wasserleitungen ausnehmen, wozu hier und da noch Wasserbehälter und Deiche zu rechnen sind, gibt es wenige Beispiele von Gebäuden, welche, zu industriellen Zwecken bestimmt, von langer Dauer gewesen sind; solche Gebäude halten nicht Stand gegen Abnutzung, noch ist es auch besonders wirthschaftlich, sie mit der für lange Dauer erfor= derlichen Solidität herzustellen. Das Capital wird von einem Zeit= alter auf's andere, nicht durch Aufbewahrung, sondern durch bestän= dige Wiederhervorbringung erhalten. Jeder Theil desselben wird meistens sehr bald nach seiner Hervorbringung gebraucht und ver= nichtet, aber diejenigen, welche es verbrauchen, sind inzwischen beschäftigt mehr als das Verbrauchte wieder hervorzubringen. Das

Anwachsen des Capitals gleicht dem Anwachsen der Bevölkerung. Jedes Individuum, das geboren wird, stirbt, aber in jedem Jahre übersteigt die Zahl der Geborenen die der Gestorbenen; die Bevölkerung wächst daher immer, obschon alle diejenigen, welche sie bilden, erst seit verhältnißmäßig kurzer Zeit am Leben sind.

§. 7. Dieses beständige Verbrauchen und Wiederhervorbringen von Capital liefert die Erklärung einer Erscheinung, die so oft Verwunderung erregt hat, nämlich der Raschheit, womit Länder aus einem Zustande der Verwüstung sich erholen, so wie des baldigen Verschwindens aller Spuren des Unheils, das durch Erdbeben, Ueberschwemmung, Orkane und Kriegsverheerung angerichtet worden. Ein Feind verwüstet ein Land mit Feuer und Schwert, er zerstört oder schleppt fort alles darin befindliche bewegliche Vermögen, alle Einwohner sind ruinirt und wenige Jahre später ist jedes so wie es vorher war. Diese vis medicatrix naturae ist Gegenstand eines unfruchtbaren Erstaunens gewesen, oder auch angeführt worden, um die wunderbare Kraft des Grundsatzes des Sparens zu erläutern, wodurch solche enorme Verluste in so kurzer Frist wieder ersetzt werden. Es liegt hierin aber überall nichts wunderbares. Was der Feind zerstört hat, würde binnen kurzer Zeit auch von den Einwohnern selbst vernichtet worden sein; das Vermögen, das sie so rasch wieder hervorbringen, würde in jedem Falle wiederhergestellt worden sein, und wahrscheinlich in einer eben so kurzen Zwischenzeit. Es ist nichts verändert, außer daß sie während des Wiederhervorbringens nun nicht den Vortheil haben, zu verbrauchen, was früher hervorgebracht worden war. Die Möglichkeit eines raschen Erholens von seinen Unfällen hängt für ein Land hauptsächlich davon ab, ob es entvölkert worden. Wenn der Bevölkerungsbestand nicht gleichzeitig. vertilgt wird oder späterhin aus Mangel umkommt, so hat das Land, bei derselben Geschicklichkeit und Kenntniß, die vorher vorhanden waren, da der Boden und dessen permanente Verbesserung unzerstört und die dauerhafteren Gebäude unversehrt oder doch nur theilweise beschädigt sind, beinahe alle Erfordernisse für den früheren Betrag der Production. Wenn den Bewohnern so viel Nahrungsmittel oder so viel Werthvolles zu deren Ankauf übrig geblieben, daß sie sich, wenn auch unter noch so großer Entbehrung, am Leben und arbeitsfähig erhalten können, so werden sie binnen kurzer Zeit einen eben so großen Ertrag gewonnen und in ihrer Gesammtheit eben so großes Vermögen und eben so bedeutendes Capital erworben haben als vorher, und dies bei bloßer Fortsetzung des gewöhnlichen Maßes von Anstrengung, woran sie bei ihren Beschäftigungen gewöhnt waren. Dies beweiset eigentlich nichts für die Kraft des Grundsatzes des Sparens, im

populären Sinne dieses Ausdrucks, denn es findet keine beabsich=
tigte Enthaltsamkeit statt, sondern eine unfreiwillige Entbehrung.
Die Gewohnheit durch das Medium der einmal gegebenen
Reihe technischer Phrasen zu denken ist jedoch von solchem Einfluß,
und so wenig haben gelehrte Männer Grund sich einzubilden, daß
sie von denselben geistigen Schwächen, welchen das große Publicum
unterliegt, frei bleiben, daß, so viel ich weiß, diese einfache Er=
klärung von keinem Volkswirth vor Dr. Chalmers gegeben worden.
Viele Meinungen dieses Schriftstellers halte ich für irrthümlich,
aber derselbe hat stets das Verdienst, die Erscheinungen auf seine
eigene Hand zu studiren und sie in seiner eigenen Ausdrucksweise
zu bezeichnen, wodurch sich oft Auffassungen der Wahrheit kund
geben, welche durch die hergebrachte Phraseologie leicht zurück=
gedrängt werden.

§. 8. Dr. Chalmers führt seinen Gedankengang zu einigen
wichtigen Schlußfolgerungen über ein anderes eng damit verbundenes
Thema, nämlich über Regierungs=Anleihen zu Kriegszwecken oder
anderen unproductiven Verausgabungen. Da diese Anleihen vom
Capital genommen werden (anstatt Steuern, welche gemeiniglich
vom Einkommen entrichtet und durch vermehrte Sparsamkeit theil=
weise oder ganz wieder gut gemacht werden), so müssen sie den
von uns vorgetragenen Grundsätzen gemäß zur Verarmung des
Landes wirken. Nun sind aber gerade die Jahre, in denen eine
Verausgabung solcher Art im größten Maßstabe stattfand, oft Jahre
des anscheinend größten Gedeihens gewesen. Das Vermögen und
die Hilfsquellen des Landes, statt sich zu verringern, haben während
des Vorganges jedes Zeichen einer raschen Zunahme und nachher
eines bedeutend ausgedehnten Umfangs gegeben. Es war dies
anerkannt in Großbritannien während des letzten Continental=
Krieges der Fall. Es würde einen großen Raum in Anspruch
nehmen, alle die unbegründeten volkswirthschaftlichen Theorien, zu
denen jene Thatsache Veranlassung gab und denen sie eine zeit=
weilige Beglaubigung sicherte, hier aufzuzählen; fast alle gingen
darauf hinaus, unproductive Verausgabung auf Kosten der produc=
tiven zu erheben. Ohne auf alle die Ursachen einzugehen, welche
dahin wirkten (und dies gewöhnlich thun), daß solche außerordent=
liche Abzüge von den productiven Hilfsquellen eines Landes nicht
so empfunden wurden, als man zu erwarten berechtigt war, wollen
wir den ungünstigsten möglichen Fall annehmen, nämlich daß der
ganze von der Regierung angeliehene und verloren gegangene
Betrag von dem Darleiher aus einer productiven Anwendung,
worin derselbe wirklich angelegt war, herausgezogen wurde. Das
Capital des Landes ist also in dem Jahre um so viel vermindert.

Wofern aber der entzogene Betrag nur nicht ganz enorm ist, liegt in der Natur des Falls kein Grund, weshalb im nächsten Jahre das National-Capital nicht eben so groß als vorher sein sollte. Die Anleihe kann nicht aus dem Theile des Landescapitals, der in Werkzeugen, Maschinen und Gebäuden besteht, genommen worden sein; sie muß vollständig aus demjenigen Theile des Capitals, der zur Bezahlung der Arbeiter verwendet wird, genommen sein, und die Arbeiter werden demgemäß leiden. Wenn nun keine derselben vor Mangel umkommen, wenn ihre Löhne eine solche Herabsetzung ertragen können oder wenn Mildthätigkeit sich zwischen sie und voll- ständiges Elend stellt, so liegt kein Grund vor, weshalb ihre Arbeit im nächsten Jahre weniger hervorbringen sollte als im vorangegan- genen Jahre. Wenn sie so viel wie sonst gewöhnlich hervorbringen, dabei aber so viele Millionen Thaler weniger Bezahlung erhalten, so werden diese Millionen von ihren Arbeitgebern gewonnen. Der Ausfall in dem Capital des Landes wird auf solche Weise wieder gut gemacht, aber es geschieht durch die Entbehrungen und oftmals durch das wirkliche Elend der arbeitenden Classe. Dies erklärt es hinlänglich, weshalb solche Perioden, selbst unter den ungünstigsten Umständen, leicht Zeiten großen Gewinnes für diejenigen werden können, deren Gedeihen in der Meinung der Gesellschaft gewöhnlich für das Gedeihen der Nation gilt*).

---

*) Auf der anderen Seite ist zu beachten, daß der Krieg der productiven Beschäftigung nicht allein Capital, sondern auch Arbeiter entzieht, daß die der Bezahlung productiver Arbeiter entzogenen Fonds zum Theil zur Bezahlung derselben oder anderer Personen für unproductive Arbeit verwendet werden, und daß rücksichtlich dieses Theils der Folgen Kriegsausgaben in gerade umge- kehrter Weise wirken als worauf Dr. Chalmers hinweiset und insoweit den oben im Texte angegebenen Wirkungen direct entgegenstehen. So weit wie Arbeiter aus productiver Beschäftigung in den Dienst des Heeres und der Flotte übertreten, erleiden die arbeitenden Classen durch die Kriegsausgaben keinen Nachtheil, die Capitalisten ziehen daraus keinen Nutzen und die allge- meine Production des Landes wird vermindert. Obschon also Dr. Chalmers' Lehre auf England paßt, so ist sie doch völlig unanwendbar auf Länder, die sich in anderen Verhältnissen befinden, z. B. auf Frankreich zur Zeit von Napoleon's Kriegen. In jener Periode war eine lange Reihe von Jahren hindurch die Aushebung aus der arbeitenden Bevölkerung in Frankreich enorm, während die zur Kriegführung erforderlichen Fonds größtentheils durch die Contributionen, welche in den von den französischen Armeen besetzten Ländern erhoben wurden, ihre Deckung fanden und nur zum geringeren Theil aus französischem Capital bestanden. In Frankreich sank der Arbeitslohn also nicht, sondern stieg, und die Arbeitgeber hatten dort keinen Vortheil, sondern Schaden, während das National-Vermögen durch die zeitweilige Entziehung oder den gänzlichen Verlust eines so bedeutenden Bestandtheils seiner productiven Arbeit verringert wurde. In England verhielt sich alles dies umgekehrt. England gebrauchte vergleichsweise nur wenig mehr Soldaten und Seeleute aus der

Dies führt zu der vielberegten Frage, auf welche Dr. Chal=
mers ganz besonders die Aufmerksamkeit hingelenkt hat, ob die
von einer Regierung zur außerordentlichen unproductiven Veraus=
gabung verlangten Fonds am besten durch Anleihen aufgebracht
werden, für welche nur die Zinsen durch Steuern herbeizuschaffen
sind, oder ob auf einmal Steuern zu dem gesammten Belauf sollten
erhoben werden, was in der Finanzsprache so viel heißt als die
Aufbringung der ganzen Jahresausgabe im Jahre selbst. Dr. Chal=
mers ist entschieden für dies letztere Auskunftsmittel. Er sagt:
die gewöhnliche Meinung ist, daß das Ausschreiben des ganzen
Belaufs in einem Jahre so viel heiße als etwas fordern, was
entweder unmöglich oder doch sehr lästig ist; daß das Volk nicht
ohne großes Ungemach das Ganze auf einmal aus seinem jähr=
lichen Einkommen bezahlen könne, und daß es viel besser sei, von
ihm jedes Jahr eine kleine Zahlung in der Form von Zinsen zu
fordern als ein so großes Opfer ein für alle Mal. Hierauf ist
seine Antwort, daß dieses Opfer in dem einen wie in dem anderen
Falle gleichmäßig gebracht werde. Was immer ausgegeben wird,
kann nur aus dem jährlichen Einkommen genommen werden. Das
Ganze sowie jeder Theil des im Lande hervorgebrachten Vermögens
bildet das Einkommen von irgend jemand oder trägt dazu bei.
Die Entbehrung, welche, wie man annimmt, daraus hervorgeht,
daß man einen Betrag in der Form von Steuern nimmt, wird
dadurch nicht vermieden, daß man denselben als Anleihe nimmt.
Das Drückende wird auf solche Weise nicht abgewendet, sondern
nur auf die arbeitenden Classen gewälzt, die am wenigsten fähig
und berufen sind es zu tragen, während dagegen alle physischen,
moralischen und politischen Unzuträglichkeiten, welche sich aus der
Beibehaltung von Steuern zur dauernden Bezahlung der Zinsen
ergeben, auf einen reinen Verlust hinauskommen. Was immer für
Capital der Production oder dem dazu bestimmten Fonds ent=
nommen wird, um dem Staate geliehen und unproductiv ausgegeben
zu werden, so wird diese ganze Summe den arbeitenden Classen
entzogen. Die Anleihe wird daher in Wahrheit aus dem Ein=
kommen des nämlichen Jahres bezahlt; das ganze zur Auszahlung
erforderliche Opfer wird schon wirklich gebracht, nur wird es den
unrechten Personen ausbezahlt und tilgt deshalb die Schuld nicht;

---

eigenen Bevölkerung, während es dagegen Hunderte von Millionen Capital
der productiven Beschäftigung entzog, um für seine Verbündeten auf dem Con=
tinent Kriegsbedarf zu liefern und Armeen zu unterhalten. Die natürliche
Folge war, wie im Texte erwähnt, daß in England die Arbeiter litten, die
Capitalisten sich gut standen, und die bleibenden productiven Hilfsmittel des
Landes keinen Ausfall erfuhren.

bezahlt wird es mittelst der schlechtesten Art der Steuern, nämlich
einer Steuer, die ausschließlich auf der arbeitenden Classe lastet.
Nachdem auf diesem drückendsten und ungerechtesten Wege die zur
Tilgung der Schuld nothwendige Anstrengung durchgemacht ist,
bleibt doch das Land mit dieser Schuld und der Bezahlung der
Zinsen dafür dauernd belastet.

Diese Ansichten erscheinen mir ganz richtig, insoweit als der
in Anleihen aufgegangene Werth sonst zu productiver Industrie
innerhalb des Landes wäre angewendet worden. Das praktische
Verhältniß entspricht jedoch selten dieser Annahme. Die Anleihen
der minder vermögenden Länder werden hauptsächlich durch fremdes
Capital beschafft, welches vielleicht nicht in's Land gekommen wäre,
um bei einer geringeren Sicherheit als die, welche die Regierung
darbietet, angelegt zu werden. Die Anleihen reicher und gedeih=
licher Länder dagegen werden gemeiniglich nicht mittelst Fonds
gemacht, die einer productiven Anwendung entzogen werden, sondern
mittelst neuer Ansammlungen, die sich beständig aus dem Einkommen
bilden und von denen ein Theil, wenn nicht hiezu genommen, nach
den Colonien übergesiedelt oder anderweitige Anlegung im Aus=
lande *gesucht hätte. In diesen Fällen, welche späterhin näher
erörtert werden sollen (Buch IV., Capitel IV. und V.), kann die
erforderliche Summe ohne Nachtheil für die Arbeiter oder ohne
Störung der nationalen Industrie, und vielleicht selbst mit einem
Vortheil für beide, verglichen mit der Erhebung desselben Betrages
durch eine Steuer, aufgebracht werden, weil Steuern, besonders
wenn sie bedeutend sind, fast immer theilweise auf Kosten dessen
bezahlt werden, was sonst erspart und zum Capital geschlagen sein
würde. In einem Lande, welches jährlich sein Vermögen in dem
Maße vermehrt, daß ein Theil davon genommen und auf un=
productive Weise ausgegeben werden kann, ohne den Capitalbestand
zu verringern oder selbst eine beträchtliche Zunahme desselben zu
hindern, ist es überdies einleuchtend, daß selbst wenn das Ganze,
was so genommen wird, Capital geworden wäre und im Lande
Anwendung gefunden hätte, die Wirkung auf die arbeitenden Classen
weit minder bedenklich ist, und daß dieser Fall viel weniger gegen
das Anleihesystem spricht, als solches bei der ersten Annahme
zutrifft. Diese kurze Vorwegnahme einer Erörterung, die ihre
geeignete Stelle anderswo finden wird, erschien nothwendig, um
falschen Schlüssen aus den vorhin entwickelten Vorsätzen vorzu=
beugen.

§. 9. Wir kommen nun zu einem vierten Fundamentalsatz in
Betreff des Capitals, der vielleicht häufiger übersehen oder miß=
verstanden wird als selbst irgend einer der vorhergehenden. Was

productive Arbeit unterhält und anwendet, ist das dafür ausgegebene
Capital, nicht die Nachfrage der Käufer nach den fertigen Arbeits=
erzeugnissen. Nachfrage nach Sachgütern und Nachfrage nach
Arbeit ist nicht dasselbe. Die Nachfrage nach Sachgütern bestimmt,
in welchem besonderen Zweige der Production Arbeit und Capital
angewendet werden sollen; sie bestimmt die Richtung der Arbeit,
aber nicht das Mehr oder Minder der Arbeit selbst, oder des
Unterhalts oder der Bezahlung der Arbeit. Dies hängt ab von
dem Betrage des Capitals oder anderer Fonds, welche direct zur
Ernährung der Arbeiter und zu ihrer Bezahlung angewiesen sind.
Nehmen wir z. B. an, daß eine Nachfrage nach Sammet
stattfindet, daß Fonds da sind, um zum Ankauf von Sammet
verausgabt zu werden, aber kein Capital, um die Fabrikation des=
selben zu betreiben. Es kommt gar nicht in Betracht, wie bedeu=
tend die Nachfrage sein mag; so lange kein Capital zu solcher Be=
schäftigung herangezogen worden, wird kein Sammet angefertigt und
folglich auch keiner gekauft werden — es sei denn das Verlangen
des darauf bestehenden Käufers so stark, daß er einen Theil des
Preises, den er dafür bezahlt haben würde, zu Vorschüssen an Ar=
beiter anwendet, wonach diese sich selbst mit der Sammetfabrikation
beschäftigen können, in welchem Falle der Käufer einen Theil seines
Einkommens in Capital verwandelt und dasselbe in der Fabrikation
anlegt. Wir wollen jetzt die Hypothese umkehren und annehmen,
es sei reichlich Capital zur Sammetfabrikation vorhanden, aber
keine Nachfrage nach diesem Artikel. Es wird kein Sammet gemacht
werden, aber es gibt auch für das Capital keinen Grund, warum
es der Sammetfabrikation einen besonderen Vorzug geben sollte.
Fabrikanten und ihre Arbeiter produciren nicht für das Ver=
gnügen ihrer Kunden, sondern zur Befriedigung ihrer eigenen Be=
dürfnisse, und da sie noch das Capital und die Arbeitskraft haben,
welche für die Production wesentlich sind, so können sie entweder
etwas anderes, wofür Nachfrage ist, hervorbringen, oder falls keine
andere Nachfrage stattfindet, so haben sie selbst eine und können
solche Dinge hervorbringen, deren sie für ihre eigene Consumtion
bedürfen. So können am Ende die Käufer entbehrt werden, aber
nicht das Capital. Selbstverständlich habe ich hierbei die Wir=
kungen einer plötzlichen Veränderung nicht in Betracht gezogen;
wenn die Nachfrage unerwartet aufhört, nachdem die Waaren zu
ihrer Befriedigung schon hervorgebracht sind, so bringt dies ein
verschiedenes Element in die Frage. Das Capital ist wirklich ver=
wendet worden zur Hervorbringung einer Sache, die niemand
braucht oder benutzt, und ist deshalb verloren gegangen; die Be=
schäftigung, welche es der Arbeitskraft gegeben hat, ist zu Ende,

nicht weil keine Nachfrage länger stattfindet, sondern weil kein Capital mehr da ist. Dieser Fall kann daher das Princip nicht auf die Probe stellen. Die eigentliche Probe liegt in der Annahme, daß die Veränderung allmälig und vorausgesehen eintritt und mit keinem Verlust von Capital verbunden ist, indem die Fabrikation dadurch aufhört, daß die Maschinerie, sobald sie abgenutzt wird, nicht ausgebessert und das aus dem Verkauf der Producte gelöste Geld nicht wieder darin angelegt wird. Das Capital ist so zu einer neuen Anwendung bereit, wobei es eben so viel Arbeitskraft als vorhin unterhalten wird. Der Fabrikant und seine Arbeiter ver= lieren den Vortheil der Geschicklichkeit und Kenntniß, welche sie in dem besonderen Geschäfte erworben hatten und die für sie bei anderweitiger Beschäftigung nur theilweise von Nutzen sein können; hierin liegt der Betrag des Verlustes, den die Veränderung dem Gemeinwesen zu Wege bringt. Die Arbeiter können aber noch arbeiten, und das Capital, das sie früher beschäftigte, wird, ent= weder in denselben Händen oder durch Ausleihung an andere, die= selben Arbeiter oder eine entsprechende Zahl in einem anderen Zweige beschäftigen.

Diese Aufstellung, daß das Kaufen von Erzeugnissen nicht dasselbe ist wie Arbeitskraft anwenden; daß die Nachfrage nach Arbeit durch die Löhne, welche der Production vorangehen, und nicht durch die Nachfrage nach den aus derselben hervorgehenden Waaren begründet wird, ist ein Satz, der gar sehr alle Erläute= rungen, die er nur empfangen kann, nöthig hat. Der gewöhnlichen Auffassung erscheint derselbe als eine offenbare Verkehrtheit, und selbst unter den angesehenen Volkswirthen dürfte, mit Ausnahme von Ricardo und J. B. Say, kaum Einer zu nennen sein, der diese Wahrheit beständig vor Augen gehabt hätte. Fast alle anderen drücken sich gelegentlich so aus, als ob die Person, welche Waaren, das Product der Arbeit kauft, auch die Arbeiter beschäftige und eine Nachfrage danach eben so wirksam und in demselben Sinne geschaffen habe als wenn sie direct durch die Bezahlung des Lohns die Arbeit selbst gekauft hätte. Es ist kein Wunder, daß die Volks= wirthschaft so langsam fortschreitet, wenn eine Frage wie diese an ihrer Schwelle noch offen bleibt. Meine Ansicht ist, daß eine Nach= frage nach Sachgütern auf keine Weise eine Nachfrage nach Arbeit ausmacht, wenn unter letzterer eine solche Nachfrage verstanden wird, wodurch der Arbeitslohn steigt oder auch die Zahl beschäf= tigter Arbeiter zunimmt. Nach meiner Auffassung verschafft jemand, der Sachgüter kauft und sie selbst verbraucht, den arbeitenden Classen keinen Nutzen; nur durch dasjenige, was er dem eigenen Verbrauch entzieht und im Austausch gegen Arbeit direct zur Be=

zahlung von Arbeitern ausgibt, nützt er den arbeitenden Classen
oder vermehrt den Umfang ihrer Beschäftigung.

Zur besseren Erläuterung unseres Grundsatzes wollen wir
folgenden Fall aufstellen. Ein Consument kann sein Einkommen
ausgeben, indem er entweder Dienste oder Sachgüter kauft; er kann
einen Theil davon anwenden, um Mauerleute für Tagelohn zu
dingen, ihm ein Haus zu bauen, oder Arbeitsleute um künstliche
Seen auszugraben oder Anpflanzungen zu machen und Gärten anzu=
legen, oder er kann auch statt dessen denselben Werth zum Ankauf
von Sammet und Spitzen ausgeben. Die Frage ist, ob der Unter=
schied zwischen diesen beiden Arten, sein Auskommen auszugeben,
für das Interesse der arbeitenden Classen von Einfluß ist. Es ist
klar, daß in dem ersteren der beiden Fälle Arbeiter beschäftigt
werden, welche ohne Beschäftigung sind oder wenigstens ohne die
in dem gegenüber gestellten Falle stattfindende Beschäftigung. Die=
jenigen nun, von denen ich abweiche, behaupten, daß dies von
keiner Bedeutung sei, weil durch den Ankauf von Sammet und
Spitzen gleichfalls Arbeiter beschäftigt werden, nämlich solche, welche
Sammet und Spitzen verfertigen. Ich behaupte aber, daß er in
diesem letzteren Falle keine Arbeiter beschäftigt, sondern nur bestimmt,
in welchem Industriezweige Andere sie beschäftigen sollen. Der
Consument bezahlt nicht mit seinen eigenen Fonds den Webern
und Spitzenmachern ihren Arbeitslohn. Er kauft die fertige Waare,
welche durch Arbeit und Capital hervorgebracht ist; aber von ihm
ist weder die Arbeit bezahlt, noch das Capital hergegeben, sondern
vom Fabrikanten. Nehmen wir an, daß er gewohnt gewesen diesen
Theil seines Einkommens zur Miethung von Mauerleuten zu ver=
wenden, welche den Betrag ihres Lohnes für Nahrungsmittel und
Kleidung, die ebenfalls durch Arbeit und Capital hervorgebracht
sind, ausgeben. Er gibt indeß dem Sammet den Vorzug, für
welchen Artikel er daher eine Extra=Nachfrage veranlaßt. Diese
Nachfrage kann nicht ohne ein Extra=Angebot befriedigt werden,
noch kann letzteres ohne ein Extra=Capital hervorgebracht werden;
woher soll dieses Capital nun kommen? In der veränderten Absicht
des Consumenten liegt nichts, wodurch das Capital des Landes
größer wird als es sonst war. Es zeigt sich nun, daß die ver=
mehrte Nachfrage nach Sammet für jetzt nicht befriedigt werden
könnte, wenn nicht derselbe Umstand, der sie hervorgerufen, ein
Capital zum genau erforderlichen Betrage zur Verfügung gestellt
hätte. Dieselbe Summe, die der Consument jetzt zum Ankauf von
Sammet ausgibt, kam früher in die Hände von Mauerleuten,
welche sie für Nahrungsmittel und sonstigen Bedarf ausgaben, die
sie entweder jetzt entbehren oder durch ihre Concurrenz den An=

theilen anderer Arbeiter abpreſſen müſſen. Die Arbeit und das Capital
alſo, welche vorher den Bedarf für den Gebrauch dieſer Mauerleute
hervorbrachten, werden ihres Marktes beraubt und müſſen ſich nach
einer anderen Anwendung umſehen, und ſie finden dieſe bei der An=
fertigung von Sammet für die neue Nachfrage. Ich meine keines=
wegs, daß gerade dieſelbe Arbeit und dasſelbe Capital, die jenen
Bedarf hervorbrachten, ſich auf die Hervorbringung des Sammets
wenden; aber in irgend einer oder anderer von hundert Arten
nehmen ſie die Stelle derjenigen Arbeit und des Capitals ein, die
ſolches thun. Es war Capital vorhanden, um eines von beiden
Dingen zu thun, entweder Sammet zu verfertigen oder den Lebens=
bedarf für die Mauerleute hervorzubringen, aber nicht für beide
Zwecke. Es ſtand in der Wahl des Conſumenten, welches von
beiden eintreten ſollte, und wenn er den Sammet wählt, ſo bleiben
die Mauerleute ohne den Lebensbedarf.

Zur ferneren Erläuterung wollen wir den nämlichen Fall
umkehren. Der Conſument iſt gewohnt geweſen, Sammet zu kaufen,
entſchließt ſich aber dieſe Ausgabe nicht fortzuſetzen und denſelben
jährlichen Betrag zur Miethung von Mauerleuten anzuwenden.
Wäre nun die gewöhnliche Anſicht richtig, ſo müßte dieſe Ver=
änderung in ſeinen Ausgaben der Arbeit keine vermehrte Beſchäf=
tigung gewähren, ſondern lediglich Arbeitsbeſchäftigung von den
Sammetverfertigern auf Mauerleute übertragen. Bei näherer Erwä=
gung wird man indeß bemerken, daß in dem zur Vergütung von
Arbeit verwendeten Geſammtbetrage eine Vermehrung ſtattfindet.
Der Sammetfabrikant (vorausgeſetzt, daß er die verminderte Nach=
frage nach ſeinem Artikel vorausgeſehen hat) ſchränkt ſeine Pro=
duction ein und macht zugleich einen entſprechenden Theil des für
ſeine Fabrication benutzten Capitals frei. Das auf ſolche Weiſe
dem Unterhalt von Sammetverfertigern entzogene Capital iſt nicht
dasſelbe Capital, welches ſein bisheriger Kunde zum Unterhalt von
Mauerleuten anwendet, ſondern ein beſonderer zweiter Fonds. Es
können mithin nunmehr zwei Fonds zum Unterhalt und zur Ver=
gütung von Arbeit angewendet werden, wo vorher nur Ein Fonds
vorhanden war. Es findet hier nicht eine Uebertragung der Be=
ſchäftigung von Sammetverfertigern auf Mauerleute ſtatt, ſondern
es wird neue Beſchäftigung für Mauerleute geſchaffen und von
Sammetverfertigern wird Beſchäftigung auf irgend andere Arbeiter
übertragen, und zwar höchſt wahrſcheinlich auf die Producenten
von Nahrungsmitteln und anderen Dingen, welche die Mauerleute
verbrauchen.

Man kann nun freilich behaupten, daß obſchon das für den
Ankauf von Sammet verausgabte Geld kein Zuwachs zum Capital

sei und obschon es keine neue Nachfrage nach Arbeit schaffe, es doch das nothwendige Mittel abgebe um die Fortdauer der beste= henden Nachfrage zu ermöglichen. Die im Sammet festgelegten Fonds der Fabrikanten, könnte man sagen, lassen sich nicht direct auf den Unterhalt von Arbeit verwenden, sie bilden nicht eher eine Nachfrage nach Arbeit als bis der Sammet verkauft und das darauf verwendete Capital aus der Ausgabe des Käufers ersetzt ist, und so haben der Sammet=Verfertiger und der Sammet=Käufer nicht zwei Capitale, sondern es gibt für sie beide nur Ein Capital, welches durch den Act des Kaufes der Käufer auf den Fabrikanten über= trägt, und wenn dieser, statt Sammet zu kaufen, Arbeit kauft, so überträgt er einfach das Capital anderswohin, wobei es eben so viel Nachfrage an einer Stelle beseitigt als er an anderer Stelle hervorruft.

Die Vordersätze dieser Schlußfolgerung werden nicht in Abrede gestellt. Ein Capital, welches sonst in einer für den Unterhalt von Arbeit nutzlosen Form festgelegt sein würde, frei zu machen, hat für die Interessen der Arbeiter ohne Zweifel ganz dieselbe Bedeu= tung wie die Schaffung eines neuen Capitals. Es ist vollkommen richtig, daß wenn ich für den Ankauf von Sammet 1000 Thaler ausgebe, ich den Fabrikanten in den Stand setze 1000 Thaler auf den Unterhalt von Arbeit zu verwenden, welche nicht so hätten verwendet werden können, falls der Sammet unverkauft geblieben wäre; und wenn der Sammet ohne den Ankauf meinerseits für immer unverkauft geblieben wäre, so schaffe ich gewiß durch die Aenderung meiner Absicht und demgemäße Miethung von Mauer= leuten keine neue Nachfrage nach Arbeit, weil ich, während einerseits 1000 Thaler von mir zur Miethung von Arbeit verwendet werden, andererseits 1000 Thaler vom Capital des Sammetfabrikanten für immer vernichte. Allein diese Auffassung ist eine Verwechselung der Folgen der bloßen Plötzlichkeit einer Veränderung mit den Folgen der Veränderung selbst. Wenn beim Aufhören des Kaufens das zur Sam= metverfertigung verwendete Capital nothwendig verloren ginge, dann würde allerdings der für die Miethung von Mauerleuten veraus= gabte nämliche Betrag keine neue Arbeit hervorrufen, sondern ledig= lich eine Uebertragung von Arbeitsbeschäftigung sein. Die gestei= gerte Beschäftigung, welche zufolge meiner Behauptung der Arbeit verschafft wird, würde nicht verschafft werden, wofern nicht das Capital des Sammetverfertigers frei gemacht werden könnte und so lange es nicht wirklich frei gemacht ist. Allein jedermann weiß, daß das in einem Geschäft angelegte Capital herausgezogen werden kann, wenn hierzu nur hinlängliche Zeit gewährt wird. Wenn der Sammetverfertiger durch das Ausbleiben des gewohnten Auf=

trags vorgängig in Kenntniß gesetzt wäre, so würde er für 1000
Thaler weniger Sammet verfertigt und einen entsprechenden Theil
seines Capitals bereits frei gemacht haben. Wenn er keine vorgängige Anzeige erhielt und der Artikel also auf seinem Lager blieb,
so wird der Anwachs seines Vorraths ihn bestimmen, im nächsten
Jahre seine Production einzustellen oder zu beschränken, bis der
Ueberschuß abgesetzt ist. So bald dies geschehen, wird der Fabrikant sich eben so reich finden wie vorher, mit unverminderter Befähigung, Arbeit überhaupt zu beschäftigen, wenngleich ein Theil seines
Capitals jetzt zum Unterhalt einer anderen Art Arbeit verwendet
wird. So lange diese Ausgleichung noch nicht stattgefunden hat,
wird die Nachfrage nach Arbeit lediglich verändert, nicht vermehrt
sein, aber so bald die Ausgleichung vor sich gegangen ist, steigt die
Nachfrage nach Arbeit. Wo früher nur Ein Capital war, zum
Unterhalt von Webern zur Verfertigung von 1000 Thalern Sammet
verwendet, da ist nunmehr dasselbe Capital, zur Herstellung von
irgend etwas anderem verwendet, und außerdem 1000 Thaler, die
unter den Maurerleuten zur Vertheilung kommen. Jetzt gibt es
zwei Capitale, welche zwei Partien von Arbeitern bezahlen, während
vorher das eine derselben, das Capital der Kunden, nur als ein
Rad in der Maschinerie diente, wodurch das andere Capital, das
des Fabrikanten, seine Arbeiter-Beschäftigung von Jahr zu Jahr
fortführte.

Der Satz, den ich aufrecht halte, ist in der That gleichbedeutend mit der folgenden Behauptung, welche einigen als ein
Selbstverstand, anderen aber paradox erscheinen wird, nämlich daß
man Arbeitern nützt, nicht durch das was man für sich selbst verbraucht, sondern durch das, was man nicht verbraucht. Wenn ich
statt 100 Thaler für Wein oder Seide auszugeben, diesen Betrag
als Arbeitslohn oder als Almosen verausgabe, so ist in beiden
Fällen die Nachfrage nach Sachgütern ganz gleich; in dem einen
ist eine Nachfrage nach Wein und Seide zum Werthe von 100
Thalern, im anderen Falle nach Brod, Bier, Kleidung, Feuerung
u. a. für die Arbeiter zu demselben Werthe; allein im letzteren
Falle haben die Arbeiter im Gemeinwesen von den Producten desselben den Werth von 100 Thalern mehr unter sich vertheilt. Ich
habe so viel weniger verbraucht und meine Verbrauchsbefähigung
auf die Arbeiter übertragen. Verhielte es sich anders, so würde
der Umstand, daß ich weniger verbraucht habe, dem Verbrauch
anderer nicht mehr gelassen haben, was ein offenbarer Widerspruch
ist. Wenn nicht weniger producirt wird, so muß nothwendig das,
was jemand zu verbrauchen unterläßt, dem Antheil derjenigen
zufallen, auf die er seine Kaufbefähigung überträgt. In dem von

uns angenommenen Falle ist es auch nicht nothwendig, daß ich
schließlich weniger verbrauche, denn die von mir bezahlten Arbeiter
können für mich ein Haus bauen oder sonst etwas für meinen
künftigen Verbrauch produciren. Aber jedenfalls habe ich meinen
Verbrauch aufgeschoben und einen Theil meines Antheils an den
vorhandenen Producten des Gemeinwesens den Arbeitern überwiesen. Wenn ich nach einer Zwischenzeit schadlos gehalten werde,
so geschieht dies nicht von den jetzt vorhandenen Producten, sondern
von einem späteren Zuwachs zu denselben. Ich habe demnach von
den vorhandenen Producten dem Verbrauch anderer mehr übrig-
gelassen und Arbeitern die Befähigung verschafft solches zu verbrauchen *).

_____

*) Der folgende Fall, welcher unsere Begründung in einer etwas ver-
schiedenen Form darlegt, möge noch zur weiteren Erläuterung dienen.
Nehmen wir an, daß ein reicher Mann A täglich eine gewisse Summe
für Arbeitslohn oder Almosen ausgibt, welche, sobald sie empfangen ist, von
den Empfängern wieder ausgegeben und in der Form grober Nahrungsmittel
verbraucht wird. A stirbt und hinterläßt sein Eigenthum dem B, welcher diese
Art der Verausgabung aufgibt und statt deren dieselbe Summe für Leckerbissen
seiner eigenen Tafel verwendet. Ich habe diese Voraussetzung gewählt, damit
die beiden Fälle sich in allen ihren Umständen gleichen, ausgenommen darin,
was der Gegenstand der Vergleichung ist. Um nicht das wesentliche Sachver-
hältniß unseres Falles dadurch zu verdunkeln, daß wir es durch die irreleitende
Vermittlung von Geldumsätzen darstellen, wollen wir ferner annehmen, daß
A und nach ihm B Landwirthe sind, auf deren Landgute sowohl die von den
Empfängern von A's Ausgaben verbrauchten Nahrungsmittel als auch die für
B's Tafel gelieferten Luxusartikel hervorgebracht werden, sowie daß ihnen ihre
Rente in Producten bezahlt wird, indem sie vorher aufgeben, welche Art von
Erzeugnissen sie verlangen. Die Frage ist nun, ob B's Ausgaben seinen
ärmeren Nachbarn eben so viel Beschäftigung oder eben so vielen Unterhalt geben,
als dies bei A's Ausgaben der Fall war.
Aus dem eben aufgestellten Falle scheint zu folgen, daß so lange A lebte,
der Theil seines Einkommens, den er für Löhne und Almosen ausgab, von
ihm in der Form von Nahrungsmitteln für Arbeiter aus seinem Landgute
gezogen und als solche benutzt wurde; B dagegen, der nach ihm kam, wird
statt dessen einen entsprechenden Werth in kostspieligen Nahrungsmitteln verlangen, um dieselben in seinem eigenen Haushalt zu verbrauchen. Unter B's
Herrschaft würde also der Pächter viel weniger an Nahrungsmitteln und mehr
an kostspieligen Leckerbissen für jeden Tag im Jahr produciren als zu A's
Zeit davon hervorgebracht wurde, und würden auch um solchen Betrag weniger
Nahrungsmittel das ganze Jahr hindurch unter die arbeitenden und ärmeren
Classen vertheilt werden. Dies ist es eben, was mit dem im Texte von uns
dargelegten Grundsätzen übereinstimmt. Wer die Sache anders ansieht, muß
voraussetzen, daß die von B verlangten Luxusgegenstände, nicht anstatt, sondern
außer den früherhin an A's Arbeiter gelieferten Nahrungsmitteln hervorgebracht sein würden, und daß der Gesammtertrag des Landguts gestiegen sei.
Wenn man aber die Frage aufwirft, wie diese doppelte Production bewirkt
werden würde — wie der Pächter, dessen Capital und Arbeitskraft bereits
vollständig beschäftigt war, im Stande sein soll, die neuen Bedürfnisse B's zu

Es ist also einleuchtend, daß eine bis zur Vollendung der Arbeit aufgeschobene Nachfrage, die keinen Vorschuß leistet, sondern nur die von anderen gemachten Vorschüsse zurückerstattet, zur Nach-

befriedigen, ohne weniger von anderen Dingen hervorzubringen, so zeigt sich nur das Auskunftsmittel, daß er erst die Nahrungsmittel producirt und dann, indem er diese an die früher von A unterhaltenen Arbeiter gibt, vermittelst ihrer Arbeit die von B verlangten Luxusgegenstände producirt. Wenn man den Einredenden sehr zusetzt, so scheint dies auch in der That ihre Meinung zu sein. Die Antwort liegt indeß sehr nahe, daß bei dieser Voraussetzung B mit seinen Luxusgegenständen bis zum zweiten Jahr warten muß; sie werden aber schon im ersten Jahre verlangt. Nach der ursprünglichen Voraussetzung verzehrt er sein luxuriöses Gastmahl Tag für Tag, gleichen Schritts mit den Rationen Brod und Kartoffeln die A früher von seinen Arbeitern zutheilte. Es ist keine Zeit da, um erst die Arbeiter zu versorgen und hernach B zu befriedigen; er und sie können nicht beide ihre Bedürfnisse befriedigt erhalten; B kann seine eigene Nachfrage nach Sachgütern nur dadurch befriedigen, daß er so viel von der Nachfrage der Arbeiter, als früher mittelst der nämlichen Fonds versorgt wurde, unbefriedigt läßt.

Es kann freilich vom Gegner weiter eingeredet werden: da nach vorstehendem Nachweis Zeit das allein Fehlende sei, um B's Verausgabung mit einer eben so bedeutenden Arbeitsbeschäftigung als die von A gegebene in Uebereinstimmung zu bringen, warum wir nicht annehmen wollten, daß B seinen vermehrten Verbrauch persönlicher Luxusgenüsse aufschiebe, bis sie ihm durch die Arbeit der Personen, welche A beschäftigte, geliefert werden kann? In solchem Falle, könnte man behaupten, würde er eben so viele Arbeiter beschäftigen und unterhalten als sein Vorgänger. Dies würde er sicherlich thun; aber weshalb? Weil sein Einkommen genau auf dieselbe Weise ausgegeben werden würde, wie dasjenige seines Vorgängers, nämlich in Löhnen. A behielt von seinem persönlichen Verbrauch einen Fonds zurück, den er direct den Arbeitern bezahlte; B thut dasselbe, nur daß er, statt den Lohn ihnen selbst auszubezahlen, denselben in den Händen des Pächters läßt, welcher statt seiner bezahlt. Indem bei dieser Voraussetzung B im ersten Jahre den Betrag, so weit es ihn persönlich betrifft, weder auf A's noch auf seine eigene Weise ausgibt, erspart er in Wirklichkeit jenen Theil seines Einkommens und leiht ihn seinem Pächter. Wenn er sich in den darauf folgenden Jahren auf sein jährliches Einkommen beschränkt und mit jenem Betrage den Pächter im Rückstande läßt, so wird dieser Betrag ein neues Capital, womit der Pächter nun fortwährend A's Arbeiter beschäftigen und ernähren kann. Niemand behauptet, daß eine solche Veränderung, nämlich die Umwandlung der Verausgabung eines Einkommens für Arbeitslohn in die Ersparung desselben zur Anlegung, irgend welchen Arbeitern ihre Beschäftigung entzieht. Ein solcher Einfluß wurde nur von einer Veränderung behauptet, wo statt Arbeiter zu miethen, Sachgüter zum persönlichen Gebrauch gekauft wurden; und nur eine solche Veränderung war in unserer ursprünglichen Voraussetzung aufgestellt.

Bei unserer Erläuterung haben wir kein Kaufen oder Verkaufen (oder den Gebrauch des Geldes) vorausgesetzt, allein der Fall, wie wir ihn aufgestellt haben, entspricht, abgesehen von den Details des Mechanismus, dem thatsächlichen Verhältniß in jeder Hinsicht. Die Gesammtheit eines Landes gleicht im wesentlichen einem einzelnen Landgut oder einer Fabrik, woraus jedes Mitglied des Gemeinwesens seinen ihm angewiesenen Antheil an dem Ertrage herausnimmt, indem er eine gewisse Anzahl von Zahlmarken unter dem Namen

frage nach Arbeit nichts beiträgt. Was so ausgegeben wird, ist in allen seinen Wirkungen, so weit es die Beschäftigung der arbei= tenden Classe betrifft, ein reines Nichts; irgend eine Beschäftigung, ausgenommen auf Kosten anderer schon vorherbestandener Beschäf= tigung, wird und kann dadurch nicht geschaffen werden*).

Obschon aber eine Nachfrage nach Sammet in Rücksicht der Beschäftigung für Arbeit und Capital nichts mehr thut, als so und so viel der schon bestehenden Beschäftigung in diesen besonderen Canal statt in einen anderen zu leiten, so ist dies doch für die bereits mit der Sammetfabrication beschäftigten Producenten, welche nicht die Absicht haben solche aufzugeben, von der allergrößten Wichtigkeit. Für sie ist die Abnahme in der Nachfrage ein wirk= licher Verlust, welcher, selbst wenn nichts von ihrer Waare schließ= lich unverkauft umkommt, bis zu der Höhe steigen kann, daß sie als das kleinere Uebel das Aufgeben ihres Geschäftes vorziehen. Eine vermehrte Nachfrage dagegen setzt sie in den Stand, ihren

von Thalern u. s. w. hat, welche er nach seinem Belieben zurückliefert und gegen solche Artikel, die er wünscht, bis zum Belauf jenes Betrages austauscht. Wie in unserem angenommenen Falle macht er vorher keine Anzeige davon, welche Dinge er fordern wird; aber die Verkäufer und Producenten sind durchaus im Stande, dies durch Beobachtung auszufinden, und jedem Wechsel in der Nachfrage folgt rasch ein entsprechendes Angebot. Wenn ein Consument aufhört, einen Theil seines Einkommens in Löhnen zu verausgaben und ihn statt dessen an demselben Tage (nicht an einem folgenden oder entfernteren Tage) für Dinge zu seinem eigenen Gebrauch ausgibt, und bei diesem ver= änderten Verfahren beharrt, bis die Production Zeit gehabt hat sich der ver= änderten Nachfrage anzupassen, so werden von dem Zeitpunkte an weniger Nahrungsmittel und andere Artikel für den Gebrauch der Arbeiter im Lande hervorgebracht werden, und dies gerade um den Werth der nun nachgefragten Extra-Luxusgegenstände; die Classe der Arbeiter wird genau um diesen Betrag schlimmer daran sein.
*) Wenn die Grundlagen eines Satzes gut verstanden sind, so geben diese gewöhnlich einen ziemlichen Nachweis seiner Begrenzung. Es gibt einen Fall, wo eine Nachfrage nach Sachgütern Arbeitsbeschäftigung hervorbringen kann, nämlich, wenn der Arbeiter ohnehin schon ernährt wird, ohne völlig beschäftigt zu sein. Arbeit, welche in müssigen Stunden von Personen, die aus einer andern Quelle ihren Unterhalt ziehen, gethan werden kann, läßt sich, wie wir schon oben bemerkten, unternehmen, ohne anderen Beschäftigungen Capital zu entziehen, abgesehen von dem oft ganz unbedeutenden Betrage, der erforderlich ist, um die Ausgabe für Werkzeuge und Stoffe zu vergüten. Indem so der Grund unseres Lehrsatzes hinwegfällt, kommt auch der Lehrsatz selbst nicht zur Geltung. Beschäftigung dieser Art kann durch das Aufkommen der Nachfrage nach einem solchen Artikel ins Leben gerufen werden, ohne der Arbeit einen entsprechenden Betrag von Beschäftigung auf einem anderen Felde zu entziehen. Selbst in diesem Falle wirkt die Nachfrage in keiner anderen Weise auf die Arbeit als durch das Medium eines vorhandenen Capitals, aber sie bringt einen Reiz mit sich, welcher zur Folge hat, daß das Capital einen größeren Betrag von Arbeit als zuvor in Bewegung setzt.

Geschäftsbetrieb auszudehnen, von einem größeren Capital, wenn sie solches haben oder es leihen können, Gewinn zu ziehen und, indem sie ihr Capital rascher umsetzen, ihre Arbeiter anhaltender und eine größere Zahl derselben als früher zu beschäftigen. Eine vermehrte Nachfrage nach einer Waare hat daher in dem betreffenden besonderen Zweige oft die Folge, daß dasselbe Capital der Arbeit eine größere Beschäftigung gibt. Das Mißverständniß liegt darin, daß man nicht bemerkt, wie in den angenommenen Fällen der Arbeit und dem Capital in einem Geschäftszweige dieser Vortheil nur dadurch gegeben wird, daß man ihn einem anderen entzieht, und daß, wenn die Veränderung ihre natürliche Wirkung, nämlich im Verhältniß zu der vermehrten Nachfrage jener Beschäftigung neues Capital zuzuwenden, erreicht hat, der Vortheil selbst aufhört.

Die Nachfrage nach Sachgütern ist eine Betrachtung von größerer Wichtigkeit für die Theorie des Tausches als für die der Production. Wenn man Dinge in ihrer Gesammtheit und Dauer betrachtet, so fließt die Vergütung des Producenten aus der productiven Kraft seines eigenen Capitals. Der Verkauf der Producte für Geld und die darauf folgende Ausgabe des Geldes, um andere Sachgüter zu kaufen, sind ein zur wechselseitigen Bequemlichkeit stattfindender reiner Tausch sich entsprechender Werthe. Es ist wahr, da die Theilung der Beschäftigungen eines der hauptsächlichsten Mittel ist, die productive Kraft der Arbeit zu vermehren, so ruft die Kraft des Tausches eine bedeutende Vermehrung des Ertrages hervor, aber auch dann ist es die Production, nicht der Tausch, woraus Arbeit und Capital ihre Vergütung erhalten. Wir können die Verrichtung des Tausches uns nicht genau genug vergegenwärtigen, sei es nun, daß derselbe durch förmlichen Tauschhandel vor sich geht, oder durch die Vermittlung des Geldes als des bloßen Mechanismus, wodurch jede Person die Vergütung ihrer Arbeit oder ihres Capitals in die besondere Form verwandelt, in welcher sie es am liebsten zu besitzen wünscht; in keiner Weise jedoch ist der Tausch die Quelle der Vergütung selbst.

§. 10. Die vorangehenden Grundsätze zeigen die Trüglichkeit vieler populären Argumente und Lehren, die fortwährend in neuen Formen wieder vorgebracht werden. Es ist z. B. behauptet worden, auch von solchen, von denen man besseres hätte erwarten sollen, daß das Argument für die Einkommensteuer, welches sich darauf gründet, daß sie nur die höheren und mittleren Classen treffe und die Armen verschone, ein Irrthum sei. Einige sind so weit gegangen, sie eine Betrügerei zu nennen, weil die Steuer, indem sie den Reichen nehme, was diese an die Armen ausgegeben haben würden, die Armen eben so sehr benachtheilige als wenn sie direct von ihnen erhoben wäre. Wir wissen nun, was von dieser Lehre zu halten ist. In so fern dasjenige, was den Reichen durch Besteuerung genommen wird, anderenfalls erspart und in Capital verwandelt, oder selbst zur Unterhaltung und zum Lohn von Dienern oder irgend einer Classe unproductiver Arbeiter ausgegeben wäre, werden allerdings in solchem Maße die Nachfrage nach Arbeit vermindert und die Armen durch jede Besteuerung der Reichen in nachtheiliger Weise mit betroffen. Indem solche Folgen fast immer in einem größeren oder geringeren Maße eintreten, ist es eben unmöglich, die Reichen so zu besteuern, daß nicht irgend ein Theil der Steuer auf die Armen zurückfallen könne. Aber selbst hiebei erhebt sich die Frage, ob nicht die Regierung, nachdem sie den Betrag erhalten, einen eben so großen Theil davon für den directen Kauf von Arbeit ausgeben wird wie die Steuerzahlenden gethan haben würden? Was denjenigen Theil der Steuer betrifft, welcher wenn er nicht der Regierung bezahlt wäre, in der Form von Sachgütern ver= braucht wäre (oder auch für Dienste ausgegeben sein würde, falls die Bezahlung von einem Capitalisten vorgeschossen worden), so trifft diese Besteuerung, in Uebereinstimmung mit den von uns erörterten Grundsätzen, ganz bestimmt die Reichen, und die Armen werden davon gar nicht betroffen. So weit dieser Theil in Betracht kommt, bleibt nach Eintritt der Steuer genau dieselbe Nachfrage nach Arbeit wie früher. Das Capital, das bis dahin die Arbeiter des Landes beschäftigte, bleibt und ist noch im Stande, dieselbe Anzahl zu beschäftigen. Es wird dieselbe Summe als Lohn bezahlt oder auf die Kosten zur Ernährung und Bekleidung der Arbeiter verwendet.

Wenn diejenigen, welche ich jetzt bekämpfe, Recht hätten, so würde es unmöglich sein, irgend jemanden zu besteuern als nur die Armen. Wenn die Steuer, welche auf den Ertrag der Arbeit gelegt wird, eine Besteuerung der Arbeiter ist, so sind es die arbeitenden Classen, welche alle Steuern bezahlen. Dasselbe Argu= ment beweist indeß gleichermaßen, daß es unmöglich sei, die Arbeiter überhaupt zu besteuern, weil die Steuer, möge sie nun in Arbeit oder in Sachgütern entrichtet werden, ihnen ganz wieder zu Gute kommt, so daß Besteuerung die sonderbare Eigenthümlichkeit hätte, Niemanden zu treffen. Nach dieser Auffassung würden die Arbeiter nicht darunter leiden, wenn man ihnen Alles, was sie hätten, nähme und es unter die übrigen Mitglieder des Gemeinwesens vertheilte. Es würde ja Alles an sie wieder verausgabt werden, was auf dasselbe hinauskommt. Der Irrthum entsteht daraus, daß man nicht direct das Wesen der Erscheinungen ins Auge faßt, sondern nur den äußeren Mechanismus des Bezahlens und Ausgebens beachtet. Wenn wir auf die Folgen sehen, welche, nicht in Betreff des Geldes, das nur aus einer Hand in die andere übergeht, sondern mit den gebrauchten und verbrauchten Sachgütern vor sich gehen, so bemerken wir, daß in Folge der Einkommensteuer diejenigen Classen, die sie bezahlen, ihren Verbrauch wirklich einschränken. So weit wie sie dies thun, sind sie gerade die Personen, welche die Steuer trifft; diese wird aus demjenigen bestritten, was sie sonst gebraucht und genossen haben würden. So weit aber andererseits die Steuerlast nicht dasjenige trifft, was jene verbraucht haben würden, sondern was sie erspart hätten, um die Production zu unterhalten, oder ausgegeben zur Ernährung und Bezahlung unproductiver Arbeiter, bildet die Steuer allerdings einen Abzug von demjenigen, was die arbeitenden Classen gebraucht und genossen haben würden. Wenn aber die Regierung, wie wahrscheinlich der Fall ist, reichlich eben so viel als die Steuerzahlenden gethan haben würden, für directe Arbeitsbeschäftigung ausgibt, z. B. durch Miethung von Seeleuten, Soldaten und Polizeibeamten, oder durch Abbezahlung von Schulden, durch welche letztere Maßregel sie sogar das Capital vermehrt, so verlieren die arbeitenden Classen durch die Steuer nicht nur nicht an Beschäftigung, sondern können möglicher Weise dadurch noch gewinnen, und die ganze Steuer trifft ausschließlich diejenigen, welche man treffen wollte.

Derjenige Theil des Ertrages eines Landes, welchen Jemand wirklich und buchstäblich für seinen eigenen Gebrauch consumirt, trägt nicht im Mindesten zum Unterhalte der Arbeit bei. Von bloßer Consumtion hat Niemand Vortheil, ausgenommen derjenige, welcher verbraucht. Eine Person kann nicht beides thun, ihr Einkommen selbst verbrauchen und es anderen zur Consumtion überlassen. Das Wegnehmen eines gewissen Theils durch Besteuerung kann nicht beide, ihn und sie, berauben, sondern nur ihn oder sie. Um zu erfahren, wer der leidende Theil ist, müssen wir wissen, wessen Consumtion in Folge der Besteuerung sich einschränken wird; dieser, wer er auch sein mag, ist es, den die Steuer wirklich trifft.

Capitel VI.

Vom umlaufenden und stehenden Capital.

§. 1. Um unsere Erläuterungen über das Capital zu ver=
vollständigen, ist es nothwendig, über die zwei Arten, in die es
gewöhnlich eingetheilt wird, etwas zu sagen. Die Unterscheidung
liegt sehr nahe und ist darauf, ohne sie zu nennen, in den beiden
vorhergehenden Capiteln oft Bezug genommen. Es ist aber jetzt
an der Zeit, sie genau zu definiren und einige ihrer Folgerungen
hervorzuheben.

Von dem bei der Hervorbringung eines Sachgutes angewen=
deten Capital gibt es einen Theil, welcher, sobald er einmal gebraucht
ist, nicht länger als Capital fortbesteht, nicht länger im Stande
ist, zur Production mitzuwirken, wenigstens nicht in der nämlichen
Weise oder für dieselbe Art der Production. Hierzu gehört z. B.
derjenige Theil des Capitals, der in Stoffen besteht. Der Talg
und die Soda, woraus man Seife bereitet, werden als solche,
wenn sie einmal zu dieser Fabrication gebraucht worden, zerstört,
sie können nicht weiter zur Seifebereitung angewendet werden,
obschon sie in ihrer veränderten Beschaffenheit als Seife tauglich
sind, um als Stoff oder Werkzeug bei anderen Fabricationszweigen
benutzt zu werden. In dieselbe Abtheilung ist der Theil des
Capitals zu bringen, der als Arbeitslohn bezahlt oder als Unter=
halt von den Arbeitern verbraucht wird. Was ein Baumwollspinner
an seine Fabrikarbeiter ausbezahlt, besteht, einmal so ausgegeben,
nicht länger als sein Capital oder als das Capital eines Baum=
wollspinners; der Theil davon, den die Arbeiter verbrauchen, besteht
überhaupt nicht länger als Capital. Selbst wenn diese einen Theil
desselben ersparen, so besteht es nicht mehr als dasselbe, sondern
als ein neues Capital, das Ergebniß eines zweiten Acts des
Ansammelns. Capital, das auf diese Weise bei der Production,
wozu es angewendet wird, seine ganze Aufgabe erfüllt, heißt
„umlaufendes Capital". Dieser nicht sehr zutreffende Ausdruck
wird von dem Umstande abgeleitet, daß dieser Theil des Capitals
beständig durch den Verkauf der fertigen Erzeugnisse erneuert werden
muß, und sobald er erneuert ist, fortwährend durch den Ankauf
von Stoffen und Bezahlung von Arbeitslohn wieder fortgeht, so
daß er nicht dadurch, daß er aufbewahrt wird, sondern dadurch,
daß er von einer Hand in die andere übergeht, seine Aufgabe erfüllt.

Ein anderer großer Theil des Capitals besteht dagegen in
Werkzeugen zur Production von mehr oder minder dauerhafter
Beschaffenheit. Diese erfüllen ihre Leistung nicht dadurch, daß man
sich ihrer entäußert, sondern dadurch, daß man sie behält, und ihre
Brauchbarkeit wird nicht durch eine einzelne Benutzung erschöpft.
Dahin gehören Gebäude, Maschinen und alle oder die meisten
Dinge, die mit dem Namen Geräthschaften oder Werkzeuge bezeichnet
werden. Die Dauerhaftigkeit einiger derselben ist beträchtlich, und
ihre Leistung als Productionsmittel verlängert sich durch viele
Wiederholungen der productiven Verrichtung. In diese Classe muß
gleichfalls das Capital einbegriffen werden, welches in bleibende
Verbesserungen des Bodens hineingesteckt wird; so auch das Capital,
welches beim Beginne einer Unternehmung ein für alle Mal ausgegeben wird, um den Weg für die folgenden Verrichtungen vorzubereiten, z. B. die Ausgabe für Eröffnung eines Bergwerks, für
die Herstellung von Canälen, für die Anlegung von Straßen oder
Docks. Es könnten noch andere Beispiele aufgezählt werden, aber
diese sind genügend. Capital, das in einer von diesen dauernden
Formen existirt und dessen Ertrag sich über eine Periode von entsprechender Dauer verbreitet, heißt „stehendes Capital".

Einige Arten des stehenden Capitals erheischen eine gelegentliche oder periodische Erneuerung. Dahin gehören alle Geräthschaften und Gebäude. Diese erfordern von Zeit zu Zeit theilweise
Erneuerung mittelst Reparaturen und sind zuletzt ganz abgenutzt,
so daß sie nicht weiter als Gebäude und Geräthschaften dienen
können, sondern wieder der Classe der Stoffe anheimfallen. In
anderen Fällen erfordert das Capital keine gänzliche Erneuerung,
außer etwa als Folge eines ungewöhnlichen Zufalls; aber es wird
doch immer einige Auslage entweder regelmäßig oder wenigstens
gelegentlich nöthig sein, um es zu erhalten. Ein Dock oder ein
Canal, wenn sie einmal hergestellt sind, brauchen nicht wie eine
Maschine wieder gemacht zu werden, wofern sie nicht absichtlich
zerstört werden · oder ein Erdbeben oder eine ähnliche Katastrophe
sie vollgeschüttet hat; aber regelmäßige und häufige Auslagen sind
erforderlich, um sie in Stand zu erhalten. Die Kosten der Eröffnung eines Bergwerkes brauchen nicht zum zweiten Male getragen
zu werden; wenn aber Niemand die Ausgabe daran wendet, die
Mine wasserfrei zu halten, so wird sie bald nutzlos. Die dauer-
hafteste aller Arten von festem Capital ist diejenige, welche dazu
angewendet wird, einer natürlichen Güterquelle, wie dem Boden,
größere Productionsfähigkeit zu verschaffen. Die Trockenlegung
sumpfiger oder überschwemmter Landstriche, die Gewinnung von
Land aus dem Meere und dessen Benützung durch Deiche sind für

alle Zukunft berechnete Verbesserungen; aber die Entwässerungs=
Leitungen und die Deiche erfordern häufige Ausbesserung. Derselbe
Charakter der Dauer kommt der Verbesserung des Bodens zu, die
mittelst einer Entwässerung unter der Oberfläche geschieht und so
viel zu der Fruchtbarkeit des Lehmbodens beiträgt, oder mittelst
bleibender Düngung, d. h. indem man dem Boden solche Sub=
stanzen zusetzt, welche nicht in die Zusammensetzung der Pflanzen
übergehen und also von der Vegetation verbraucht werden, sondern
solche, die nur die Beziehung des Bodens zur Luft und zum
Wasser ändern, wie Sand und Kalk zu schwerem, Lehm und
Mergel zu leichtem Boden. Selbst Anlagen solcher Art erfordern
indeß gelegentliche Ausgaben, um ihre volle Wirkung zu behaupten,
mögen dieselben auch ganz unbedeutend sein.

Diese Verbesserungen, wenn sie anders diese Bezeichnung ver=
dienen, bewirken indeß eine Vermehrung des Ertrages, welche,
nachdem alle zu ihrer Erhaltung nothwendigen Kosten bestritten sind,
noch einen Ueberschuß gewährt. Dieser Ueberschuß bildet den
Ertrag für das anfangs hineingesteckte Capital, und ein solcher
Ertrag endigt nicht, wie bei den Maschinen der Fall ist, durch
völlige Abnutzung, sondern dauert für immer fort. Das Land, dessen
Fruchtbarkeit so erhöht ist, hat einen dieser Verbesserung entspre=
chenden Marktwerth, und deshalb ist es gewöhnlich, daß in der
Verbesserung angelegte oder hineingesteckte Capital als noch vor=
handen in dem vermehrten Werthe des Landes zu betrachten. Man
muß dies jedoch nicht mißverstehen. Das Capital ist wie alles
andere Capital verbraucht worden. Es ward verbraucht im Unterhalt
der Arbeiter, welche die Verbesserung ausführten, und in der Ab=
nutzung der Werkzeuge, deren sie sich dabei bedienten. Es ward
aber auf productive Weise verbraucht und hat in der vermehrten
Fruchtbarkeit des Bodens ein bleibendes Ergebniß zurückgelassen.
Den vermehrten Ertrag können wir als das verbundene Ergebniß
des Bodens und des darin fest angelegten Capitals ansehen. Da
nun das Capital, als wirklich verbraucht, nicht wieder herausge=
zogen werden kann, so ist seine Productivität von da an unauflöslich
mit derjenigen aus den ursprünglichen Eigenschaften des Bodens
verbunden. Die Vergütung für seinen Gebrauch hängt von da an
nicht mehr ab von den Gesetzen, welche den Ertrag für Arbeit und
Capital bestimmen, sondern von denen, welche die Vergütung für
natürliche Güterquellen reguliren. Welcher Art diese Gesetze sind,
werden wir später sehen. (B. II. Cap. XVI.)

§. 2. Zwischen den Einwirkungen des umlaufenden und denen
des stehenden Capitals auf die Größe des Rohertrages eines Landes
findet ein bedeutender Unterschied statt. Da umlaufendes Capital

als solches durch einen einzelnen Gebrauch zerstört wird oder doch jedenfalls dem Eigner verloren geht, und das aus dem einmaligen Gebrauch hervorgehende Product die einzige Quelle ist, woraus der Eigner sein Capital wieder ersetzen oder Vergütung für dessen productive Anwendung erhalten kann, so muß natürlich das Product für diese Zwecke ausreichend sein; oder mit anderen Worten, der Ertrag einer einzigen Benutzung muß eine Wiederhervorbringung sein, welche dem ganzen Betrage des benutzten umlaufenden Capitals nebst noch hinzuzurechnendem Gewinne gleich kommt. Bei stehendem Capital ist dies auf keine Weise nothwendig. Da z. B. Maschinen nicht durch einen einmaligen Gebrauch gänzlich verbraucht werden, so ist es nicht nothwendig, daß sie durch den Ertrag jenes Gebrauchs völligen Ersatz finden. Die Maschine entspricht dem Zwecke des Eigners, wenn sie während gegebener Zeitabschnitte genug einbringt, um die Kosten des Ausbesserns und die Werthverminderung, welche die Maschine während derselben Zeit erfährt, zu decken, und dabei einen hinreichenden Ueberschuß gibt, um den gewöhnlichen Gewinn vom vollen Werthe der Maschine zu gewähren.

Hieraus folgt nun, daß jede Vermehrung des stehenden Capitals, wenn sie auf Kosten des umlaufenden Capitals stattfindet, die Interessen der Arbeiter mit Nachtheilen bedroht. Dies gilt nicht nur von Maschinen, sondern von allen Verbesserungen, in welche Capital hineingesteckt worden, d. h. wodurch Capital für immer außer Stand gesetzt wird, zum Unterhalt und zur Vergütung von Arbeit angewendet werden. Nehmen wir an, daß jemand sein eigenes Landgut mit einem Capital von zweitausend Scheffel Getreide zum Unterhalt von Arbeitern während eines Jahres bewirthschaftet (der Einfachheit wegen lassen wir Aussaat und Werkzeuge außer Betracht), deren Arbeit ihm jährlich 2400 Scheffel, also einen Gewinn von 20 Procent einträgt, welchen Gewinn er jährlich verbraucht, indem er seinen Betrieb von Jahr zu Jahr mit dem ursprünglichen Capital von 2000 Scheffeln fortführt. Wir wollen nun ferner voraussetzen, daß er durch die Verausgabung der Hälfte seines Capitals eine bleibende Verbesserung seines Landguts zu Stande bringt, die durch die Hälfte seiner Arbeiter ausgeführt wird und diese ein Jahr lang beschäftigt, nach dessen Ablauf er für die eigentliche Bewirthschaftung seines Landes nur noch halb so viel Arbeiter als früher brauchen wird. Das Uebrige seines Capitals wendet er wie gewöhnlich an. Im ersten Jahre findet in der Lage der Arbeiter kein anderer Unterschied statt, als daß ein Theil von ihnen dieselbe Bezahlung, die er früherhin für Pflügen, Säen und Ernten erhalten hat, jetzt für eine Beschäftigung bei der Bodenverbesserung empfängt. Am Ende des Jahres hat indeß der

Landwirth, der diese Verbesserung veranstaltet hat, nicht wie früher ein Capital von 2000 Scheffeln Getreide; nur 1000 Scheffel seines Capitals sind auf dem gewöhnlichen Wege wieder hervorgebracht und er hat jetzt diese 1000 Scheffel und seine Verbesserung. Er wird in dem nächsten und in jedem folgenden Jahre nur die halbe Zahl von Arbeitern beschäftigen und unter diese nur die Hälfte der früheren Menge von Unterhaltsmitteln vertheilen. Dieser Verlust wird für sie bald wieder gut gemacht werden, wenn der verbesserte Boden mit der verminderten Menge Arbeit wie früher 2400 Scheffel hervorbringt, weil ein so außerordentlicher Zuwachs des Gewinns den Landwirth vermuthlich veranlassen wird, einen Theil davon zu ersparen, denselben seinem Capital beizufügen und mehr Arbeiter zu beschäftigen. Man kann sich aber auch vorstellen, daß dies nicht der Fall sein werde; denn (unter der zulässigen Voraussetzung, daß die Verbesserung ohne irgend bemerkenswerthe Auslage für ihre Erhaltung in's Unendliche fortdauert) wird der Landwirth durch seine Verbesserung schon bedeutend gewonnen haben, wenn das Land nun auch nur 1500 Scheffel liefert, da dies die 1000 Scheffel, welche sein jetziges umlaufendes Capital bilden, mit einem Gewinn von 25 pCt. statt der früheren 20 pCt. auf sein gesammtes Capital, stehendes und umlaufendes zusammengerechnet, ersetzen wird. Die Verbesserung kann daher für ihn sehr vortheilhaft, dabei aber sehr nachtheilig für die Arbeiter sein. Die Voraussetzung, wie sie im vorhergehenden aufgestellt worden, ist rein ideell oder höchstens nur auf einen solchen Fall anwendbar, wie die Verwandlung von Ackerland in Weideland, welche, wenn auch früher ein gewöhnliches Verfahren, doch von den jetzigen Landwirthen als das Gegentheil einer Verbesserung angesehen wird. Die landwirthschaftlichen Verbesserungen der Gegenwart (wenigstens solche, die es mit dem Boden selbst zu thun haben) gehen darauf hinaus, den Rohertrag zu vermehren, nicht zu vermindern[*]). Das Wesentliche des Arguments wird dadurch aber nicht berührt. Nehmen wir an, daß die Verbesserung nicht in der vorausgesetzten Weise vor sich geht, daß sie nicht in den Stand setzt, einen Theil der vorhin auf das Land angewendeten Arbeit zu entbehren, sondern nur mit derselben Arbeit einen größeren Ertrag zu erzielen. Wir wollen ferner annehmen, daß der ganze größere Ertrag, welcher mittelst der Verbesserung mit derselben Arbeit dem Boden abgewonnen werden kann, nöthig ist und Käufer finden wird. In solchem Falle wird der Landwirth

---

[*]) Wegen des Unterschieds zwischen dieser und anderen Arten der Verbesserungen, welche nicht den Boden selbst betreffen, sondern die Culturmethoden, vgl. man Buch I. Cap. XII. §. 3.

dieselbe Zahl von Arbeitern und zu dem nämlichen Lohn wie zuvor nöthig haben. Wo will er aber die Mittel zu ihrer Bezahlung finden? Sein ursprüngliches Capital von 2000 Scheffeln hat er zu diesem Zwecke nicht mehr verfügbar. 1000 derselben sind ver= loren gegangen, indem sie bei Herstellung der Verbesserung ver= braucht wurden. Wenn er eben so viel Arbeiter als vorhin beschäf= tigen und sie eben so hoch bezahlen soll, so muß er, um den Aus= fall zu decken, 1000 Scheffel leihen oder aus irgend einer anderen Quelle nehmen. Aber diese 1000 Scheffel unterhielten schon eine entsprechende Menge von Arbeit oder waren dazu bestimmt; sie sind nicht ein frisches Capital und ihre Bestimmung wird nur von einer productiven Beschäftigung auf eine andere übertragen. Obschon der Landwirth die Lücke in seinem eigenen umlaufenden Capital ausgefüllt hat, so bleibt doch der Ausfall in dem umlaufenden Capital des Gemeinwesens ungedeckt.

Ich kann nicht dem Argument beistimmen, das die meisten derjenigen geltend machen, welche behaupten, daß Maschinen der arbeitenden Classe nicht nachtheilig seien, daß sie nämlich durch wohlfeilere Hervorbringung eine solche vermehrte Nachfrage nach Waare zu Folge hätten, um binnen kurzem eine größere Anzahl von Personen als vorher in den Stand zu setzen, bei diesem Pro= ductionszweige Beschäftigung zu finden. Dies Argument scheint mir nicht das Gewicht zu haben, welches man ihm gewöhnlich zu= schreibt, wenngleich die Thatsache an sich ohne Zweifel oft ein= treffen mag. Die Abschreiber, welche durch die Erfindung der Buchdruckerkunst außer Beschäftigung kamen, wurden sicherlich an Zahl bald übertroffen von den Setzern und Druckern, die ihre Stelle einnahmen. Die Zahl der jetzt bei der Baumwollenfabrication beschäftigten Arbeiter ist viele Mal größer als diejenige, welche vor den Erfindungen von Hargreaves und Arkwright auf solche Weise beschäftigt waren, woraus sich ergibt, daß dieselbe außer dem enormen stehenden Capital, das jetzt in dieser Fabrication angelegt ist, gegenwärtig auch ein weit größeres umlaufendes Capital beschäftigt als zu irgend einer früheren Zeit. Wenn aber dies Capital anderen Anwendungen entzogen wurde, wenn die Fonds, welche die Stelle des in kostbare Maschinen gesteckten Capitals ein= nahmen, nicht durch neue Ersparung in Folge der Verbesserungen herbeigeschafft wurden, sondern durch Entziehung aus dem allge= meinen Capital des Gemeinwesens, worin sind dann die arbei= tenden Classen durch den bloßen Uebergang besser daran? Auf welche Weise ist der Verlust, den sie durch die Umwandlung des umlaufenden Capitals in stehendes erfuhren, durch einen bloßen

Uebergang eines Theils des übrig bleibenden umlaufenden Capitals aus seiner alten Anwendung zu einer neuen für sie ausgleichend?

Alle Beweisversuche, daß die arbeitenden Classen, als eine Gesammtheit genommen, durch die Einführung von Maschinen oder durch das Hineinstecken von Capital in bleibenden Verbesserungen auch zeitweilig nicht leiden können, sind nach meiner Ansicht nothwendig trügerisch. Daß sie in dem besonderen Industriezweige, für den der Wechsel eintritt, leiden werden, wird allgemein zugegeben und ist dem gesunden Menschenverstande ganz klar. Es wird aber oft behauptet, daß, wenn auch der Arbeit in einem Zweige Beschäftigung entzogen werde, eine genau entsprechende Beschäftigung sich für sie in anderen Zweigen eröffne, weil die Ersparung durch die vermehrte Wohlfeilheit eines besonderen Artikels die Consumenten in den Stand setze, den Verbrauch anderer Artikel auszudehnen, wodurch die Nachfrage nach anderen Arten von Arbeit zunehme. Dies ist scheinbar, aber es beruht, wie im letzten Capitel nachgewiesen wurde, auf einem Trugschlusse. Nachfrage nach Sachgütern ist eine völlig verschiedene Sache von der Nachfrage nach Arbeit. Gewiß haben die Consumenten nun mehr Geld, um andere Dinge zu kaufen, aber dies wird die andern Dinge noch nicht hervorbringen, wofern hierzu kein Capital vorhanden ist; die Verbesserung hat kein Capital frei gemacht, wenn sie auch nicht aus anderen Anwendungen solches in sich aufgenommen hat. Die vorausgesetzte Vermehrung der Production und der Arbeitsbeschäftigung in anderen Zweigen wird daher nicht stattfinden, und die vermehrte Nachfrage nach Sachgütern seitens einiger Consumenten wird aufgewogen werden durch ein Aufhören der Nachfrage seitens anderer, namentlich derjenigen Arbeiter, welche durch die Verbesserung überflüssig wurden und die nun, wenn sie überhaupt fortbestehen, dadurch ernährt werden, daß sie, sei es mittelst der Concurrenz oder der Mildthätigkeit, einen Antheil von demjenigen erhalten, was früher von anderen Leuten verbraucht wurde.

§. 3. Dessenungeachtet glaube ich nicht, daß wie die Dinge gegenwärtig vor sich gehen, Verbesserungen bei der Production oft den arbeitenden Classen in ihrer Gesammtheit nachtheilig sind, nicht einmal für kurze Zeit. Sie würden dies sein, wenn sie zu einem großen Belauf plötzlich stattfänden, weil in solchem Falle nothwendig viel stehendes Capital von den schon als umlaufendes Capital angewendeten Fonds herbeigeschafft werden müßte. Verbesserungen werden jedoch immer sehr allmählich eingeführt und selten oder nie durch Entziehung des umlaufenden Capitals aus wirklicher Production bewerkstelligt, sondern durch Verwendung der jährlichen Zunahme. Ich zweifle, daß man ein einziges Bei-

spiel einer bedeutenden Zunahme des stehenden Capitals zu einer
Zeit und an einem Orte finden wird, wo umlaufendes Capital
nicht gleichfalls in rascher Zunahme begriffen war. In armen oder
rückwärtsgehenden Ländern finden große und kostspielige Verbesse=
rungen bei der Production nicht statt. Das Hineinstecken von
Capital in den Boden zum Zwecke eines bleibenden Ertrages,
die Einführung theurer Maschinen u. a. sind Unternehmungen,
welche ein unmittelbares Opfer zur Erreichung eines fernliegenden
Ziels in sich schließen; sie beweisen erstens eine ziemlich vollstän=
dige Sicherheit des Eigenthums, zweitens eine beträchtliche Thätig=
keit des industriellen Unternehmungsgeistes und drittens einen hohen
Grad des Ansammlungstriebes, wie wir es nennen wollen, oder des
wirksamen Verlangens nach Ansammlung, welche drei Dinge die Ele=
mente einer Gesellschaft sind, die im Capitalreichthum rasch fortschreitet.
Obschon also die arbeitenden Classen leiden müssen, nicht nur, wenn
die Vermehrung des stehenden Capitals auf Kosten des umlaufenden
stattfindet, sondern selbst wenn sie so bedeutend und rasch ist, daß sie
jene gewöhnliche Vermehrung des letzteren, nach welcher die Zunahme
der Bevölkerung sich gemeiniglich gerichtet hat, verzögert, so ist
dies doch, was die Sache selbst betrifft, sehr unwahrscheinlich. Ver=
muthlich gibt es kein Land, dessen stehendes Capital anders zu=
nimmt als im richtigen Verhältnisse zur Zunahme des umlaufenden
Capitals. Wenn sämmtliche Eisenbahnen, welche während des
Speculations=Schwindels von 1845 die Genehmigung des Parla=
ments erhalten haben, in der zu der Vollendung einer jeden be=
stimmten Zeit erbaut wären, so würde höchst wahrscheinlich dieses
seltsame Zusammentreffen eingetreten sein; aber eben dieser Fall
hat ein Beispiel von den Schwierigkeiten, geliefert, welche der Ab=
leitung eines bedeutenden Theils des Capitals aus alten in neue
Canäle entgegenstehen — Schwierigkeiten, welche meistens genügend
verhindern, daß Unternehmungen, die das Hineinstecken von Capital
bedingen, sich mit solcher Raschheit ausdehnen um die Quellen der
bestehenden Arbeitsbeschäftigung zu schwächen.
    Zu diesen Erwägungen kommt noch hinzu, daß selbst wenn
Verbesserungen für eine Zeitlang die Gesammtproduction und das
umlaufende Capital des Gemeinwesens verringern, sie dagegen auf
die Dauer dahin wirken, beides zu vermehren. Sie vergrößern das
Einkommen des Capitals, und der Vortheil hievon muß nothwendig
entweder dem Capitalisten als größerer Gewinn oder dem Consu=
menten in verminderten Preisen zufallen, wodurch er in beiden
Fällen einen vergrößerten Fonds verschafft, aus denen Ansammlung
stattfinden kann, während zugleich vergrößerter Gewinn einen ver=
mehrten Antrieb zur Ansammlung mit sich bringt. In dem oben

von uns gewählten Beispiel, wo das unmittelbare Ergebniß der
Verbesserung darin bestand, den Rohertrag von 2400 Scheffeln
auf 1500 zu vermindern, wird der Gewinn des Capitalisten, der
ja statt 400 Scheffel 500 Scheffel geworden ist, mit seinem Extra-
gewinn von 100 Scheffeln, wenn dieser regelmäßig erspart wird,
binnen weniger Jahre die dem umlaufenden Capital entzogenen
1000 Scheffel wieder ersetzt haben. Die Geschäftsausdehnung,
welche fast mit Sicherheit in jedem Zweige, bei dem eine Verbesserung stattgefunden, eintritt, enthält für diejenigen, die dabei
betheiligt sind, einen starken Antrieb ihr Capital zu vergrößern,
und daher wird bei dem langsamen Schritte, wie Verbesserungen
gemeiniglich eingeführt werden, ein bedeutender Theil des Capitals,
welches die Verbesserung schließlich in Anspruch nimmt, von dem
vermehrten Gewinn und der vermehrten Ersparung, die sie selbst
hervorgerufen hat, genommen. Diese Tendenz der Verbesserungen
bei der Production, vermehrte Ansammlung zu bewirken und dadurch schließlich den Rohertrag zu vermehren, wenn dieser auch
zeitweilig vermindert wird, nimmt einen noch entschiedeneren Charakter
an, wenn es sich zeigen sollte, daß es sowohl für die Ansammlung
des Capitals wie für die Vermehrung der Production des Bodens
bestimmbare Grenzen gibt, nach deren Erreichung jede fernere Zunahme des Ertrages aufhören muß, daß aber Verbesserungen bei
der Production, wie auch ihre sonstigen Wirkungen sein mögen, die
Grenzen für das eine oder für beides weiter hinauszuschieben
streben. Diese Wahrheiten werden indeß erst in einem späteren Abschnitt unserer Untersuchung im hellsten Lichte erscheinen. Es wird
sich zeigen, daß die Menge Capital, welche in einem Lande angesammelt werden wird oder selbst werden kann, sowie der Belauf
des Rohertrages, der erzielt werden wird oder selbst werden kann,
im Verhältniß zu dem dort gegebenen Stande der Productions-
Gewerbe steht, daß jede Verbesserung, selbst wenn sie zunächst das
umlaufende Capital und den Rohertrag vermindert, schließlich einem
größeren Betrage von beiden Raum macht als sonst möglicher
Weise hätte stattfinden können. Dies ist die schlußrichtige Antwort
auf die Einwürfe gegen Maschinen; und der daraus sich ergebende
Beweis der schließlichen Wohlthätigkeit mechanischer Erfindungen
selbst bei den jetzigen Gesellschaftszuständen, wird sich später über-
zeugend herausstellen *). Dies enthebt jedoch die Regierungen nicht
der Verpflichtung, die Uebel, welche diese Quelle einer schließlichen
Wohlthätigkeit für die gegenwärtige Generation herbeiführt oder
herbeiführen kann, zu erleichtern und, wenn möglich, ihnen vorzu-

---

*) Vgl. Buch IV. Cap. V.

beugen. Wenn das Hineinstecken oder Anlegen von Capital in
Maschinen oder nützlichen Anstalten je so weit gehen sollte, daß es
die Fonds für den Unterhalt der Arbeit wesentlich schwächen würde,
so wäre es kann die Aufgabe der Gesetzgeber, Maßregeln zu
ergreifen um den raschen Fortgang hierin zu mäßigen; und da
Verbesserungen, welche die Beschäftigung im Ganzen nicht ver=
mehren, fast immer eine besondere Classe Arbeiter daraus ver=
drängen, so kann es keinen mehr berechtigten Gegenstand für die
Sorge der Regierung geben als die Interessen derjenigen, die so
dem Gewinn ihrer Mitbürger und der Nachwelt geopfert werden.

Wir kehren zu der theoretischen Unterscheidung zwischen stehen=
dem und umlaufendem Capital zurück. Da alles Vermögen, das
dazu bestimmt ist zur Wiederhervorbringung von Gütern angewendet
zu werden, unter die Benennung Capital fällt, so gibt es Theile
des Capitals, welche zu der Definition von keiner dieser beiden
Arten stimmen; z. B. der Vorrath an fertigen Waaren, die ein
Fabrikant oder Händler zu einer gegebenen Zeit im Lager unver=
kauft besitzt. Dies ist jedoch nur Capital seiner Bestimmung nach,
noch nicht Capital im wirklichen Gebrauch; es wird noch nicht zur
Production angewendet, sondern muß hierzu erst in einen gleichen
Werth anderer Artikel verwandelt werden. Es ist also bis dahin
weder stehendes noch umlaufendes Capital, sondern soll das eine
oder das andere erst werden oder auch zwischen beide vertheilt
werden. Mit dem Erlös seiner fertigen Waaren wird ein Fabri=
kant theils seine Fabrikarbeiter bezahlen, theils seinen Vorrath an
Stoffen für seine Fabrikation wieder ergänzen, theils neue Gebäude
und Maschinen herstellen oder die alten ausbessern; wie viel aber
zum einen und wie viel zum anderen Zwecke bestimmt werden
wird, das hängt von dem Wesen des Fabrikationszweiges und den
Erfordernissen der besonderen Zeitumstände ab.

Noch ist ferner zu bemerken, daß der Theil des Capitals,
welcher in der Form von Saat oder Stoffen verbraucht wird,
obschon er, ungleich dem stehenden Capital, auf einmal aus dem
Rohertrag wieder ersetzt werden muß, doch zur Arbeitsbeschäftigung
im nämlichen Verhältniß steht wie stehendes Capital. Was für
Stoffe ausgegeben wird, das wird dem Unterhalt und der Bezah=
lung von Arbeitern eben so sehr entzogen wie dasjenige, was in
Maschinen angelegt ist. Wenn man Capital, welches jetzt für
Arbeitslohn ausgegeben wird, zur Anschaffung von Stoffen be=
stimmen wollte, so würde die Wirkung hiervon den Arbeitern nicht
minder nachtheilig sein, als wenn es zu stehendem Capital umge=
wandelt wäre. Diese Art Umwandelung findet indeß nie statt.
Die Tendenz von Verbesserungen bei der Production ist immer,

die Verwendung von Aussaat oder Stoffen für einen gegebenen
Ertrag zu ermäßigen, nie zu vergrößern, und das Interesse der
Arbeiter hat hieraus keinen Schaden zu besorgen.

Capitel VII.

Wovon der Grad der Productivität der productiven Factoren abhängt?

§ 1. **D**en allgemeinen Ueberblick über die Erfordernisse der
Production haben wir beendigt. Wir haben gefunden, daß dieselben
sich auf drei zurückführen lassen: Arbeit, Capital und die Stoffe
und bewegenden Kräfte, welche die Natur hergibt. Von diesen sind
Arbeit und die rohen Stoffe des Bodens ursprünglich und unent=
behrlich. Die natürlichen Bewegungskräfte können zum Beistand
der Arbeit herangezogen werden und sind dann eine Hilfe der
Arbeit, aber keine durchaus wesentliche. Das übrigbleibende Erfor=
derniß, Capital, ist selbst das Product von Arbeit; seine Wirksam=
keit bei der Production ist daher eigentlich die der Arbeit in einer
indirecten Form. Dessenungeachtet ist dafür eine besondere Auf=
stellung erforderlich. Eine vorgängige Arbeitsanwendung, um das
für den Verbrauch während des Arbeitens erforderliche Capital
hervorzubringen, ist nicht minder wesentlich als die Anwendung der
Arbeit selbst. Ein, und zwar der bedeutendste Theil des Capitals
hilft zur Production nur dadurch, daß er die hervorbringende Arbeits=
kraft fortwährend erhält; das übrige, nämlich die Werkzeuge und
Stoffe, trägt auf gleiche Weise wie die Naturkräfte und die von
der Natur hergegebenen Stoffe direct zur Production bei.

Wir kommen nun zu der zweiten großen Frage in der Volks=
wirthschaft: wovon der Grad der Productivität dieser Factoren
abhängt? Daß ihre productive Wirksamkeit in verschiedenen Zeiten
und Orten sehr von einander abweicht, ist einleuchtend. Bei glei=
cher Bevölkerung und Ausdehnung des Territoriums haben einige
Länder einen viel größeren Betrag der Production als andere, und
selbst wieder zu einer Zeit größer als zu anderen. Man vergleiche
England entweder mit einem ähnlichen Flächenraum in Rußland

ober mit einer gleichen Bevölkerung von Russen. Man vergleiche
das jetzige England mit dem mittelalterlichen England, das jetzige
Sicilien, Nordafrika oder Syrien mit diesen Ländern zur Zeit
ihres größten Gedeihens vor der römischen Eroberung. Einige
der Ursachen, die zu diesem Unterschiede in der Productivität beitragen, liegen auf flacher Hand; andere nicht so sehr. Wir wollen
mehrere derselben nachweisen.

§. 2. Die einleuchtendste Ursache vorzüglicherer Productivität
liegt in den sogenannten natürlichen Vortheilen. Diese sind vielfacher Art. Fruchtbarkeit des Bodens ist einer der hauptsächlichsten.
Hierin findet große Mannigfaltigkeit statt, von den Wüsten Ara-
biens bis zu den Alluvial-Ebenen des Ganges, des Niger und des
Mississippi. Ein günstiges Clima ist noch wichtiger als selbst ein
reicher Boden. Es gibt Länder, welche bewohnbar sind, aber zu
kalt um für den Ackerbau zu taugen. Die Einwohner derselben
können über den Nomadenzustand nicht hinaus kommen; sie müssen,
wie die Lapländer, von der Zähmung der Rennthiere, oder auch,
wie die armseligen Esquimos, von der Jagd oder dem Fischfang
leben. Es gibt Länder, wo Hafer reif wird, aber nicht Weizen,
wie z. B. das nördliche Schottland; andere, wo Weizen gebaut
werden kann, aber wegen übermäßiger Feuchtigkeit und Mangel an
Sonnenschein nur eine unsichere Ernte gewährt, wie in Theilen
von Irland. Mit jedem Schritte weiter nach Süden wird ein
neuer Zweig des Landbaues erst möglich, sodann vortheilhaft. Wein,
Mais, Feigen, Oliven, Seide, Reis, Datteln kommen nach der
Reihe zum Vorschein, bis wir zu Zucker, Caffee, Baumwolle,
Gewürzen u. s. w. gelangen, in Climate, welche zugleich bei nur
einem geringen Grade von Anbau im Jahre zwei oder selbst drei
Ernten der gewöhnlichen Ackerbauprodukte gewähren. Die Unter-
schiede des Clima's sind nicht allein für den Ackerbau wichtig.
Ihren Einfluß empfindet man auch in vielen anderen Zweigen der
Production, hinsichtlich der Dauerhaftigkeit aller Werke, welche der
Luft ausgesetzt sind, z. B. von Gebäuden. Wenn die Tempel zu
Karnak und Luxor nicht durch Menschen beschädigt wären, so würden
sie in ihrer ursprünglichen Vollendung fast für die Ewigkeit bestanden
haben, denn die Inschriften auf einigen derselben, obschon älter als
alle authentische Geschichte, sind frischer als in England eine funfzig
Jahr alte Inschrift, und in St. Petersburg sind, wie Reisende
berichten, die vor kaum einem Menschenalter ganz aus Granit auf-
geführten massivesten Gebäude, weil sie abwechselnd der Sommer-
hitze und starkem Froste ausgesetzt sind, fast schon in einem solchen
Zustande, daß eine Wiederherstellung erforderlich ist. Die Ueberlegenheit der gewebten Fabrikate des südlichen Europa über die

englischen hinsichtlich des Reichthums und der Reinheit vieler ihrer
Farben wird der vorzüglicheren Beschaffenheit der Atmosphäre zugeschrieben, für welche weder die Kenntniß der Chemiker noch die
Geschicklichkeit der Färber im Stande gewesen sind, im nebeligen
und feuchten Clima Englands ein vollständiges Aequivalent zu verschaffen.

Ein anderer Theil des Einflusses des Clima's besteht darin,
daß es die physischen Anforderungen der Producenten verringert.
In heißen Gegenden können die Menschen mit weniger vollkomenen
Wohnungen und weniger Kleidung bequem leben; Feuerung, dieses
wesentliche Lebensbedürfniß in kalten Climaten, kann man dort
gänzlich entbehren, ausgenommen für industrielle Benutzung. Es
werden dort ebenfalls weniger Nahrungsmittel erfordert, wie die
Erfahrung schon lange bewiesen hat, bevor die Theorie es begründete,
indem sie herausstellet, daß das meiste, was wir als Nahrung
genießen, nicht für die eigentliche Ernährung der Organe erforderlich
ist, sondern um die animalische Wärme zu erhalten und den nothwendigen Reiz zu den Lebensfunctionen zu verschaffen, der in heißen
Climaten fast hinreichend durch Luft und Sonnenschein gewährt
wird. Indem daher ein großer Theil der Arbeit, der sonst angewendet wird, um den bloßen Lebensbedarf zu verschaffen, dort nicht
in Anspruch genommen wird, bleibt mehr Arbeit zur Verfügung
für die höheren Zwecke und Genüsse des Lebens, wofern nicht der
Charakter der Einwohner dahin führt, diese Vortheile zur Uebervölkerung oder zu einer unthätigen Muße zu benutzen.

Außer Boden und Clima muß unter den natürlichen Vortheilen noch erwähnt werden: Fülle von Mineralerzeugnissen an
gelegenen Orten, deren Bearbeitung nicht zu große Anstrengung
erfordert. Hierzu gehören die Steinkohlenlager Großbritanniens,
welche dessen Einwohner in so hohem Maße für die Nachtheile des
Clima's entschädigen, sowie die kaum geringer zu achtenden Hilfsquellen, welche Großbritannien und die Vereinigten Staaten in
einem reichlichen Vorrath von leicht zu schmelzendem Eisenerz in
nicht zu großer Tiefe unter der Erdoberfläche und ganz nahe bei
den zu seiner Bearbeitung tauglichen Kohlenlagern besitzen. In
bergigen und hügeligen Gegenden gibt der Reichthum an natürlicher Wasserkraft beträchtlichen Ersatz für die gewöhnlich mindere
Fruchtbarkeit solcher Landstriche. Ein größerer Vortheil vielleicht
als die genannten ist die Lage am Meere, besonders wenn dieselbe
mit guten natürlichen Häfen verbunden ist, und nächstdem große
schiffbare Flüsse. Diese Vortheile bestehen eigentlich gänzlich darin,
daß sie Transportkosten ersparen. Wer hierüber nicht nachgedacht
hat, kann sich fast nie einen richtigen Begriff bilden, einen wie

außerordentlichen wirthschaftlichen Vortheil dies in sich faßt; auch
kann es nicht vollständig gewürdigt werden, ohne daß man den
Einfluß erwogen hat, den der Tausch und die sogenannte Theilung
der Arbeit auf die Production ausüben. Dieser Vortheil ist so
wichtig, daß er oft Unfruchtbarkeit des Bodens und fast jede andere
natürliche Inferiorität weit überwiegt, besonders in den früheren
Stadien der Industrie, wo Arbeit und Wissenschaft noch nicht die
künstlichen Communicationsmittel, die im Stande sind mit den
natürlichen zu wetteifern, hergestellt haben. In der alten Welt und
im Mittelalter waren die wohlhabendsten Gemeinwesen nicht die=
jenigen, welche den größten Landbesitz oder den fruchtbarsten Boden
besaßen, sondern vielmehr solche, welche durch natürliche Unfrucht=
barkeit gezwungen wurden, eine günstige maritime Lage bestmöglichst
zu benutzen, wie Athen, Tyrus, Marseille, Venedig, die Hansestädte
u. s. w.

§. 3. So viel von den natürlichen Vortheilen; der Werth
derselben ist, unter übrigens gleichen Verhältnissen, zu einleuchtend,
um je unterschätzt zu werden. Die Erfahrung bezeugt jedoch, daß
natürliche Vortheile für ein Gemeinwesen, eben so wie Glück und
äußere Stellung für ein Individuum, fast nie das ausrichten, was
in ihrer Natur oder ihrer Leistungsfähigkeit liegt. Die größten
Vortheile, umsonst gewährt, werden meistens Nachtheile. Weder
gegenwärtig noch in früheren Zeiten sind diejenigen Nationen, welche
das beste Clima und den fruchtbarsten Boden besaßen, die reichsten
oder die mächtigsten gewesen, sondern, so weit die große Masse des
Volks in Betracht kommt, haben sie gewöhnlich zu den ärmsten
gehört, wenn sie auch mitten in ihrer Armuth, im Ganzen genommen,
wahrscheinlich am meisten das Leben genossen haben. Das mensch=
liche Leben kann in diesen Ländern mit so wenigem auskommen,
daß der Arme selten durch Sorgen gequält wird, und in Climaten,
wo die bloße Existenz schon eine Lust ist, bildet Nichtsthun den
Luxus, dem man den Vorzug gibt. Wenn die Leidenschaft sie treibt,
besitzen die Bewohner Energie im Uebermaß, aber nicht eine solche,
die sich im Ertragen von Arbeit und in der Ausdauer hierbei kund
gibt. Da sie selten Interesse genug haben an ferner liegenden
Gegenständen, um gute politische Einrichtungen festzustellen, so
werden die Antriebe zur Erwerbthätigkeit außerdem durch unvoll=
kommene Beschützung der Früchte derselben geschwächt. Erfolgreiche
Production ist, wie die meisten anderen Arten des Erfolgs, mehr
abhängig von der Beschaffenheit der menschlichen Factoren als von
den Umständen, unter welchen diese arbeiten; Schwierigkeiten, nicht
Erleichterungen sind es, welche körperliche und geistige Energie
nähren. So sind die Völkerstämme, welche andere angegriffen,

unterworfen und gezwungen haben, für sie zu arbeiten, meistens
unter Entbehrungen aufgewachsen. Sie stammten entweder her aus
den Wäldern der nördlichen Climate, oder der Mangel natürlicher
Mühseligkeiten wurde, wie unter Griechen und Römern, durch die
künstlichen einer strengen militärischen Disziplin ersetzt. Von der
Zeit an, als die Verhältnisse der modernen Gesellschaft das Auf=
geben jener Disciplin gestatteten, hat der Süden keine erobernden
Nationen hervorgebracht. Sowohl militärische Kraft als specula=
tives Denken und industrielle Betriebsamkeit haben sämmtlich ihre
hauptsächlichsten Sitze in dem minder begünstigten Norden gehabt.
    Als die zweite Ursache vorzüglicherer Productivität können wir
daher die größere Energie der Arbeit hinstellen. Hierunter wird
nicht gelegentliche, sondern regelmäßige und angewohnte Energie
verstanden. Niemand unterzieht sich ohne zu murren größerer gele=
gentlicher Anstrengung und Mühseligkeit oder kann seine Körper=
kräfte und solche geistige Fähigkeiten wie er besitzt länger in der
äußersten Spannung halten als der nordamerikanische Indianer, und
doch ist seine Indolenz sprichwörtlich, sobald er von dem Drucke
augenblicklicher Noth einen kurzen Aufschub hat. Individuen oder
Nationen sind nicht so sehr verschieden in den Anstrengungen, die
sie unter starken unmittelbaren Antrieben zu machen fähig und
geneigt sind, als in ihrer Befähigung zu einer gegenwärtigen Be=
mühung für ein entferntes Ziel und in der Beharrlichkeit ihrer
Arbeitsthätigkeit bei gewöhnlichen Gelegenheiten. Etwas von diesen
Eigenschaften ist die nothwendige Bedingung jeder großen Ver=
besserung unter den Menschen.
    Um einen Wilden zu civilisiren, muß man ihn für neue Be=
dürfnisse und Wünsche empfänglich machen; diese brauchen nicht
sehr hoher Art zu sein, wofern nur ihre Befriedigung einen Anlaß
zu körperlicher und geistiger Anstrengung abgeben kann. Wenn die
Neger von Jamaika und Demarara sich, wie man das prophezeite,
nach ihrer Emancipation mit dem bloßen Lebensbedarf begnügt und
alle Arbeit über das wenige hinaus, was in einem tropischen Clima
bei einer dünnen Bevölkerung und einem Ueberfluß an fruchtbarem
Boden hinreichend ist das Leben zu fristen, aufgegeben hätten, so
würden sie in eine Lage versunken sein, die noch barbarischer, obschon
weniger unglücklich, als ihr früherer Zustand der Sclaverei gewesen
wäre. Das Motiv, worauf man sich am meisten verließ, um sie
zum Arbeiten zu veranlassen, war ihre Liebhaberei für schöne Kleider
und Schmucksachen. Niemand wird behaupten wollen, daß dieser
Geschmack an und für sich gepflegt zu werden verdient, und in den
meisten bürgerlichen Gesellschaften wirkt die Befriedigung desselben
mehr zur Verarmung als zur Bereicherung; aber bei der Bildungs=

stufe der Neger dürfte dies der einzige Antrieb gewesen sein, sie
zu veranlassen, sich freiwillig einer anhaltenden Arbeit zu unter=
ziehen und die Gewohnheit freiwilliger Erwerbthätigkeit, welche zu
werthvolleren Zwecken umgewandelt werden kann, sich anzueignen
oder zu behalten. In England braucht nicht das Verlangen nach
Vermögen gelehrt zu werden, sondern die Benutzung desselben und
die Würdigung solcher Dinge, welche Vermögen nicht erkaufen kann
oder zu deren Erlangung es nicht erforderlich ist. Jede wirkliche
Verbesserung in dem Charakter der Engländer, möge diese nun
darin bestehen, daß sie ein Interesse an höheren Dingen gewinnen,
oder auch nur, daß sie den Werth dessen, was jetzt das Ziel ihres
Strebens ist, richtiger würdigen, muß nothwendig den Eifer mäßigen,
womit sie Vermögen zu erwerben trachten. Es ist jedoch nicht zu
besorgen, daß dies jene tüchtige und praktische Betriebsamkeit ver=
mindern würde, welche sich bei den besten englischen Arbeitern findet
und eine ihrer werthvollsten Eigenschaften ist.

Die wünschenswerthe Mittelstraße haben die Menschen nur
selten einzuschlagen gewußt, nämlich wenn sie arbeiten, dies mit
aller ihrer Kraft und insbesondere mit ganzem Herzen zu thun,
dafür aber der Arbeit zu bloßem Geldgewinn weniger Stunden am
Tage, weniger Tage im Jahre, weniger Jahre im Leben zu widmen.

§. 4. Das dritte Element für die Productivität der Arbeit
eines Gemeinwesens bilden die Geschicklichkeit und Kenntnisse, welche
in demselben vorhanden sind; es gilt dies sowohl für die Geschick=
lichkeit und die Kenntnisse der Arbeiter selbst als auch derjenigen,
die ihre Arbeit leiten. Es bedarf keiner Erläuterung um zu zeigen,
wie die Wirksamkeit der Industrie gefördert wird durch die Hand=
fertigkeit derer, welche ganz gewöhnliche Verrichtungen haben, durch
die Intelligenz der in solchen Verrichtungen Beschäftigten, wo die
geistige Fähigkeit beträchtlich zu thun hat, und durch die Summe
von Kenntnissen in Bezug auf die Naturkräfte und die Eigenschaften
der Dinge, welche zu Zwecken der Industrie benutzt werden. Daß
die Productivität der Arbeit eines Volkes durch seine Kenntniß von
den Gewerben des täglichen Lebens begrenzt ist, ist selbstverständlich,
und nicht minder einleuchtend, daß jeder Fortschritt in diesen Ge=
werben, jede verbesserte Benutzung der Gegenstände oder Kräfte
der Natur zu industriellen Zwecken, in den Stand setzt, mit der=
selben Menge und Anstrengung von Arbeit einen größeren Ertrag
zu erzielen. Ein wichtiges Gebiet dieser Verbesserungen besteht in
der Erfindung und Benutzung von Werkzeugen und Maschinen.
Die Art und Weise, wie sie zur Vermehrung der Production und
zur Ersparung von Arbeit behilflich sind, braucht in einem Buche
wie das vorliegende nicht näher erläutert zu werden; dieselbe findet

sich auf eine zugleich wissenschaftliche und populäre Weise erklärt in
Babbage's wohlbekannter „Economy of machinery and manufactures". Ein ganzes Capitel in dem Buche von Babbage
handelt von Beispielen der Wirksamkeit von Maschinen um Leistungen
zu bewirken, die für die menschliche Kraft zu groß sind, und Verrichtungen auszuführen, welche für die menschlichen Finger zu zart
sind. Wir brauchen indeß gar nicht so weit zu gehen, um Beispiele von Arbeiten zu finden, welche überhaupt ohne Beistand von
Maschinen gar nicht beschafft werden können. Ohne Pumpen, durch
Dampfmaschinen oder sonst in Bewegung gesetzt, könnte man an
vielen Stellen das Wasser, welches sich in den Minen sammelt,
überall nicht fortschaffen, und die Minen müßten, nachdem sie bis
zu einer geringen Tiefe bearbeitet sind, verlassen werden; ohne
Schiffe hätte man nie über die See kommen können; ohne gewisse
Werkzeuge könnten Bäume nicht gefällt noch Felsen ausgehöhlt
werden; ein Pflug oder zum wenigsten ein Spaten ist zu jeder
Bearbeitung des Bodens erforderlich. Sehr einfache und rohe
Instrumente reichen indeß hin um die meisten bisher von Menschen
ausgeführten Arbeiten eigentlich möglich zu machen; die späteren
Erfindungen haben hauptsächlich dazu gedient, zu einer Ausführung
der Arbeiten in größerer Vollkommenheit und vor allem mit einer
sehr verminderten Menge von Arbeitskraft in den Stand zu setzen;
die so ersparte Arbeitskraft wird für andere Beschäftigung verfügbar.

Die Benutzung von Maschinen ist weit entfernt, die einzige
Weise zu sein wie der Einfluß der Kenntnisse auf die Beförderung
der Production sich herausstellt. Beim Ackerbau und Gartenbau
haben, abgesehen von der Erfindung und allmäligen Verbesserung
des Pflugs und weniger anderer einfacher Werkzeuge, Maschinen
nur erst angefangen zu zeigen, daß sie etwas von Bedeutung darin
leisten können. Die bedeutendsten landwirthschaftlichen Erfindungen
haben in einer directen Anwendung einsichtsvollerer Verfahrungsarten in Bezug auf den Boden selbst und die darauf wachsenden
Pflanzen bestanden. Dahin gehören z. B. die Fruchtwechsel, um
die Nothwendigkeit zu vermeiden, das Land jedes zweite oder dritte
Jahr unbebaut zu lassen; verbesserte Düngungsarten um die Fruchtbarkeit des Bodens, wenn sie nach der Ernte erschöpft ist, zu
erneuern; die Verwandlung von Möören und Sümpfen in anbau-
fähiges Land; solche Arten des Beschneidens, Pflegens und Pfropfens
von Pflanzen und Bäumen, welche die Erfahrung als die vor-
züglichsten erwiesen hat; bei kostspieligeren Culturarten das getrennt
gehaltene Einpflanzen des Saamens oder der Wurzeln und die
vollständigere Pulverisirung des Bodens hierbei. In Gewerken
und im Handel bestehen einige der wichtigsten Erfindungen im

Zeitgewinn, indem man der Arbeit und Auslage den Ertrag rasch
folgen läßt; bei anderen besteht der Vortheil in der Ersparung von
Stoffen.

§. 5. Der Einfluß vermehrter Kenntnisse in einem Gemein=
wesen auf die Zunahme seines Vermögens bedarf um so weniger
Erläuterung, als derselbe auch dem Ungebildetsten durch so augen=
fällige Beispiele, wie Eisenbahnen und Dampfschiffe, bekannt ge=
worden ist. Was jedoch vielleicht noch nicht in gleichem Maße
eingesehen und anerkannt wird, ist der wirthschaftliche Werth der
allgemeinen Verbreitung von Intelligenz im Volke. Die Zahl der
Personen, welche geeignet sind eine industrielle Unternehmung zu
leiten und zu beaufsichtigen, oder auch nur ein Verfahren aus=
zuführen, welches auf etwas mehr als Gedächtniß und Routine
Anspruch macht, genügt nie der Nachfrage, wie dies aus dem
außerordentlichen Unterschied zwischen dem solchen Personen gezahlten
Gehalt und dem Lohn für gewöhnliche Arbeit hervorgeht. Der
Mangel an praktischem gesundem Menschenverstand, wodurch die
Mehrzahl der arbeitenden Classen fast überall zu so schlechten
Rechnern wird — der sie z. B. ihre häusliche Wirthschaft so unvor=
sichtig und unordentlich führen läßt — muß sie für jede Arbeit,
bei der etwas mehr Intelligenz verlangt wird, untauglich und ihre
Betriebsamkeit weit weniger productiv machen als es sonst bei
gleicher Energie sein könnte. Die Wichtigkeit der Volkserziehung,
selbst in dieser beschränkten Hinsicht, verdient sehr die Aufmerksam=
keit der Staatsmänner, insbesondere in England. Competente Beob=
achter, welche Arbeiter verschiedener Nationen zu beschäftigen pflegen,
bezeugen, daß sie bei den Arbeitern aus anderen Ländern häufig
große Intelligenz finden, die mit dem Unterricht gar nichts zu thun
hat, daß aber, wenn ein Engländer etwas mehr ist als ein Holz=
hauer und Wasserträger, er dies der Erziehung verdankt, welche
in solchem Falle meist Selbsterziehung ist.

Herr Escher aus Zürich (Maschinen= und Baumwollenfabri=
kant, der fast 2000 Arbeiter von vielen verschiedenen Nationalitäten
beschäftigt) gibt in seiner Aussage, welche dem Bericht der Poor
law Commissioners über die Erziehung armer Kinder, v. J. 1840,
beigefügt ist, eine Charakteristik englischer Arbeiter im Gegensatz
mit solchen vom Continent, welche alle, die gleiche Erfahrung haben,
bestätigen dürften.

„Die schnelle Auffassung der Italiener zeigt sich darin, daß
sie jede neue Art von Arbeit, die ihnen in die Hände gegeben
wird, rasch begreifen, daß sie die Absicht ihrer Arbeitgeber leicht
verstehen können und sich in neue Verhältnisse zu fügen wissen,
weit mehr als irgend andere Arbeiter. Die französischen Arbeiter

haben die gleichen natürlichen Eigenschaften, nur in etwas min=
derem Grade. Die englischen, schweizer, deutschen und holländischen
Arbeiter haben alle, wie ich finde, eine langsamere natürliche Auf=
fassungsgabe. Als Arbeiter an sich verdienen die Engländer unzweifel=
haft den Vorzug, weil, so weit ich sie kenne, jeder zu einer beson=
deren Beschäftigung herangebildet ist, hinsichtlich deren er verhält=
nißmäßig größere Geschicklichkeit besitzt und worauf er alle seine
Gedanken concentrirt hat. Als Geschäftsleuten und als Leuten von
allgemeiner Brauchbarkeit, die ein Fabrikant am liebsten um sich
haben mag, würde ich jedoch den Sachsen und Schweizern ent=
schieden den Vorzug geben, ganz besonders aber den Sachsen, weil
diese eine sehr sorgfältige allgemeine Erziehung gehabt haben, welche
ihre Fähigkeiten über eine besondere Beschäftigung hinaus erweitert
und sie tauglich gemacht hat, nach kurzer Vorbereitung jede Beschäf=
tigung, zu der man sie beruft, zu übernehmen. Wenn ich einen
englischen Arbeiter habe, der mit der Aufrichtung von Dampf=
maschinen zu thun hat, so wird er dies verstehen und sonst nichts;
für andere Verhältnisse und andere Zweige der Mechanik, wenn sie
auch ganz nahe verwandt sind, wird er verhältnißmäßig unbeholfen
sein sich den jedesmaligen Umständen anzupassen, Anordnungen
dafür zu treffen, guten Rath zu geben oder deutliche Nachweise
und Briefe darüber zu schreiben."

Hinsichtlich des Zusammenhangs zwischen geistiger Ausbildung
und moralischer Zuverlässigkeit bei den arbeitenden Classen bemerkt
derselbe Sachverständige: „Die besser erzogenen Arbeiter sind, wie
ich finde, in jeder Rücksicht durch eine höher stehende moralische
Lebensweise ausgezeichnet. Erstlich sind sie durchaus frei von
Trunksucht; sie sind mäßig in ihren Genüssen, welche mehr ver=
ständiger und ausgesuchterer Art sind; sie haben Geschmack für
bessere Gesellschaft, der sie mit der gehörigen Rücksicht sich nähern
und zu der sie daher viel leichter Zugang finden; sie treiben Musik,
sie lesen, sie freuen sich am Theater und machen gemeinschaftliche
Ausflüge auf's Land; sie sind haushälterisch und dies erstreckt sich
über ihren eigenen Geldbeutel hinaus auch auf den Besitz ihres
Herrn; sie sind also ehrlich und zuverlässig." — Auf eine Frage
in Betreff der englischen Arbeiter lautet die Auskunft: „Während
dieselben für die Arbeit, für welche sie besonders gebildet worden,
am geschicktesten sind, zeigen sie sich in ihrem Betragen als die
unordentlichsten, ausschweifendsten und widerspänstigsten, als die am
mindesten achtungswerthen und zuverlässigen von allen Nationen,
aus denen ich Leute beschäftigt habe (und indem ich dies behaupte,
äußere ich nur die Erfahrung jedes Fabrikanten auf dem Continent,
mit dem ich hierüber gesprochen habe, und insbesondere der englischen

Fabrikanten, die dieserhalb am lautesten sich beklagen). Diese un=
günstige Charakteristik trifft aber nicht solche englische Arbeiter,
welche eine Erziehung erhalten haben, sondern findet nur bei den
übrigen Anwendung, und zwar in dem Grade, wie sie solche ent=
behrt haben. Wenn die ungebildeten englischen Arbeiter von den
Banden der eisernen Disciplin, worin sie von ihren Arbeitgebern
in England gehalten werden, frei kommen und mit derjenigen Höf=
lichkeit und Freundlichkeit, welche die gebildeteren Arbeiter auf dem
Continent von ihren Arbeitgebern erwarten und die ihnen auch zu
Theil wird, behandelt werden, so verlieren jene (die englischen
Arbeiter) vollständig ihr Gleichgewicht; sie begreifen ihre Stellung
nicht und werden nach einiger Zeit völlig unlenksam und unbrauchbar."
Hiervon kann man sich in England selbst überzeugen. Sobald nur
irgend eine Idee von Gleichheit einem gewöhnlichen englischen
Arbeiter in den Sinn kommt, ist er wie verrückt; wenn er aufhört
unterthänig zu sein, wird er insolent*).

Die moralischen Eigenschaften der Arbeiter sind für die Wirk=
samkeit und den Werth ihrer Arbeit eben so wichtig als die intellec=
tuellen. Abgesehen von den Folgen der Unmäßigkeit auf die kör=
perlichen und geistigen Fähigkeiten und einer flüchtigen, unstäten
Lebensweise auf die Energie und Ausdauer bei der Arbeit (welche
Punkte keiner weiteren Ausführung bedürfen) ist es gewiß des
Nachdenkens werth, wie viel bei der gesammten Leistung der Arbeit
von der Zuverlässigkeit der Arbeiter abhängt. Alle die Arbeit,
welche jetzt angewendet wird, darüber zu wachen, daß die Arbeiter
ihre Verpflichtung erfüllen, oder festzustellen, daß sie dieselbe erfüllt
haben, alle diese Arbeit wird dem wirklichen Geschäft der Pro=
duction entzogen um einer subsidiären Aufgabe gewidmet zu werden,
die nicht durch eine in der Sache selbst liegende Nothwendigkeit,
sondern durch die Unredlichkeit der Menschen erforderlich wird. Auch
die größten äußeren Vorsichtsmaßregeln helfen nur in höchst unvoll=
kommener Weise, wo der leiseste Nachlaß der Aufsicht eifrigst benutzt
wird, um sich der contractmäßigen Leistung zu entziehen, wie dies
bei gemietheten Arbeitern fast durchgängig der Fall ist. Der Vor=
theil, der für die Menschheit daraus hervorgeht, daß man im Stand
ist einander zu trauen, durchdringt jede Spalte und Ritze des
menschlichen Lebens; die wirthschaftliche Seite ist hierbei vielleicht
die unbedeutendste, aber auch sie schon ist unberechenbar. Betrachten
wir nur den augenfälligsten Verlust an Vermögen, welcher der

---

*) Die ganze Aussage des Herrn Escher verdient Beachtung, sowie auch
manche Auskünfte, die über diese Punkte von anderen Sachverständigen ertheilt
wurden und sich in demselben Bande finden.

Gesellschaft durch Unrechtlichkeit zu Wege gebracht wird. In allen
reichen Gemeinwesen gibt es eine räuberische Bevölkerung, welche
von der Plünderung und Uebervortheilung anderer Leute lebt; ihre
Anzahl kann nicht genau festgestellt werden, aber nach der niedrigsten
Schätzung ist sie in solchen Ländern wie England sehr groß. Die
Ernährung solcher Personen ist für die nationale Erwerbthätigkeit
eine directe Last. Die Polizei und der ganze Apparat der Bestrafung so wie des Criminal= und zum Theil auch des Civil-
Gerichtswesens sind eine zweite Last, die durch die erstere nothwendig gemacht wird. Die hochbezahlte Profession der Rechtsgelehrten, so weit ihre Beschäftigung nicht durch die Mängel der
Gesetzgebung in ihrem Fache in Anspruch genommen ist, wird
hauptsächlich durch die Unrechtlichkeit der Menschen erfordert und
unterhalten. Je höher in einem Gemeinwesen die allgemeine Rechtlichkeit steigt, desto geringer werden alle diese Kosten. Diese positive Ersparung würde aber weit überwogen werden durch die ungemeine Steigerung des Arbeitsertrags jeder Art so wie der Zeit-
und Kostenersparung, welche stattfinden müßte, wenn die Arbeiter
die übernommenen Leistungen redlich erfüllen würden, und durch
das vermehrte Gefühl der Macht und Sicherheit, womit Arbeiten
aller Art von denen würden eingeleitet und ausgeführt werden,
welche fühlen, daß alle, deren Beistand erfordert wird, ihrerseits
den Verabredungen getreulich nachkommen werden. Vereinte Thätigkeit ist grade in dem Verhältnisse möglich wie Menschen sich auf
einander verlassen können. Es gibt Länder in Europa, die an industrieller Befähigung oben an stehen, wo das gewichtigste Hinderniß
um Geschäfte auf einem großen Fuß zu betreiben in der Seltenheit
von Personen besteht, welchen man die Eincassierung und Auszahlung
großer Geldsummen anvertrauen möchte. Es gibt Nationen, deren
Waaren von Kaufleuten mit Mißtrauen betrachtet werden, weil man
sich nicht darauf verlassen kann, die Beschaffenheit des Artikels
übereinstimmend mit der Probe zu finden. Solche kurzsichtige Betrügereien kommen mitunter selbst beim englischen Ausfuhrhandel
vor. Unter den von Babbage hierüber angeführten Beispielen ist
eines, wo ein Zweig des Exportgeschäfts durch die darin vorkommenden Fälschungen und Betrügereien lange Zeit wirklich in
Stillstand kam. Auf der anderen Seite ist der wesentliche Vortheil,
welcher im Geschäftsverkehr aus bewährter Zuverlässigkeit hervorgeht, in dem nämlichen Buche nicht minder durch bemerkenswerthe
Beispiele nachgewiesen. „In einer unserer größesten Städte werden
täglich im Lauf des Geschäfts Käufe und Verkäufe in ausgedehntem
Umfange gemacht, ohne daß die Parteien je ein geschriebenes Do-
cument darüber austauschen." Wenn man dies für den Verkehr

eines ganzen Jahres in Anschlag bringt, wie groß ist nicht der Nutzen durch Ersparung von Zeit, Mühe und Kosten, der so den Producenten und Händlern einer Stadt aus ihrer eigenen Rechtlichkeit erwächst. „Der Einfluß eines bewährten, Vertrauen erweckenden Charakters trat in bemerkenswerther Weise hervor als die britischen Fabricate während des letzten Krieges vom Continent verbannt waren. Eines der bedeutendsten englischen Häuser hatte mit einem Hause im Innern Deutschlands seit längerer Zeit in ausgedehnter Geschäftsbeziehung gestanden. Bei der Schließung der Continental= häfen gegen britische Fabricate wurden durch die Decrete von Berlin und Mailand die Zuwiderhandelnden mit schwerer Strafe bedroht. Der englische Fabricant erhielt nichtsdestoweniger fortwährend Auf= träge, unter Anweisung, wie selbige zu consigniren, und Angabe der Zeit und der Bezahlung, mittelst Briefe, deren Handschrift ihm bekannt war, die aber nie unterzeichnet waren als nur mit den Vornamen eines Compagnons der Firma, und zuweilen selbst ohne alle Unterschrift. Diese Aufträge wurden ausgeführt und niemals zeigte sich in der Bezahlung die mindeste Unregelmäßigkeit."

§. 6. Unter den secundären Ursachen, welche die Productivität der productiven Factoren bestimmen, ist die wichtigste: Sicherheit. Hierunter ist aller der Schutz verstanden, welchen die Gesellschaft ihren Mitgliedern gewährt; sie besteht im Schutze durch die Re= gierung und im Schutze gegen die Regierung. Der letztere ist der wichtigere. Wo jemand, von dem bekannt ist, daß er etwas des Wegnehmens werthes besitzt, erwarten muß, daß es ihm mit allen damit verbundenen Umständen tyrannischer Gewaltthätigkeit durch die Agenten einer räuberischen Regierung entrissen wird, da ist es nicht wahrscheinlich, daß sich viele anstrengen werden mehr als das eben Nothwendige hervorzubringen. Dies ist die anerkannte Er= klärung der Armuth vieler fruchtbarer Landstriche in Asien, welche einst wohlhabend und volkreich waren. Von solchem Zustande bis zu dem Grade von Sicherheit, dessen sich die am besten regierten Theile Europa's erfreuen, gibt es zahlreiche Abstufungen. In manchen Provinzen Frankreichs bewirkte vor der Revolution ein fehlerhaftes Besteuerungssystem des Bodens und noch mehr der Mangel einer Abhilfe gegen die unter dem Vorwand der Steuern betriebenen willkürlichen Erpressungen, daß es im Interesse jedes Landmannes lag, arm zu erscheinen und deshalb sein Land in schlechtem Stande zu halten. Die einzige Unsicherheit, welche ganz und gar die thätigen Anstrengungen der Producenten lähmt, ist diejenige, die von der Regierung oder von Personen, mit der Auto= rität derselben bekleidet, ausgeht. Gegen alle anderen Plünderer gibt es eine Hoffnung der Selbstvertheidigung. Griechenland und die griechischen Colonien in der alten Welt, Flandern und Italien im Mittelalter erfreuten sich in keiner Weise eines Zustandes, den man nach jetzigem Begriff Sicherheit benennen würde; die socialen Zustände waren sehr ungeordnet und unruhig und Leben wie Eigen= thum tausend Gefahren ausgesetzt, allein es waren freie Länder, die von ihren Regierungen weder willkürlich unterdrückt noch syste= matisch geplündert wurden. Gegen andere Feinde setzte die indi= viduelle Energie, welche die freien Staatseinrichtungen in's Leben riefen, sie in den Stand einen erfolgreichen Widerstand zu leisten; ihre Arbeit war daher außerordentlich productiv und ihr Reichthum, so lange sie frei blieben, in beständigem Steigen. Der römische Despotismus machte im ganzen Reiche Kriegen und inneren Zwistig= keiten ein Ende und befreite so die unterworfene Bevölkerung großen= theils von der früher bestandenen Unsicherheit; weil er sie aber unter dem aufreibenden Joche seiner eigenen Raubsucht ließ, wurden sie entnervt und verarmten bis sie eine leichte Beute barbarischer, aber freier Angreifer wurden. Sie mochten weder kämpfen noch arbeiten, weil man sie nicht länger im Genuß dessen ließ, wofür sie gekämpft und gearbeitet hatten.

Die Sicherheit der Person und des Eigenthums bei den neueren Nationen ist zum großen Theil mehr die Folge der Sitten und der öffentlichen Meinung als der Gesetze. Es gibt oder gab doch Länder in Europa, wo der Monarch dem Namen nach absolut war, wo indeß, wegen der durch festes Herkommen auferlegten Beschränkung, kein Unterthan sich praktisch im mindesten gefährdet erachtete, daß man ihm seine Besitzungen willkürlich wegnehme. Es müssen jedoch unter solchen Regierungen manche kleine Erpressung und andere Thrannei durch untergeordnete Beamte vorkommen, für die aus Mangel an Oeffentlichkeit, der gewöhnlich zum Charakter absoluter Regierungen gehört, keine Abhilfe gefunden wird. In England ist das Volk, sowohl durch Staatseinrichtungen wie durch die Sitte, gegen die Regierungsbeamten ziemlich geschützt; was aber die Sicherheit betrifft, deren es sich gegen andere Uebelthäter erfreuet, so verdankt es seinen Staatseinrichtungen sehr wenig. Man kann nicht sagen, daß die Gesetze dem Eigenthum Schutz gewähren, wenn sie es nur zu solchen Kosten thun, welche für gewöhnlich das Unterwerfen unter das Unrecht als eine vortheil= haftere Rechnung erscheinen lassen. Die Sicherheit des Eigenthums in England (ausgenommen was offene Gewaltthätigkeit betrifft) verdankt man weit mehr der öffentlichen Meinung und der Furcht vor der Oeffentlichkeit als dem Gesetze und den Gerichtshöfen.

Abgesehen von aller Unvollkommenheit der Schutzwehren, welche die Gesellschaft absichtlich um dasjenige gezogen hat, was sie als,

Eigenthum betrachtet, gibt es verschiedene Arten, wie mangelhafte
Staatseinrichtungen die Anwendung der productiven Hilfsquellen
eines Landes zu dessen bestem Vortheil verhindern. Im Fortgang
unserer Untersuchung werden wir Gelegenheit haben, auf viele der=
selben aufmerksam zu machen. Hier genügt die Bemerkung, daß
die Wirksamkeit der Erwerbthätigkeit in dem Verhältniß größer
erwartet werden kann als die Früchte derselben der sich dafür
anstrengenden Person gesichert sind, und daß alle socialen Anord=
nungen zu nützlichen Anstrengungen beitragen, je nachdem sie dafür
sorgen, daß die Belohnung eines jeden für seine Arbeit so viel als
möglich im angemessenen Verhältniß zu dem von ihm hervor=
gebrachten Nutzen stehe. Alle Gesetze oder Herkommen, welche eine
Classe oder einen Stand von Personen zum Schaden anderer
begünstigen, die Bestrebungen eines Theils des Gemeinwesens bei
der Verfolgung seines eigenen Interesses erschweren oder zwischen
diesen Bestrebungen und deren natürlichen Früchten stehen, sind
(abgesehen von allen sonstigen Gründen ihrer Verurtheilung) Ver=
letzungen der Fundamental = Principien der volkswirthschaftlichen
Politik; sie wirken dahin, daß die gesammten productiven Kräfte
des Gemeinwesens weniger hervorbringen als sonst der Fall wäre.

Capitel VIII.

Von dem Zusammenwirken oder der Combination der Arbeit.

§. 1. **B**ei der Aufzählung der Umstände, welche die Produc=
tivität der Arbeit befördern, haben wir einen unberührt gelassen,
der wegen seiner Wichtigkeit und der manchen dabei in Frage kom=
menden Erörterungspunkte eine besondere Behandlung erheischt.
Dies ist das Zusammenwirken oder die combinirte Thätigkeit meh=
rerer. Von dieser großen Hilfe für die Production hat eine ein=
zelne Abtheilung, unter dem Namen „Theilung der Arbeit" bekannt,
in bedeutendem Maße die Aufmerksamkeit der Volkswirthe in
Anspruch genommen; gewiß ganz verdienter Weise, aber andere
Fälle und Beispiele desselben umfassenden Gesetzes sind darum
ausgeschlossen worden. Hr. Wakefield hat, wie ich glaube, zuerst

darauf hingewiesen, daß man einen Theil des Gegenstandes
irrthümlich für das Ganze genommen habe, was nicht ohne nach=
theiligen Einfluß geblieben sei — daß ein mehr fundamentales
Princip unter dem von der Theilung der Arbeit liege und dieses
mit umfasse.

Hr. Wakefield bemerkt*): „Es gibt zwei verschiedene Arten
des Zusammenwirkens (Co-operation): erstens, solches Zusammen=
wirken wie dann stattfindet, wenn verschiedene Personen einander
bei derselben Beschäftigung helfen; zweitens, solches Zusammen=
wirken wie dann stattfindet, wenn verschiedene Personen einander
in verschiedenen Beschäftigungen helfen. Man kann dies als ein=
faches und als zusammengesetztes Zusammenwirken bezeichnen."

„Der Vortheil des einfachen Zusammenwirkens wird durch
den Fall von zwei zusammen jagenden Windhunden erläutert,
welche, wie man sagt, mehr Hasen fangen werden, als vier Wind=
hunde, die jeder besonders jagen. Bei einer großen Anzahl ein=
facher Verrichtungen, die durch menschliche Anstrengung beschafft
werden, liegt es auf flacher Hand, daß zwei zusammenarbeitende
Menschen mehr ausrichten werden als vier oder gar vier Mal vier
Männer, von denen jeder für sich allein arbeitet; z. B. bei der
Hebung schwerer Lasten, bei dem Fällen von Bäumen, beim Sägen
des Bauholzes, bei der Einbringung von möglichst vielem Heu oder
Korn während einer kurzen Dauer von schönem Wetter, beim Ent=
wässern einer größeren Landstrecke während der kurzen Jahreszeit,
in der solche Arbeit passend ausgeführt werden kann, beim Einziehen
der Taue am Bord der Schiffe, beim Rudern großer Böte, bei
gewissen Bergwerksarbeiten, bei der Aufrichtung von Gerüsten zum
Bauen, beim Steine=Zerschlagen zur Reparatur einer Straße,
damit dieselbe in ihrer ganzen Länge immer im guten Stande er=
halten wird — in allen diesen einfachen Verrichtungen und tausend
mehr ist es durchaus nothwendig, daß viele Personen zu derselben
Zeit, an demselben Platze und auf dieselbe Weise zusammen arbeiten.
Die Wilden in Neuholland helfen einander nie, selbst nicht bei den
einfachsten Verrichtungen; ihre Lage ist schwerlich vorzüglicher, in
einigen Rücksichten ist sie niedriger als die der wilden Thiere, welche
sie dann und wann fangen. Man denke sich, daß die Arbeiter in
England plötzlich aufhörten sich einander bei einfachen Beschäf=
tigungen zu helfen, und man wird auf einmal die wunderbaren
Vortheile des einfachen Zusammenwirkens erblicken. Bei unzähligen
Beschäftigungen steht der Ertrag der Arbeit bis zu einem gewissen
Punkte im Verhältniß zu solchem wechselseitigen Beistand der

---

*) Note in Wakefield's Ausgabe des Adam Smith, B. I, S. 26.

Arbeiter unter einander. Dies ist der erste Schritt in der socialen
Verbesserung." Der zweite ist, wenn, „nachdem ein Verein von
Menschen seine Arbeit verbunden hat, um mehr Nahrungsmittel
als er selbst gebraucht hervorzubringen, ein anderer Verein von
Menschen veranlaßt wird, ebenfalls seine Arbeit zu verbinden, um
mehr Kleidungsstücke hervorzubringen als er selbst gebraucht, und
mit dem Ueberschuß von Kleidungsstücken dem anderen Vereine von
Arbeitern den Ueberschuß an Nahrungsmitteln abkauft. Beide
Vereine, indem sie mehr Nahrungsmittel und Kleidungsstücke
hervorbringen als für beide erforderlich, erhalten im Wege des
Tausches ein eigenes Capital, um in ihren betreffenden Geschäften
mehr Arbeiter zu beschäftigen." Auf diese Weise kommt zu dem
einfachen Zusammenwirken das, was Herr Wakefield „zusammengesetztes Zusammenwirken (Complex Co-operation)" nennt. Das
eine ist die Combination verschiedener Arbeiter um sich bei derselben
Art von Verrichtungen zu helfen; das andere ist die Combination
verschiedener Arbeiter um sich durch Theilung der Verrichtungen
zu helfen.

„Zwischen einfachem und zusammengesetztem Zusammenwirken
ist ein wichtiger Unterschied. Des ersteren ist man zu der Zeit,
wo es in Anwendung kommt, sich immer bewußt; es ist dem Un-
wissendsten einleuchtend. Des letzteren sind nur wenige aus der
großen Zahl derer, die es anwenden, sich einigermaßen bewußt.
Die Ursache dieses Unterschieds kann man leicht erkennen. Wenn
verschiedene Leute bei Hebung des nämlichen Gewichts oder dem
Ziehen des nämlichen Taues zu derselben Zeit und an demselben
Orte beschäftigt sind, so kann darüber nicht der mindeste Zweifel
obwalten, daß sie mit einander zusammen wirken; die Thatsache
drängt sich schon durch den bloßen Augenschein auf. Wenn aber
verschiedene Menschen oder verschiedene Classen von Menschen in
verschiedenen Zeiten und Orten und bei verschiedenen Gewerben
beschäftigt werden, so wird ihr Zusammenwirken mit einander, wenn
schon es eben so gewiß stattfindet, nicht so leicht erkannt wie im
andern Falle; um es zu erkennen, ist eine combinirende Geistes-
thätigkeit erforderlich."

Im gegenwärtigen Gesellschaftszustande beschäftigt sich ein
gewisser Theil des Volkes mit der Schafzucht, ein anderer mit der
Bearbeitung der Wolle um sie für den Spinner vorzubereiten, ein
dritter mit dem Spinnen derselben zu Garn, ein vierter mit dem
Weben des Garns zu Tuch, ein fünfter mit dem Färben des
Tuches, ein sechster mit der Anfertigung eines Rockes daraus, ohne
die Menge von Fuhrleuten, Kaufleuten, Detaillisten u. s. w. zu
zählen, welche bei den verschiedenen Stadien dieses Fortschreitens

in Anspruch genommen werden. Alle diese Personen wirken, ohne sich einander zu kennen oder vorher verständigt zu haben, zusammen, um das schließliche Resultat, einen Rock, hervorzubringen. Aber diese sind bei weitem nicht alle, welche hierzu zusammengewirkt haben; denn jeder derselben braucht Nahrung und viele andere Verbrauchsartikel, und wenn er sich nicht darauf hätte verlassen können, daß andere Leute diese für ihn hervorbringen würden, so wäre er nicht im Stande gewesen seine ganze Zeit einem einzelnen Gliede in der Kette der Verrichtungen, welche einen einzelnen Artikel, einen Rock, hervorbringen, zu widmen. Jede Person, welche Theil nahm an der Hervorbringung von Nahrungsmitteln oder Herstellung von Häusern für diese Reihe von Producenten, hat indeß ihrerseits unbewußt ihre Arbeit mit derjenigen der anderen verbunden. Durch eine thatsächliche, wenn auch stillschweigende Uebereinkunft geschieht es, „daß diejenigen, welche mehr Nahrungsmittel als sie selbst bedürfen hervorbringen, mit denjenigen tauschen können, welche über ihren eigenen Bedarf hinaus Kleidungsstücke hervorbringen;" wenn diese beiden Partieen durch Entfernung oder wegen Feindschaft von einander getrennt wären — wenn nicht beide Partieen für den gemeinsamen Zweck, genug Nahrungsmittel und Kleidung für beide zusammen hervorzubringen, sich wirksam zu einem Ganzen verbänden, könnten sie nicht die gesammte Leistung eine hinlängliche Menge Nahrungsmittel und Kleidungsstücke zu produciren in zwei verschiedene Abtheilungen zerlegen.

§. 2. Der Einfluß, den die Trennung der Beschäftigung auf die Production ausübt, ist wesentlicher als der Leser nach der Weise wie die Sache gewöhnlich behandelt wird anzunehmen geneigt sein dürfte. Er besteht nicht lediglich darin, daß, wenn die Hervorbringung verschiedener Dinge die einzige oder hauptsächliche Beschäftigung verschiedener Personen wird, eine weit größere Menge von jeder Art Artikel hervorgebracht wird; die Wahrheit liegt viel weiter hinaus. Ohne gewisse Trennung der Beschäftigungen würden nur ganz wenige Dinge überhaupt hervorgebracht werden.

Nehmen wir eine Anzahl von Personen oder Familien alle genau auf dieselbe Weise beschäftigt, jede Familie auf einem Stücke eigenen Landes angesiedelt, auf dem sie durch ihre Arbeit die für ihren eigenen Unterhalt erforderlichen Nahrungsmittel gewinnt. Da nun dort, wo jedermann Producent ist, es keine Personen gibt um den Ueberschuß der Erzeugnisse zu kaufen, hat jede Familie für sich selbst alle anderen Artikel, die sie verbraucht, hervorzubringen. Wenn der Boden einigermaßen fruchtbar ist und die Bevölkerung nicht so zu sagen von der Hand in den Mund leben muß, wird es unter solchen Umständen ohne Zweifel gewisse Arten häuslicher Fabri-

cation geben; Kleidung für die Familie wird wahrscheinlich durch
die Arbeit der Frauen gesponnen und gewebt werden (ein erster
Schritt zur Trennung der Beschäftigungen) und irgend eine Art
Wohnung wird durch ihre vereinte Arbeit errichtet und unterhalten
werden. Ueber einfache Nahrungsmittel (deren Ertrag überdies
wegen des Wechsels der Jahreszeit ein unsicherer ist), grobe
Kleidung und sehr unvollkommene Wohnung hinaus wird es jedoch
der Familie kaum möglich sein irgend etwas mehr hervorzubringen;
schon um nur so viel zu erreichen, muß sie meistens sich auf's
äußerste abmühen. Selbst ihre Befähigung dem Boden Nahrungs=
mittel abzugewinnen, würde durch die Beschaffenheit ihrer Werk=
zeuge, die nothwendig von der erbärmlichsten Art sein werden, in
engen Grenzen beschränkt bleiben. Auch nur das mindeste zur
Hervorbringung von Artikeln zur Bequemlichkeit oder zum Luxus
zu thun, würde zu viele Zeit und in manchen Fällen ihre An=
wesenheit an verschiedenen Stellen erfordern. Es würden daher nur
sehr wenige Arten von Erwerbthätigkeit bestehen und diese, namentlich
die Hervorbringung von Lebensbedürfnissen, werden äußerst wenig
leisten, nicht allein wegen der unvollkommenen Geräthschaften,
sondern auch deshalb, weil, wenn der Boden und die durch den=
selben ernährte häusliche Erwerbthätigkeit die Lebensbedürfnisse
einer einzelnen Familie in ziemlichem Ueberflusse verschafft hat,
wenig Veranlassung gegeben ist, so lange die Familie nicht zahl=
reicher wird, den Boden oder die Arbeit mehr hervorbringen zu
lassen.

Nehmen wir nun aber an, daß ein Ereigniß eintritt, welches
in den Verhältnissen dieser kleinen Ansiedelung eine Revolution
herbeiführt, z. B. daß eine Genossenschaft von Handwerkern, ver=
sehen mit Werkzeugen und mit Lebensmitteln, hinreichend um sie
ein Jahr zu erhalten, in das Land kommt und sich mitten unter
der Bevölkerung niederläßt. Diese neuen Ansiedler beschäftigen sich
mit dem Hervorbringen von Artikeln zum Gebrauch und zum
Schmuck wie sie für den Geschmack eines einfachen Volkes passen.
Bevor ihre Lebensmittel erschöpft sind, haben sie jene Artikel in
beträchtlicher Menge hervorgebracht und sind bereit sie für fernere
Lebensmittel auszutauschen. Die wirthschaftliche Lage der Land=
bevölkerung ist nun wesentlich geändert. Den Leuten ist die Ge=
legenheit gegeben Bequemlichkeits= und Luxus=Gegenstände sich an=
zuschaffen; Dinge, welche sie, so lange sie nur von ihrer eigenen
Arbeit abhingen, nie hätten erlangen können, weil dieselben nicht
von ihnen hätten hervorgebracht werden können, sind ihnen jetzt
zugänglich, sobald es ihnen gelingt, eine größere Menge von Nah=
rungsmitteln und Lebensbedürfnissen als früher hervorzubringen.

Hierburch werden sie angetrieben die Productivität ihrer Erwerb=
thätigkeit zu vermehren. Zu ben Waaren, bie ihnen zuerst zugänglich
werben, gehören wahrscheinlich bessere Werkzeuge, unb außerbem
haben sie einen Antrieb fleißiger zu arbeiten unb Anstalten zu
treffen um ihre Arbeit ergiebiger zu machen. Auf solche Weise
werben sie gemeiniglich bahin kommen, baß sie ihrem Lanbe nicht
allein Nahrungsmittel für sich selbst, sonbern auch einen Ueberschuß
für bie neuen Ankömmlinge abgewinnen, womit sie biesen bie Pro=
bucte ihrer Inbustrie abkaufen. Die neuen Ansiebler bilben für
bie überflüssigen landwirtschaftlichen Probucte bas, was man einen
Markt nennt. Ihre Ankunft bereichert bie Nieberlassung nicht allein
um bie von ihnen hervorgebrachten Gewerksartikel, sonbern auch um
bie Lebensmittel, welche nur beshalb hervorgebracht werben, weil
sie bieselben verbrauchen.

Zwischen bieser Lehre unb bem früher von uns aufgestellten
Grundsatz, baß ein Markt für Waaren an sich keine Beschäftigung
für Arbeit abgebe, finbet kein Widerspruch statt. Die Arbeit ber
Ackerbauer war schon mit Beschäftigung versehen; sie verbanken es
nicht ber Nachfrage ber neuen Ankömmlinge, baß sie im Stanbe
sinb sich selbst zu erhalten. Was biese Nachfrage für sie thut,
besteht barin, baß sie eine vermehrte Stärke unb Productivität ber
Arbeit veranlaßt, baß sie burch neuen Antrieb zu neuen Anstren=
gungen anreizt. Auch bie neuen Ankömmlinge verbanken ihren
Unterhalt unb ihre Beschäftigung nicht ber Nachfrage ber Acker=
bauer; mit einem Subsistenzvorrath für ein Jahr hätten sie sich
an ber Seite ber früheren Einwohner nieberlassen unb einen gleich
spärlichen Vorrath von Nahrungsmitteln unb Lebensbebürfnissen
hervorbringen können. Nichtsbestoweniger sehen wir, von welcher
hohen Wichtigkeit für bie Productivität ber Arbeit ber neuen Pro=
bucenten bas Vorhanbensein anberer Probucenten ist, mit benen
ein Verkehr stattfinben kann unb bie mit anberen Arten ber Erwerb=
thätigkeit beschäftigt sinb. Die Gelegenheit bie Probucte einer Art
von Arbeit gegen biejenigen einer anberen auszutauschen ist ein
Verhältniß, ohne welches fast immer eine geringere Menge von
Arbeit überhaupt vorkommen würbe. Wenn ein neuer Markt für
irgenb ein Probuct ber Erwerbthätigkeit sich eröffnet unb in natür=
licher Folge bavon eine größere Menge bes Artikels hervorgebracht
wirb, so erhält man bie vermehrte Probuction nicht immer auf
Kosten eines anberen Erzeugnisses. Häufig ist es eine neue Schöpf=
ung, bas Ergebniß von Arbeit, bie sonst nicht geleistet wäre, ober
eines Beistanbes, welcher ber Arbeit burch Verbesserungen ober
neue Arten bes Zusammenwirkens, auf bie man nicht gekommen

sein würde, wenn nicht ein Antrieb zur Erzielung eines größeren
Ertrages sich dargeboten hätte, verschafft wird.

§. 3. Aus diesen Betrachtungen ergibt sich, daß ein Land
selten eine productive Landwirthschaft haben wird, wenn es nicht
eine große Stadtbevölkerung hat oder den dafür allein ausreichenden
Ersatz, nämlich einen bedeutenden Ausfuhrhandel in landwirthschaft=
lichen Erzeugnissen um anderswo eine Bevölkerung zu versorgen.
Den Ausdruck „Stadtbevölkerung" gebrauche ich der Kürze wegen,
um eine nicht=landwirthschaftliche Bevölkerung zu bezeichnen, welche
sich der Combination der Arbeit wegen hauptsächlich in Städten
oder größeren Dörfern zusammenfinden wird. Die von Herrn
Wakefield ausgegangene Anwendung dieser Wahrheit auf die
Theorie der Colonisation hat große Aufmerksamkeit erregt und ist
gewiß bestimmt, dies noch weit mehr zu thun. Es gehört diese zu
jenen großen praktischen Entdeckungen, die, wenn sie einmal
gemacht sind, so einfach erscheinen, daß man das Verdienst, sie
gemacht zu haben, für geringer ansieht als es wirklich ist. Herr
Wakefield hat zuerst darauf hingewiesen, daß die damals gewöhn=
liche Art neue Niederlassungen zu begründen — nämlich eine
Anzahl Familien neben einander, jede auf ihrem Stück Land und
alle genau auf dieselbe Weise sich beschäftigend, anzusiedeln —
obschon sie unter günstigen Umständen diesen Familien einen rohen
Ueberfluß der ersten Lebensbedürfnisse sichern kann, für eine bedeu=
tende Production oder raschen Aufschwung nur ungünstig sein kann.
Wakefield's System besteht in Anordnungen um dafür zu sorgen,
daß jede Colonie vom Beginne an eine Stadtbevölkerung habe, im
angemessenen Verhältniß zu der ackerbautreibenden, und daß die
Bebauer des Bodens nicht zu weitläufig zerstreut sein sollen, um
nicht durch ihre Entfernung des Vortheils bei der Stadtbevölkerung
einen Markt für ihre Erzeugnisse zu finden beraubt zu sein. Das
Princip, worauf sich sein Plan begründet, hängt nicht ab von
irgend einer Theorie in Betreff der vorzüglicheren Productivität
großer Landgüter, die mittelst gemietheter Arbeit bestellt werden.
Selbst wenn man als richtig voraussetzt, daß der in kleine Grund=
stücke getheilte und durch bäuerliche Eigenthümer bebaute Boden
den größten Ertrag gibt, würde doch eine Stadtbevölkerung gerade
eben so nothwendig sein um diese Eigenthümer zu veranlassen jenen
größeren Ertrag zu erzielen. Wenn sie von dem nächsten Sitz
einer nicht=landwirthschaftlichen Industrie zu weit entfernt sind um
denselben als einen Markt ihres Ueberflusses und dadurch zur
Versorgung ihrer anderen Bedürfnisse zu benutzen, so würde, im
allgemeinen genommen, weder jener Ueberfluß noch irgend welches
Aequivalent dafür hervorgebracht werden.

Mehr als alles übrige ist es der Mangel einer Stadtbevöl=
kerung, welcher in einem Lande wie Indien die Productivität der
Industrie beschränkt. Der Ackerbau in Indien wird durchaus nach
dem System kleiner Landgüter betrieben. Die Combination der
Arbeit findet indeß in hohem Grade statt. Die Dorfeinrichtungen
und Gewohnheiten, die den eigentlichen Rahmen der indischen Ge=
sellschaft abgeben, tragen Sorge für eine vereinte Thätigkeit in den
Fällen, wo dieselbe nothwendig zu sein scheint; wo diese es unter=
lassen, schreitet die Regierung ein (wenn sie einigermaßen gut ver=
waltet wird) und läßt mittelst Verausgabung aus der Staats=
einnahme durch combinirte Arbeit die unentbehrlichen Wasserbehälter,
Eindeichungen, Bewässerungsanlagen ausführen. Die Geräthschaften
und Verfahrungsweisen beim Ackerbau sind indeß so erbärmlich, daß
der Ertrag des Bodens troß der großen natürlichen Fruchtbarkeit
und eines für die Vegetation höchst günstigen Clima's äußerst
geringfügig ist. Der Boden könnte, ohne daß man von dem System
der kleinen Landgüter abginge, für eine viel zahlreichere Bevölkerung
als die gegenwärtige Nahrung im Ueberfluß hervorbringen. Es
fehlt hierzu aber der Antrieb, welchen eine große städtische Be=
völkerung, mit den Ackerbau=Districten durch leichte und wohlfeile
Communicationsmittel verbunden, geben würde. Eine solche städtische
Bevölkerung kann aber nicht aufkommen, weil die wenigen Bedürf=
nisse und der gedrückte Geist der Landbauer, vereint mit großer
Unsicherheit des Eigenthums wegen militärischer und fiscalischer
Beraubung, sie von dem Versuche abhält, Consumenten städtischer
Erzeugnisse zu werden. Unter diesen Umständen besteht die Aussicht
auf eine baldige Entwickelung der productiven Hilfsquellen Indiens
hauptsächlich in der raschen Zunahme seiner Ausfuhr von Landbau=
Erzeugnissen (Baumwolle, Indigo, Zucker, Kaffee u. s. w.) nach den
europäischen Märkten. Die Producenten dieser Artikel sind Con=
sumenten von Nahrungsmitteln, welche ihre Feldbau=Genossen in
Indien liefern. Der so eröffnete Markt für den Ueberfluß an
Nahrungsmitteln wird, wenn daneben eine gute Regierung statt=
findet, nach und nach ausgedehntere Bedürfnisse und Wünsche her=
vorrufen, welche entweder auf europäische Waaren oder auf Dinge,
zu deren Hervorbringung in Indien eine größere fabricirende Be=
völkerung erforderlich sein wird, sich richten werden.

§. 4. So viel von der Trennung der Beschäftigungen, einer
Form des Zusammenwirkens der Arbeit, ohne welche die ersten
Anfänge industrieller Civilisation nicht stattfinden können. Wenn
aber diese Trennung durchweg hergestellt ist, wenn es das allge=
meine Herkommen für jeden Producenten geworden ist, viele andere
mit Einer Art Waare zu versorgen und von anderen wiederum

mit den meisten Dingen seines Verbrauchs versehen zu werden, so
laden andere, minder gebieterische, aber nicht minder wirksame
Gründe zu einer weiteren Ausdehnung desselben Princips ein.
Man hat gefunden, daß die productive Kraft der Arbeit dadurch
vermehrt wird, wenn man die Trennung immer weiter und weiter
durchführt, wenn man jeden Vorgang der Industrie mehr und
mehr in kleine Theile zerlegt, so daß jeder Arbeiter sich auf eine
immer geringere Zahl einfacher Verrichtungen beschränkt. So ent=
stehen mit der Zeit solche merkwürdige Fälle der sogenannten Thei=
lung der Arbeit, mit denen alle Leser volkswirthschaftlicher Erörte=
rungen vertraut sind. Adam Smith's Erläuterung aus der
Stecknadelfabrication, obschon sehr bekannt, ist doch so schlagend,
daß ich es wage sie noch einmal vorzuführen. „Das Geschäft der
Stecknadelfabrication theilt sich in ungefähr achtzehn verschiedene
Verrichtungen. Einer zieht den Draht, ein anderer richtet ihn, ein
dritter schrotet ihn, ein vierter spitzt ihn zu, ein fünfter schleift ihn
am oberen Ende, damit der Kopf aufgesetzt werde; die Anfertigung
des Kopfes erfordert zwei oder drei verschiedene Verrichtungen; das
Ansetzen desselben ist ein eigenes Geschäft, das Weißsieden der
Nadeln ein anderes; ja sogar das Einstecken derselben in Papier
ist ein Gewerbe für sich. Ich habe eine kleine Fabrik dieser Art
gesehen, wo nur zehn Leute beschäftigt waren und demnach einige
derselben zwei oder drei verschiedene Verrichtungen zu erfüllen hatten.
Obgleich diese Leute arm und darum nur sehr leiblich mit den
nöthigen Maschinen versehen waren, so konnten sie doch, wenn sie
sich anstrengten, zusammen etwa zwölf Pfund Stecknadeln täglich
liefern. Auf ein Pfund kommen über viertausend Nadeln mittlerer
Größe. Diese zehn Personen konnten daher täglich über achtund=
vierzigtausend Nadeln machen. Da jeder hiernach den zehnten Theil
von achtundvierzigtausend Nadeln macht, so kann man es so ansehen als
verfertigte er an einem Tage viertausendachthundert Nadeln. Wenn
jene zehn Leute jeder für sich und unabhängig von einander gear=
beitet hätten und nicht zu diesem besonderen Geschäfte herangebildet
wären, so hätte gewiß keiner von ihnen zwanzig, ja vielleicht Eine
Nadel an einem Tage gemacht."
        Say führt ein noch schlagenderes Beispiel von den Folgen
der Theilung der Arbeit an, freilich von einem nicht eben sehr
wichtigen Industriezweige, nämlich der Verfertigung von Spiel=
karten. „Nicht dieselben Arbeiter bereiten das Papier, aus welchem
die Karten gemacht werden, und die Farben, mit denen sie bemalt
werden. Wenn wir nur die Verwendung dieser Stoffe beachten,
so werden wir finden, daß ein Spiel Karten das Ergebniß mehrerer
Verrichtungen ist, deren jede eine besondere Classe von Arbeitern

und Arbeiterinnen beschäftigt, die immer nur eine und dieselbe
Verrichtung vornehmen. Verschiedene Personen rupfen beständig
die hervorragenden Pünktchen aus, welche sich im Papier finden
und der Gleichheit der Dicke schaden würden; dieselben Personen
leimen immer die drei Lagen zusammen, aus denen das Blatt
besteht, und legen es unter die Presse; andere Personen coloriren
beständig die Rückseite der Karten; andere liefern den Schwarz-
druck der Figuren, andere drucken die Farben derselben; andere
trocknen die Blätter, wenn sie bedruckt sind; andere glätten sie oben
und unten. Das Beschneiden der Karten ist eine besondere Beschäftigung; eine andere ist das Zusammensuchen derselben zu
Spielen; eine andere ferner das Bedrucken der Umschläge und
noch eine andere das Einwickeln; ohne die Verrichtungen derjenigen
zu rechnen, denen die Verkäufe und Einkäufe, die Auszahlung des
Arbeitslohnes und die Führung der Bücher obliegen. Die bei
diesem Geschäft Betheiligten behaupten, daß jede Karte, d. h. ein
kleines steifes Blatt von der Größe der Hand, ehe sie zum Verkauf fertig wird, nicht weniger als 70 verschiedenen Verrichtungen
unterliegt, von denen jede die Beschäftigung einer verschiedenen
Classe von Arbeitern abgeben könnte. Wenn es auch nicht in jeder
Kartenfabrik 70 Classen von Arbeitern gibt, so liegt der Grund
darin, daß die Theilung der Arbeit nicht so weit getrieben wird
als sie es sein könnte und daß demselben Arbeiter zwei, drei oder
vier Verrichtungen obliegen. — Der Einfluß dieser Theilung der
Beschäftigungen ist außerordentlich. Ich habe eine Spielkarten-
fabrik gesehen, wo 30 Arbeiter täglich 15,500 Karten hervorbrachten, also über 500 Karten auf jeden Arbeiter. Wenn jeder
Arbeiter alle diese Verrichtungen allein machen müßte, so kann
angenommen werden, daß er, selbst wenn er sehr geübt wäre,
vielleicht nicht zwei Karten in einem Tage fertig machen würde; daß
also die 30 Arbeiter, statt 15,500 Karten, nur 60 anfertigen könnten."
    In Betreff des Uhrenmachens ward, wie Herr Babbage
bemerkt, vor einem Ausschuß des Hauses der Gemeinen in einer
Aussage angeführt, daß es hundert und zwei verschiedene Zweige
dieses Gewerbes gebe, bei deren jedem ein Knabe als Lehrling
untergebracht werden kann, daß dieser nur seines Meisters Geschäft
lernt und nach Beendigung seiner Lehrzeit nicht im Stande ist ohne
fernere Unterweisung in einem anderen Zweige zu arbeiten. Der eigentliche Uhrmacher, dessen Geschäft es ist, die einzelnen Theile zusammen
zu setzen, ist der einzige von den hundertundzwei Personen, welcher in
anderen Geschäftszweigen als in seinem eigenen arbeiten kann *).

---

*) Economy of Machinery and Manufactures. 3. ed. p. 201.

§. 5. Mehrere der Ursachen der vermehrten Wirksamkeit, welche die Arbeit durch die Theilung der Beschäftigungen erhält, sind zu bekannt als daß eine nähere Angabe erforderlich wäre. Eine vollständige Aufzählung derselben dürfte indeß des Versuchs werth sein. Abam Smith hat sie auf drei reduzirt: „erstens die gesteigerte Geschicklichkeit bei jedem einzelnen Arbeiter; zweitens die Ersparung der Zeit, welche gewöhnlich beim Uebergange von einer Art Arbeit zur anderen verloren geht; endlich die Erfindung einer Menge von Maschinen, welche die Arbeit erleichtern und abkürzen so wie den einzelnen in den Stand setzen die Arbeit vieler auszurichten."

Von diesen ist die vermehrte Geschicklichkeit des einzelnen Arbeiters die einleuchtendste und allgemeinste. Sie folgt nicht daraus, daß weil eine Sache öfter gethan wird, sie darum auch besser gethan wird; dies hängt ab von der Intelligenz des Arbeiters und von dem Grade wie sein Geist mit seiner Handarbeit zusammenwirkt. Die Arbeit wird aber leichter beschafft werden. Die Organe erlangen größere Stärke; die Muskeln, welche man vorzugsweise gebraucht, werden kräftiger, die Sehnen geschmeidiger, die Geisteskräfte tüchtiger und der Ermüdung minder unterworfen. Was leicht gethan werden kann, hat jedenfalls die Aussicht auch besser gethan zu werden und kann gewiß rascher erledigt werden. Was anfangs langsam verrichtet wurde, geschieht später geschwind, und was anfangs, wenn es mit Genauigkeit sein sollte, langsam geschah, wird endlich mit gleicher Genauigkeit geschwind beschafft. Dies gilt eben so sehr von geistigen wie von körperlichen Leistungen. Ein Kind sogar summirt, wenn es viele Uebung darin gehabt hat, eine Reihe von Zahlen mit einer wunderbaren Schnelligkeit. Das Sprechen fremder Sprachen, das fließende Lesen, das Spielen vom Blatt sind eben so merkwürdige wie bekannte Fälle. Unter den körperlichen Leistungen sind Tanzen, gymnastische Uebungen, Leichtigkeit und Bravour beim Spielen eines musikalischen Instruments Beispiele von der durch Wiederholung erlangten Raschheit und Leichtigkeit. Bei einfacheren Handverrichtungen wird solche Fertigkeit natürlich noch viel rascher erlangt. Die Geschwindigkeit, bemerkt Abam Smith, womit einige Verrichtungen bei gewissen Gewerben beschafft werden, übertrifft alles, dessen man, wenn man es nicht selbst gesehen hat, die menschliche Hand für fähig gehalten hätte *).

---

*) „Bei astronomischen Beobachtungen werden die Sinne des Beobachters durch Gewöhnung so geschärft, daß er Zeitunterschiede bis zum Zehntheil einer Secunde schätzen und seine Meßinstrumente so fein eintheilen kann, daß 5000 Theile auf einen Zoll kommen. Dasselbe gilt aber auch von den

Diese Geschicklichkeit wird natürlich im Verhältniß, wie die Theilung der Arbeit weiter geht, auch nach kürzerer Uebung erlangt, sie würde überhaupt nicht in gleichem Grade erreicht werden, wenn der Arbeiter eine zu große Mannigfaltigkeit von Verrichtungen auszuführen hat als daß ihm eine hinreichende Wiederholung jeder einzelnen gestattet wird. Der Vortheil hiebei beschränkt sich nicht auf die schließlich erlangte größere Leistung, sondern begreift auch einen geringeren Zeitverlust und mindere Verschwendung von Material beim Erlernen der Gewerbe. „Eine gewisse Menge von Material," bemerkt Herr Babbage, „wird in allen Fällen von jeder Person, die ein Gewerbe erlernt, unvortheilhaft verbraucht oder vergeudet werden; und so oft sie sich zu einem neuen Zweige wendet, wird sie etwas von dem Rohstoffe oder den Halbfabricaten verschwenden. Wenn nun jeder diese Verschwendung begeht, indem er nach und nach jedes Gewerbe sich aneignet, so wird der Verlust viel bedeutender sein, als wenn jede Person ihre Aufmerksamkeit auf Eine Art Beschäftigung beschränkt". Im allgemeinen wird auch Jeder um so eher befähigt sein, seine Eine Art Beschäftigung auszuführen, wenn er bei Erlernung derselben durch die Nothwendigkeit, noch andere sich anzueignen, nicht zerstreut wird.

Was den von Adam Smith angeführten zweiten Vortheil betrifft, der aus der Theilung der Arbeit hervorgehen soll, so ist meine Ansicht, daß hierauf von ihm und anderen mehr Gewicht gelegt wird als er verdient. Um ihm nicht Unrecht zu thun, will ich seine eigene Erörterung anführen. „Der Vortheil, welcher durch Ersparung des beim Uebergange von einer Art Arbeit zur anderen gewöhnlichen Zeitverlustes gewonnen wird, ist viel größer als man beim ersten Blick sich vorstellen dürfte. Es ist unmöglich, sehr schnell von einer Art Arbeit zur anderen überzugehen, die an einem verschiedenen Ort und mit ganz verschiedenen Werkzeugen betrieben wird. Ein Weber auf dem Lande, der eine kleine Landstelle bebauet, muß ein gut Theil Zeit damit verlieren, daß er von seinem Webstuhl auf's Feld und vom Felde zum Webstuhle wandert. Wenn die beiden Gewerbe in derselben Werkstätte betrieben werden können,

---

gewöhnlichsten Verfahrungsarten bei der Fabrication. Ein Kind, welches die Köpfe der Stecknadeln befestigt, wiederholt mehrere Stunden hintereinander, hundert Mal in der Minute, eine Verrichtung, die mehrere verschiedene Bewegungen der Muskeln erfordert. In einem Manchester-Blatte war kürzlich angeführt, daß eine besondere Art Twist („gimp"), dessen Verfertigung anfangs drei Schilling Sterling kostete, jetzt für einen Penny fabricirt wird, und zwar nicht, wie gewöhnlich, mittelst der Erfindung einer neuen Maschine, sondern ganz allein durch die gesteigerte Geschicklichkeit des Arbeiters."

Edin. Rev. 1849. I. 81.

so ist der Zeitverlust ohne Zweifel weit geringer; doch selbst in
solchem Falle ist er beträchtlich. Man zaubert gewöhnlich, wenn
man von einer Art Beschäftigung sich zur anderen wendet. Wenn
man die neue Arbeit beginnt, so ist man selten recht rührig und
eifrig; das Herz ist, wie man sagt, noch nicht dabei und man ver=
tröbelt einige Zeit ehe man so recht daran geht. Die Gewohnheit
des Schlenderns und eines gleichgiltigen lässigen Benehmens,
welches jeder Arbeiter auf dem Lande, der genöthigt ist, seine
Arbeit und seine Werkzeuge alle halbe Stunde zu wechseln und fast
jeden Tag seines Lebens auf zwanzigerlei Art seine Hände zu ge=
brauchen, natürlich oder vielmehr nothwendiger Weise annimmt,
macht ihn fast durchgehends träge und lässig, und selbst bei den
dringendsten Veranlassungen eines angestrengten Fleißes unfähig."

Das Vorstehende ist gewiß eine sehr übertriebene Schilderung
der Unwirksamkeit der Arbeit auf dem Lande, wo diese einen irgend
angemessenen Antrieb zur Anstrengung hat. Wenige Arbeiter wechseln
ihre Arbeit und ihre Werkzeuge häufiger als ein Gärtner; ist ein
solcher aber deshalb gewöhnlich zum angestrengten Fleiß unfähig?
Viele der höher stehenden Handwerker haben eine große Mannig=
faltigkeit von Verrichtungen mit verschiedenartigen Werkzeugen zu
beschaffen. Sie führen nicht jede derselben mit der Geschwindigkeit
aus, womit ein Fabrikarbeiter seine alleinige Verrichtung erfüllt;
sie sind aber, abgesehen von der bloßen Handfertigkeit, geschicktere
Arbeiter und in jeder Beziehung energischer.

Indem Herr Babbage der Spur von Adam Smith folgt,
bemerkt er noch: „Wenn die menschliche Hand oder der menschliche
Kopf eine Zeitlang mit einer gewissen Art Arbeit beschäftigt ge=
wesen, so können sie nicht plötzlich ihre Beschäftigung mit voller
Wirkung verändern. Die Muskeln der Glieder haben während der
Anstrengung eine Geschmeidigkeit und die unthätig gebliebenen in=
zwischen eine Steifheit angenommen, wodurch jede Veränderung im
Anfang langsam und ungleich gemacht wird. Lange Gewohnheit
bewirkt auch bei den in Uebung gehaltenen Muskeln die Fähigkeit,
Anstrengung in einem weit höheren Grade auszuhalten als sie unter
anderen Umständen ertragen könnten. Gleiches scheint bei jeder
Veränderung geistiger Anstrengung stattzufinden; die einem neuen
Gegenstand zugewendete Aufmerksamkeit ist anfangs nicht so voll=
ständig als sie nach einiger Uebung wird. Die Anwendung ver=
schiedener Werkzeuge bei den einander folgenden Verrichtungen ist
eine andere Ursache des Zeitverlustes beim Uebergange von einer
Beschäftigung zur andern. Wenn diese Werkzeuge einfach sind und
der Wechsel nicht häufig ist, so ist der Zeitverlust nicht beträchtlich;
aber bei vielen Verrichtungen der Gewerbe sind die Werkzeuge sehr

empfindlich und müssen nach jedesmaligem Gebrauch genau nach=
gesehen werden, was in manchen Fällen mehr Zeit in Anspruch
nimmt als die beim Gebrauch der Werkzeuge verwendete. Die
Drehbank mit Schieblager, die Theilmaschine und die Bohrmaschine
gehören hierher, und deshalb gilt es bei Fabriken von hinreichender
Ausdehnung als eine zweckmäßige Einrichtung, für jede einzelne
Art von Verrichtung eine besondere Maschine beständig im Gange
zu haben. Eine Art Drehbank z. B., mit einer Schraubenbewegung
zu ihrem Schieblager für die ganze Länge der Bahn versehen, wird
ausschließlich zum Ausbohren von Cylindern angewendet; eine andere
Art, welche mit einer Bewegung zum Reguliren der Geschwindig=
keit des Arbeitsstückes am Berührungspunkte des Geräths versehen
ist, wird nur zum Abdrehen angewendet, und eine dritte schneidet
beständig die Räder." Ich bin weit entfernt behaupten zu wollen,
daß diese verschiedenen Erwägungen von keinem Gewicht seien;
aber meiner Ansicht nach gibt es entgegenstehende Erwägungen, die
man übersehen hat. Wenn eine Art körperlicher oder geistiger
Arbeit von einer anderen verschieden ist, so bildet sie gerade des=
halb gewissermaßen ein Ausruhen von dieser anderen. Wenn bei
der zweiten die größte Anstrengung nicht auf einmal zu erlangen
ist, so kann doch auch die erstere nicht ohne Abspannung der Energie
in's unendliche fortgesetzt werden. Es ist eine gewöhnliche Erfahrung,
daß ein Wechsel der Beschäftigung oft Erholung verschafft, wo voll=
ständiges Ausruhen nicht eben nothwendig ist, und daß eine Person
viel mehr Stunden ohne Ermüdung bei einer Reihenfolge von Be=
schäftigungen arbeiten kann als wenn sie die ganze Zeit über auf
eine und dieselbe Beschäftigung beschränkt gewesen wäre. Von
einander verschiedene Beschäftigungen nehmen auch verschiedene
Muskeln oder verschiedene Geistesfähigkeiten in Anspruch; einige
von diesen ruhen aus und werden erfrischt, während andere in
Thätigkeit sind. Körperliche Arbeit selbst ist ein Ausruhen von gei=
stiger und umgekehrt. Die Mannigfaltigkeit selbst hat einen kräf=
tigenden Einfluß auf das, was wir, in Ermangelung eines besseren
philosophischen Ausdrucks, die Lebensfrische (animal spirit) nennen
wollen, die für die Wirksamkeit jeder nicht mechanischen Arbeit so
wichtig ist und selbst für diese nicht ohne Bedeutung sein dürfte.
Das verhältnißmäßige Gewicht, das diesen Erwägungen beizumessen,
ist verschieden nach den verschiedenen Individuen. Einige sind zur
Ausdauer bei einer und derselben Beschäftigung mehr geeignet als
andere, weniger aber für die Veränderung. Die Verdrießlichkeit,
wenn sie an die Arbeit gehen, dauert länger und es wird mehr
Zeit erfordert, bevor ihre Kräfte zur vollen Wirksamkeit kommen;
wenn dies daher einmal geschehen, so mögen sie nicht gern wieder

davon abgehen, sondern ohne Unterbrechung dabei bleiben, selbst
zum Nachtheil ihrer Gesundheit. Auch kommt das Temperament
bei diesem Unterschiede in Betracht. Es gibt Leute, deren Fähig=
keiten von Natur langsam zur rechten Thätigkeit kommen und nur
wenig ausrichten bis sie eine lange Zeit beschäftigt gewesen. Andere
dagegen kommen rasch in Thätigkeit, können aber nicht lange ohne
Erschöpfung ausharren. Wenn nun auch die natürlichen Unterschiede
hierbei von einiger Bedeutung sind, so ist Gewohnheit doch von
weit größerer Wichtigkeit. Die Gewohnheit, rasch von einer Arbeit
zu einer anderen überzugehen, kann wie andere Gewohnheiten durch
frühzeitige Uebung erworben werden, und wenn dies der Fall ist,
so tritt jenes Vertrödeln nach jeder Veränderung, von welcher
Adam Smith spricht, nicht ein, auch nicht Mangel an Energie
und Interesse, sondern der Arbeiter kommt zu jedem Theil seiner
Beschäftigung mit einer Frische und einer Lust zur Sache, welche
er nicht behält, wenn er bei einem einzelnen Theile über die Zeit
hinaus, an die er gewöhnt ist, verbleibt, Fälle ungewöhnlicher Auf=
regung ausgenommen. Frauen sind gewöhnlich, wenigstens in ihren
gegenwärtigen socialen Verhältnissen, von weit größerer Geschmei=
digkeit als Männer, und dieser Punkt ist ein Beispiel unter vielen,
wie wenig die Ansichten und die Erfahrung der Frauen bei Bildung
der öffentlichen Meinung bisher noch gegolten haben. Es gibt
wenige Frauen, welche nicht die Ansicht, daß Arbeit durch Verlän=
gerung derselben kräftiger wird und nach dem Uebergang zu einer
neuen Sache eine Zeitlang wenig leistet, zurückweisen würden.
Selbst in diesem Falle ist, wie ich glaube, Gewohnheit weit mehr
als die Natur die Ursache dieses Unterschieds. Von zehn Männern
haben neun eine besondere Beschäftigung, von zehn Frauen neun
eine allgemeine, welche eine Menge von Details in sich begreift,
deren jedes sehr wenig Zeit in Anspruch nimmt. Frauen üben
sich beständig darin, von einer körperlichen und noch mehr von
einer geistigen Beschäftigung zu einer andern schnell überzugehen,
was ihnen daher weder Anstrengung noch Zeitverlust kostet, wäh=
rend des Mannes Beschäftigung meistens darin besteht, eine lange
Zeit anhaltend bei Einer Sache oder doch einer beschränkten Classe
von Sachen zu arbeiten. Mitunter kehrt sich die Sache um und damit
denn auch der Charakter. Frauen erweisen sich für die Gleichmäßig=
keit der Fabrikarbeit nicht minder tüchtig als Männer, denn sonst
würden sie nicht so allgemein dazu angewendet werden; und ein
Mann, der sich darin sehr geübt hat, an viele Dinge Hand anzu=
legen, ist gewöhnlich weit entfernt die von Adam Smith geschil=
derte träge und lässige Person zu sein, sondern ist in bemerkens=
werther Weise lebhaft und thätig. Es ist indeß wahr, daß selbst

für die Gewandtesten der Wechsel der Beschäftigung zu häufig sein
kann. Unaufhörliche Abwechselung ist sogar mehr ermübend als
fortwährendes Einerlei.

Der britte Vortheil, den Abam Smith ber Theilung ber
Arbeit beimißt, ist bis zu einem Punkte wirklich vorhanden. Er-
finbungen um bei einer einzelnen Art Verrichtung Zeit zu ersparen,
werben vermuthlich in dem Verhältniß mehr von jemanden ausgehen als seine Gebanken auf biese Beschäftigung nachbrücklich ge-
·richtet sinb unb fortwährenb babei verweilen. Es ist nicht so leicht
zu erwarten, baß jemanb in einem Fache praktische Verbesserungen
machen wirb, wenn seine Aufmerksamkeit sehr viel auf andere Dinge
gezogen wirb. Viel mehr hängt hierbei aber von ber Intelligenz
überhaupt unb ber gewohnten Thätigkeit bes Geistes ab als von
einer ausschließlichen Beschäftigung, unb wenn biese Ausschließlichkeit
bis zu einem ber Ausbildung ber Intelligenz ungünstigen Grabe
getrieben wirb, so geht bei bieser Art mehr Vortheil verloren als
gewonnen wirb. Man barf hinzufügen, baß was auch immer bie
Ursache ber gemachten Erfindungen sein mag, sobalb sie einmal ba
sinb, so verbankt man bie vergrößerte Wirksamkeit ber Arbeit ber
Erfindung selbst unb nicht ber Theilung ber Arbeit.

Der größte Vortheil nächst ber Geschicklichkeit ber Arbeiter,
welcher aus ber sorgsamen Theilung ber Arbeit bei ber jetzigen
Fabrikinbustrie hervorgeht, ist wahrscheinlich einer, ber von Abam
Smith nicht erwähnt worben, auf ben aber Herr Babbage
aufmerksam gemacht hat: nämlich bie wirthschaftlichere Vertheilung
ber Arbeit, indem man bie Arbeiter ihren Fähigkeiten gemäß classificirt. Verschiebene Theile berselben Reihe von Verrichtungen erforbern ungleiche Grabe ber Geschicklichkeit· unb körperlichen Stärke.
Diejenigen, welche Geschicklichkeit genug für bie schwierigsten ober
Stärke genug für bie schwersten Theile ber Arbeit haben, nützen
weit mehr, wenn sie allein bei biesen beschäftigt werben, indem
solche Verrichtungen, beren minber tüchtige Arbeiter fähig sinb,
benjenigen überlassen bleiben, bie zu keinen anberen Beschäftigungen
geeignet sinb. Die Production ist am wirksamsten, wenn gerabe
bie Menge von Geschicklichkeit unb Stärke, welche für jeben Theil
ihrer Entwicklung erforberlich ist, hierzu angewenbet wirb, unb
nicht mehr. Die Verrichtung bes Stecknabelverfertigens erforbert
in ihren verschiebenen Theilen so verschiebene Stufen ber Geschicklichkeit, baß ber Tagelohn ber babei beschäftigten Personen von
$4\frac{1}{2}$ d. bis 6 s. variirt. Wenn ein Arbeiter, ber nach bem ge-
bachten höchsten Satze bezahlt wirb, bas ganze Verfahren burch-
zumachen hätte, so würbe er einen Theil seiner Zeit mit einer
Vergeubung arbeiten, bie täglich bem Unterschiebe zwischen $4\frac{1}{2}$ d.

und 6 s. gleichkäme. Ohne den Verlust hinsichtlich der Menge der
beschafften Arbeit zu rechnen, und angenommen, daß er ein Pfund
Nadeln in der nämlichen Zeit verfertigen könnte, in welcher zehn
Arbeiter, die ihre Arbeit vereinigen, zehn Pfund verfertigen können,
berechnet Herr Babbage, daß sie drei und dreiviertel Mal mehr
kosten würden als sie jetzt mittelst der Theilung der Arbeit zu
stehen kommen. Bei der Nähnadel-Verfertigung, fügt er hinzu,
würde der Unterschied noch bedeutender sein, denn hierbei variirt
die tägliche Vergütung für verschiedene Theile der Fabrication von
6 d. bis zu 20 s.

Zu dem Vortheil, der darin besteht, aus der Geschicklichkeit
die größtmögliche Menge Nutzen zu gewinnen, kann das analoge
Verhältniß hinzugefügt werden, aus den Werkzeugen möglichst viel
Nutzen zu ziehen. Wenn jemand, sagt ein tüchtiger Schriftsteller*),
alle die Werkzeuge hätte, welche bei vielen verschiedenen Beschäftigungen erforderlich sind, so würden beständig mindestens drei
Viertheile derselben müssig und nutzlos sein. Es wäre also offenbar
besser, falls es eine Gesellschaft geben sollte, wo jeder alle diese
Werkzeuge besäße und sie abwechselnd bei jeder dieser Beschäftigungen
gebrauchen würde, daß die Mitglieder der Gesellschaft, wenn möglich,
dieselben unter sich theilten, indem jeder sich auf eine besondere
Beschäftigung beschränkte. Die Vortheile einer solchen Veränderung
für das ganze Gemeinwesen, und demnach auch für jedes Individuum desselben, sind bedeutend. Indem die mannigfachen Geräthschaften beständig im Gebrauch sind, gewähren sie vor allem einen
besseren Ertrag für dasjenige, was für ihre Anschaffung ausgegeben worden; folglich sind ihre Eigner im Stande, sie von besserer
Beschaffenheit und vollkommenerer Einrichtung zu haben. Das Ergebniß hiervon ist, daß für die künftigen Bedürfnisse der ganzen
Gesellschaft eine größere Befriedigung beschafft wird.

§. 6. Die Theilung der Arbeit wird, wie alle Schriftsteller
über diesen Gegenstand bemerkt haben, durch die Ausdehnung des
Marktes begrenzt. Wenn durch die Trennung des Stecknadel-
machens in zehn verschiedene Beschäftigungen acht und vierzig
tausend Nadeln an einem Tage angefertigt werden können, so wird
doch eine solche Trennung nur dann rathsam sein, wenn die Anzahl
der zugänglichen Consumenten der Art ist, daß jeden Tag etwa
acht und vierzig tausend Nadeln verlangt werden. Wenn nur eine
Nachfrage nach vierundzwanzig tausend stattfindet, so kann die
Theilung der Arbeit nur bis zu der Ausdehnung geführt werden,

---

*) Statement of some New Principles on the subject of Political
Economy. By John Rae. (Boston U. S.) p. 164.

wobei täglich diese kleinere Zahl hervorgebracht wird. Es ist dies
daher eine fernere Art und Weise, wie eine Vermehrung der Nach=
frage nach einer Waare dahin wirkt, die Leistung der zu ihrer
Hervorbringung angewendeten Arbeit zu steigern. Die Ausdehnung
des Marktes kann durch verschiedene Ursachen beschränkt werden:
zu kleine Bevölkerung, Zerstreutsein und Entfernung der Bevöl=
kerung, so daß sie nicht leicht zugänglich ist; Mangel an Straßen
und Wassertransport; — oder endlich zu große Armuth der Be=
völkerung, d. h., daß ihre gesammte Arbeit zu wenig ausrichtet, als
daß sie bedeutende Consumenten sein könnten. Trägheit, Mangel
an Geschicklichkeit und Mangel an Combination der Arbeit unter.
denen, die sonst Käufer einer Waare sein würden, beschränken daher
auch die praktische Ausdehnung der Combination der Arbeit unter
den Producenten jener Waare. In einem frühen Stadium der
Bildung, wo die Nachfrage in jeder einzelnen Localität nothwendig
klein war, konnte Erwerbthätigkeit nur bei denen blühen, welche
durch ihre Verfügung über die Seeküste oder einen schiffbaren Fluß
die ganze Welt oder alle an Küsten oder schiffbaren Flüssen gele=
genen Theile derselben als Markt für ihre Producte hatten. Die
Zunahme des allgemeinen Reichthums, wenn dieselbe mit Freiheit
des Handelsverkehrs so wie mit Verbesserungen bei der Schifffahrt
und hinsichtlich der binnenländischen Verbindungen durch Straßen,
Canäle oder Eisenbahnen begleitet ist, wirkt dahin, der Arbeit jeder
einzelnen Nation eine vermehrte Productivität zu verleihen, indem
dadurch jede Localität in den Stand gesetzt wird mit ihren eigen=
thümlichen Producten einen so viel größeren Markt zu versorgen,
daß eine bedeutende Ausdehnung der Arbeitstheilung bei ihrer Her=
vorbringung eine gewöhnliche Folge davon ist.

In vielen Fällen wird die Arbeitstheilung auch durch die
Natur der Beschäftigung beschränkt. Die Landwirthschaft verträgt
z. B. keine so weit gehende Theilung der Beschäftigung wie manche
Zweige der Fabrication, weil die verschiedenen Verrichtungen bei
jener unmöglich gleichzeitig stattfinden können. Es kann nicht einer
immer pflügen, ein anderer säen, noch ein anderer ernten u. s. w.
Ein Arbeiter, der nur Eine Beschäftigung beim Ackerbau ausüben
wollte, würde elf Monate des Jahres hindurch müssig sein. Dieselbe
Person kann sie alle nach der Reihe versehen und dabei doch fast
in jedem Clima eine beträchtliche Menge unbeschäftigter Zeit haben.
Um eine bedeutende Verbesserung zum Nutzen der Landwirthschaft
auszuführen, ist es oft nothwendig, daß viele Arbeiter zusammen
thätig sind, aber im allgemeinen arbeiten sie sämmtlich auf dieselbe
Weise, mit Ausnahme der wenigen, deren Geschäft im Beaufsich=
tigen besteht. Auch ein Canal oder ein Eisenbahndamm kann nicht

ohne eine Verbindung vieler Arbeiter hergestellt werden; aber sämmtlich werden sie im Graben beschäftigt, ausgenommen der Ingenieur und wenige Schreiber.

Capitel IX.

Von der Production im großen und der Production im kleinen.

§. 1. Aus der Wichtigkeit der Combination der Arbeit ergibt sich von selbst, daß in vielen Fällen die Production viel wirksamer ist, wenn sie nach einem großen Maßstab betrieben wird. Ueberall wo es für die größte Wirksamkeit der Arbeit wesentlich ist, daß viele Arbeiter ihre Thätigkeit vereinigen, wenn auch nur im Wege des einfachen Zusammenwirkens, muß der Maßstab der Unternehmung der Art sein, um viele Arbeiter zusammen zu bringen, und das Capital muß zu ihrer Erhaltung ausreichen. Dies thut noch mehr noth, wenn die Natur der Beschäftigung eine beträchtliche Theilung der Arbeit gestattet und die Ausdehnung des möglichen Marktes zu letzterer ermuntert. Je größer die Unternehmung, desto weiter kann die Theilung der Arbeit geführt werden. Dies ist eine der Ursachen großer Fabriken. Selbst wo keine neue Untertheilung der Arbeit einer Vergrößerung der Geschäfte folgen würde, wird es eine vortheilhafte Einrichtung sein, dieselbe bis zu dem Punkte auszudehnen, wo jede Person, der passender Weise eine einzelne Beschäftigung zugewiesen werden kann, bei dieser vollauf zu thun hat. Herr Babbage (a. B. S. 214 ff.) hat diesen Punkt gut erläutert.

„Wenn Maschinen die ganzen vierundzwanzig Stunden im Gange bleiben, so ist es nothwendig, daß jemand aufpaßt, um die Arbeiter zu der Zeit, wenn sie einander ablösen, einzulassen. Mag der dazu angestellte Arbeitsmann oder Diener eine oder zwanzig Personen einlassen, seine Ruhe wird auf gleiche Weise gestört werden. Es wird auch nothwendig sein, von Zeit zu Zeit die Maschinen nachzusehen oder zu repariren, und dies kann viel besser von einem mit der Maschinenfabrication vertrauten Arbeiter als von demjenigen, der sie benutzt, geschehen. Da nun die gute Leistung und die Dauer von Maschinen in sehr großem Maße davon abhängt, daß jeder Sprung oder Mangel in einem ihrer Theile, sobald sie sich zeigen, gleich ausgebessert werden, so wird die beständige Aufmerksamkeit eines Arbeiters an Ort und Stelle die aus der Abnutzung der Maschine entstehenden Ausgaben beträchtlich ermäßigen. Für einen einzelnen Spitzenrahmen oder Webstuhl wäre dies indeß ein zu kostspieliger Plan. Hieraus ergibt sich ein anderer Umstand, welcher dahin wirkt, den Umfang einer Fabrik zu erweitern. Dieselbe sollte aus einer solchen Anzahl von Maschinen bestehen, daß die ganze Zeit eines Arbeiters in Anspruch genommen wird, dieselben in Ordnung zu halten. Wird jene Zahl überschritten, so würde dasselbe wirthschaftliche Princip die Nothwendigkeit herausstellen, die Zahl der Maschinen zu verdoppeln oder zu verdreifachen, um die ganze Zeit von zwei oder drei geschickten Arbeitern anzuwenden.

„Wo ein Theil der Thätigkeit eines Arbeiters in der Ausübung von rein physischen Kräften besteht, wie beim Weben und manchen ähnlichen Gewerben, da wird der Fabrikant bald darauf kommen, daß wenn dieser Theil durch eine Dampfmaschine ausgeführt würde, derselbe Mann beim Weben zwei oder mehre Webstühle zugleich wahrnehmen könnte. Da wir schon angenommen haben, daß ein oder mehrere Maschinenmeister beschäftigt worden sind, so kann die Zahl der Webstühle so eingerichtet werden, daß die Zeit jener durch die Aufsicht über die Dampfmaschinen und die Webstühle ausgefüllt wird.

„Im Verfolg der nämlichen Principien wird die Fabrik allmälig so ausgedehnt, daß die Ausgabe für Erleuchtung während der Nachtzeit auf eine beträchtliche Summe sich beläuft. Da nun in dem Etablissement Leute angestellt sind, welche die ganze Nacht wach sind und daher beständig darauf achten können, so wie Ingenieure, um alle Maschinen einzurichten und zu repariren, so führt die Einrichtung eines Apparates, um Gas zur Erleuchtung der Fabrik zu bereiten, zu einer neuen Erweiterung, welche zugleich durch Verminderung der Ausgaben für Erleuchtung und der Gefahr durch Feuerschäden die Fabricationskosten ermäßigt.

„Lange Zeit ehe eine Fabrik diese Ausdehnung erreicht hat, wird die Nothwendigkeit erkannt sein, eine Rechnungs=Abtheilung einzurichten, mit Angestellten, um die Arbeiter zu bezahlen und darauf zu achten, daß sie zur bestimmten Zeit sich einfinden. Diese Abtheilung muß in Verbindung stehen mit denjenigen Geschäftsführern, welche die Rohstoffe einkaufen und die Fabricate verkaufen." Diesen Angestellten und Rechnungsführern wird es wenig mehr Zeit und Mühe kosten eine große Zahl von Arbeitern zu bezahlen als eine kleine Zahl, die Rechnung großer Umsätze zu führen als

kleiner. Wenn das Geschäft sich verdoppelt, so wird es wahr=
scheinlich erforde.lich auch die Zahl der Rechnungsführer oder der
Agenten für den Einkauf und Verkauf zu vermehren, aber gewiß
doch nicht zu verdoppeln. Jede Zunahme des Geschäfts wird in
den Stand setzen das Ganze mit einer verhältnißmäßig kleineren
Menge von Arbeit zu betreiben.

Es ist eine allgemeine Regel, daß die Unkosten eines Geschäfts
keineswegs in gleichem Verhältniß mit seinem Umfange steigen.
Betrachten wir Beispiels halber eine Reihe von Verrichtungen,
welche wir gewohnt sind von einem großen Etablissement betrieben
zu sehen, nämlich die eines Postamts. Wir wollen annehmen,
daß das Geschäft der Londoner Briefpost, statt auf einen einzelnen
Betrieb concentrirt zu sein, unter fünf oder sechs mit einander con=
currirende Gesellschaften vertheilt wäre. Jede von diesen würde ge=
nöthigt sein, ein fast eben so großes Etablissement zu unterhalten
wie jetzt für das Ganze ausreicht. Da jede Gesellschaft sich darauf
einrichten müßte, in allen Theilen der Stadt Briefe entgegenzu=
nehmen und auszugeben, so müßte jeder Briefträger nach allen
Straßen schicken, und zwar eben so oft am Tage als es jetzt durch
das Postamt geschieht, wenn nämlich der Dienst eben so gut besorgt
werden sollte. Jede Gesellschaft müßte Bureaus haben, um die
Briefe aus dem betreffenden Umkreis anzunehmen, mit allen sub=
sidiären Einrichtungen um die Briefe aus den verschiedenen Bureaus
zu sammeln und sie wieder zu vertheilen. Ungerechnet ist hierbei
noch die viel größere Anzahl höherer Beamte um die unteren An=
gestellten in Ordnung zu halten und zu controliren, was nicht nur
größere Kosten durch die Besoldung solcher verantwortlicher Beamten
mit sich bringt, sondern vielleicht auch die Nothwendigkeit, in manchen
Fällen mit minder dazu geeigneten Persönlichkeiten sich zu begnügen
und so den Zweck zu verfehlen.

Ob in einem einzelnen Falle die durch den Betrieb im großen
erlangten Vortheile die wachsamere Aufmerksamkeit und die größere
Rücksicht auf kleinere Gewinne und Verluste überwiegt, die man
gewöhnlich bei kleinen Etablissements antrifft, das kann im Zustande
der freien Concurrenz auf untrügliche Weise vergewissert werden.
Wo große und kleine Etablissements für den nämlichen Geschäfts=
zweig bestehen, da wird dasjenige, welches unter den gegebenen
Umständen die Production mit dem größten Vortheil betreibt, im
Stande sein das andere durch wohlfeileren Verkauf aus dem Felde
zu schlagen. Die Befähigung, dies auf die Dauer zu thun, kann
nur aus vermehrter Wirksamkeit der Arbeit hervorgehen. Wird
diese erlangt durch eine ausgedehntere Theilung der Beschäftigungen
oder durch eine Eintheilung, welche die bessere Benutzung der Ge=

schicklichkeit herbeigeführt, so bedingt sie immer einen größeren
Ertrag von derselben Arbeit und nicht nur denselben Ertrag von
weniger Arbeit; sie vermehrt nicht nur den Ueberschuß, sondern auch
den Rohertrag der Erwerbthätigkeit. Wenn eine größere Menge
des besonderen Artikels nicht erfordert wird und demnach ein Theil
der Arbeiter seine Beschäftigung verliert, so wird das Capital, das
sie ernährte und beschäftigte, ebenfalls freigemacht und der allge=
meine Ertrag des Landes wird durch eine anderweitige Anwendung
ihrer Arbeit vermehrt. Eine andere Ursache großer Fabriken ist die Einführung von
Verfahrungsarten, die kostspielige Maschinen erfordern. Kostspielige
Maschinen setzen großes Capital voraus, und dies richtet sich gleich=
falls nach der Absicht von dem Artikel so viel hervorzubringen,
oder nach der Hoffnung so viel davon zu verkaufen als mit der
vollen Leistung der Maschine gleichen Schritt hält. Aus diesen
beiden Gründen ist das System der Production im großen überall
unvermeidlich, wo kostspielige Maschinen gebraucht werden. Die
Befähigung wohlfeiler zu verkaufen ist indeß in diesem Falle kein
so untrüglicher Beweis von dem wohlthätigen Einfluß auf die Ge=
sammtproduction des Gemeinwesens als in dem früheren. Die
Befähigung wohlfeiler zu verkaufen hängt nicht ab von der Zu=
nahme des Ertrages an sich, sondern davon, daß dieser in einem
günstigeren Verhältniß zu den Kosten steht, was, wie in einem
vorangegangenen Capitul (VI) nachgewiesen worden, selbst bei einer
Verminderung des jährlichen Rohertrages eintreten kann. Durch
Anschaffung einer Maschine ist ein umlaufendes Capital, welches
beständig verbraucht und wieder hervorgebracht wurde, in ein stehen=
des Capital verwandelt worden, das nur eine geringe jährliche
Ausgabe erfordert um es im Stande zu erhalten; ein viel kleinerer
Ertrag wird ausreichen um diese Ausgabe zu decken und das übrig=
gebliebene umlaufende Capital der Producenten wieder zu ersetzen.
Die Maschinen können daher dem Fabrikanten völlig zusagen und
ihn in den Stand setzen seine Concurrenten aus dem Felde zu
schlagen, obschon der Einfluß auf die Production des Landes nicht
eine Vergrößerung, sondern eine Verminderung ist. Es ist wahr,
daß der Artikel wohlfeiler wird verkauft werden und daß also der
Absatz desselben sich nicht vermindern, sondern zunehmen wird; denn
der Verlust für das Gemeinwesen in seiner Gesammtheit hat die
arbeitende Classe betroffen, und diese verbraucht wenig oder auch
nichts von den hauptsächlichen Fabrikerzeugnissen. Wenn aber auch
jener einzelne Fabricationszweig sich ausdehnen sollte, so geschieht
dies, indem er sein verringertes umlaufendes Capital aus dem
allgemeinen des Gemeinwesens wieder ergänzt, und wenn die in

jenem Zweige beschäftigt gewesenen Arbeiter dem Verlust an Be=
schäftigung entgegen, so kommt dies daher, weil der Verlust sich
über die arbeitende Bevölkerung im ganzen verbreitet. Wenn einige
derselben in die Lage unproductiver Arbeiter, die durch freiwillige
oder gesetzliche Mildthätigkeit erhalten werden, versetzt sind, so wird
der Rohertrag des Landes um diesen Belauf so lange verringert,
bis der gewöhnliche Fortschritt der Vermögensansammlung es
wieder gut macht. Wenn die Lage der arbeitenden Classen der Art
ist, daß sie eine zeitweilige Herabdrückung des Arbeitslohns ertragen
können und die überflüssig gewordenen Arbeiter bei anderen Beschäfti=
gungen Unterkommen finden, so bleibt ihre Arbeit productiv und
der Ausfall in dem Rohertrag des Gemeinwesens wird ersetzt, aber
nicht so der Schaden der Arbeiter. Ich habe diese Nachweisung,
obschon sie bereits an einer anderen Stelle gegeben ist, wieder auf=
genommen, um die Wahrheit nachdrücklicher geltend zu machen, daß
eine Art Production, weil sie gewisse Waaren wohlfeiler verkaufen
läßt, darum noch nicht nothwendig die productive Leistung der ge=
sammten Arbeit eines Gemeinwesens steigert. Die eine Folge be=
gleitet gewöhnlich die andere, aber nothwendig ist es nicht. Ich will
nicht die früher angeführten Gründe wiederholen noch die später
vollständiger zu erörternden hier vorweg nehmen, weil ich dafür
halte, daß die Ausnahme eher als ein theoretisch möglicher als
ein in der Wirklichkeit häufig eintretender Fall anzusehen ist.

Ein bedeutender Theil der Arbeitsersparung, welche durch die
Einführung des Systems der Production im großen statt im kleinen
herbeigeführt wird, besteht in der Arbeitsersparung für die Capi=
talisten selbst. Wenn hundert Producenten, jeder mit kleinem
Capital für sich besonders, einen kleinen Geschäftszweig betreiben,
so wird wahrscheinlich die Oberaufsicht über jedes Geschäft die
ganze Aufmerksamkeit der Person, welche dieses leitet, erfordern,
wenigstens in dem Maße, daß dieselbe verhindert ist ihre Zeit oder
Gedanken einer anderen Sache zuzuwenden. Ein einzelner Fabrikant
dagegen, der ein dem Gesammtbetrage der ihrigen gleichkommendes
Capital besitzt, wird mit zehn oder zwölf Handlungsdienern die ganze
Summe ihrer Geschäfte führen und außerdem noch Muße zu ander=
weitigen Beschäftigungen haben. Es ist freilich wahr, der kleine
Capitalist verbindet gewöhnlich mit dem Geschäft der Leitung einen
Theil solcher Details, welche der andere seinen Angestellten über=
läßt; der kleine Landmann geht selbst hinter dem Pfluge her, der
kleine Kaufmann verkauft selbst in seinem Laden, der kleine Weber
arbeitet selbst am Webstuhle. Aber grade in dieser Vereinigung
von Verrichtungen findet in den bei weitem meisten Fällen ein
Mangel an Wirthschaftlichkeit statt. Der Principal im Geschäfte

vergeudet entweder durch seine Thätigkeit in den gewöhnlichen
Arbeiten Eigenschaften, die für die Leitung desselben förderlich sein
würden; oder er ist nur zur ersteren passend und dann wird das
letztere schlecht verrichtet werden. Ich muß übrigens bemerken,
daß ich dieser Art der Arbeitsersparung nicht die Wichtigkeit bei-
messe, welche man derselben oft zuschreibt. Es wird ohne Zweifel
viel mehr Arbeit bei der Beaufsichtigung vieler kleiner Capitalien
verwendet als bei der Eines großen Capitals. Die kleinen Producenten finden jedoch im allgemeinen einen vollständigen Ersatz
für solche Arbeit in dem Gefühl, daß sie ihre eigenen Herren und
nicht die Diener eines Arbeitgebers sind. Man kann behaupten,
daß wenn sie diese Unabhängigkeit werth achten, sie auch darauf
gefaßt sind einen Preis dafür zu zahlen, also zu den durch die
Concurrenz der großen Verkäufer oder Fabrikanten herabgedrückten
Preisen zu verkaufen. Sie können dies aber nicht immer thun und
dabei noch ihren Lebensunterhalt gewinnen. So verschwinden sie
allmälig aus der Gesellschaft. Nachdem sie ihr kleines Capital
in Verlängerung des ungleichen Wettkampfes zugesetzt haben, sinken
sie entweder in die Lage von Lohnarbeitern oder müssen von andern
ernährt werden.

§. 2. Production im großen wird sehr gefördert durch die
Gewohnheit, mittelst der Vereinigung vieler kleiner Einschüsse ein
großes Capital zu bilden, oder mit anderen Worten, mittelst der
Bildung von Actiengesellschaften. Die Vortheile des Princips des
Actienwesens sind zahlreich und wichtig.

Erstens: manche Unternehmungen erfordern einen Capitalbetrag,
der die Mittel des reichsten Individuums oder einer Privat-Ge-
sellschaftsverbindung übersteigt. Kein einzelner Privatmann hätte
eine Eisenbahn von London nach Liverpool herstellen können, und es
ist zweifelhaft, ob nun, nachdem sie fertig ist, ein solcher selbst nur
den Betrieb derselben zu übernehmen im Stande wäre. Die Regierung hätte beides thun können, und in Ländern, wo die Uebung
des Zusammenwirkens noch in den früheren Stadien der Ausbildung
ist, kann man, was solche Werke betrifft, zu deren Herstellung eine
große Vereinigung von Mitteln erforderlich ist, nur von der Regierung etwas erwarten. Diese kann nämlich die Mittel durch gezwungene Besteuerung aufbringen und ist an die Führung großartiger
Geschäfte gewöhnt. Aus Gründen jedoch, die hinlänglich bekannt
sind und von denen wir später ausführlich reden werden, ist die
Wirksamkeit der Regierung für die Führung industrieller Unternehmungen meistens das am wenigsten anzurathende Auskunftsmittel
so lange noch irgend ein anderes zur Verfügung steht.

Ferner: es gibt Unternehmungen, zu deren Ausführung Pri=
vatpersonen zwar nicht völlig außer Stande sind, welche sie aber
nicht in dem Maßstabe und mit der Stätigkeit, wie die Anforde=
rungen einer in fortschreitender Entwickelung begriffenen Gesell=
schaft sie immer mehr und mehr erheischen, erfüllen können. Pri=
vatpersonen sind gewiß im Stande Schiffe von England nach
irgend welchem Theil der Welt zur Beförderung von Passagieren
und Briefen abgehen zu lassen. Es geschah dies ehe man noch
von Actiengesellschaften zu solchem Zwecke gehört hatte. Sobald
aber in Folge der Zunahme der Bevölkerung und der Geschäfte
so wie auch der Zahlungsmittel das Publicum sich nicht länger
mit zufälligen Gelegenheiten begnügen will, sondern die Gewißheit
verlangt, daß Packetschiffe regelmäßig abgehen, nach einigen Plätzen
täglich ein Mal oder selbst zwei Mal, nach anderen Plätzen ein Mal
die Woche, daß nach noch anderen Dampfschiffe von bedeutender
Größe und kostspieliger Bauart an bestimmten Tagen zwei Mal
in jedem Monat abgehen, so leuchtet es von selbst ein, daß um
Sicherheit zu gewähren, einen solchen Kreislauf kostspieliger Ver=
richtungen mit Pünktlichkeit durchzuführen, ein viel größeres Capital
und ein viel größerer Stab geeigneter Angestellter erfordert wird,
als worüber ein einzelner Capitalist verfügen kann. Andere Fälle
gibt es sodann, in denen, obschon das Geschäft mit kleinen oder
mäßigen Capitalien ganz gut betrieben werden kann, doch die Ga=
rantie eines großen unterzeichneten Capitals als Sicherheit für die
Erfüllung der Geldverbindlichkeiten dem Publikum gegenüber noth=
wendig oder wünschenswerth ist. Dies ist besonders da der Fall,
wo die Natur des Geschäfts es erfordert, daß zahlreiche Personen
willig sein sollen, ihre Geldangelegenheiten anzuvertrauen, wie beim
Bank= und Versicherungswesen, für welches beides das Princip der
Actien ganz vorzüglich sich eignet. Es ist ein Beispiel der Thorheit
und Schwindelei bei den Regierern der Nationen, daß bis vor
nicht langer Zeit bei diesen beiden Geschäftsgattungen die allge=
meine Anwendung des Actienwesens in England gesetzlich untersagt
war, nämlich den Banken überhaupt und den Versicherungsanstalten
in Betreff der Seegefahr. Die Absicht hierbei war einzelnen Eta=
blissements, welche die Regierung ausnahmsweise begünstigte, ein
gewinnreiches Monopol zu verleihen, nämlich der Bank von England
und den beiden Versicherungs=Gesellschaften „the London“ und
„the Royal Exchange.“

Es sind dies einige von den Vortheilen, welche Actien=Gesell=
schaften vor Privatunternehmungen voraus haben. Wenn wir aber
auf die andere Seite der Frage sehen, so werden wir finden, daß
der Privatbetrieb ebenfalls sehr große Vortheile vor Actiengesellschaften

voraus hat. Der hauptsächlichste von diesen ist das viel eifrigere
Interesse der Leiter der Unternehmung an ihrem glücklichen Erfolg.
Die Verwaltung einer Actiengesellschaft ist in der Hauptsache
eine Verwaltung durch besoldete Diener. Selbst der Ausschuß oder
das Bureau der Directoren, welche die Verwaltung beaufsichtigen
sollen und die Geschäftsführer ernennen und kündigen, haben kein
eigenes und pecuniäres Interesse an dem guten Fortgang des Geschäfts über die Actien hinaus, welche sie persönlich besitzen, welche
immer nur ein kleiner Theil des Gesellschaftscapitals sind und in
der Regel auch nur ein kleiner Theil des Vermögens der Directoren selbst. Die Zeit, welche ihr Antheil an der Verwaltung in
Anspruch nimmt, theilt sich gewöhnlich noch mit manchen anderen
Beschäftigungen von eben so großer oder größerer Wichtigkeit für
ihr eigenes Interesse, das Geschäft ist für niemanden Hauptsache,
als nur für diejenigen, welche besoldet werden um es zu führen.
Die Erfahrung beweist jedoch, und Sprichwörter, der Ausdruck
volksthümlicher Erfahrung, bezeugen es, wie viel geringer die Beschaffenheit des gemietheten Dienstes ist, im Vergleich mit der Verwaltung der persönlich bei der Sache Betheiligten, und wie unentbehrlich das beaufsichtigende Auge des Herrn, wenn gemietheter
Dienst benutzt werden muß.
Die erfolgreiche Führung einer industriellen Unternehmung
erfordert zwei ganz verschiedene Eigenschaften: Redlichkeit und Eifer.
Die Redlichkeit besoldeter Verwalter eines Geschäfts kann man
möglicherweise sich sichern. Wenn ihre Aufgabe sich auf eine bestimmte Reihe von Regeln zurückführen läßt, so ist die Verletzung
dieser ein Gegenstand, worüber das Gewissen sich nicht leicht über-
täuben kann und die Verantwortlichkeit durch den drohenden Verlust
der Anstellung eingeschärft wird. Um aber ein großes Geschäft
mit Erfolg zu betreiben, sind Hunderte von Dingen erforderlich,
welche, da sie sich nicht im voraus genau angeben lassen, unmöglich
in bestimmte und positive Verpflichtungen gebracht werden können.
Zuerst und vornehmlich wird erfordert, daß der dirigirende Geist sich
beständig mit dem Gegenstande beschäftige, fortwährend auf Plane
sinne wie ein größerer Gewinn erlangt oder eine Ausgabe erspart
werden könne. Diese innere Kraft des Interesse an der Sache kann
selten bei jemandem erwartet werden, der ein Geschäft als besoldeter
Diener und zum Nutzen eines anderen leitet. In der menschlichen
Natur gibt es Erfahrungen, welche auf der Stelle als ganz richtige
Schlüsse sich ausweisen. Man blicke auf die ganze Classe der
Staatslenker und Minister. Die ihnen anvertraute Aufgabe gehört
zu den interessantesten und anregendsten aller Beschäftigungen; der
persönliche Antheil, den sie selbst vom nationalen Gedeihen oder

Unglück, welches den Staat unter ihrer Leitung trifft, ernten, ist
keineswegs eine Kleinigkeit, und die Belohnungen und Bestrafungen,
welche sie von der öffentlichen Meinung erwarten können, sind von
der einfachen und gleichsam mit Händen zu greifenden Art, welche
am schärfsten gefühlt und im weitesten Kreise gewürdigt werden.
Und dennoch, wie selten ist es, einen Staatsmann zu finden, bei
dem geistige Trägheit nicht mächtiger ist als alle diese Reizmittel!
Wie verschwindend klein ist verhältnißmäßig die Zahl derjenigen,
welche sich damit abmühen Plane der öffentlichen Verbesserung zu
bilden oder nur ihnen Beachtung zu schenken, wofern es nicht für
sie noch mühsamer ist unthätig zu bleiben, oder welche wahrhaft
einen anderen Wunsch haben als sich so durchzuschlagen, daß sie
allgemeinem Tadel entgehen! In kleinerem Maßstabe wissen alle,
die je gemiethete Arbeit benutzt haben, genügend aus eigener Erfahrung, welche Anstrengungen gemacht werden, um im Austausch
gegen den Lohn nur gerade so viel Arbeit zu geben als hinreicht,
um nicht entlassen zu werden. Die ganz allgemeine Nachlässigkeit
häuslicher Dienstboten hinsichtlich der Interessen ihrer Herrschaften,
so weit diese nicht durch eine feste Regel geschützt sind, ist eine
gewöhnliche Bemerkung, es sei denn, daß langes Verbleiben in
demselben Dienst und gegenseitige Gefälligkeiten entweder persönliche
Zuneigung oder ein Gefühl des gemeinschaftlichen Interesse zur
Folge gehabt haben.

Ein anderer Nachtheil der Unternehmungen durch Actiengesellschaften, welcher in gewissem Grade allen Geschäften auf großem
Fuß gemein ist, besteht in dem Außerachtlassen kleiner Gewinne und
geringer Ersparnisse. Bei der Verwaltung eines großen Capitals
und großer Geschäfte, besonders wenn die Verwalter kein bedeutendes eigenes Interesse daran haben, werden kleine Summen leicht
für nicht viel mehr als nichts gerechnet; sie scheinen der Sorge und
Mühe nicht werth, welche ihre Beachtung kostet, und der Ruf der
Liberalität und Freigebigkeit wird durch die Nichtbeachtung solcher
unbedeutenden Dinge billig erkauft. Aber kleine Gewinne und kleine
Ausgaben, oft wiederholt, steigen zu großen Gewinnen und Ver-
lusten. Ein großer Capitalist weiß dies häufig ganz gut zu schätzen
und praktisch zu würdigen und demnach sein Geschäft nach einem
System einzurichten, das, wenn es mit einer hinreichend wachsamen
Aufsicht durchgeführt wird, die Möglichkeit der sonst mit einem
großen Geschäft verbundenen Vergeudung ausschließt. Die Verwalter eines Actienunternehmens hingegen widmen sich selten in dem
Maße der Sache, daß sie unablässig und durch jedes Detail des
Geschäfts hindurch ein wahrhaft wirthschaftliches System durch-
führen, selbst wenn es auch zuerst eingeführt worden wäre.

Betrachtungen dieser Art brachten Adam Smith dahin, den Grundsatz auszusprechen, daß man nie erwarten könne, Actiengesellschaften würden sich ohne ein ausschließliches Privilegium erhalten, ausgenommen bei Geschäftszweigen, wie Banken, Versicherungsanstalten und einige andere, die sich bis zu einem beträchtlichen Grade auf feste Regeln zurückführen lassen. Es ist dies jedoch eine der Ueberschätzungen eines richtigen Grundsatzes, die man bei Adam Smith nicht selten antrifft. Zu seiner Zeit gab es wenige Beispiele von Actiengesellschaften, die ohne Monopol auf die Dauer erfolgreich gewesen wären, mit Ausnahme der von ihm angeführten Fälle. Seit jener Zeit ist dies aber bei vielen der Fall gewesen, und die geregelte Steigerung der Gewohnheit wie auch der Fähigkeit für solche Combination wird ohne Zweifel noch viel mehr ins Leben rufen. Adam Smith richtete seine Beobachtung zu ausschließlich auf die überlegene Energie und die unablässigere Aufmerksamkeit, welche bei solchen Geschäften hervortreten, wo der ganze Risico und Gewinn die Personen trifft, die dasselbe leiten; er übersah verschiedene, ein Gegengewicht abgebende Erwägungen, die von so großer Bedeutung sind, um selbst jenen gewichtigen Punkt der Ueberlegenheit zu neutralisiren.

Eine der wichtigsten Erwägungen hierbei ist diejenige, welche sich auf die Intelligenz und Thätigkeit des leitenden Kopfes bezieht. Der Antrieb des eigenen Interesses sichert das größte Maß von Anstrengung, aber diese Anstrengung bedeutet wenig, wenn die angestrengte Intelligenz von untergeordneter Art ist, was nothwendig bei der Mehrzahl der Geschäfte, welche von den hauptsächlich dabei betheiligten Personen selbst geleitet werden, stattfinden muß. Wo das Geschäft groß ist und eine ausreichende Vergütung darbietet, um eine Classe Bewerber von vorzüglicherer Tüchtigkeit als der gewöhnliche Durchschnitt heranzuziehen, ist es möglich, für die allgemeine Geschäftsleitung und auch für alle, besondere Geschicklichkeit erfordernden Beschäftigungen untergeordneter Art Personen auszuwählen, deren besondere Befähigung und ausgebildete Intelligenz ihr geringeres Interesse an dem Ausfall mehr als aufwägen. Ihr größerer Scharfsinn setzt sie in den Stand, selbst bei nur theilweiser Aufmerksamkeit, wahrscheinliche Vortheile zu bemerken, welche gewöhnlichen Leuten bei fortgesetzter Anstrengung ihrer ganzen Aufmerksamkeit nie einfallen; die ihnen zur Gewohnheit gewordene Richtigkeit der Auffassung und des Urtheils bewahrt sie vor Versehen, deren Besorgniß andere davon zurückhält, ihr Interesse bei einem Versuche außerhalb des gewöhnlichen Ganges der Dinge zu wagen.

10*

Ferner ist zu bemerken, wie es keine nothwendige Folge der Verwaltung auch von Actienunternehmungen ist, daß die Angestellten, sei es bei höheren oder untergeordneten Stellen, ganz auf feste Besoldungen angewiesen werden. Auf verschiedene Weise läßt sich das Interesse der Angestellten mit dem pecuniären Erfolg der Unternehmung mehr oder weniger innig verbinden. Es gibt eine lange Reihe von vermittelnden Verhältnissen zwischen dem Arbeiten lediglich für eigene Rechnung und dem Arbeiten für eine im voraus nach Tagen, Wochen und Jahren bestimmte Bezahlung. Selbst bei der gewöhnlichen Arbeit ohne besondere Geschicklichkeit besteht ein solches Arbeiten auf Lieferung oder stückweise und die größere Wirksamkeit solcher Arbeit ist so gut bekannt, daß einsichtsvolle Unternehmer immer dazu greifen, sobald die Art der Arbeit es irgend zuläßt in bestimmte Theile zerlegt zu werden, ohne die Nothwendigkeit einer zu mühsamen Aufsicht, um sich gegen schlechte Ausführung zu schützen. Bei den Verwaltern der Geschäfte von Actiengesellschaften so wie bei der Beaufsichtigung und Controle von Angestellten in vielen Privatetablissements ist es ein ganz gewöhnlicher Gebrauch, das pecuniäre Interesse dieser Leute mit den Interessen der Eigenthümer eng zu verbinden, indem man ihnen einen Theil ihrer Vergütung in der Form eines Procent-Antheils am Gewinne zusagt. Das auf solche Weise für die besoldeten Diener zu Wege gebrachte persönliche Interesse ist freilich seiner inneren Stärke nach nicht mit demjenigen der Eigner des Capitals zu vergleichen, allein es bildet doch einen sehr wesentlichen Antrieb des Eifers und der Sorgfalt, und wenn es zu dem Vorzuge einer höheren Intelligenz hinzukommt, erhebt es die Tüchtigkeit des Dienstes oft über dasjenige, was im allgemeinen die Besitzer selbst für sich zu leisten im Stande sind. Die weiteren Ausdehnungen, welche dieser Grundsatz der Vergütung zuläßt, sind von großer sowohl socialer wie wirthschaftlicher Wichtigkeit und werden in einem späteren Abschnitt unserer Untersuchung näher erörtert werden.

Wie ich bereits im allgemeinen von großen Etablissements im Vergleich mit kleinen bemerkt habe, sobald freie Concurrenz stattfindet, wird der Erfolg überall herausstellen, ob für einen besonderen Fall die Thätigkeit von Privaten oder von Actiengesellschaften sich am besten eignet, denn dasjenige, was wirksamer und wirthschaftlicher ist, wird am Ende durch wohlfeileren Verkauf das andere stets aus dem Felde schlagen.

§. 3. Die Möglichkeit, das große Productionssystem an die Stelle des kleineren zu setzen, hängt selbstverständlich zunächst von der Ausdehnung des Marktes ab. Das große System kann nur dann vortheilhaft sein, wenn eine bedeutende Menge Geschäfte zu verrichten ist; es bedingt daher entweder ein stark bevölkertes und blühendes Gemeinwesen oder eine gute Gelegenheit zum auswärtigen Absatz. Dieser so wie jeder andere Wechsel in dem System der Production ist ferner durch eine fortschreitende Entwicklung des Capitals bedingt. Wenn das Capital eines Landes einen ansehnlichen jährlichen Zuwachs erhält, finden sich meistens bedeutende Summen von Capital, welche angelegt werden sollen. Ein neues Unternehmen läßt sich durch neues Capital viel eher und leichter zu Stande bringen als durch Herausziehen von Capital aus bestehenden Anwendungen. Der Uebergang wird auch sehr erleichtert durch die Anhäufung großer Capitalien in wenigen Händen. Derselbe Betrag des Capitals kann freilich angeschafft werden, indem man viele kleine Summen zusammenbringt, allein abgesehen davon, daß dies nicht für alle Industriezweige gleich gut paßt, setzt es ein viel größeres Maß eines im ganzen Gemeinwesen verbreiteten commerciellen Vertrauens und Unternehmungsgeistes voraus und gehört überhaupt zu einer höheren Stufe des industriellen Fortschrittes.

In den Ländern, wo die größten Märkte, die weiteste Verbreitung von kaufmännischem Vertrauen und Unternehmungsgeist, der größte jährliche Anwachs von Capital und die größte Zahl bedeutender Privatcapitalien vorhanden sind, findet man auch das Streben immer mehr und mehr, in einem Industriezweige nach dem anderen, große Etablissements an die Stelle der kleinen zu setzen. In England, dem großen Typus aller der genannten Charakterzüge, zeigt sich eine beständige Zunahme, nicht allein großer Fabrikanlagen, sondern auch von Läden und Waarenlagern um das Detailgeschäft auf großem Fuß zu betreiben, sobald nur irgendwo eine hinlängliche Zahl von Käufern sich zusammenfindet. Solche Etablissements sind fast immer im Stande, die kleinen Gewerbtreibenden aus dem Felde zu schlagen, theils mittelst der Arbeitstheilung und der Wirthschaftlichkeit, welche dadurch bewirkt wird, daß die Anwendung geschickter Thätigkeit auf die Fälle, wo Geschicklichkeit erforderlich ist, beschränkt wird, theils auch ohne Zweifel durch die Ersparung von Arbeit, die aus dem großen Maßstab der Umsätze entspringt; denn es kostet z. B. ja nicht mehr Zeit und nicht mehr Geistesanstrengung, einen großen Einkauf zu machen als einen kleinen, und bedeutend weniger als viele kleine Einkäufe. Bei ausschließlicher Rücksicht auf Production und möglichst große Leistung der Arbeit ist eine solche Umgestaltung durchaus wohlthätig. In einigen Fällen ist sie indeß mit Nachtheilen verknüpft, aber mehr socialer als wirthschaftlicher Art, die schon bei früherer Gelegenheit angedeutet sind. Welche Nachtheile

man aber auch, als mit dem Uebergang vom kleinen zum großen
Productionssystem verknüpft, vorauszusetzen mag, auf einen Ueber=
gang von einem großen zu noch größerem Maßstabe finden dieselben
keine Anwendung. Ist in einem Geschäftszweige das Vorherrschen
selbständiger kleiner Producenten entweder nie möglich gewesen oder
verdrängt worden, dagegen das System gebräuchlich, viele Arbeiter
unter Eine Leitung zu vereinigen, so ist von dem Zeitpunkte an
jede fernere Steigerung im Maßstabe der Production im allgemeinen
eine entschiedene Wohlthat. Es ist z. B. unverkennbar, eine wie
bedeutende Arbeitsersparung es sein würde, wenn London durch eine
einzige Gas= oder Wassergesellschaft, statt der bestehenden Vielheit
derselben, versorgt würde. Selbst wenn nicht mehr als zwei be=
stänben, so würde dies zweifache Einrichtungen aller Art erheischen,
während eine einzige, nur wenig erweitert, eben so gut die ganze
Verrichtung übernehmen könnte; eine doppelte Anzahl von Ma=
schinen und Werken, wo das gesammte Gas= oder Wassererforderniß
durch die einfache Zahl für gewöhnlich hervorgebracht werden
könnte, selbst doppelte Reihen von Röhren, wenn die Gesellschaften
nicht dieser unnöthigen Ausgabe vorbeugen, indem sie sich über
eine Theilung des Territoriums verständigen. Gäbe es nur Eine
Anstalt, so könnte diese billigere Preise stellen, ohne darum den
jetzt erzielten Gewinn zu schmälern. Es fragt sich aber, ob sie
dies thun würde? Selbst wenn sie es nicht thäte, würde das Ge=
meinwesen in seiner Gesammtheit doch gewinnen; denn die Actio=
naire, die einen Theil des Gemeinwesens bilden, würden einen
größeren Gewinn erhalten, während die Consumenten nicht mehr
als früher bezahlten. Es ist indeß ein Irrthum, anzunehmen, die
Preise würden wirklich durch die Concurrenz der Gesellschaften
niedrig gehalten. Wo es nur sehr wenige Concurrenten gibt, da
verständigen sie sich stets dahin, nicht gegen einander zu concur=
riren. Sie mögen vielleicht auf einen Wettlauf in Betreff der
Wohlfeilheit sich einlassen, um einen neuen Bewerber zu stürzen,
aber sobald er festen Fuß gefaßt hat, kommen sie zu einer Verein=
barung. Wenn daher ein Geschäft von wirklich öffentlicher Wich=
tigkeit mit Vortheil nur auf so großem Fuß betrieben werden kann,
daß die Freiheit der Concurrenz beinahe illusorisch wird, so ist es
eine verschwenderische Verausgabung der öffentlichen Hilfsquellen,
daß verschiedene kostspielige Anlagen unterhalten werden sollen, um
dem Gemeinwesen jenen einen Dienst zu leisten. Solche Anstalten
werden viel richtiger als öffentliche betrieben, und wenn sie nicht
der Art sind, daß die Regierung selbst sie mit Vortheil unternehmen
kann, sollten sie völlig derjenigen Gesellschaft oder Vereinigung
überwiesen werden, welche sie unter den besten Bedingungen für

das Publicum übernehmen will. Bei Eisenbahnen z. B. könnte
doch niemand wünschen, die außerordentliche Verschwendung von
Capital und Land zu sehen, die durch die Herstellung einer zweiten
Bahn zur Verbindung zweier bereits durch eine bestehende Eisen=
bahn verbundenen Plätze bedingt sein würde, während die beiden
ihren Zweck nicht besser erfüllen als es durch eine geschehen
könnte und beide nach kurzer Zeit sicher mit einander verschmolzen
werden. Nur eine einz'ge Linie darf gestattet werden, aber die
Controle über diese darf der Staat nie aus den Händen geben,
außer vielleicht durch eine zeitweilige Verleihung, wie in Frankreich
der Fall vorgekommen. Das Recht, welches das Parlament die
bestehenden Gesellschaften hat erwerben lassen, ist gleich allen
anderen Eigenthumsrechten, die dem Gemeinnutzen entgegenstehen,
in moralischer Hinsicht nur als ein Entschädigungsanspruch zu ver=
theidigen.

§. 4. Die Frage wegen des großen und des kleinen Produc=
tionssystems in Hinsicht des Ackerbaues (zwischen großem und
kleinem Wirthschaftssystem) steht in manchen Beziehungen auf einem
von der allgemeinen Auffassung verschiedenen Grunde. In ihrer
socialen Bedeutung und als ein Element bei der Vertheilung des
Vermögens wird diese Frage uns weiter unten beschäftigen; aber
selbst als eine Frage der Production ist der Vorzug des großen
Systems bei der Landwirthschaft keineswegs so klar erwiesen als
bei Fabriken.

Es ist vorhin schon bemerkt worden, daß die Verrichtungen
des Ackerbaues von der Theilung der Arbeit nur wenig Vortheil
ziehen können. Selbst auf dem größten Landgut sind die Beschäf=
tigungen nur wenig gesondert. Im allgemeinen können dieselben
Leute nicht den Viehstand besorgen, die Marktgeschäfte wahrnehmen
und den Boden bearbeiten; aber viel über diese ursprüngliche und
einfache Eintheilung hinaus wird die Arbeitstheilung nicht geführt.
Die für die Landwirthschaft zulässige Verbindung von Arbeit gehört
in der Hauptsache zu dem von Hrn. Wakefield bezeichneten ein=
fachen Zusammenwirken, wobei verschiedene Personen einander bei
derselben Arbeit zu gleicher Zeit und an demselben Orte helfen.
Meiner Ansicht nach legt aber der genannte Schriftsteller dieser
Art des Zusammenwirkens in Betreff der eigentlichen Landwirth=
schaft mehr Wichtigkeit bei als sie verdient. Keine der gewöhnlichen
landwirthschaftlichen Beschäftigungen erfordert viel davon. Es ist
kein besonderer Vortheil dabei, eine größere Anzahl Leute anzustellen
um zusammen dasselbe Feld zu pflügen oder zu besäen, oder auch
nur zu mähen oder zu ernten, wenn nicht die Zeit drängt. Eine
einzige Familie kann gewöhnlich alle die für diese Zwecke nöthige

Verbindung von Arbeit leisten. Und bei solchen Arbeiten, wo eine
Vereinigung vieler Anstrengungen wirklich Noth thut, läßt sich
selbst auf kleinen Landgütern Anstalt dazu machen.

Die Vergeudung von productiver Kraft in Folge zu großer
Theilung des Grundbesitzes steigt oft zu einem großen Uebelstande,
aber dies gilt vornämlich für eine so weit getriebene Theilung, daß
die Landleute nicht Boden genug besitzen um ihre Zeit anzuwenden.
Bis zu diesem Punkt finden dieselben Grundsätze, welche große
Fabriken empfehlen, auch auf die Landwirthschaft Anwendung. In
Rücksicht auf möglichst große Leistung der Production ist es im
allgemeinen wünschenswerth (obschon auch dieser Satz nicht ganz
unbedingt zu nehmen ist), daß keine ackerbautreibende Familie weniger
Land habe als sie anbauen kann oder als ihren Viehstand und
ihre Werkzeuge vollständig beschäftigt. Dies ist jedoch nicht der
Maßstab großer Landgüter, sondern wird in England zu den sehr
kleinen Landgütern gerechnet. Der große Landwirth hat in Betreff
der Bausachen einige Vortheile. Es kostet nicht so viel eine große
Anzahl Vieh in Einem Gebäude unterzubringen als dies auf gleich
gute Weise in verschiedenen Gebäuden zu thun. Auch bei den
Geräthschaften gibt es für den großen Landwirth einigen Vor=
theil. Ein kleiner Landwirth wird nicht so leicht kostspielige
Werkzeuge besitzen. Aber die hauptsächlichen landwirthschaftlichen
Geräthschaften sind selbst bei der besten Beschaffenheit nicht kost=
spielig. Einem kleinen Landwirth mag es nicht passen, eine
eigene Dreschmaschine anzuschaffen für das wenige Korn, das
er auszudreschen hat; aber es liegt doch kein Grund vor, warum
nicht mehrere Nachbarn zusammen eine solche Maschine gemein=
schaftlich besitzen oder selbige von jemandem gegen entsprechende
Vergütung sollten geliehen erhalten können, namentlich bei trans=
portablen Dampfpflügen*). Der große Landwirth kann ferner
im Fuhrwesen etwas sparen. Der Transport einer geringen Menge
Producte nach dem Markt macht beinahe eben so viel Umstände,
als von einer weit größeren Menge; desgleichen das Herbeiführen
eines kleineren und eines größeren Quantums Dünger oder von
Artikeln zum täglichen Verbrauch. Auch kommt hierbei die bedeu=
tendere Wohlfeilheit bei größeren Einkäufen in Betracht. Diese

---

*) Die oben stehenden Bemerkungen dürften später einige Modificationen
erfordern in Folge solcher Erfindungen wie Dampfpflug und Mähmaschine.
Der Einfluß solcher Verbesserungen auf die vergleichsweisen Vorzüge der
großen und kleinen Landwirthschaft wird übrigens nicht von deren Wirksamkeit
abhängen, sondern von ihren Kosten. Meiner Ansicht nach braucht man nicht
zu erwarten, daß diese Kosten der Art sein werden, um sie kleinen Landwirthen
oder Vereinen kleiner Landwirthe unzugänglich zu machen.

verschiedenen Vortheile müssen freilich von einiger Bedeutung sein, aber es scheint nicht, daß sehr großes Gewicht darauf zu legen sei. In England hat man seit einigen Generationen hinsichtlich kleiner Landstellen wenig Erfahrung. In Irland dagegen ist die Erfahrung sehr umfassend, und zwar nicht nur unter schlechter sondern auch unter der besten Verwaltung, und die geachtetsten irländischen Autoritäten können gegen die über diese Frage in England gewöhnlich vorherrschenden Ansichten angeführt werden. Hr. Blacker*) z. B., einer der erfahrensten Landwirthe, der im Norden von Irland manche erfolgreiche Verbesserungen eingeführt hat und dessen Erfahrung sich hauptsächlich auf die bestangebauten, zugleich aber am meisten getheilten Gegenden des Landes begründen, war der Meinung, daß Pächter, welche Stellen unter fünf bis acht oder zehn Acres haben, bequem leben und dabei eine eben so hohe Rente wie irgend ein großer Pächter bezahlen können. „Ich bin fest überzeugt," sagt er, „daß der kleine Pächter, welcher selbst den Pflug führt und gräbt, wenn er einen passenden Fruchtwechsel auf seinem Gute befolgt und sein Vieh im Hause füttert, mit dem großen Pächter sehr gut concurriren kann — oder mit anderen Worten, daß er eine Rente bezahlen kann, welche letzterer nicht geben kann. Der englische Pächter von 700—800 Acres ist eine Art Mann, die man unter dem Namen eines Gentleman farmer kennt. Ein solcher muß sein Reitpferd und sein Gig haben und vielleicht auch einen Aufseher um auf die Arbeiter zu achten; er selbst ist gewiß nicht im Stande, die laufende Arbeit auf einem Gute von 800 Acres gehörig zu beaufsichtigen." Nach wenigen anderen Bemerkungen fügt er dann hinzu: „Außer allen solchen Abzügen, von denen der kleine Pächter wenig weiß, ist eine große Ausgabe damit verbunden, den Dünger nach weiter Entfernung hin zu fahren und die Ernte wieder einzubringen. Ein einziges Pferd verbraucht den Ertrag von mehr Land, als einen kleinen Pächter nebst Frau und zwei Kindern ernähren würde. Und was mehr bedeutet als alles, der große Landwirth sagt zu seinen Arbeitern: geht an eure Arbeit; wenn aber der kleine Landmann Veranlassung hat sie zu miethen, so sagt er: kommt. Jeder nachdenkende Leser wird diesen Unterschied gewiß verstehen."

Zu den am meisten geltend gemachten Einwendungen gegen kleine Landgüter gehört, daß dieselben im Verhältniß zu ihrer Ausdehnung keine so große Zahl Vieh halten noch auch halten können wie große Landgüter, und daß die Folge hiervon ein solcher Mangel

---

*) Prize Essay on the Management of Landed Property in Ireland, by William Blacker, Esq. (1837) p. 23.

an Dünger ist, daß ein sehr getheilter Boden immer verarmen
muß. Man wird jedoch finden, daß Zertheilung dies nur in den
Fällen zur Folge hat, wo das Land in Hände so armer Anbauer
kommt, daß diese einen für die Größe ihres Guts zu geringen
Viehstand haben. Ein kleines Landgut und ein karg ausgestattetes
sind keineswegs gleichbedeutend. Um einen gehörigen Vergleich anzustellen, muß man annehmen, daß dieselbe Summe Capital, die
im Besitze der großen Landwirthe ist, unter den kleinen vertheilt
sei. Wenn diese Bedingung ganz oder auch nur annähernd vorhanden und Stallfütterung üblich ist (und letztere wird jetzt selbst
auf großen Landgütern mehr und mehr als gute Wirthschaft betrachtet), so wird die Behauptung, daß Landwirthschaft im kleinen
der Vermehrung des Viehstandes ungünstig sei, nicht nur nicht
gestützt, sondern gerade das Gegentheil erwiesen. Der Ueberfluß
an Vieh und der reichliche Gebrauch von Dünger auf den kleinen
Landgütern in Flandern sind die auffallendsten Züge in jener
flämischen Landwirthschaft, welche die Bewunderung aller sachverständigen Beurtheiler in England und auf dem Continent ist *).

Wenn die kleine, oder vielmehr die bäuerliche Landwirthschaft,
im Vergleich mit deren Betrieb durch Capitalisten, im Nachtheil
steht, so muß dies hauptsächlich in der minderen Geschicklichkeit
und Kenntniß seinen Grund haben; es ist aber nicht richtig, daß letzteres die allgemeine Regel ist. Länder mit kleinen Landgütern und
Bauerwirthschaften, wie Flandern und Italien, hatten früher als
England eine gute Landwirthschaft, und im ganzen genommen, ist der
Ackerbau jener Länder noch jetzt der beste auf der Welt. Die er-
fahrungsmäßige Geschicklichkeit, welche die Folge täglicher und
genauer Beobachtung ist, besitzen die Bauern oft in ausgezeichnetem
Grade. Die überlieferte Kenntniß beim Weinbau z. B., welche
die Bauern solcher Länder, wo die besten Weine erzeugt werden,
besitzen, ist außerordentlich. Es fehlt dort freilich sicherlich an
wissenschaftlicher Bildung oder wenigstens an Theorie, und bis-

---

*) Die Anzahl Vieh, welche auf einem Gute, wo aller Boden unter dem
Pfluge (sagt die vortreffliche Abhandlung, welche über flämische Landwirthschaft
in der Bibliothek der Society for the diffusion of useful knowlegde veröffentlicht ist), überrascht alle diejenigen, welche mit der Weise, wie das Futter
für das Vieh bereitet wird, unbekannt sind. Ein Stück Vieh auf je drei
Acres ist dort ein ganz gewöhnliches Verhältniß, und wo viele kleine Landgüter
sind, wo die Bearbeitung mit dem Spaten vorherrscht, ist das Verhältniß noch
größer. — Sehr verständige Bemerkungen hierüber findet man auch in dem
trefflichen Werke von Paſſy Des Systèmes de culture et de leur influence
sur l'économie sociale, S. 116—120, — eine der unbefangensten Untersuchungen über die beiden landwirthschaftlichen Systeme, welche bis jetzt in
Frankreich erschienen sind.

zu einem gewissen Maße auch an Verbesserungssinn, so weit als
es die Einführung neuer Verfahrsarten betrifft. Es fehlt dort
auch an Mitteln um Versuche anzustellen, denn diese können selten
anders mit Vortheil angestellt werden als durch reiche Eigenthümer
oder Capitalisten. Was solche systematische Verbesserungen betrifft,
welche zu gleicher Zeit auf einem großen Landstrich vorzu=
nehmen sind (wie z. B. größere Werke zur Trockenlegung oder
Bewässerung von Ländereien), oder die aus irgend einem anderen
Grunde eine große Anzahl von Leuten, die ihre Arbeit vereinigen,
erfordern, so können diese im allgemeinen nicht von kleinen Pächtern
noch selbst von kleinen Eigenthümern erwartet werden; indeß ist
bei diesen Vereinigung für solche Zwecke keineswegs ohne Beispiel,
und wird mehr und mehr in Aufnahme kommen, so wie ihre Ein=
sicht sich ausbildet.

Gegen diese Nachtheile muß aber in Anschlag gebracht werden,
daß wo der Landbesitz von der fraglichen Art ist, eine so eifrige
Betriebsamkeit stattfindet, wie sie bei jeder andern Weise des Acker=
bau's durchaus ohne Beispiel ist. Hierüber ist das Zeugniß com=
petenter Beobachter einstimmig. Die Wirksamkeit der kleinen
Wirthschaft (petite culture) kann da nicht gehörig beurtheilt
werden, wo der kleine Landwirth lediglich ein Pächter, und dies
nicht einmal auf feste Bedingungen hin ist, sondern (wie vor kurzem
in Irland) zu einer nominellen Rente, die größer ist als bezahlt
werden kann, und in praktischer Hinsicht also zu einer wechselnden
Rente, die immer die größtmögliche Höhe erreicht. Um das in
Rede stehende Verhältniß zu verstehen, muß es dort studirt werden,
wo der Landwirth Eigenthümer oder wenigstens Halbpächter
(métayer) mit beständigem Besitz ist, wo die Arbeit, welche er
daran wendet den Ertrag und Werth des Landes zu steigern,
ganz oder doch jedenfalls theilweise ihm selbst und seinen Nach=
kommen zu gute kommt. In einer andern Abtheilung dieses Werks
wird die wichtige Frage des Landbesitzes ausführlich erörtert und
bis dahin jeder Beleg für die erstaunliche Erwerbthätigkeit bäuer=
licher Eigenthümer aufgeschoben werden. Es möge hier genügen,
an die außerordentliche Höhe des Rohertrags erinnert zu werden,
den englische Arbeiter, selbst ohne beständigen Pacht, aus den ihnen
angewiesenen kleinen Landparcellen gewöhnlich ziehen — einen ohne
Vergleich bedeutenderen Ertrag als der große Landwirth aus dem=
selben Stück Land zieht oder zu ziehen in seinem Interesse
finden würde.

Folgendes ist meiner Ansicht nach der wahre Grund, weshalb
im allgemeinen die große Landwirthschaft nur dann die vortheil=
hafteste ist, wenn man sie blos als zinstragende Vermögensanlage

betrachtet. Land, das ein großer Pächter übernommen hat, wirft keinen so hohen Pacht ab und es wird nicht so viele Arbeit darauf angewendet. Dies geschieht nicht wegen einer Ersparung, die aus der Combination der Arbeit hervorgeht, sondern weil durch ge= ringere Arbeitsanwendung im Verhältniß zu der Auslage eine größere Einnahme erlangt wird. Es kann niemanden con= veniren, andere für alle die Arbeitsanstrengungen zu bezahlen, welchen ein Bauer oder selbst der Besitzer eines ihm an= gewiesenen Stückes Landes sich gerne unterzieht, wenn die Früchte sämmtlich ihm zufallen sollen. Diese Arbeit ist jedoch gar nicht unproductiv; sie vermehrt durchweg den Rohertrag. Mit gleicher Geschicklichkeit und Kenntniß erhält der große Pächter nicht so viel vom Boden als der kleine Eigenthümer oder der kleine Pächter bei entsprechendem Antriebe zur Anstrengung; wenn aber seine Einnahme geringer ist, so ist seine Arbeit in noch größerem Maße geringer, und da für jede Arbeit, die er verwendet, bezahlt werden muß, so ist es für ihn nicht vortheilhaft, dieselbe in größerem Umfange zu beschäftigen.

Wenn nun gleich der Rohertrag des Bodens, unter sonst gleichen Bedingungen, bei der Landwirthschaft im kleinen am größten und ein Land bei diesem System demnach eine größere Bevölkerung zu ernähren im Stande ist, so wird doch im allgemeinen von englischen Schriftstellern angenommen, daß der sogenannte Reiner= trag, d. h. der Ueberschuß, nachdem der Unterhalt der Bearbeiter des Bodens in Abzug gebracht ist, kleiner sein müsse, daß also auch die für sonstige Zwecke zu verwendende Bevölkerung, wie für Fabriken, Handel und Schifffahrt, für die Landesvertheidigung, für die Verbreitung von Kenntnissen, für die höheren Wissenschaften, für die verschiedene Regierungsthätigkeit, für die Künste und die Literatur, welche Beschäftigungen in ihrem Bestande gänzlich von jenem Ueberschuß abhängen, minder zahlreich sein werde — daß demnach eine solche Nation (die Frage wegen der Lage der eigent= lichen Landbauer bei Seite gesetzt) in den hauptsächlichen Elementen der internalen Macht und in manchen des allgemeinen Wohlbefindens auf einer niedrigeren Stufe stehen müsse. Man hat dies jedoch viel zu leicht als bewiesen angenommen. Unzweifelhaft wird beim kleinen Wirthschaftssystem die nicht=ackerbautreibende Bevölkerung in einem geringeren Verhältniß zur ackerbautreibenden stehen als bei der Cultur im großen. Daß sie jedoch an und für sich minder zahl= reich sein werde, ist auf keine Weise daraus zu schließen. Wenn die Gesammtbevölkerung größer ist, so kann der nicht=ackerbau= treibende Theil an sich zahlreicher sein und doch in einem geringeren Verhältnisse zum ganzen stehen; wenn der Rohertrag größer ist, so

kann auch der Reinertrag größer sein und doch ein geringeres Ver=
hältniß zum ersteren aufweisen. Sogar Hr. Wakefield scheint
diese verschiedenen Begriffe mitunter zu verwechseln. In Frankreich
rechnet man, daß zwei Dritttheile der ganzen Bevölkerung sich mit
der Landwirthschaft beschäftigen, in England höchstens ein Dritttheil.
Hieraus schließt Hr. Wakefield, daß „weil in Frankreich nur drei
Personen durch die Arbeit von zwei Landbauern ernährt werden,
während in England die Arbeit von zwei Landbauern sechs Leute
ernährt, der englische Ackerbau zweimal so productiv sei als der
französische" — was er der bedeutenderen Leistung der großen
Landwirthschaft mittelst der Combination der Arbeit zuschreibt. Erstens
sind aber die Thatsachen selbst überschätzt. Die Arbeit zweier
Personen reicht in England nicht ganz aus, um sechs Leute zu
ernähren, denn von fremden Ländern und von Irland werden nicht
wenig Lebensmittel eingeführt; und in Frankreich gewährt die
Arbeit zweier Landbauer viel mehr als den Unterhalt für drei
Personen. Sie versorgt die drei Personen und gelegentlich auch
Auswärtige mit Flachs, Hanf und bis zu einem gewissen Maße
mit Seide, Oel, Taback, und producirt seit kurzem auch Zucker,
welche letzteren Artikel in England sämmtlich vom Auslande bezogen
werden. Fast alles in Frankreich gebrauchte Bauholz ist im Lande
selbst gewachsen, fast alles was davon in England gebraucht wird,
ist eingeführt. In Frankreich wird Feuerung hauptsächlich durch
Personen, die zu der landwirthschaftlichen Bevölkerung gerechnet
werden, herbeigeschafft; in England durch Personen, die nicht dazu
gerechnet werden. Häute und Wolle bringe ich nicht in Anrechnung,
weil diese Producte beiden Ländern gemeinsam sind, noch auch Wein
oder Branntwein zum einheimischen Verbrauch, weil England eine
entsprechende Production von Bier und Spirituosen hat. Allein
England hat keine erhebliche Ausfuhr von einem dieser Artikel,
während Frankreich die ganze Welt mit Wein und Spirituosen ver=
sieht. Früchte, Eier und derartige geringere Ausfuhrartikel des
landwirthschaftlichen Betriebs werden hierbei nicht gerechnet. Um
jedoch diesen Abzügen keine zu große Bedeutung beizulegen, wollen
wir die Aufstellung nehmen wie sie einmal ist. Angenommen, daß
zwei Personen in England wirklich den Unterhalt von sechs hervor=
bringen, während in Frankreich dafür die Arbeit von vier Personen
erfordert wird, folgt daraus, daß England einen größeren Ueber=
schuß für den Unterhalt einer nicht=ackerbautreibenden Bevölkerung
haben muß? Nein, sondern nur daß England zwei Dritttheile seines
ganzes Ertrages zu diesem Zwecke hergeben kann statt Eines
Dritttheils. Angenommen, der Ertrag sei zweimal so groß und
das eine Dritttheil betrage so viel wie die zwei Dritttheile; dabei

könnte es vorkommen, daß in Folge der größeren Arbeitsmenge,
die nach dem französischen System angewendet wird, derselbe Boden
Nahrung für zwölf Personen hervorbrächte, der nach dem englischen
System nur für sechs ausreichen würde. Wenn sich dies nun so
verhielte (was sich mit den Bedingungen unserer Hypothese gut
vereinigen läßt) so würden, obschon die Nahrung für Zwölf durch
die Arbeit von Acht hervorgebracht wird, während die Sechs durch
die Arbeit von nur Zwei ernährt werden, in dem einen Lande
eben so viele Hände für andere Beschäftigung verfügbar bleiben, wie
in dem andern. Es soll nicht behauptet werden, daß dem so ist;
ich weiß, daß der Rohertrag eines Ackers in Frankreich durchschnittlich viel geringer auskommt als in England und daß im Verhältniß zu der Ausdehnung und Fruchtbarkeit beider Länder England
in dem hier in Betracht kommenden Sinne eine bei weitem größere
sonst verfügbare Bevölkerung hat. Aber dies Mißverhältniß ist
gewiß nicht nach dem einfachen Kriterium Wakefield's zu bemessen. Mit gleichem Rechte könnte man behaupten, daß die landwirthschaftliche Arbeit in den Vereinigten Staaten, wo nach einer
der letzten Volkszählungen von je fünf Familien vier beim Ackerbau beschäftigt erscheinen, noch unergibiger sei als in Frankreich.

Die niedrige Stufe der französischen Landwirthschaft (die, wenn
man das Land als ein Ganzes nimmt, als wirklich vorhanden nicht
in Abrede zu stellen ist, wenngleich das Verhältniß oft übertrieben
wird) ist vermuthlich mehr der durchschnittlich geringeren Geschicklichkeit und Energie in jenem Lande überhaupt als einer besonderen
Ursache zuzuschreiben. Selbst wenn es zum Theil die Wirkung
einer zu weit gehenden Theilung des Bodens wäre, so beweist dies
noch nicht, daß kleine Landwirthschaft nachtheilig ist, sondern nur,
daß die Landgüter in Frankreich häufig zu klein sind, was unzweifelhaft der Fall ist, und daß, was noch schlimmer ist, der
Boden in eine fast unglaubliche Anzahl kleiner Streifen und
Theilchen zerstückelt ist, die sehr unpassend getrennt und von einander entfernt liegen.

Die Frage, ob in Rücksicht, nicht des Roh-, sondern des Reinertrages das große oder das kleine Wirthschaftssystem den Vorzug
verdient, besonders wo der kleine Landmann zugleich der Eigenthümer ist, kann noch nicht als entschieden angesehen werden. Ueber
diese Frage sind gegenwärtig competente Beurtheiler verschiedener
Ansicht. In England ist im allgemeinen die Meinung zu Gunsten
großer Landgüter; auf dem Continent scheint die entgegenstehende
Ansicht die gewichtigsten Autoritäten für sich zu haben. Professor
Rau, der Verfasser eines der inhaltreichsten und gründlichsten
Lehrbücher über Volkswirthschaft, stellt es als eine ausgemachte

Wahrheit hin, daß kleine oder mäßig große Landgüter nicht nur einen größeren Roh=, sondern auch Reinertrag liefern; er fügt indeß hinzu, es sei wünschenswerth, daß es einige große Eigen= thümer gebe, um neue Verbesserungen in Gang zu bringen. Das mir bekannt gewordene unbefangenbste und umsichtigste Urtheil hierüber ist das von Hrn. Paſſy. Dieſer erklärt ſich (es iſt immer der Reinertrag gemeint) zu Gunſten großer Landgüter in Rückſicht auf Getreide und Viehfutter, hinſichtlich ſolcher Arten des Anbau's aber, die viel Arbeit und Aufmerkſamkeit erfordern, gibt er der kleinen Landwirthſchaft entſchieden den Vorzug; hierzu zählt er nicht allein Wein und Oelbäume, wobei auf jede einzelne Pflanze eine beträchtliche Sorgfalt und Arbeit verwendet werden muß, ſondern auch Rüben, Gemüſe und ſolche Pflanzen, die Stoffe zur Fabrication hergeben. Alle Autoritäten ſtimmen darin überein, daß Kleinheit und demgemäße Vervielfältigung von Landſtellen einem reichlichen Ertrag an vielen minder bedeutenden landwirthſchaftlichen Producten ſehr zuträglich ſei *).

Es leuchtet von ſelbſt ein, daß jeder Arbeiter, welcher dem Boden mehr als ſeine eigene und ſeiner Familie Nahrung abge= winnt, die Mittel zum Unterhalt einer nicht=landwirthſchaftlichen Bevölkerung vermehrt. Selbſt wenn ſein Ueberſchuß nicht mehr beträgt als um Kleidungsſtücke für ſich zu kaufen, ſo ſind doch die Arbeiter, welche die Kleidungsſtücke verfertigen, eine nicht=landwirth= ſchaftliche Bevölkerung, deren Exiſtenz durch die von ihm producirte Nahrung möglich geworden. Jede landwirthſchaftliche Familie, welche ihren eigenen Bedarf hervorbringt, vermehrt den Reinertrag des Ackerbau's, und daſſelbe findet bei jeder andern auf dem Lande lebenden Perſon ſtatt, welche, indem ſie ſich in Beziehung darauf beſchäftigt, zu dem Rohertrage mehr beiträgt, als die von ihr ver= brauchten Nahrungsmittel. Es iſt fraglich, ob ſelbſt in den am meiſten getheilten Gegenden Europa's, welche von den Eigenthümern bewirthſchaftet werden, die Vermehrung der Hände in Bezug auf den Boden dieſer Grenze ſich ziemlich genähert hat oder ſich ihr zu nähern im Begriff ſteht. Obſchon in Frankreich die Theilung des Bodens ohne Widerrede zu weit geht, ſo iſt es doch ausge= macht, daß dieſelbe lange nicht den Punkt erreicht hat, wo ſie die Fähigkeit, eine nichtlandwirthſchaftliche Bevölkerung zu ernähren, zu vermindern anfangen würde. Dies zeigt ſich in dem bedeutenden

---

*) Im Nord=Departement bemerkt Hr. Paſſy (Des Systèmes de cul- ture, p. 114) ergibt ein Landgut von 20 Hektaren an Kälbern, Milch, Eiern, Geflügel, zuweilen 1000 Frcs. im Jahre. Nach Abzug der Unkoſten iſt dies eine Erhöhung des Reinertrags um 15 bis 20 Frcs. per Hektare.

Anwachs der Städte, welcher in letzterer Zeit in einem viel größeren
Verhältniß als die Bevölkerung im allgemeinen zugenommen hat *),
was darauf hinweist, daß selbst nach diesem Maßstabe die Productivität der Landwirthschaft im Zunehmen sein muß, es sei denn,
daß die Lage der städtischen Arbeiter sich rasch verschlimmere, zu
welcher Voraussetzung kein Grund vorliegt. Hierzu kommt noch
der vollständigste Beweis, daß in den Gegenden Frankreichs mit
verbesserter Landwirthschaft, so wie in einigen, in denen bis letzthin
noch keine solche Verbesserung stattgefunden hat, eine bedeutend vermehrte Consumtion der Bodenerzeugnisse durch die Landbevölkerung
selbst stattfindet.

Im vorliegenden Capitel sind wir auf die Frage wegen großer
und kleiner Landwirthschaft in keiner anderen Beziehung eingegangen
als nur in Rücksicht auf die Production und die Wirksamkeit der
Arbeit. Wir werden auf die Frage zurückkommen, insofern sie auf
die Vertheilung des Ertrags und das leibliche und gesellschaftliche
Wohlsein der Ackerbauer selbst von Einfluß ist, in welcher Hinsicht die Frage eine noch weiter eingehende Prüfung verdient und
erheischt.

<hr />

Capitel X.

Vom Gesetze der Arbeitsvermehrung.

§. 1. **W**ir haben nun nach der Reihe die einzelnen Factoren
oder Bedingungen der Production und die Mittel, wodurch die
Wirksamkeit dieser verschiedenen Factoren gefördert wird, betrachtet.
Um die Fragen, die sich ausschließlich auf die Production beziehen,
gänzlich zu erledigen, bleibt noch eine übrig, und zwar eine von
vorwiegender Wichtigkeit.

Die Production ist nicht etwas Festes, sondern Forschreitendes.
Wenn schlechte Staatseinrichtungen oder ein niedriger Zustand der

<hr />

*) In der Zwischenzeit des Census von 1851 und desjenigen von 1856
hat die Bevölkerungszunahme allein in Paris diejenige von ganz Frankreich
übertroffen, während fast alle übrigen größeren Städte gleichfalls eine solche
Zunahme zeigen.

Künste des Lebens nicht hemmend entgegentreten, so hat der Ertrag
der Erwerbthätigkeit gewöhnlich die Tendenz zu steigen. Der
Antrieb hierzu geht nicht allein aus von dem Wunsche der Producenten ihre Mittel zu vermehren, sondern wird auch durch die
zunehmende Zahl der Consumenten gegeben. Nichts in der Volkswirthschaft kann von größerer Wichtigkeit sein, als das Gesetz dieser
Zunahme der Production zu vergewissern: welchen Bedingungen sie
unterliegt, ob sie, praktisch genommen, Grenzen hat und welche
diese sind. Auch gibt es in der Volkswirthschaft keinen Gegenstand,
der gewöhnlich weniger verstanden wird und bei dem die begangenen
Irrthümer größeres Unheil anzurichten geeignet sind und dies wirklich thun. Wir haben gesehen, daß es drei wesentliche Erfordernisse der Production gibt: Arbeit, Capital und natürliche Factoren.
Der Ausdruck Capital umfaßt alle äußerlichen und physikalischen
Erfordernisse, welche das Ergebniß der Arbeit sind; der Ausdruck
natürliche Factoren alle diejenigen, welche dies nicht sind. Unter den
natürlichen Factoren brauchen wir indeß diejenigen nicht in Anrechnung
zu bringen, welche in unbegrenzter Menge existirend der Aneignung
nicht ausgesetzt und, niemals ihre Beschaffenheit ändernd, immer
bereit sind, der Production einen gleichmäßigen Beistand zu leisten,
wie groß die Ausdehnung derselben auch sein mag, z. B. Luft und
Sonnenlicht. Indem wir jetzt dabei sind die Hindernisse der Production, nicht ihre Erleichterungen zu betrachten, haben wir nicht
nöthig, andere natürliche Factoren zu berücksichtigen, als solche, bei
denen, sei es in Hinsicht der Menge oder der productiven Kraft,
ein Mangel oder eine Abnahme stattfinden kann. Diese alle dürften
durch den Ausdruck Land zu bezeichnen sein. Land oder Boden, in
seiner engsten Auffassung als die Quelle des landwirthschaftlichen
Ertrages, ist hierbei jedenfalls die Hauptsache. Wenn wir den Ausdruck auf Minen und Fischerei — auf das, was in der Erde selbst
oder in den sie zum Theil bedeckenden Gewässern gefunden wird
— so wie auf das was auf ihrer Oberfläche wächst oder sich ernährt,
ausdehnen, so umfaßt derselbe alles und jedes, um das wir uns
für jetzt zu bekümmern haben.

Wir können also, ohne eine größere Anspannung des Sprachgebrauchs als unter den nothwendigen Erläuterungen zulässig erscheint, behaupten: die Erfordernisse der Production seien Arbeit,
Capital und Land. Die Vermehrung der Production hängt also
ab von den Eigenthümlichkeiten dieser Elemente. Sie ist das Ergebniß entweder der Vermehrung der Elemente an sich oder ihrer
gesteigerten Productivität. Das Gesetz der Productionsvermehrung
muß eine natürliche Folge der Gesetze dieser Elemente sein; die
Grenzen der Productionsvermehrung müssen eben die Grenzen sein,

welche durch diese Gesetze gesteckt werden. Wir werden nun die
drei Elemente der Reihe nach mit Rücksicht auf diese Einwirkung
in Betracht ziehen, oder mit andern Worten, das Gesetz der Productionsvermehrung, wie solche erstlich von der Arbeit, dann vom
Capital und schließlich vom Lande abhängt.

§ 2. Die Vermehrung der Arbeit ist gleichbedeutend mit der
Vermehrung der Menschen, der Bevölkerung. Die durch Malthus'
Schrift angeregten Erörterungen haben das wahre Verhältniß, obschon selbiges noch keineswegs allgemein zugegeben wird, doch so
vollständig bekannt gemacht, daß eine kürzere Prüfung der Frage
als sonst nöthig gewesen wäre für die vorliegende Gelegenheit vermuthlich genügen wird.

Die Fähigkeit der Vervielfältigung, die allem organischen Leben
eigen ist, kann als unendlich angesehen werden. Es gibt keine
Pflanzen- oder Thiergattung, welche, wenn die Erde ihr und den
Dingen, die zu ihrer Ernährung dienen, gänzlich überlassen wäre,
nicht in einer kleinen Zahl von Jahren sich über jede Gegend des
Erdballs ausbreiten würde, wo das Clima ihre Existenz zuläßt.
Der Grad der möglichen Geschwindigkeit ist bei den verschiedenen
Ordnungen der Wesen verschieden, aber bei allen reicht sie aus,
daß die Erde sehr bald damit angefüllt werden könnte. Es gibt
Gattungen von Pflanzen, wo eine einzige Pflanze in einem Jahre
die Keime von tausend hervorbringt; wenn nur zwei davon zur
Reife kommen, so werden die zwei innerhalb vierzehn Jahre bis
auf sechzehntausend und mehr angewachsen sein. Viele Thiere haben
die Fähigkeit, ihre Zahl in einem Jahre zu vervierfachen; wenn sie
dies nur in einem halben Jahrhundert thun, so werden zehntau-
send im Laufe von zwei Jahrhunderten sich bis zu zwei und einer
halben Million vermehrt haben. Die Fähigkeit der Vermehrung
findet nothwendig in einer geometrischen Progression statt; nur das
numerische Verhältniß dabei ist verschieden.

Die Menschengattung bildet keine Ausnahme von dieser Eigenthümlichkeit organischer Wesen. Ihre Vermehrungs-Befähigung ist
unbegrenzt und ihre wirkliche Vervielfältigung würde außerordentlich
rasch vor sich gehen, wenn diese Befähigung im weitesten Umfange
zur Anwendung käme. Letzteres geschieht indeß niemals, und dennoch hat die Bevölkerung unter besonders günstigen Umständen,
nämlich in einem fruchtbaren Landstrich, der von einem betriebsamen
und civilisirten Gemeinwesen colonisirt worden, mehrere Menschenalter hindurch, abgesehen von frischer Einwanderung, sich anhaltend
binnen nicht viel länger als je zwanzig Jahren verdoppelt*). Daß

---

*) Dies ist bestritten worden; aber die höchste Schätzung, die mir zu
Gesichte gekommen ist, rücksichtlich der Zeit, welche die Bevölkerung in den

der Menschengattung die Befähigung beiwohnt, sich noch über dies Verhältniß hinaus zu vervielfältigen, ergibt sich von selbst, wenn man erwägt, wie groß gewöhnlich die Anzahl der Kinder einer Familie ist, wo das Clima gut ist und frühe Heirathen gebräuch= lich sind, und ein wie geringer Theil derselben bei dem gegenwär= tigen Stande der medicinischen Wissenschaft vor dem Alter der Reife stirbt, wenn die Oertlichkeit gesund und die Familie in ent= sprechender Weise mit Lebensunterhalt versorgt ist. Die Befähi= gung zur Vermehrung wird sehr niedrig geschätzt, wenn man an= nimmt, daß bei einer guten gesundheitlichen Lage des Volks jede Generation die Zahl der vorangehenden Generation verdoppeln kann.

Zwanzig oder dreißig Jahre früher mochten diese Sätze noch einer ausführlichen Beweisführung und Erläuterung bedurft haben. Ihre Richtigkeit ist indeß so einleuchtend und unbestreitbar, daß dieselben gegen alle Arten von Opposition sich Bahn gebrochen haben und gewissermaßen als Axiome zu betrachten sind. Gleich= wohl ruft auch jetzt noch das außerordentliche Widerstreben, welches sich gegen die Anerkennung derselben geltend macht, dann und wann irgend eine ephemere, bald vergessene Theorie an's Licht, wonach unter verschiedenen Umständen auch ein verschiedenes Verhältniß der Bevölkerungszunahme stattfinden soll, indem die Vorsehung die Fruchtbarkeit der Menschengattung den Anforderungen der Gesell= schaft anpasse*). Das Hinderniß für ein richtiges Verständniß des Gegenstandes entspringt nicht aus diesen Theorien, sondern aus

---

Vereinigten Staaten braucht, um sich zu verdoppeln, und zwar unabhängig von den Einwanderern und deren Nachkommenschaft — die Schätzung Carey's — übersteigt nicht dreißig Jahre.

*) Eine von diesen Theorien, die des Hrn. Doubleday, dürfte eine gelegentliche Erwähnung zu erfordern scheinen, da sie letzthin einige Anhänger gefunden hat und aus der allgemeinen Analogie des organischen Lebens eine scheinbare Begründung ableitet. Dieser Theorie zufolge steht die Fruchtbarkeit des Menschengeschlechts und aller übrigen lebenden Wesen in einem umgekehrten Verhältnisse zur Quantität ihrer Nahrung; eine karg ernährte Volksclasse ver= mehrt sich rasch, während hingegen alle Classen, die ihr gutes Auskommen haben, nach physiologischen Gesetzen selten ihre Zahl behaupten, wenn sie sich nicht aus den ärmeren Ständen recrutiren. — Es leidet keinen Zweifel, daß ein bestimmtes Uebermaß bei der Ernährung sowohl bei Thieren wie bei Fruchtbäumen der Reproduction ungünstig ist, und es ist auch möglich, obwohl noch keineswegs bewiesen, daß die physiologischen Bedingungen der Fruchtbarkeit sich am stärksten da finden, wo die Nahrungsmittel nicht zum vollen gereicht werden. Wenn indeß jemand geneigt sein sollte, hieraus Schlußfolgerungen, die mit den Malthus'schen Sätzen im Widerspruch stehen, abzuleiten, der möge nur das Verzeichniß der englischen Peerage zur Hand nehmen und auf die zahlreichen Familien achten, welche fast durchgängig bei dieser Classe vor= kommen, oder er möze sich vergegenwärtigen, wie zahlreiche Familien der Mittelstand in England meistens hat.

ber so verwirrten Auffassung der Ursachen, welche in den meisten
Zeiten und Gegenden die wirkliche Vermehrung des Menschenge=
schlechts weit hinter der Befähigung dazu zurückhalten.

§. 3. Diese Ursachen sind indeß keineswegs geheimnißvoll.
Was verhindert, daß nicht Hasen und Kaninchen die Erde über=
füllen? Nicht Mangel an Fruchtbarkeit, sondern sehr verschiedene
Ursachen: viele Feinde und ungenügende Nahrung — daß sie nicht
genug zu fressen haben und selbst dem Verzehrtwerden unterworfen
sind. Beim Menschengeschlechte, welches diesem letzeren Schicksale
im allgemeinen nicht ausgesetzt ist, gibt es als Aequivalente dafür
Krieg und Krankheiten. Wenn die Vermehrung des Menschen
wie diejenige der Thiere von einem blinden Instincte ausginge, so
würde sie in gleicher Weise wie bei diesen beschränkt werden, die
Geburten würden so zahlreich sein wie die physische Beschaffenheit
der Gattung es gestattete, und durch Todesfälle würde die Be=
völkerung niedergehalten werden*). Das Verfahren menschlicher

---

Es ist überdies von Carey ganz richtig bemerkt worden, daß nach Doubleday's Theorie die Zunahme der Bevölkerung in den Vereinigten Staaten,
abgesehen von der Einwanderung, eine der langsamsten sein müßte.

Carey hat eine ihm eigene Theorie, die ebenfalls auf eine physiologische
Wahrheit gegründet ist, auf den Satz nämlich, daß die Gesammtmenge der Nahrungs=
mittel, welche von einem organischen Körper aufgenommen wird, sich im größten
Verhältnisse denjenigen Theilen des Systems zuwendet, welche am meisten ge=
braucht werden; und er schließt hieraus auf eine künftige Abnahme in der Frucht=
barkeit der Menschen, nicht als Folge einer reichlicheren Ernährung, sondern in
Folge der wachsenden Arbeit des menschlichen Gehirns, wie eine vorschrei=
tende Civilisation sie mit sich bringt. Diese Speculation hat nicht geringe
Wahrscheinlichkeit für sich, und möglicher Weise wird die Erfahrung sie bestätigen.
Aber die Veränderung im menschlichen Organismus, welche diese Theorie vor=
aussetzt, würde, falls sie sich jemals verwirklicht, die erwartete Wirkung doch
eher dadurch herbeiführen, daß sie die physische Selbstbeherrschung erleichtert, als
dadurch, daß sie von der Nothwendigkeit derselben entbindet, da selbst die am
schnellsten vorschreitende Vermehrungsquote, welche bekannt ist, sich mit einer
sehr sparsamen Anwendung der Fortpflanzungskraft ganz wohl verträgt.
　　*) Carey verbreitet sich weitläufig über die Widersinnigkeit der An=
nahme, als ob der Materie die Tendenz innewohne, die höchste Form der
Organisation, die menschliche, in rascherem Zeitverhältniß anzunehmen, als
die niedrigeren Formen, welche die menschliche Nahrung ausmachen; als ob
menschliche Wesen sich rascher fortpflanzten als Rüben und Kohl. Aber die
Grenze für die Zunahme der Menschen hängt nach der Malthusianischen
Lehre nicht von der Vermehrungsfähigkeit der Rüben und Kohlpflanzen ab,
sondern von der beschränkten Menge Landes, auf welchem sie wachsen können.
So lange die Menge Landes thatsächlich unbeschränkt ist, wie dies in den Ver=
einigten Staaten der Fall ist, und in Folge dessen die Nahrungsmittel, bis zu
den nach ihrer natürlichen Beschaffenheit möglichen größten Mengen erzeugt
werden können, kann sich auch die Menschheit in den höchstmöglichen Verhält=
nissen vermehren, ohne daß eine vermehrte Schwierigkeit der Subsistenz=
beschaffung eintritt. Wenn Carey beweisen kann, nicht daß Rüben und

Wesen wird aber überall mehr oder weniger bestimmt durch die Voraussicht der natürlichen Folgen und durch gewisse Impulse, die höher stehen als blos thierische Instincte. Sie pflanzen sich daher nicht fort wie die Schweine, sondern werden, wenn schon in sehr ungleichem Grade, durch Klugheit oder Neigungen socialer Art abgehalten Wesen das Dasein zu geben, die nur zum Elend und frühzeitigen Tode geboren würden. In dem Verhältniß wie die Menschen sich über die Natur der Thiere erheben, wird die Bevölkerungszunahme mehr durch die Furcht vor Mangel als durch den Mangel selbst eingeschränkt. Selbst wo ein förmliches Verhungern nicht in Frage kommt, übt auf sehr viele Personen die Besorgniß das zu verlieren, was von ihnen als für ihre Stellung im bürgerlichen Leben erforderlich betrachtet wird, einen ähnlichen Einfluß. Bisher hat man beim Menschengeschlecht im allgemeinen keine anderen Beweggründe als diese beiden stark genug gefunden um der Tendenz der Vermehrung entgegen zu wirken. Bei einer großen Mehrheit der mittleren und ärmeren Classen ist es üblich gewesen, sobald sie nur von äußerlicher Beschränkung frei sind, so früh zu heirathen und so viele Kinder zu haben als sich damit verträgt sie in der Lebensstellung, worin sie geboren sind oder die sie als die ihrige zu betrachten sich gewöhnt haben, zu erhalten. Unter den Mittelclassen kommt noch in vielen einzelnen Fällen eine fernere Beschränkung hinzu, die aus dem Verlangen hervorgeht, ihre Lage nicht blos zu bewahren, sondern auch zu verbessern; bei den arbeitenden Classen wird ein solches Verlangen selten angetroffen oder hat doch nicht diesen Erfolg. Wenn sie eine Familie in der Weise wie sie selbst aufgewachsen sind ernähren können, so sind selbst die Verständigen unter ihnen gewöhnlich zufrieden. Nur zu oft denken sie nicht einmal hieran, sondern verlassen sich auf den Zufall oder auch auf die in gesetzlicher oder freiwilliger Mildthätigkeit zu findenden Hilfsquellen.

In einem sehr zurückgebliebenen Zustande der Gesellschaft, wie derjenige Europa's im Mittelalter und gegenwärtig noch vieler Theile Asiens, wird die Bevölkerung durch wirkliches Verhungern niedergehalten. Das Verhungern kommt in gewöhnlichen Jahren nicht vor, wohl aber in Zeiten der Theuerung, welche bei jenen Zuständen der Gesellschaft viel häufiger und viel schrecklicher sind als

---

Kohlpflanzen, sondern daß der Boden selbst, oder die in ihm enthaltenen Nährstoffe, eine natürliche Tendenz besitzt sich zu vermehren, und zwar in einem Verhältnisse, welches auch die höchstmögliche Vermehrungsquote der Menschen noch überwiegt, so hat er damit etwas zur Vertheidigung seiner Sache gethan. Bis dahin aber muß wenigstens dieser Theil seines Arguments als nicht vorhanden betrachtet werden.

woran Europa jetzt gewöhnt ist. In solchen Zeiten raffen wirklicher Mangel oder die darauf folgenden Krankheiten eine zahlreiche
Bevölkerung hinweg, welche bei einer Reihe günstiger Jahre wieder
anwächst, um dann später wieder grausam decimirt zu werden. In
einem mehr fortgeschrittenen Zustande sind selbst unter den ärmsten
Volksclassen wenige auf das eben Nothwendigste beschränkt und
die Bevölkerungszunahme wird nicht durch Uebermaß von Todes-
fällen, sondern durch Beschränkung der Geburten zurückgehalten.
Diese Beschränkung wird auf verschiedene Weise herbeigeführt. In
einigen Gegenden ist sie das Ergebniß verständiger oder gewissen-
hafter Selbstbeschränkung. Es gibt eine Lebenslage, an welche
die arbeitende Volksclasse sich gewöhnt hat; die Leute begreifen es,
daß wenn sie zu zahlreiche Familien haben, sie unter diese Lage
hinabsinken müssen oder selbige doch nicht ihren Kindern überliefern
können, und diesem mögen sie sich nicht gern unterziehen. Diejenigen Länder, in denen, so weit bekannt ist, man in solcher Beziehung freiwillig und in hohem Grade am längsten Klugheit
beobachtet hat, sind Norwegen und einige Theile der Schweiz. In
Rücksicht beider Länder hat man höchst zuverlässige Nachweisungen;
viele Thatsachen wurden sorgfältig von Malthus gesammelt und
seit jener Zeit hat man noch manche neue Auskunft erhalten. In
den beiden genannten Ländern geht die Zunahme der Bevölkerung
sehr langsam von statten, und was sie aufhält, ist nicht die Menge
der Todesfälle, sondern die geringe Zahl der Geburten. Sowohl
der Geburten wie der Todesfälle sind im Verhältniß zur Bevölkerung merkwürdig wenige; die durchschnittliche Lebensdauer ist
die längste in Europa; die Bevölkerung umfaßt verhältnißmäßig
weniger Kinder und eine größere Anzahl Personen im kräftigen
Lebensalter als dies in irgend einem anderen Theile der Welt der
Fall ist. Die geringere Zahl der Geburten wirkt direct auf die
Lebensverlängerung hin, indem dadurch das Volk in annehmlichen
Umständen bleibt. Dieselbe Klugheit erweist sich unzweifelhaft
durch Vermeidung der Ursachen von Krankheiten, indem sie deren
Hauptsache, Armuth, fernhält. Es verdient bemerkt zu werden,
daß die beiden Länder, welche sich so ehrenwerth auszeichnen,
Länder mit kleinen Landeigenthümern sind.

Es gibt andere Länder, wo die Klugheit und der Vorbedacht,
welche vielleicht von den Einwohnern selbst nicht bewiesen sein
möchten, von Staatswegen zu ihrem Nutzen in Anwendung gebracht
werden, indem man das Heirathen nicht eher gestattet als bis die
sich verbindenden Paare beweisen können, daß sie Aussicht auf ein
anständiges Auskommen haben. Unter solchen Gesetzen, von denen
weiter unten ausführlicher gehandelt werden wird, soll die Lage

des Volks eine gute sein und uneheliche Geburten sollen nicht so
zahlreich vorkommen wie man erwarten möchte. Es gibt ferner
Gegenden, wo die beschränkende Ursache nicht so sehr in der Klug=
heit der Einzelnen, als in einer allgemeinen und vielleicht selbst
zufälligen Sitte des Landes zu liegen scheint. In den ländlichen
Bezirken Englands ward während des letzten Jahrhunderts das
Wachsen der Bevölkerung wirksam beschränkt durch die Schwierig=
keit, dort eine eigene Wohnung zu erhalten. Für unverheirathete
Arbeiter war es Gebrauch bei ihren Arbeitgebern Logis und Kost
zu finden; für verheirathete Arbeiter dagegen, eine besondere Woh=
nung für sich zu haben. Die Regel der englischen Armengesetze,
wonach einem Kirchspiel der Unterhalt seiner unbeschäftigten Armen
zur Last fiel, machte die Landeigenthümer abgeneigt gegen die Be=
förderung von Heirathen. Gegen Ende des Jahrhunderts ließ die
große Nachfrage nach Menschen für den Krieg und die Fabriken
es als etwas Patriotisches ansehen, die Bevölkerungszunahme zu
befördern. Zu der nämlichen Zeit mehrte sich unter dem Einfluß
einer längeren Dauer hoher Preise bei den Pächtern die Neigung
wie große Herren zu leben, und dies ließ sie wünschen, die Unter=
gebenen in größerer Entfernung von sich zu halten; deshalb und
aus hinzukommenden pecuniären Beweggründen, die aus Miß=
bräuchen bei den Armengesetzen entsprangen, trieben sie ihre Ar=
beiter in besondere Wohnungen, deren Herstellung die Landeigen=
thümer nun nicht länger verwehrten. In einigen Ländern hat,
wie man behauptet, ein altes Herkommen, wonach ein Mädchen
sich nicht verheirathen durfte, bis sie nicht für sich selbst die Aus=
steuer gesponnen und gewebt hatte, als eine wesentliche Beschrän=
kung gegen Zunahme der Bevölkerung gewirkt. In England bemerkt
man gegenwärtig den Einfluß der Klugheit auf die Zurückhaltung
der Bevölkerungszunahme an der verminderten Zahl von Heirathen
in den Fabrikdistricten während solcher Jahre, in denen es mit dem
Verkehre schlecht geht.

    Welche Ursachen es aber auch immer sein mögen, wodurch die
Bevölkerung irgendwo auf ein verhältnißmäßig niedriges Maß der
Zunahme gehalten wird, es bleibt dahinter stets eine ungeheure
Kraft zurück, bereit in Wirksamkeit zu treten, sobald der Druck, der
sie hemmt, abgenommen hat. Verbesserungen in der Lage der arbei=
tenden Classen thun selten mehr als daß sie einen temporären
Spielraum verschaffen, der jedoch durch ein Anwachsen ihrer Zahl
rasch wieder ausgefüllt wird. Der Gebrauch, den sie gewöhnlich
von einer vortheilhaften Veränderung ihrer Umstände machen, findet
in einer Weise statt, welche durch die Vermehrung der Bevölkerung
die darauf folgende Generation jener Wohlthat wieder beraubt. Wo=

fern sie nicht entweder durch ihren allgemeinen intellectuellen und
moralischen Fortschritt oder wenigstens dadurch, daß ihr gewöhn=
licher Maßstab von einem annehmlichen Leben sich steigert, dahin
gebracht werden, ihre günstigen Umstände besser zu benutzen, kann
nichts dauerndes für sie geschehen; die am meisten versprechenden
Aussichten enden damit, daß sie eine zahlreichere, aber nicht eine
glücklichere Bevölkerung schaffen. Unter dem gewöhnlichen Maß=
stab verstehe ich einen solchen, bis zu welchem hinunter die Men=
schen sich noch vermehren werden, aber keinen niedrigeren. Jeder
Fortschritt, den sie in Erziehung, Civilisation und gesellschaftlicher
Verbesserung machen, wirkt auf die Hebung dieses Maßstabes, und
es unterliegt keinem Zweifel, daß derselbe in den mehr fortgeschrit=
tenen Ländern des westlichen Europa's allmälig, wenn auch nur
langsam, steigt. Subsistenzmittel und Beschäftigung haben sich in
England nie rascher vermehrt als in den letzten vierzig Jahren,
allein jeder Census seit 1821 wies eine verhältnißmäßig geringere
Bevölkerungsvermehrung auf als diejenige der vorangegangenen
Periode. Auch in Frankreich steigt der Ertrag der Landwirthschaft
und Industrie progressiv, während sich bei jedem fünfjährigen Cen=
sus ein geringeres Verhältniß der Geburten zur Bevölkerung her=
ausstellt.

Die Bevölkerungsfrage in ihrer Verbindung mit der Lage der
arbeitenden Classen wird jedoch an einer anderen Stelle in Betracht
gezogen werden. Für jetzt haben wir damit nur als mit einem der
Productions=Elemente zu thun. In dieser Rücksicht konnten wir
nicht umhin, die unbegrenzte Ausdehnung ihrer natürlichen Ver=
mehrungskraft hervorzuheben, so wie die Ursachen, derentwegen mei=
stens ein nur sehr kleiner Theil jener unbegrenzten Kraft in wirk=
liche Anwendung kommt. Nach dieser kurzen Andeutung gehen wir
zu den anderen Elementen der Production über.

Capitel XI.

Vom Gesetze der Capital-Vermehrung.

§. 1. In dem vorhergehenden Capitel ist nachgewiesen wor=
den, daß von den drei Erfordernissen der Production — Arbeit,
Capital und Land — es nicht das zuerst genannte Element ist,

welches die Zunahme der Production verhindert. Seitens der Ar=
beit gibt es kein Hinderniß für eine in der Ausdehnung unbe=
grenzte und mit ungehemmter Raschheit fortschreitende Vermehrung
der Production. Die Bevölkerung hat die Fähigkeit, in gleichför=
migem und raschem geometrischem Verhältniß zu wachsen. Wenn
die einzige wesentliche Bedingung der Production in der Arbeit läge,
so könnte ihr Ertrag in gleichem Verhältniß zunehmen und würde
dies auch natürlich thun. Die Production würde keine Grenze
finden bis die Zahl der Menschen aus wirklichem Mangel an Raum
zum Stillstand käme.

Es gibt für die Production aber noch andere Erfordernisse,
und von diesen wollen wir zunächst das Capital in Betracht ziehen.
In einem Lande oder auf der Welt überhaupt können nicht mehr
Menschen leben als von dem Ertrag vorangegangener Arbeit bis=
dahin, daß der Ertrag der neuen Arbeit eingeht, ernährt werden.
In keinem Lande noch in der Welt überhaupt wird es eine größere
Anzahl productiver Arbeiter geben als ernährt werden können von
demjenigen Theile früheren Arbeitsertrages, welcher von dem Ge=
nusse seines Eigenthümers zum Zweck neuer Production erspart ist
— d. h. vom Capital. Wir haben also zunächst die Bedingungen
der Vermehrung des Capitals zu untersuchen, die Ursachen, wodurch
die Geschwindigkeit seiner Vermehrung bestimmt wird und die noth=
wendigen Begrenzungen dieser Vermehrung.

Da alles und jedes Capital das Ergebniß von Ersparung ist,
d. h. von einer im Hinblick auf einen künftigen Genuß geübten
Enthaltsamkeit von sofortigem Verbrauch, so muß die Vermehrung
des Capitals von zwei Dingen abhängen: dem Betrage des Fonds,
von dem die Ersparung stattfinden kann, und der Stärke der Nei=
gungen, die auf die Ersparung hinwirken.

Der Fonds, wovon Ersparung stattfinden kann, ist der Ueber=
schuß des Arbeitsertrages nach Befriedigung des Lebensbedarfs der=
jenigen, welche bei der Production betheiligt sind (einschließlich derer,
die mit der Wiederherbeischaffung der Stoffe und dem Instandhalten
des stehenden Capitals beschäftigt sind). Mehr als dieser Ueber=
schuß kann unter keinen Umständen erspart werden. Obschon aber
die Ersparung niemals so viel beträgt, so könnte es doch geschehen.
Dieser Ueberschuß ist der Fonds, woraus die Genüsse, insofern man
sie von dem nothwendigen Bedarf der Producenten unterscheidet,
befriedigt werden; er bildet ferner auch den Fonds, von dem alle
leben, welche nicht selbst bei der Production thätig sind, und von
dem alle Hinzufügungen zum Capital herrühren. Jener Ueberschuß
st nichts anderes als der wirkliche Reinertrag des Landes. Der
Ausdruck „Reinertrag" wird oft in einem beschränkteren Sinne ge=

nommen, um nur den Gewinn des Capitalisten und die Rente des
Landeigenthümers zu bezeichnen, und zwar mit der Auffassung, daß
nichts in den Reinertrag des Capitals eingeschlossen werden darf
als was dem Eigner desselben nach Ersatz seiner Auslagen zufließt.
Dies ist jedoch eine zu enge Auffassung des Ausdrucks. Das Capital
des Unternehmers bildet das Einkommen der Arbeiter, und wenn
dieses über den Lebensbedarf hinausgeht, so gewährt es ihnen einen
Ueberschuß, den sie entweder für Genüsse ausgeben oder auch aufsparen können. Für alle Zwecke, hinsichtlich derer Veranlassung sein
kann von dem Reinertrag der Erwerbthätigkeit zu sprechen, muß
dieser Ueberschuß eingeschlossen werden. Nur wenn dies geschieht,
gibt der Reinertrag des Landes den Maßstab für dessen wirkliche
Macht, für das, was es für Zwecke des öffentlichen Nutzens oder
individuelle Neigungen ersparen kann; er bildet den Theil des Ertrages, über welchen man nach Belieben verfügen kann, der benutzt
werden kann, um entweder für die Regierung oder Privatpersonen
irgend welche Zwecke zu erreichen oder Wünsche zu erfüllen, welchen
man entweder zur eigenen Befriedigung verwenden oder für künftigen Nutzen aufsparen kann.

Die Größe dieses Fonds — dieses Reinertrages, dieses Ueberschusses der Production über den physischen Bedarf der Producenten
— ist eines der Elemente, welche die Größe der Ersparung bestimmen. Je größer der Arbeitsertrag nach Bestreitung des Unterhalts der Arbeiter, desto mehr ist da, was erspart werden kann.
Eben dies bestimmt auch zum Theil, was wirklich erspart werden
wird. Der Beweggrund zum Sparen besteht theilweise in der
Aussicht von der Ersparniß ein Einkommen herzuleiten — in dem
Umstande, daß zur Production angewendetes Capital im Stande ist,
nicht nur sich selbst wieder hervorzubringen, sondern daneben noch
einen Zuwachs zu verschaffen. Je größer der Gewinn, der durch
Capital erzielt werden kann, desto stärker der Antrieb zur Ansamm-
lung desselben. Was davon die Veranlassung zum Sparen enthält,
bildet freilich nicht das Ganze des Fonds, der die Mittel zum
Sparen hergibt, noch den ganzen Reinertrag des Bodens, des
Capitals und der Arbeit des Landes, sondern nur einen Theil davon,
nämlich denjenigen, welcher die Vergütung des Capitalisten bildet.
Es ist nun leicht einzusehen, selbst bevor noch die weiter unten
folgenden Erläuterungen gegeben werden, daß wenn überhaupt die
Productivität der Arbeit und des Capitals groß ist, auch die Einkünfte des Capitalisten groß sein müssen, und daß zwischen diesen
beiden Dingen gewöhnlich ein gewisses Verhältniß, wenn auch kein
gleichförmiges, sich erhalten wird.

§. 2. Die Neigung zum Sparen hängt indeß nicht gänzlich ab von den äußerlichen Antrieben dazu, von der Größe des Gewinns, der durch das Erſparte erzielt wird. Bei gleichem pecuniären An= triebe iſt bei verſchiedenen Perſonen und in verſchiedenen Gemein= weſen die Neigung dazu ſehr verſchieden. Das wirkſame Verlangen nach Anſammlung — der Anſammlungstrieb — iſt von ungleicher Stärke, nicht allein nach der Mannigfaltigkeit der einzelnen Cha= raktere, ſondern auch nach dem allgemeinen Zuſtande der Ge= ſellſchaft und der Civiliſation. Wie bei allen anderen moraliſchen Eigenſchaften, zeigt auch hierbei das Menſchengeſchlecht große Unter= ſchiede in Gemäßheit der Verſchiedenheit der äußeren Umſtände und der Bildungsſtufen.

Bei Gegenſtänden, deren vollſtändige Erörterung den dieſer Schrift beſtimmten Umfang überſchreiten würde, iſt es für uns höchſt erfreulich, wenn wir im Stande ſind auf andere Werke zu verweiſen, wo die nöthige Entwickelung mit größerer Ausführlich= keit dargelegt iſt. Ueber den Gegenſtand der „Bevölkerung" ward uns dieſer werthvolle Dienſt durch den berühmten „Verſuch" von Malthus geleiſtet. In Betreff des Punktes, der uns jetzt beſchäf= tigt, kann mit gleichem Vertrauen auf ein anderes, obſchon minder bekanntes Werk Bezug genommen werden, nämlich die „Neuen Grundſätze der politiſchen Oeconomie" von Herr Rae*). In keinem anderen mir bekannten Buch werden die Urſachen, welche die An=

---

*) Die angeführte Schrift von Rae iſt eines der nicht ſelten vorkom= menden Beiſpiele, wie viel mehr vom Zufall als von den Eigenſchaften eines Buchs abhängt, um über ſeine Aufnahme zu entſcheiden. Wäre dieſe Schrift zu einer paſſenden Zeit erſchienen und durch die Umſtände begünſtigt worden, würde ſie jegliches Erforderniß zu einem bedeutenden Erfolge gehabt haben. Der Verfaſſer, ein in den Vereinigten Staaten lebender Schotte, verbindet viele Kenntniſſe, eine originelle Auffaſſungsweiſe, eine bedeutende Anlage für philoſophiſche Allgemeinheiten, und eine Art der Darſtellung und Erläuterung, die darauf berechnet iſt, die Begriffe ſagen zu laſſen, nicht allein, was ſie an ſich bedeuten, ſondern noch mehr als dies, welchen Eindruck ſie, wie mir ſcheint, zuweilen auf den Geiſt des Verfaſſers ſelbſt gemacht haben. Der hauptſächliche Fehler des Buchs iſt die Stellung des Antagonismus, die er Adam Smith gegenüber angenommen hat, mit jenem Widerſpruchsgeiſte, den man ſo oft bei denen antrifft, welche neue Gedanken über alte Gegen= ſtände haben. Obſchon ich manche der kritiſchen Bemerkungen für richtig und einige davon für weitgehend halte, ſo nenne ich es einen Fehler, weil in Wirk= lichkeit die Meinungsverſchiedenheit viel unerheblicher iſt als man nach Rae's Aeußerungen vermuthen ſollte, und weil, was er an ſeinem großen Vorgänger Verwundbares gefunden hat, hauptſächlich in dem menſchlichen „zu viel" ſeiner Aufſtellungen liegt; es iſt dies nämlich der Theil, welcher darüber hinausgeht, was entweder erforderlich war oder wirklich benutzt wurde, um die Schluß= folgerungen zu begründen.

sammlung des Capitals bestimmen, sowohl vom Standpunkte der
Theorie als der Geschichte aus besser beleuchtet.

Jede Ansammlung bedingt das Opfer eines gegenwärtigen
Genusses im Hinblick auf einen künftigen Genuß. Die Leichtigkeit
eines solchen Opfers variirt sehr bei den verschiedenen äußeren Zu=
ständen; und die Neigung der Menschen, ein solches Opfer zu bringen,
variirt noch mehr.

Bei Erwägung der Zukunft im Vergleich mit der Gegenwart
ist die Ungewißheit aller künftigen Dinge ein leitendes Element.
Diese Ungewißheit hat verschiedene Abstufungen. „Alle Umstände,
welche die Wahrscheinlichkeit erhöhen, daß wir selbst oder andere
sich der von uns für die Zukunft getroffenen Vorsorge zu erfreuen
haben werden, wirken mit Recht und ganz natürlich dahin, dem
Ansammlungstriebe Stärke zu verleihen. Ein gesundes Clima oder
gesunde Beschäftigung z. B. hat solchen Einfluß, indem sie die
Wahrscheinlichkeit eines längeren Lebens vermehrt. Menschen, welche
in sicheren Lebensweisen beschäftigt sind und in gesunden Gegenden
leben, sind viel mehr geneigt mäßig zu sein als bei ungesunden und
gewagten Beschäftigungen und in gefährlichen Climaten. Seeleute
und Soldaten pflegen Verschwender zu sein. Eben so findet man bei
den Einwohnern von Westindien, Neworleans, Ostindien viel Ver=
schwendung. Wenn dieselben Leute nach den gesunden Gegenden
Europa's kommen, um dort zu bleiben, und sie nicht in den Strudel
übertriebener Vornehmheit hineingerathen, so leben sie wirthschaft=
lich. Krieg und ansteckende Krankheit haben immer unter anderen
Uebeln auch Verschwendung und Luxus in ihrem Gefolge. Aus
solchen Gründen dient alles, was den Angelegenheiten eines Ge=
meinwesens Sicherheit verleiht, zur Verstärkung des hier in Rede
stehenden Princips. In dieser Beziehung haben die allgemeine Auf=
rechthaltung von Gesetz und Ordnung so wie die Aussicht auf die
Fortdauer von Frieden und Ruhe beträchtlichen Einfluß" *). Je
vollkommener die Sicherheit, desto mächtiger ist auch der Ansamm=
lungstrieb. Wo Eigenthum minder sicher ist oder nachtheilige Ver=
mögens=Veränderungen häufiger vorkommen, da wird die Zahl der
Personen, welche sparen, geringer sein, und viele von denen, welche
es thun, werden den Reiz eines höheren Capitalgewinnes verlangen,
um eine zweifelhafte Zukunft der Versuchung des gegenwärtigen Ge=
nusses vorzuziehen.

Dieser Art sind die Erwägungen, die in den Augen der Ver=
nunft den Entschluß, für zukünftige Interessen auf Kosten der Ge=
genwart zu sorgen, bestimmen. Die Neigung der Menschen, dieses

---

*) Rae, a. B. S. 123.

Opfer zu bringen, hängt indeß hiervon nicht allein ab. Die Nei=
gung zum Sparen bleibt oftmals weit hinter dem zurück, was die
Vernunft vorschreiben würde, und zu anderen Malen wird derselben
in übertriebenem Maße nachgegeben.

Schwäche des Ansammlungstriebes kann aus Mangel an Vor=
bedacht oder auch aus Mangel an einem Interesse für andere her=
vorgehen. Mangel an Vorbedacht kann eben so gut mit intellectuellen
wie mit moralischen Ursachen zusammenhängen. Individuen und
Gemeinwesen auf einer sehr niedrigen Stufe der Intelligenz zeigen
stets Mangel an Voraussicht. Es scheint ein gewisses Maß intelec=
tueller Entwickelung nothwendig zu sein, damit etwas Abwesendes,
insbesondere Zukünftiges auf die Einbildung und den Willen mit
einiger Kraft einwirke. Der Einfluß des Mangels an Interesse
für andere wird zugegeben werden, wenn man betrachtet, wie viel
Ersparung gegenwärtig stattfindet, welche mehr das Interesse an=
derer als unser eigenes zum Zwecke hat: die Erziehung der Kinder,
ihr Fortkommen im Leben, das künftige Interesse anderer persön=
licher Verbindungen, der Wunsch, durch das Hergeben von Geld
oder Zeit Gegenstände von öffentlicher oder Privatnützlichkeit zu
befördern. Wenn die Menschheit im allgemeinen sich in dem gei=
stigen Zustande befände, zu dem sich in den Zeiten des Verfalls
des römischen Reichs eine Annäherung zeigte   nämlich der gänz=
lichen Sorglosigkeit für ihre Erben, ihre Freunde, das Publicum,
oder irgend etwas, was sie überlebt — so würde man selten sich
irgend einen Genuß der Ersparung wegen versagen, ausgenommen
was für die eigenen übrigen Lebensjahre nöthig wäre. Dies würde
man in Jahresrenten für die Lebensdauer oder in irgend einer
anderen Form anlegen, welche das Ersparte gleichzeitig mit dem
Leben würde aufhören lassen.

§. 3. Wegen der mannigfachen Abstufungen dieser intellec=
tuellen und moralischen Schwächen herrscht bei verschiedenen Theilen
des menschlichen Geschlechts hinsichtlich der Stärke des Ansamm=
lungstriebes eine größere Abweichung als man gewöhnlich beachtet.

Ein zurückschreitender Zustand der Civilisation ist oft mehr die
Folge eines Mangels in dieser Beziehung als in manchen anderen
Dingen, die mehr die Axfmerksamkeit auf sich ziehen. In den
Verhältnissen eines Jäger=Stammes, kann man sagen, „muß der
Mensch nothwendig leichtsinnig und unbekümmert um das Zukünf=
tige sein, weil in diesem Zustande die Zukunft nichts bietet, was
mit Sicherheit sich vorhersehen oder bestimmen läßt. . . . . Außer
dem Mangel an Triebfedern, um durch Benutzung von Hilfsmitteln
der Gegenwart für Bedürfnisse der Zukunft zu sorgen, findet sich
noch ein Mangel an gewohnter Aufmerksamkeit und Thätigkeit,

woburch im Geiste diese sich ferne liegenden Punkte und die sie
verbindenden Zwischenglieder beständig mit einander verknüpft wer=
den. Selbst dann also, wenn Triebfedern hervorgerufen werden,
welche geeignet sind, die zur Bewirkung dieser Verknüpfung noth=
wendige Anstrengung herbeizuführen, bleibt immer noch die Auf=
gabe, den Geist zu bestimmen so zu denken und zu handeln, daß
dieser Zweck auch erreicht werde."

Zur Erläuterung mögen folgende Beispiele dienen: „An den
Ufern des St. Lawrenzstroms gibt es mehrere kleine Indianer=
Dörfer. Diese sind meistentheils von einem ziemlichen Stück Land
umgeben, auf dem das Holz schon lange ausgerodet zu sein scheint,
und außerdem besitzen sie ausgedehnte Waldstrecken. Das vom
Holz gesäuberte Land wird selten, man kann sagen fast niemals an=
gebaut und eben so wenig werden im Walde zu solchem Zwecke
Ausrodungen vorgenommen. Nichtsdestoweniger ist der Boden frucht=
bar, und wäre er es nicht, so liegt Dünger haufenweise bei ihren
Wohnungen. Würde jede Familie einen halben Morgen des Bo=
dens einzäunen, ihn bearbeiten und mit Kartoffeln oder Mais be=
pflanzen, so wäre dies genügend sie ein halbes Jahr hindurch zu
ernähren. Ueberdies leiden sie jetzt von Zeit zu Zeit den äußersten
Mangel, der so weit geht, daß dadurch, in Verbindung mit gelegent=
licher Unmäßigkeit, ihre Zahl rasch hinschwindet. Diese uns so
auffallende Apathie geht im wesentlichen nicht aus Widerwillen
gegen Arbeit hervor; im Gegentheil, sie halten sich sehr emsig
daran, sobald die Belohnung dafür unmittelbar eintritt. So werden
sie außer ihren eigenthümlichen Erwerbsarten der Jagd und der
Fischerei, welche vorzunehmen sie jeder Zeit bereit sind, bei der
Schifffahrt auf dem Lawrenzstrom viel beschäftigt; man sieht sie in
den dort gebräuchlichen großen Böten beim Rudern thätig und
sie liefern den größeren Theil der extra erforderlichen Hände, um
Flöße durch die Stromschnellen zu bringen. Auch liegt das Hin=
derniß nicht in ihrer Abneigung gegen Ackerbauarbeit. Diese gehört
gewiß zu ihren Vorurtheilen; reine Vorurtheile zu verdrängen ist
indeß möglich, Principien der Thätigkeit lassen sich dagegen nicht
schaffen. Wenn die Erträge der Ackerbauarbeit rasch und groß sind,
so werden sie auch Landbauer. So sind einige der kleinen Inseln
im St. Francis=See nahe beim Indianer=Dorfe St. Regis dem
Anbau von Mais günstig, einer Pflanze, die einen hundertfältigen
Ertrag liefert und selbst, wenn erst halbreif, schon eine angenehme
und nahrhafte Speise abgibt. Kleine Stücke dieses Landes werden
daher von ihnen jedes Jahr für solchen Zweck bestellt. Da ihre
Lage dieselben dem Vieh unzugänglich macht, so ist keine Umzäunung
erforderlich; wäre diese Auslage außerdem nöthig, so steht zu ver=

muthen, daß sie gleich den gewöhnlichen Ländereien bei den Dör=
fern ohne Anbau bleiben würden. Letztere sind allem Anschein
nach zu einer früheren Zeit bestellt gewesen. Das Vieh der be=
nachbarten Ansiedler würde jetzt jedoch die Ernte, die nicht gehörig
umzäunt ist, zerstören, und demzufolge hemmt diese neue noth=
wendige Auslage den Anbau derselben. So kommen sie in einen
solchen Zustand, daß sie einen geringeren Ertrag liefern als der
ist, welcher dem Ansammlungstriebe dieser Stämme entspricht.

„Es verdient hier bemerkt zu werden, daß die Werkzeuge, die
sie benutzen, ganz vollständig sind. Die kleinen Kornfelder, die sie
anbauen, sind durchaus vom Unkraut gereinigt und gehackt. Eine
geringere Nachlässigkeit hierbei würde freilich auch die Ernte sehr
reduciren; dies wissen sie erfahrungsmäßig ganz gut und verfahren
demgemäß. Das Hinderniß für einen ausgedehnteren Anbau liegt
augenscheinlich nicht in der nöthigen Arbeit, sondern in dem ent=
fernten Ertrage dieser Arbeit. Ich bin gewiß, daß bei einigen der
entfernten Stämme die so angewendete Arbeit die von den Weißen
geleistete Arbeit weit übertrifft. Da die nämlichen Theile des
Grundes ohne Unterlaß bestellt werden und Dünger dabei nicht ge=
braucht wird, so könnten sie kaum einen Ertrag gewähren, würde
nicht der Boden auf das sorgfältigste aufgelockert und zerrieben,
sowohl mit der Hacke als auch mit der Hand. Ein Weißer würde
unter solchen Umständen ein frisches Stück Land urbar machen.
Dies dürfte vielleicht im ersten Jahre die darauf angewendete Ar=
beit kaum vergüten und er würde seine Belohnung von folgenden
Jahren zu erwarten haben. Für den Indianer liegen aber folgende
Jahre zu fern als daß sie Eindruck auf ihn machen können; obschon
er sich eifriger abmüht als ein Weißer, um das zu erlangen, was
Arbeit im Laufe weniger Monate hervorbringen kann"*).

Die vorstehende Auffassung wird durch die Erfahrung der Je=
suiten bei ihren interessanten Anstrengungen, die Indianer von Pa=
raguay zu civilisiren, bestätigt. Sie gewannen das Vertrauen dieser
Wilden in außerordentlichem Grade und erwarben über sie hinrei=
chenden Einfluß, um sie ihre ganze Lebensweise ändern zu lassen.
Sie brachten die Indianer vollständig zur Unterwürfigkeit und zum
Gehorsam, stellten einen Friedenszustand her, lehrten sie alle Ver=
richtungen der europäischen Landwirthschaft und viele der schwierig=
sten Handwerke. Man sah da überall, nach der Aussage von Char=
levoix, „Werkstätten von Vergoldern, Malern, Bildhauern, Gold=
schmieden, Uhrmachern, Zimmerleuten, Tischlern, Färbern ꝛc." Diese
Beschäftigungen wurden nicht für den persönlichen Gewinn der

*) Rae, a. B. S. 136.

Handwerker ausgeübt; der Ertrag war ganz und gar zur Verfügung der Missionäre, welche das Volk mit willkürlichem Despotismus regierten. Die aus dem Widerwillen gegen Arbeit hervorgehenden Hindernisse waren also vollkommen überwunden. Die eigentliche Schwierigkeit war die Sorglosigkeit des Volks, ihre Unfähigkeit für die Zukunft zu denken, und demgemäß die Nothwendigkeit der unabläffigen und genauesten Aufsicht von Seiten ihrer Lehrer. „Hätte man ihnen die Sorge für die Ochsen, mit denen sie pflügten, überlassen, so würde ihre indolente Unbedachtsamkeit dieselben am Abend vermuthlich am Pfluge angeschirrt haben stehen lassen. Noch schlimmere Beispiele als dieses kamen mitunter vor, indem sie die Ochsen zum Abendessen schlachteten. Wurden ihnen deßhalb Vorwürfe gemacht, so hielten sie sich für hinlänglich entschuldigt, wenn sie sagten, sie seien hungrig gewesen. Die heiligen Väter, sagt Ulloa, haben die Wohnungen zu besuchen, um nachzusehen was wirklich mangelt, denn ohne diese Sorge würden die Indianer sich um nichts bekümmern. Sie mußten anwesend sein, wenn Thiere geschlachtet wurden, nicht allein damit das Fleisch gleichmäßig vertheilt werde, sondern auch damit nichts verloren gehe. Ungeachtet aller dieser Sorgfalt und Aufsicht jedoch, bemerkt Charlevoix, und trotz aller Vorsichtsmaßregeln, um einem Mangel an Lebensbedarf vorzubeugen, kamen die Missionäre bisweilen in große Verlegenheit. Es traf sich oft, daß die Indianer nicht einmal zur Aussaat genügendes Korn für sich aufbewahrten. Und wenn man nicht wegen ihres anderen Unterhaltsvorraths gut nachsah, so wären sie bald ohne alle Existenzmittel gewesen"*).

Als ein in der Mitte liegendes Beispiel von der Stärke des Ansammlungstriebes zwischen dem eben geschilderten Zustande und demjenigen des neueren Europa's verdienen die Chinesen Beachtung. Aus verschiedenen Umständen in ihren persönlichen Gewohnheiten und ihrer socialen Lage darf man voraussetzen, daß sie auf einer höheren Stufe der Voraussicht und Selbstbeherrschung stehen als andere Asiaten, auf einer niedrigeren jedoch als die meisten europäischen Nationen. Die nachstehende Darlegung wird hierfür angeführt.

„Dauerhaftigkeit ist eine der hauptsächlichsten Eigenschaften, die einen hohen Grad des Ansammlungstriebes anzeigen. Das Zeugniß der Reisenden schreibt den von den Chinesen verfertigten Werkzeugen eine weit geringere Dauerhaftigkeit zu als den von Europäern hergestellten ähnlichen Dingen. Die Häuser, berichtet man, mit Ausnahme derer der höheren Stände, bestehen meistentheils aus unge-

---

*) Rae, a. B. S. 140.

brannten Backsteinen, oder Lehm oder aus mit Erde verklebtem
Flechtwerk; die Dächer aus Schilf an Latten befestigt. Man kann
sich kaum ein unhaltbareres und vergänglicheres Machwerk denken.
Die Scheidewände sind von Papier und müssen jedes Jahr erneuert
werden. Eine ähnliche Bemerkung läßt sich hinsichtlich ihrer landwirthschaftlichen und sonstigen Geräthschaften machen. Dieselben sind
fast gänzlich von Holz, indem bei ihrer Anfertigung Metalle nur
sehr sparsam angebracht werden; deshalb nutzen sie sich bald ab
und erfordern häufige Erneuerung. Ein stärkerer Ansammlungstrieb
würde eine Anfertigung aus solchem Material veranlassen, das zwar
für den Augenblick eine größere Ausgabe erfordern, aber dauerhafter
sein würde. Aus demselben Grunde liegt dort viel Land öde, welches
anderswo bebauet wäre. Alle Reisenden sprechen von großen Landstrichen, hauptsächlich morastigen, welche im Naturzustande bleiben.
Einen Morast in Ackerboden umzuwandeln ist gewöhnlich ein Unternehmen, dessen Durchführung mehrere Jahre in Anspruch nimmt.
Es muß vorgängig eine Entwässerung vorgenommen, die Oberfläche
eine Zeit lang der Sonne ausgesetzt und manche Vorrichtung beschafft worden sein, bevor der Boden fähig ist eine Ernte zu liefern.
Wenn auch die darauf verwendete Arbeit ein höchst wahrscheinlich
sehr bedeutendes Einkommen gewährt, so tritt dies doch erst nach
Verlauf längerer Zeit ein. Der Anbau eines solchen Bodens bedingt einen stärkeren Ansammlungstrieb als in China besteht.

„Der Ertrag der Ernte ist, wie bemerkt worden, immer in
der einen oder anderen Weise ein Mittel zur Erreichung eines
Zwecks; er ist ein Vorrath für künftigen Mangel und wird durch
die nämlichen Gesetze, denen andere Mittel für ähnliche Zwecke
unterliegen, regulirt. In China besteht der Ernteertrag hauptsächlich
in Reis und es finden hiervon zwei Ernten statt, die eine im Juni,
die andere im October. Der Zeitraum von acht Monaten, zwischen
October und Juni, ist es also, für welchen jedes Jahr der Vorrath zu beschaffen ist, und die verschiedene Schätzung, welche die
Chinesen in Bezug auf den heutigen Tag und die Zeit nach Verlauf von acht Monaten machen, wird sich in der Entbehrung zeigen,
die sie sich für jetzt selbst auferlegen, um sich gegen Mangel sicher
zu stellen. Der Grad dieser freiwilligen Entbehrung scheint nun
auch zu gering zu sein. Der Vater Parennin, der einer der intel-
ligentesten Jesuiten gewesen sein dürfte und lange Zeit unter den
Chinesen aller Stände lebte, versichert in der That, daß ihr großer
Mangel an Voraussicht und daraus hervorgehender Mäßigkeit die
Ursache der so häufig vorkommenden Theuerung und Hungersnoth ist."

Daß es Mangel an Voraussicht, nicht Mangel an Erwerbthätigkeit ist, was auf solche Weise die Production beschränkt, liegt

bei den Chinesen noch deutlicher vor als in dem Fall der halbacker=
bautreibenden Indianer. „Wo die Erträge rasch eintreten, wo die
angefertigten Werkzeuge nur kurze Zeit erfordern um die Dinge,
für welche sie bestimmt sind, zu Ende zu bringen, da macht bekannt=
lich der große Fortschritt, der in China hinsichtlich der für die Natur
des Landes und die Bedürfnisse seiner Bewohner passenden Gewerbe
stattgefunden hat, die Industrie kräftig und wirksam. Die Wärme
des Clima's, die natürliche Fruchtbarkeit des Bodens, die Kenntniß,
welche die Einwohner hinsichtlich des Ackerbaubetriebes erworben
haben, so wie die Ausfindung und allmälige Anwendung der für jede
Art des Bodens nützlichsten vegetabilischen Production setzen sie in
den Stand sehr schnell aus fast jedem Theil der Bodenfläche das=
jenige zu ziehen, was als Aequivalent für viel mehr als die auf
die Bearbeitung und das Einernten angewendete Arbeit gelten kann.
Sie haben gewöhnlich doppelte, zuweilen gar dreifache Ernten. Wenn
diese in einer so ergibigen Frucht wie Reis bestehen, ihrem ge=
wöhnlichen Anbau, so müssen die Ernten beinahe unfehlbar von
fast jedem Theile des Bodens, der auf einmal unter Cultur ge=
bracht werden kann, sehr reichliche Erträge gewähren. Demgemäß
ist dort auch kein Fleck, wo Arbeit unmittelbar den Anbau vor=
nehmen kann, der hierzu nicht benutzt würde. Hügel und selbst
Berge werden zu Terassen umgewandelt, Wasser, dort der große
productive Factor, wird durch Abzugsgräben nach allen Seiten hin=
geleitet oder durch die sinnreichen und einfachen hydraulischen Ma=
schinen, welche seit unvordenklichen Zeiten bei diesem sonderbaren
Volke im Gebrauch sind, in die Höhe getrieben. Dies bewirken sie
um so leichter, weil der Ackerboden selbst in diesen Lagen sehr tief
und mit Dammerde bedeckt ist. Was noch mehr als dies die Rasch=
heit bezeichnet, womit dort Arbeit gezwungen wird die schwierigsten
Stoffe zu nützlichen Einrichtungen umzubilden, so oft diese letzteren
die ins Auge gefaßten Zwecke bald erzielen, ist das auf ihren Seen
und Flüssen häufige Vorkommen von Baulichkeiten, die den schwim=
menden Gärten der Peruaner ähnlich sind, nämlich von mit frucht=
barer Erde bedeckten und angebauten Flößen. Auf diese Weise zieht
die Arbeit aus den Stoffen, mit denen sie sich abgibt, ein sehr
baldiges Einkommen. Nichts kann die Ueppigkeit der Vegetation
übertreffen, wenn die zeitigenden Kräfte der treibenden Sonnen=
wärme mit einem fruchtbaren Boden und reichlicher Feuchtigkeit
zusammentreffen. Anders verhält es sich, wie wir gesehen haben,
in Fällen, wo der Ertrag, wenn er auch ansehnlich ist, doch fe.n
liegt. Europäische Reisende erstaunen, wenn sie diese kleinen schwim=
menden Landgüter dicht neben Morästen finden, welche nur Ent=
wässerung erfordern um beackert werden zu können. Es erscheint:

ihnen auffallend, weshalb Arbeit nicht lieber auf festen Boden ver=
wendet wird, wo ihre Früchte Dauer versprechen, als auf Baulich=
keiten, die in wenigen Jahren verfallen und vergehen müssen. Der
Grund ist, daß die Leute dort nicht so sehr an künftige Jahre als
an die Gegenwart denken. Der Ansammlungstrieb ist in dem einen
Falle von sehr verschiedener Stärke als in anderen Fällen. Der
Gesichtskreis des Europäers erstreckt sich auf eine entferntere Zu=
kunft und er wundert sich über den Chinesen, der durch Mangel
an Voraussicht und Sorge für die Zukunft zu stets wiederkehrender
Mühe und unerträglichem Elend verurtheilt erscheint. Der Gesichts=
kreis des Chinesen ist beschränkter; er ist damit zufrieden von der
Hand in den Mund zu leben und hat gelernt, selbst ein so mühe=
volles Leben als einen Segen zu betrachten"*).

Wenn ein Land seine Production so weit gebracht hat als
diese bei dem dermaligen Staude der Wissenschaft und bei einem
Ertrage, welcher der durchschnittlichen Stärke des Ansammlungs=
triebes in jenem Laube entspricht, gebracht werden kann, so hat sie
den sogenannten stationären Zustand erreicht, d. h. einen Zustand,
wo das Capital keinen Zuwachs weiter erfährt, außer wenn in den
Künsten der Production eine Verbesserung eintritt oder der An=
sammlungstrieb an Stärke zunimmt. Wenn auch bei dem statio=
nären Zustande das Capital im Ganzen nicht zunimmt, so werden
doch einige Personen reicher, andere dagegen ärmer. Diejenigen,
deren Voraussicht unter dem gewöhnlichen Maßstabe steht, ver=
armen, ihr Capital geht verloren und macht den Ersparnissen solcher
Personen Platz, deren Ansammlungstrieb das durchschnittliche Maß
überschreitet. Letztere werden natürlicher Weise die Käufer der Län=
dereien, Fabriken und anderer Productionsmittel, welche im Besitz
ihrer minder vorbedachtsamen Landsleute sind.

Welche Ursachen es sind, welche das Einkommen vom Capital
in dem einen Laude größer machen als in anderen und es unter
gewissen Umständen für neu hinzukommendes Capital unmöglich
machen, eine Anlegung anders als zu verminderten Einkünften zu
finden, das wird später deutlich nachgewiesen werden. Wenn China
wirklich den stationären Zustand erreicht hat, wie solches ange=
nommen wird, so hat in diesem Laude die Capitalien-Ansammlung
aufgehört, als die Einkünfte davon noch so hoch waren, wie durch
einen gesetzlichen Zinsfuß von 12 Procent (der in Wirklichkeit aber,
wie man sagt, sogar zwischen 18 und 36 Procent schwankt) ange=
zeigt wird. Es muß also angenommen werden, daß ein größerer
Capitalbetrag als das Land schon besitzt zu diesem hohen Zinsfuße

*) Rae, a. B. S. 151 ff.

12*

keine Anwendung finden kann und daß ein geringerer Zinsfuß für
einen Chinesen keinen genügenden Reiz enthält um ihn zur Enthaltsamkeit augenblicklicher Genüsse zu veranlassen. Welch' ein Con-
trast im Vergleich mit Holland, wo während der blühendsten Periode
seiner Geschichte die Regierung gewöhnlich, im Stande war zu
2 Procent anzuleihen, und Privatleute bei guter Sicherheit zu
3 Procent! Da China kein Land ist wie Birma oder die einheimischen Staaten in Indien, wo ein enormer Zinsfuß nur die
unvermeidliche Compensation abgibt für den durch die Unredlichkeit
oder Armuth des Staats und fast aller borgenden Privatleute entstehenden Risico, so beweist die Thatsache (deren Richtigkeit natürlich vorausgesetzt), daß die Vermehrung des Capitals dort zum
Stillstand gekommen ist, während die Einkünfte davon noch so groß
sind, einen bedeutend niedrigern Grad des Ansammlungstriebes —
mit anderen Worten, eine viel niedrigere Schätzung der Zukunft
im Vergleich mit der Gegenwart als sich solche bei den meisten
europäischen Nationen findet.

§. 4. Wir haben bisher von Ländern gesprochen, wo die
durchschnittliche Stärke des Ansammlungstriebes hinter demjenigen
zurückbleibt, was Vernunft und ruhige Berechnung unter Umständen
einer ziemlichen Sicherheit empfehlen würden. Wir haben nun von
anderen Ländern zu reden, wo dieser Maßstab offenbar überschritten
ist. Obschon es in den wohlhabenderen Ländern Europa's viele
Verschwender gibt und in einigen derselben, namentlich auch in
England, das gewöhnliche Maß der Sparsamkeit und des Vor-
bedachts bei denen, die von Händearbeit leben, nicht für hoch gelten
kann, so ist doch bei einem sehr zahlreichen Theil des Gemeinwesens,
den gelehrten, fabricirenden und handeltreibenden Classen, welche
im Allgemeinen genommen mehr Mittel mit mehr Beweggründen
zum Sparen vereinigen als irgend welche andere Classen, der Ansammlungstrieb so mächtig, daß die Anzeichen des rasch anwachsenden
Vermögens jedem Blicke begegnen. Der große Betrag des Capitals,
welches angelegt werden soll, erregt Erstaunen, so oft besondere Umstände, die vieles davon in einen Canal leiten, wie z. B. Eisenbahn-
Anlagen oder fremde Speculationsunternehmungen, die Größe des
Gesammtbetrages zur Anschauung bringen.

Es gibt viele Verhältnisse, die in England der Neigung zum
Ansammeln eine besondere Stärke verleihen. Die längere Verscho-
nung des Landes mit Kriegsverwüstungen und die hier viel früher
als anderswo eingetretene Periode, wo Eigenthum gegen militärische
Gewaltthätigkeit und willkürliche Beraubung geschützt war, haben
ein fest begründetes und herkömmliches Vertrauen auf die Sicherheit der vom Eigner fremden Händen anvertrauten Fonds hervor-

gerufen, welches in den meisten andern Ländern viel neueren Ur=
sprungs und minder fest gegründet ist. Die geographischen Ursachen,
welche weit mehr die Industrie als den Krieg zur natürlichen Quelle
der Macht und Bedeutung für Großbritannien machen, haben einen
ungewöhnlich großen Theil der unternehmendsten und kräftigsten
Charaktere der Richtung der Fabrication und des Handels zuge=
wendet; sie waren darauf angewiesen mehr durch eigene Production
und Ersparung als durch Aneignung des von Anderen Producirten
und Ersparten ihren Bedarf zu versorgen und ihren Ehrgeiz zu
befriedigen. Viel trugen auch dazu bei die besseren politischen Ein=
richtungen Großbritanniens, welche durch den der freien individuellen
Bewegung gewährten Schutz persönliche Thätigkeit und Selbst=
vertrauen geweckt haben, während sie zugleich durch die der Asso=
ciation und sonstigen Verbindungen gestattete Freiheit großartige in=
dustrielle Unternehmungen erleichtern. Dieselben Staatseinrichtungen
geben noch in einer andern Hinsicht dem Verlangen nach Vermö=
genserwerb einen möglichst directen und mächtigen Antrieb. Der
frühere Verfall des Lehnwesens hat gehässige Unterscheidungen
zwischen den ursprünglich gewerbtreibenden Classen und denen, welche
auf diese mit Verachtung zu blicken pflegten, beseitigt oder doch
sehr geschwächt. Es ist eine Politik zur Geltung gekommen, wo=
durch Vermögen die wesentliche Quelle politischen Einflusses ge=
worden, und so hat der Erwerb desselben, unabhängig von seiner
Nützlichkeit an sich, noch einen künstlichen Werth erhalten. Ver=
mögen ward gleichbedeutend mit Macht, und weil der Besitz von
Macht in den Augen des großen Haufens der Menschen Ansehen
verleiht, bildete Vermögen die hauptsächliche Quelle persönlicher
Achtung so wie den Maßstab und das Siegel des Erfolgs im Leben.
Von einer Stufe in der Gesellschaft in die zunächst darüber stehende
zu gelangen, ist in England das große Streben im bürgerlichen
Leben, und der Erwerb von Vermögen das Mittel dazu. Da nun
ferner reich sein ohne damit verbundene Erwerbthätigkeit auf der
gesellschaftlichen Stufenleiter noch höher steht als reich sein mittelst
eines Industriebetriebes, so wird es Ziel des Ehrgeizes, nicht nur
so viel zu ersparen, als während der Fortsetzung des Geschäfts ein
bedeutendes Einkommen gewährt, sondern auch so viel als genügend
ist um sich vom Geschäfte zurückzuziehen und mit dem realisirten
Gewinn im Wohlstand zu leben. Diese Ursachen werden in Eng=
land sehr unterstützt durch jene außerordentliche Gleichgültigkeit gegen
persönliche Vergnügungen, welche für alle Länder, die den Purita=
nismus durchgemacht haben, charakteristisch ist. Wenn aber einer=
seits Vermögensansammlung durch die Abwesenheit des Geschmackes
an Vergnügungen leichter gemacht wird, so wird sie andererseits

schwieriger durch das Vorhandensein einer sehr wesentlichen Lust an
Verausgabungen. Die Verknüpfung zwischen persönlichem Ansehen
und den äußeren Zeichen des Reichthums ist so stark, daß das ein=
fältige Verlangen, einen großen Aufwand an den Tag legen, die
Macht einer Leidenschaft hat unter bedeutenden Classen einer Na=
tion, die weniger Vergnügen als vielleicht irgend eine andere in
der Welt aus ihren Verausgabungen ableitet. Diesem Umstande
ist es zuzuschreiben, daß der Ansammlungstrieb in England nie eine
solche Höhe erreicht hat wie in Holland. Hier gibt es keine reiche
müssige Klasse, um das Beispiel einer rücksichtlosen Verausgabung
hinzustellen, und da es den kaufmännischen Classen, welche die we=
sentliche Macht besaßen, worauf gesellschaftlicher Einfluß immer
beruht, überlassen blieb, ihren eigenen Maßstab festzustellen, was
anständig sei und sich gehöre, so blieb ihre Lebensweise mäßig
und prunklos.

Es bedarf daher in England und Holland schon seit langer
Zeit und jetzt auch in den meisten anderen Ländern in Europa
(welche England in dem nämlichen Wettlauf rasch folgen) das Ver=
langen nach Ansammlung, um wirksam zu sein, nicht der reichlichen
Einkünfte, die es in Asien erheischt, sondern es wird durch einen
niedrigen Zinsfuß hinlänglich in Thätigkeit gesetzt, so daß die An=
sammlung, statt nachzulassen, jetzt rascher fortzuschreiten scheint als
je zuvor; und das zweite Erforderniß vermehrter Production, Ver=
mehrung des Capitals, zeigt somit keine Tendenz zur Abnahme. So
weit dieses Element in Betracht kommt, ist die Production einer
Vermehrung fähig, ohne daß man eine Grenze dafür angeben könnte.

Das Fortschreiten der Vermögensansammlung würde ohne
Zweifel beträchtlich gehemmt werden, wenn die Einkünfte vom Ca=
pital noch niedriger reducirt würden als sie es jetzt sind. Warum
sollte aber irgend eine mögliche Vermehrung des Capitals diesen
Einfluß haben? Diese Frage führt zu dem noch übrig bleibenden
dritten Erforderniß der Production. Wenn die Beschränkung für
die Production in einer nothwendigen Grenze für die Vermehrung
eines der beiden Elemente, Arbeit und Capital, besteht, so muß sie
von den Eigenthümlichkeiten des einzigen Elements abhängen, das
seiner Natur nach und an und für sich von begrenzter Menge ist,
nämlich desjenigen, das wir unter der Bezeichnung „Land" begreifen.

Capitel XII.

Von dem Gesetze der Vermehrung der Production in Bezug auf Land.

§. 1. „Land" unterscheidet sich von den anderen Elementen der Production, von Arbeit und Capital, dadurch, daß es einer unbestimmbaren Vermehrung nicht fähig ist. Seine Ausdehnung ist beschränkt und die Ausdehnung der besonders productiven Arten desselben ist noch beschränkter. Auch versteht es sich von selbst, daß die Menge der auf einem gegebenen Stück Land zu erzielenden Erzeugnisse nicht ins Unendliche fortgeht. Diese beschränkte Menge des Bodens und dessen beschränkte Productivität sind die thatsäch=lichen Grenzen der Vermehrung der Production.

Daß sie die letzten Grenzen sind, muß immer deutlich erkannt worden sein. Die alleräußerste Schranke ist indeß niemals irgendwo erreicht worden, weil es kein Land gibt, wo aller Boden, der im Stande ist, Nahrungsmittel herzugeben, in dem Maße angebauet wird, daß ein größerer Ertrag ihm nicht abzugewinnen wäre (selbst ohne Annahme irgend welcher neuer Fortschritte in der landwirth=schaftlichen Wissenschaft), und weil ein bedeutender Theil der Erd=oberfläche gänzlich unangebaut bleibt. Man hat dieserhalb ge=wöhnlich gemeint, und eine solche Annahme ist ganz natürlich, daß für die Gegenwart jede Beschränkung der Production oder Bevöl=kerung, welche aus dieser Quelle herrühren sollte, in einer unbe=stimmten Entfernung liege und daß noch Menschenalter verfließen würden, bevor eine praktische Nothwendigkeit sich ergeben dürfte, das beschränkende Princip in ernstliche Erwägung zu ziehen.

Meiner Ansicht nach ist dies nicht nur ein Irrthum, sondern der ernstlichste Irrthum, der auf dem ganzen Felde der Volks=wirthschaft zu finden ist. Die Frage ist wichtiger und fundamen=taler als irgend eine andere; sie umschließt den ganzen Gegenstand der Ursachen der Armuth in einem reichen und gewerbfleißigen Gemeinwesen. Wenn dieses eine Thema nicht völlig verstanden wird, so wäre es ganz zwecklos, irgend weiter in unserer Unter=suchung fortzuschreiten.

§. 2. Die Beschränkung der Production wegen der eigen=thümlichen Verhältnisse des Bodens gleicht nicht dem Hinderniß einer entgegenstehenden Wand, welche unbeweglich an einer be=stimmten Stelle steht und der Bewegung nicht eher ein Hemmniß

darbietet als bis sie dieselbe gänzlich ,aufhält. Wir können sie eher
mit einem sehr elastischen und ausdehnbaren Bande vergleichen,
das kaum je so heftig gespannt wird, daß es nicht möglicher Weise
noch etwas mehr gespannt werden könnte, obschon sein Druck lange
vorher gefühlt wird ehe die äußerste Grenze erreicht ist, und um
so stärker gefühlt wird je mehr man sich dieser Grenze nähert.

Nach einer gewissen und nicht sehr weit vorgerückten Stufe
in der Ausbildung der Landwirthschaft, sobald die Menschen sich
mit einigem Eifer auf den Landbau legen und irgend erträgliche
Werkzeuge dazu in Anwendung bringen, von der Zeit an ist es
das Gesetz der Bodenproduction, daß bei einem gegebenen Zustande
der landwirthschaftlichen Geschicklichkeit und Kenntniß durch Vermehrung der Arbeit der Ertrag nicht in gleichem Grade zunimmt;
Verdoppelung der Arbeit verdoppelt nicht den Ertrag — oder um
dasselbe mit anderen Worten auszudrücken, jede Vermehrung des
Ertrages wird durch eine mehr als proportionelle Vermehrung der
auf den Boden angewendeten Arbeit erlangt.

Dieses allgemeine Gesetz der landwirthschaftlichen Erwerbthätigkeit ist der wichtigste Satz in der Volkswirthschaft. Gäbe es hiefür ein anderes Gesetz, so würden beinahe alle Erscheinungen der
Vermögens-Production und Vertheilung sich anders verhalten als
sie jetzt sind. Die wesentlichsten Irrthümer, die noch über unsere
Wissenschaft obwalten, gehen daraus hervor, daß man nicht erkennt,
wie dieses Gesetz unterhalb der mehr oberflächlichen Factoren, welche
die Aufmerksamkeit fesseln, wirksam ist. Diese Factoren gelten irr-
thümlicher Weise für die letzten Ursachen von Wirkungen, auf deren
Form und Modalität sie vielleicht Einfluß äußern, deren eigent-
liches Wesen aber allein durch jenes allgemeine Gesetz bestimmt wird.

Wenn man zur Erzielung eines vermehrten Ertrages auch
schlechteren Boden zu bauen anfängt, so leuchtet von selbst ein,
daß hierbei wenigstens der Ertrag nicht in gleichem Verhältniß mit
der Arbeit steigt. Schlechterer Boden bedeutet ja gerade solches
Land, welches bei gleicher Arbeit einen niedrigeren Ertrag liefert.
Das Land kann entweder hinsichtlich der Fruchtbarkeit oder der
Lage schlechter sein. Das erstere erfordert eine verhältnißmäßig
größere Arbeitsanwendung, um den Ertrag hervorzubringen, das
letztere, um denselben an den Markt zu bringen. Wenn der Boden
A tausend Scheffel Weizen bei einer gegebenen Auslage für Arbeitslohn, Dünger u. s. w. liefert, und man, um fernere tausend
Scheffel hervorzubringen, zu dem Boden B greifen muß, der entweder minder fruchtbar oder entfernter vom Markte ist, so werden
die zwei Tausend Scheffel mehr als zweimal so viel Arbeit kosten
als die ursprünglichen Tausend, und der Ertrag des Ackerbaues

wird in einer geringeren Proportion zunehmen als die auf seine
Hervorbringung angewendete Arbeit.

Statt den Boden B anzubauen, würde es möglich sein durch
bessere Bewirthschaftung dem Boden A mehr Ertrag abzugewinnen.
Derselbe könnte, anstatt einmal, zweimal gepflügt oder geeggt
werden, oder dreimal statt zweimal; statt mit dem Pfluge könnte
er mit dem Spaten, statt mit der Egge mit der Hacke bearbeitet
und die Erde vollständiger zerrieben werden; es könnte öfterer
das Unkraut sorgfältig entfernt werden; die benutzten Geräthe
könnten besser gearbeitet oder von künstlicherer Einrichtung sein;
eine größere Menge oder kostspieligere Arten von Dünger könnten
in Anwendung kommen oder sorgfältiger mit dem Boden vermischt
und verbunden werden. Es gibt mehrere Verfahrungsweisen, wodurch dem nämlichen Boden ein größerer Ertrag abgewonnen
werden kann, und sobald ein solcher erzielt werden muß, gehören
einige derselben zu den gewöhnlichen Mitteln um solches zu erreichen.
Daß ein solcher Mehrertrag aber durch größere als proportionelle
Kostenvermehrung erlangt wird, das ist offenbar eine Folge des
Umstandes, daß schlechtere Ländereien angebaut werden. Schlechterer
Boden oder Ländereien in größerer Entfernung vom Markte liefern
natürlich einen geringeren Ertrag, und eine steigende Nachfrage
kann von ihnen nur unter Erhöhung der Kosten und also auch des
Preises befriedigt werden. Wenn die hinzukommende Nachfrage
fortwährend von den besseren Ländereien befriedigt werden könnte,
durch Anwendung hinzukommender Arbeit und Capitalien zu verhältnißmäßig nicht größeren Kosten als diejenigen, zu denen sie die
zuerst ihnen abverlangte Menge lieferten, so könnten die Eigenthümer oder Pächter dieser Ländereien alle anderen durch Wohlfeilheit aus dem Felde schlagen und den ganzen Markt versorgen.
Ländereien von minderer Fruchtbarkeit oder entfernter gelegen könnten freilich von ihren Eigenthümern des eigenen Unterhalts oder
der Unabhängigkeit wegen angebaut werden, aber es wird nie im
Interesse jemandes liegen, sie zum Zweck des Gewinnes zu bewirthschaften. Wenn ein Gewinn aus ihnen gezogen werden kann,
hinlänglich um Capital zur Anlegung darin heranzuziehen, so ist
das ein Beweis, daß der Anbau der vorzüglicheren Ländereien
einen Punkt erreicht hat, über den hinaus eine größere Arbeits-
und Capitalien-Anwendung im günstigsten Fall keinen größeren Ertrag liefern würde, als zu denselben Kosten von minder fruchtbaren
oder minder günstig gelegenen Ländereien erlangt werden kann.

Der sorgfältige Anbau eines gut bewirthschafteten Districtes
in England oder Schottland ist ein Anzeichen und eine Folge der
ungünstigeren Bedingungen, welchen man sich nach und nach unter-

werfen muß, damit der Boden größere Erträge liefere. Solch eine
künstliche Bewirthschaftung kostet nach Verhältniß weit mehr und
erfordert einen höheren Preis um Gewinn abzuwerfen als der Land=
bau nach einem mehr oberflächlichen System; sie würde nicht ein=
treten, wenn gleich fruchtbarer, noch nicht in Besitz genommener
Boden zugänglich wäre. Wo die Wahl ist, den zunehmenden Be=
darf, den die Gesellschaft erfordert, aus frischem Lande von gleich
guter Beschaffenheit wie der schon angebaute zu erlangen, da wird
kein Versuch gemacht, dem Boden so viel abzugewinnen als sich
einem Ertrage nach der besten europäischen landwirthschaftlichen
Verfahrungsweise nur irgend annähern würde. Der Boden wird
bis zu dem Punkte bearbeitet, wo im Verhältniß zu der darauf
angewendeten Arbeit der größte Ertrag erlangt wird, aber nicht
weiter; jede hinzukommende Arbeit wendet sich anders wohin. „Es
dauert lange," bemerkt ein vor einiger Zeit veröffentlichter Reise=
bericht aus den Vereinigten Staaten*), „bevor ein englisches Auge
sich mit der Leichtigkeit der Ernten und, wie wir es nennen würden,
mit der dort sich zeigenden sorglosen Landwirthschaft versöhnt. Man
vergißt, daß wo Land so reichlich und Arbeit so theuer ist wie hier,
ein von dem in starkbevölkerten Ländern vorherrschenden gänzlich
verschiedenes Princip befolgt werden und daß die ganz natürliche
Folge davon ein Mangel an sorgfältiger und vollkommener Aus=
führung bei allen Dingen, die Arbeit erfordern, sein muß". Von
den erwähnten zwei Ursachen scheint mir die Fülle von Ackerland
die richtige Erklärung zu geben, mehr als die theure Arbeit, denn
wie theuer die Arbeit auch immer sein mag, wenn Nahrungsmittel
begehrt werden, da wird Arbeit vorzugsweise vor allen anderen
diesem Zwecke zugewendet. Aber die Arbeit richtet in dieser Be=
ziehung mehr aus, wenn sie auf frischen Boden angewendet als
wenn sie dazu benutzt wird, bereits in Cultur genommenen Boden
zu einem höheren Ertrage zu bringen. Nur wenn kein Boden mehr
übrig ist, um urbar gemacht zu werden als solcher, der entweder
wegen seiner Entfernung oder schlechteren Beschaffenheit eine be=
trächtliche Steigerung der Productenpreise erfordert um den Anbau
gewinnbringend zu machen, nur da kann es vortheilhaft werden,
den höheren europäischen landwirthschaftlichen Betrieb auf ameri=
kanische Ländereien in Anwendung zu bringen, ausgenommen viel=
leicht in der unmittelbaren Nachbarschaft von Städten, wo Erspa=
rung bei den Transportkosten eine bedeutende Inferiorität in dem
Bodenertrage an sich aufwiegen kann. Wie die amerikanische Land=

---

*) Briefe aus Amerika, von John Robert Godley. B. I. S. 42;
vgl. auch Lyell's Reisen in Amerika. B. II. S. 83.

wirthschaft sich zur englischen, so verhält sich die gewöhnliche eng=
lische zu der von Flandern, Toscana oder der Terra di Lavoro. In
letzteren Ländern erhält man durch die Anwendung einer weit
größeren Arbeitsmenge auch einen beträchtlich größeren Rohertrag,
aber unter solchen Bedingungen, wie sie einem blos auf Gewinn
sehenden Unternehmer niemals vortheilhaft wären, wofern dies nicht
durch viel höhere Preise landwirthschaftlicher Erzeugnisse herbei=
geführt würde.

Das im vorhergehenden aufgestellte Princip muß indeß jeden=
falls mit gewissen Erläuterungen und Beschränkungen aufgenommen
werden. Selbst nachdem der Boden in dem Maße cultivirt ist,
daß eine weitere Anwendung neu hinzukommender Arbeit keinen der
Mehrausgabe entsprechenden Ertrag gewähren würde, kann es doch
noch eintreten, daß die Anwendung von viel mehr neu hinzukom=
mender Arbeit und Capitalien, um den Boden selbst durch Ent=
wässern und dauerhafte Düngungsarten zu verbessern, eine eben so
reichliche Vergütung durch den erzielten Mehrertrag findet wie irgend
ein Theil der schon vorher angewendeten Arbeit und Capitalien.
Zuweilen ist eine solche Vergütung sogar viel reichlicher. Dies
könnte nicht stattfinden, wenn das Capital immer die vortheilhafteste
Anwendung suchte und fände. Wenn aber die vortheilhafteste An=
wendung am längsten auf ihre Vergütung zu warten hat, so wird
derselben nur auf einer sehr vorgeschrittenen Stufe der industriellen
Entwicklung der Vorzug gegeben werden. Und selbst auf dieser vor=
geschrittenen Stufe sind die mit dem Grundeigenthum und den Ver=
pachtungen verbundenen Gesetze und Gewohnheiten oft der Art, daß
sie das verfügbare Capital des Landes verhindern, sich frei in die
Canäle landwirthschaftlicher Verbesserungen zu ergießen. Daher
wird der vermehrte Nahrungsunterhalt, den eine steigende Bevöl=
kerung erfordert, zuweilen zu erhöhten Kosten durch künstlichere
Cultur erzielt, während die Mittel, um denselben ohne Kostenver=
mehrung hervorzubringen, bekannt und zugänglich sind. Wenn
Capital herbeigeschafft würde, um im nächsten Jahre auf dem Boden
des Vereinigten Königreichs alle bekannten und anerkannten Ver=
besserungen auszuführen, die sich bei den dermaligen Preisen bezahlt
machen würden — d. h., welche den Ertrag in einem gleich großen
oder größerem Verhältniß vermehren würden als die Ausgaben —
so würde unzweifelhaft das Resultat sein, besonders wenn wir Ir=
land in diese Annahme mit einschließen, daß man für eine geraume
Zeit nicht nöthig hätte, schlechteren Boden anzubauen. Wahrschein=
lich würde selbst ein bedeutender Theil der jetzt angebauten minder
productiven Ländereien, die nicht durch ihre Lage besonders begün=
stigt sind, außer Cultur kommen, oder, da die fraglichen Verbesse=

rungen nicht so sehr auf guten Boden anwendbar als vielmehr
durch Umwandlung des schlechten Bodens in guten wirksam sind,
würde die Einschränkung des Anbau's hauptsächlich durch eine
weniger künstliche und weniger mühsame Bearbeitung des Bodens
überhaupt eintreten, man würde zurückgehen zu einem Zustande,
welcher der amerikanischen Landwirthschaft näher steht; nur solche
von den schlechteren Ländereien würden gänzlich verlassen werden,
die man keiner Verbesserung fähig fände. So käme der Gesammt=
ertrag des ganzen angebauten Bodens in einem günstigeren Ver=
hältniß zu der darauf angewendeten Arbeit zu stehen als vorher,
und das allgemeine Gesetz des abnehmenden Bodenertrags würde
bis zu jenem Umfang einen zeitweiligen Aufschub erfahren haben.
Niemand kann jedoch voraussetzen, daß selbst unter diesen Umstän=
den der ganze für das Land erforderliche Ertrag ausschließlich von
den besten Ländereien, sammt denen, die eine vortheilhafte Lage in
gleichen Rang mit den besten stellt, gewonnen werden könnte. Vieles
würde ohne Zweifel nach wie vor unter minder vortheilhaften Be=
dingungen und mit verhältnißmäßig geringerem Einkommen, als
das von dem besten Boden und der besten Lage erhaltene, hervor=
gebracht werden. Und in dem Verhältnisse, wie die weitere Zu=
nahme der Bevölkerung eine noch größere Hinzufügung zum Lebens=
bedarf erforderte, würde das allgemeine Gesetz seinen Verlauf wieder
nehmen und fernere Vermehrung nur durch eine mehr als propor=
tionelle Anwendung von Arbeit und Capital zu erlangen sein.

§. 3. Daß die Steigerung des Bodenertrages unter sonst glei=
chen Umständen in abnehmendem Verhältniß zu der Vermehrung
der angewendeten Arbeit steht, — diese Wahrheit ist häufiger über=
sehen und unberücksichtigt gelassen als geradezu geleugnet worden.
Dieselbe hat jedoch eine directe Bekämpfung von Seite des Herrn
H. C. Carey, des bekannten amerikanischen Volkswirthes, erfahren.
Dieser behauptet nämlich, daß das Gesetz der landwirthschaftlichen
Erwerbthätigkeit in Wahrheit das gerade Gegentheil sei, daß der Er=
trag in größerem Verhältniß als die Arbeit zunehme, mit anderen
Worten, daß der Boden der Arbeit eine fortwährend steigende Entloh=
nung gewähre. Um diese Behauptung zu erhärten, sucht Herr Carey
zu erweisen, daß die Bearbeitung nicht mit den besseren Bodenarten
beginne und in dem Maße als die Nachfrage zunimmt auf die
ärmeren übergehe, sondern daß sie vielmehr mit den ärmeren beginne
und erst viel später auf die fruchtbareren übergehe. Die Ansiedler in
einem neuen Lande beginnen regelmäßig mit der Bebauung der hoch=
gelegenen und dünnen Bodenarten; der reiche aber sumpfige Boden
der Flußniederungen kann wegen seiner ungesunden Lage und der
großen und langwierigen Arbeit, welche die Entwaldung und Ent=

sumpfung erfordert, anfänglich nicht bebauet werden. In dem Maße
als die Bevölkerung und der Reichthum zunimmt, verbreitet sich der
Anbau die Höhenabhänge entlang, indem diese allmälig entwaldet
werden, und die fruchtbarsten Bodenarten, jene des Tieflandes,
werden gewöhnlich (Carey behauptet sogar, durchgängig) zuletzt in
Bearbeitung genommen. Diese Sätze werden sammt den aus ihnen
gezogenen Schlüssen in dem letzten und umfassendsten Werke dieses
Schriftstellers, „den Grundsätzen der Gesellschaftswissenschaft", sehr
ausführlich dargelegt, und Herr Carey glaubt, daß dieselben die
Lehren der von ihm so genannten englischen politischen Oeconomie mit
all ihren praktischen Folgerungen, insbesondere der Lehre vom Freihandel, vom Grund aus vernichten.

So weit es sich um Worte handelt, verbleibt Herrn Carey der
Sieg gegenüber einigen der höchsten Autoritäten unserer Wissenschaft,
denn diese sprachen die von ihnen aufgestellte Lehre ohne Zweifel
in allzu uneingeschränkter Weise aus, ohne zu beachten, daß sie nicht
von der ersten Bebauung eines neubesiedelten Landes gilt. Wo
die Bevölkerung dünn und der Capitalbesitz gering ist, dort muß das
Land, welches nur mit großen Kosten urbar gemacht werden kann,
unbebauet bleiben, obgleich derartiges Land, wenn seine Zeit gekommen ist, oft einen größeren Ertrag liefert als das früher in
Anbau genommene — nicht nur an und für sich, sondern auch
im Verhältniß zu der aufgewandten Arbeit, selbst wenn wir jene
Arbeit mitbegreifen, die ursprünglich aufgewendet wurde um das Land
urbar zu machen. Allein man behauptet nicht, daß das Gesetz des abnehmenden Bodenertrags seit dem Uranfang des Menschengeschlechtes
wirksam war; und mögen auch einige Volkswirthe den Beginn seiner
Thätigkeit allzu früh angesetzt haben, es tritt jedenfalls früh genug
in Wirksamkeit um alle Folgerungen zu rechtfertigen, die man daraus gezogen hat. Herr Carey wird schwerlich behaupten, daß in
irgend einem alten Lande — in England oder Frankreich, z. B. —
das Land, welches gegenwärtig brach liegt oder im Lauf der letzten
Jahrhunderte brach lag, fruchtbarer ist als das bebaute. Selbst wenn
wir seinen eigenen ungenügenden Maßstab, den der örtlichen Lage, anwenden — und wie ungenügend dieser Maßstab ist, brauche ich nicht
erst nachzuweisen — ist es wahr, daß der unbebaute Theil des Bodens
in England oder Frankreich heutzutage aus den Ebenen und Thälern,
der bebaute aus dem Hügelland besteht? Jedermann weiß, daß im
Gegentheil das Hochland und die dünnen Bodenarten es sind, die
der Natur überlassen bleiben und daß, wenn der Zuwachs der Bevölkerung eine Vermehrung des Anbaues erfordert, der Fortgang
von den Ebenen aus zu dem Hügelland hin stattfindet. Einmal im
Lauf eines Jahrhunderts vielleicht mag ein Bedford Level ent-

wässert oder ein Harlemer See ausgeschöpft werden; allein dies
sind geringfügige und vorübergehende Ausnahmen von dem regel=
rechten Gang der Dinge, und in allen Ländern, die in der Ge=
sittung irgendwie fortgeschritten sind, bleibt wenig derartiges zu
thun übrig*).

Herr Carey legt selbst, ohne es zu wissen, das stärkste Zeugniß
für die wirkliche Geltung des von ihm bestrittenen Gesetzes ab:
denn einer der von ihm am nachdrücklichsten verfochtenen Sätze ist
die Lehre, daß die Rohproducte des Bodens in einem fortschreiten=
den Gemeinwesen die Tendenz besitzen, stetig im Preise zu steigen.
Nun zeigen die elementarsten Lehren der Volkswirthschaft, daß dies
nicht geschehen könnte, wenn nicht die Erzeugungskosten dieser Pro=
ducte — in Arbeit bemessen — gleichfalls die Tendenz besäßen zu
steigen. Wenn ein Mehraufwand von Arbeit in der Regel von
einer Steigerung der Bodenertragsquote begleitet wäre, so müßte
der Preis der Bodenerzeugnisse mit dem Fortschritt der Gesellschaft
nothwendig fallen statt zu steigen, — es wäre denn, daß die Er=
zeugungskosten von Gold und Silber in noch größerem Maße
fielen; dies ist aber ein so seltener Fall, daß er in dem gesammten
uns bekannten Verlauf der Geschichte nur zweimal stattfand: erstens
in jenem Zeitalter, welches der Eröffnung der mexikanischen und
peruanischen Minen folgte, und dann in dem Zeitalter, in welchem
wir leben. Zu allen anderen uns bekannten Epochen waren die
Erzeugungskosten der Edelmetalle entweder stationär oder steigend.
Wenn es daher wahr ist, daß die landwirthschaftlichen Erzeugnisse
die Tendenz besitzen im Geldpreis zu steigen in dem Maße als
der Wohlstand und die Bevölkerung zunimmt, so ist dies allein ein
völlig ausreichender Beweis dafür, daß der Arbeitsaufwand, der
erforderlich ist um sie aus dem Boden zu gewinnen, bei zuneh=
mendem Bedarfe die Tendenz besitzt ein verhältnißmäßig größerer
zu werden.

Ich gehe nicht so weit als Herr Carey: ich behaupte nicht,
daß die Erzeugnißkosten und mithin der Preis der Bodenproducte
immer und nothwendig in dem Maße steigt als die Bevölkerung

---

*) Man kann auf Irland als auf eine Ausnahme verweisen, da ein
beträchtlicher Bruchtheil der gesammten Bodenfläche dieses Landes aus Mangel
an Entwässerung noch nicht anbaufähig ist. Allein obgleich Irland ein altes
Land ist, so haben unglückselige sociale und politische Verhältnisse es zu einem
armen und in der Entwicklung zurückgebliebenen Lande gemacht. Auch ist
es ganz und gar nicht erwiesen, daß die irischen Sümpfe, wenn sie ent=
wässert und urbar gemacht wären, ihren Platz neben Herrn Carey's frucht=
baren Flußtiefland und nicht vielmehr unter den ärmeren Bodenarten ein=
nehmen würden.

zunimmt. Sie besitzen die Tendenz dies zu thun, allein diese Tendenz muß nicht zum Durchbruch kommen und sie kommt mitunter,
auch lange Zeiträume hindurch, nicht zum Durchbruch. Das Ergebniß hängt nicht von einem Princip ab, sondern von zweien,
die sich befehden. Es gibt einen anderen Factor, der gegen das
Gesetz des sich vermindernden Bodenertrages gewöhnlich ankämpft,
und zur Erwägung desselben wollen wir jetzt übergehen. Dieser
Factor ist kein anderer als der Fortschritt der Civilisation. Ich
gebrauche diesen allgemeinen und etwas vagen Ausdruck, weil die
zusammenzufassenden Dinge so verschiedenartig sind, daß irgend eine
Bezeichnung von mehr beschränkter Bedeutung sie schwerlich alle
begreifen dürfte.

Was am deutlichsten hiervon vorliegt, ist der Fortschritt der
landwirthschaftlichen Kenntniß, Geschicklichkeit und Erfindung. Verbesserte Betriebsarten bei der Landwirthschaft sind zweierlei Art:
die einen befähigen den Boden, einen größeren Ertrag an und für
sich hervorzubringen, ohne eine entsprechende Arbeitsvermehrung;
andere haben nicht die Macht den Ertrag zu vermehren, wohl aber
vermögen sie die Arbeit und die Ausgaben, wodurch jener gewonnen wird, zu vermindern. Zu ersteren sind zu rechnen das Aufgeben der Brache mittelst der Fruchtwechselwirthschaft und die Einführung neuer Culturpflanzen, die sich hierfür vortheilhaft eignen.
Die Veränderung, die gegen Ende des letzten Jahrhunderts durch
die Einführung der Rübenwirthschaft in Großbritannien eintrat,
galt fast für eine Revolution. Diese Verbesserungen sind nicht allein
dadurch wirksam, daß sie den Boden in den Stand setzen jedes Jahr
eine Ernte hervorzubringen, statt ihn jedes zweite oder dritte Jahr
brach liegen zu lassen um seine Kraft zu erneuern, sondern auch
durch directe Vermehrung seiner Ergibigkeit, indem die bedeutende
Zunahme des Viehstandes durch die Vermehrung des Viehfutters hinlänglichen Dünger verschafft um die Kornländereien fruchtbar zu machen.
In nächster Reihenfolge steht die Einführung neuer Culturpflanzen, die
eine größere Menge Nahrungsstoff enthalten, wie der Kartoffel oder
productiverer Classen oder Varietäten derselben Pflanze, wie z. B.
der schwedischen Rübe. Zu derselben Classe von Verbesserungen
gehört auch eine bessere Kenntniß der Eigenschaften der Düngungs-
mittel und der wirksamsten Weise selbige anzuwenden, die Einführung neuer und kräftiger befruchtender Mittel, wie z. B. Guano,
und die Umwandlung von Substanzen, die früherhin rein verloren
gingen, zu solchem Zwecke. Ferner gehören dahin das Pflügen des
unteren Erdreichs und das Drainiren, wodurch der Ertrag mancher
Bodenarten sehr gesteigert wird; Verbesserungen hinsichtlich der
Zucht und Fütterung des Zugviehs; vermehrte Haltung solcher

Thiere, die in menschliche Nahrung umwandeln was sonst unbenutzt
verloren geht, und dergleichen mehr. — Die andere Gattung von
Verbesserungen, nämlich solche, welche die Arbeit vermindern ohne
dabei die Productionsfähigkeit des Bodens zu vermehren, sind der
Art wie die verbesserte Herstellung von Werkzeugen, die Einführung
neuer Instrumente, welche Handarbeit ersparen, z. B. der Schwing-
und Dreschmaschinen, eine geschicktere und wirthschaftlichere Anwendung der Muskelkraft, wie z. B. die Einführung der schottischen
Weise zu pflügen, welche in England so langsam Eingang gefunden
hat, nämlich mit zwei Pferden neben einander und Einem Manne,
statt mit einem Gespann von drei oder vier Pferden und mit zwei
Leuten. Diese Verbesserungen erhöhen nicht die Productivität des
Bodens, aber, mit den früheren zusammen, sind sie darauf berechnet, der Tendenz bei den Productionskosten landwirthschaftlicher
Erzeugnisse, mit dem Fortschreiten der Bevölkerung und der Nachfrage zu steigen, entgegen zu wirken.

Von analoger Wirkung mit dieser zweiten Classe der landwirthschaftlichen Verbesserungen sind die verbesserten Communicationsmittel. Gute Straßen sind gleichbedeutend mit guten Werkzeugen. Es ist kein wesentlicher Unterschied, ob die Arbeitsersparung
bei der Gewinnung der Producte aus dem Boden oder bei deren
Transport nach dem Ort, wo sie verbraucht werden sollen, stattfindet. Es soll nicht noch in Anschlag gebracht werden, daß die
Arbeit beim Feldbau selbst durch alles vermindert wird, was die
Kosten der Herbeischaffung von Dünger aus der Entfernung verringert oder die vielfachen Transportverrichtungen von einer Stelle
zur andern innerhalb des Umfangs des Landguts erleichtert. Eisenbahnen und Canäle sind recht eigentlich eine Verminderung der
Productionskosten für alle mittelst ihrer auf den Markt beförderten
Dinge und eben so für alles dasjenige, zu dessen Hervorbringung sie
die Zugehörigkeiten und Hilfsmittel herbeizuschaffen dienen. Mittelst solcher Communicationen kann Boden angebaut werden, der
sonst seinen Bearbeitern, ohne eine Erhöhung der Productionspreise,
keinen lohnenden Ersatz gewährt hätte. Verbesserungen bei der
Schifffahrt haben in Rücksicht auf über See herbeigeschaffte Nahrungsmittel oder Rohstoffe einen entsprechenden Einfluß.

Aehnliche Erwägungen zeigen, daß manche rein mechanische
Verbesserungen, welche, anscheinend wenigstens, keine besondere Beziehung auf die Landwirthschaft haben, nichtsdestoweniger in den
Stand setzen einen gegebenen Betrag von Nahrungsmitteln mit
einem geringeren Arbeitsaufwande zu erlangen. Eine bedeutende
Verbesserung im Verfahren des Eisenschmelzens würde dahin wirken, Ackerbaugeräthe wohlfeiler zu machen, die Kosten von Eisen-

bahnen, von Wagen und Karren, von Schiffen und vielleicht Woh=
nungen, so wie von manchen anderen Dingen, zu denen Eisen gegen=
wärtig, weil es zu kostbar ist, nicht gebraucht wird, zu vermindern;
in Folge davon würden auch die Kosten der Production von Nah=
rungsmitteln sich verringern. Dieselbe Wirkung hat jede Verbesse=
rung bei denjenigen Behandlungsweisen der Fabrication, denen die
Nahrungsstoffe, nachdem sie vom Boden getrennt sind, unterliegen.
Die erste Anwendung des Windes oder der Wasserkraft um Korn
zu mahlen hat eben so sehr dazu gewirkt Brot wohlfeiler zu ma=
chen als eine sehr wichtige Entdeckung beim Ackerbau gethan haben
würde. Jede wesentliche Verbesserung in der Construction von
Kornmühlen würde nach Verhältniß einen ähnlichen Einfluß haben.
Die Wirkungen des wohlfeileren Transports sind schon in Betracht
gekommen. Es gibt auch Ingenieur=Erfindungen, welche alle großen
Verrichtungen auf der Erdoberfläche erleichtern. Eine Verbesserung
in der Kunst der Aufnahme von Nivellements ist von Wichtigkeit
für das Entwässern, der Canal= und Eisenbahn=Herstellung nicht zu
gedenken. Die Marschländereien Hollands und einiger Theile Eng=
lands werden durch Pumpen entwässert, die durch Wind oder durch
Dampfkraft in Bewegung gesetzt werden. Wo Bewässerungsanlagen
oder wo Teiche oder Eindeichungen nothwendig sind, da ist mecha=
nische Geschicklichkeit ein bedeutendes Hilfsmittel um die Production
wohlfeiler zu machen.

Solche Verbesserungen bei der Fabrication, welche nicht dazu
benutzt werden können, die eigentliche Production von Nahrungs=
mitteln in einem ihrer Stadien zu erleichtern, und die deßhalb nicht
dazu beitragen, die Verminderung des proportionellen Einkommens
der Arbeit vom Boden zu beseitigen oder zu verzögern, haben indeß
eine andere, in praktischer Hinsicht gleichbedeutende Wirkung. Was
sie nicht verhindern, dafür geben sie doch bis zu einem gewissen
Grade eine Compensation.

Da die Stoffe zur Fabrication alle dem Boden abgewonnen
werden, und viele derselben der Landwirthschaft, welche namentlich
das sämmtliche Material zur Bekleidung hergibt, so muß das all=
gemeine Gesetz der Production aus dem Boden, das Gesetz des
sich vermindernden Ertrages, schließlich eben so gut Anwendung
finden auf die gewerkliche wie auf die landwirthschaftliche Erwerb=
thätigkeit. So wie die Bevölkerung anwächst und die Fähigkeit
des Bodens zur Lieferung eines vermehrten Ertrags immer stärker
in Anspruch genommen wird, muß jeder hinzukommende Bedarf an
Stoffen, in gleicher Weise wie bei Nahrungsmitteln, durch eine
mehr als im entsprechenden Verhältnisse gesteigerte Arbeitsverwen=
dung erlangt werden. Da aber die Kosten des Stoffs im allge=

meinen nur einen kleinen Theil der Gesammtkosten der Fabrication
bilden, so ist die bei der Production von Gewerksartikeln betheiligte
landwirthschaftliche Arbeit auch nur ein kleiner Bruchtheil der ganzen
bei der Waare verbrauchten Arbeit. Alle übrige Arbeit hat beständig
eine starke Tendenz sich zu vermindern, sobald der Betrag der Pro=
duction steigt. Die Fabrication findet gar viel leichter als die
Landwirthschaft mechanische Verbesserungen und Erfindungen zur
Ersparung von Arbeit. Es ist schon gezeigt worden, wie bedeutend
die Trennung der Beschäftigungen so wie deren geschickte und wirth=
schaftliche Vertheilung von der Ausdehnung des Marktes und der
Möglichkeit einer Production in großen Massen abhängig ist. Bei
der Fabrication überwiegen daher diejenigen Ursachen, welche die
Productivität der Erwerbthätigkeit vermehren, ganz bedeutend die
eine Ursache, welche auf deren Verminderung hinwirkt, und die Zu=
nahme der Production, die durch den Fortschritt der Gesellschaft
hervorgerufen wird, findet statt, nicht bei sich vermehrenden, sondern
bei sich fortwährend vermindernden proportionellen Kosten. Diese
Thatsache hat sich von selbst deutlich herausgestellt in dem pro=
gressiven Sinken der Preise und Werthe von fast jeder Art von
Fabricaten während der letztverflossenen zwei Jahrhunderte — ein
Sinken, das durch die mechanischen Erfindungen der letzten siebenzig
oder achtzig Jahre beschleunigt ist und noch länger anhalten und
weiter gehen dürfte als daß sich mit Sicherheit eine bestimmte
Grenze dafür angeben ließe.

Man wird jetzt ganz begreiflich finden, daß die Wirksamkeit
landwirthschaftlicher Arbeit mit der Zunahme des Ertrages eine
allmälige Verminderung erfahren, daß der Preis der Nahrungs=
mittel in natürlicher Folge davon progressiv steigen und ein stets
größerer Theil der Bevölkerung erforderlich sein könnte, um den
Unterhalt für die Gesammtheit hervorzubringen, während dagegen
die Productivität der Arbeit in allen anderen Zweigen der Erwerb=
thätigkeit so rasch zunehmen könnte, daß der hierzu erforderliche
Arbeitsbetrag bei der Fabrication gespart, nichtsdestoweniger aber
ein größerer Ertrag erlangt und die gesammten Bedürfnisse des
Gemeinwesens, im ganzen genommen, besser als vorher befriedigt
würden. Diese Wohlthat dürfte sich selbst auf die ärmsten Classen
erstrecken; die größere Wohlfeilheit ihrer Kleidung und Wohnung
könnte gegen die vermehrten Kosten ihrer Nahrung in Anschlag
gebracht werden.

Es gibt somit keine mögliche Verbesserung in den Mitteln der
Production, die nicht auf die eine oder andere Weise einen Gegen=
einfluß ausübte auf das Gesetz des sich vermindernden Einkommens
der landwirthschaftlichen Arbeit. Auch sind es keineswegs nur in=

duftrielle Verbefferungen, welche diese Wirkung haben. Verbefferungen im Regierungswesen und faft jede Art von moralischem
und socialem Fortschritt wirken auf die nämliche Weise. Man
denke sich ein Land in der Lage wie Frankreich vor der Revolution;
ausschließliche Besteuerung der betriebsamen Classen, und nach solchen
Grundsätzen, daß dieselbe eine förmliche Erschwerung der Production
war, so wie Schutlosigkeit gegen jede Beeinträchtigung der Person
und des Eigenthums, wenn sie von hochstehenden oder am Hofe
einflußreichen Leuten ausgeübt wurde. War nicht der Orkan, der
ein solches Syftem wegfegte, wenn wir lediglich die vermehrte Pro=
ductivität der Arbeit ins Auge faffen, von gleichem Werthe wie
viele induftrielle Erfindungen? Die Beseitigung einer fiscalischen
Belaftung des Ackerbaues, z. B. des Zehnten, hat dieselbe Wirkung
als wenn die zur Gewinnung des dermaligen Ertrages nothwendige
Arbeit plötzlich um ein Zehntheil reducirt wäre. Die Abschaffung der
Korngesetze oder sonftiger Beschränkungen, welche verhindern, daß gewisse
Artikel dort hervorgebracht werden, wo ihre Herftellung am wohlfeilften
geschehen kann, kommt einer ansehnlichen Verbefferung bei der Pro=
buction gleich. Wenn fruchtbares Land, das früher als Jagdrevier
oder zu einem anderen Vergnügungszweck reservirt war, der Cultur
überlaffen wird, so vergrößert sich die Gesammtproductivität der
landwirthschaftlichen Induftrie. Bekannt ift, welche Wirkung die
schlecht verwalteten Armengesetze in England gehabt haben, und die
noch verderblichere Wirkung eines schlechten Verpachtungssyftems in
Irland, um landwirthschaftliche Arbeit läffig und unergibig zu
machen. Auf die Productivität der Arbeit wirken keine Verbeffe=
rungen directer ein als die in Betreff der Verpachtungsverhältnisse
und die auf die Gesetze für das Landeigenthum bezüglichen. Die
Aufhebung von Fideicommiffen, die Koftenverminderung bei Eigen=
thumsveränderungen und was sonft noch die natürliche Tendenz des
Grundbesitzes bei einem Syftem der Freiheit befördert, nämlich aus
solchen Händen, die wenig daraus machen, in solche überzugehen,
die mehr daraus ziehen; die Substituirung langer Verpachtungen
ftatt Vermiethung auf Künbigung und eines erträglichen Verpach=
tungssyftems irgend welcher Art ftatt des elenden Häuslersyftems,
mehr als alles aber die Erwerbung eines bleibenden Interesse am
Boden durch seinen Bewirthschafter — alle diese Dinge sind eben so
wesentliche und einige von ihnen eben so bedeutende Verbefferungen
für die Production wie die Erfindung der Spinnmaschine oder der
Dampfmaschine.

Dasselbe können wir von Verbefferungen im Erziehungs=
wesen behaupten. Die Intelligenz des Arbeiters ift ein höchft
wichtiges Element für die Productivität der Arbeit. In einigen

der am meisten civilisirten Länder ist der gegenwärtige Stand dieser Intelligenz so niedrig, daß es kaum eine Quelle gibt, aus der man für die Productionskraft bedeutendere Fortschritte gewinnen würde als wenn man denen, die jetzt nur Hände haben, einige Einsicht beibringen könnte. Die Sorgsamkeit, Wirthschaftlichkeit und allge= meine Zuverlässigkeit der Arbeiter sind eben so wichtig wie ihre In= telligenz. Freundliche Beziehungen und ein Gefühl der gemeinschaft= lichen Interessen zwischen Arbeitern und Unternehmern gehören ebenfalls ganz besonders hierher, oder, wie ich vielmehr mich aus= drücken sollte, würden dahin gehören, denn ich wüßte nicht, daß solche Gefühle eines freundlichen Verhältnisses jetzt irgendwo zu finden wären. Auch ist es nicht die Arbeiterclasse allein, bei der bessere Ausbildung des Geistes und Charakters eine wohlthätige Wirkung auf die Industrie ausüben würde. Bei den reichen und in Muße lebenden Classen würden vermehrte geistige Energie, gründlichere Belehrung, strengere Gewissenhaftigkeit, Gemeinsinn oder Menschenliebe dieselben dazu geeignet machen, die werthvollsten Verbesserungen sowohl hinsichtlich der wirthschaftlichen Hilfsquellen als auch der Staatseinrichtungen und Gewohnheiten ihres Vater= landes auszusinnen und zu befördern. Blicken wir nur auf einige klar vorliegende Erscheinungen! Das Zurückbleiben der französischen Landwirthschaft grade in den Punkten, wo ein wohlthätiger Ein= fluß seitens einer gebildeten Classe her erwartet werden könnte, muß theilweise der ausschließlichen Hingebung der reicheren Land= eigenthümer an die städtischen Interessen und Vergnügungen zuge= schrieben werden. Es gibt wohl kaum eine mögliche Verbesserung menschlicher Angelegenheiten, die nicht unter andern wohlthätigen Folgen, direct oder indirect, eine günstige Wirksamkeit auf die Pro= ductivität der Industrie hätte. Zwar würde andererseits die Inten= sität der Verfolgung industrieller Beschäftigungen in manchen Fällen durch eine liberalere und höhere geistige Bildung gemäßigt werden, aber die auf jene Beschäftigungen wirklich angewendete Arbeit würde dadurch fast immer wirksamer werden.

Bevor wir die hauptsächlichen Schlußfolgerungen nachweisen, die aus dem Wesen der beiden sich entgegenstehenden Kräfte, wodurch die Productivität der landwirthschaftlichen Erwerbthätigkeit bestimmt wird, hervorgehen, muß bemerkt werden, wie das von der Land= wirthschaft Gesagte mit wenig Abweichung auch bei den übrigen Beschäftigungen, welche sie mit vertritt, zutrifft — bei allen Ge= werben nämlich, welche dem Erdboden Stoffe abgewinnen. Bei der bergmännischen Industrie z. B. ist die Zunahme des Ertrages ge= wöhnlich durch eine nach Proportion größere Vermehrung der Aus= gaben bedingt. Hiermit steht es sogar noch schlimmer, denn selbst die Gewinnung des herkömmlichen jährlichen Ertrages erfordert eine immer steigende Anwendung von Arbeit und Capital. Da eine Mine die aus ihr herausgenommenen Kohlen oder Erze nicht wieder hervorbringt, so werden alle Minen endlich nicht nur erschöpft, sondern selbst dann, wenn sie noch keine Zeichen der Erschöpfung zeigen, müssen sie mit immer wachsenden Kosten bearbeitet werden; Schachte müssen tiefer gesenkt, Gänge weiter fortgeführt, größere Maschinenkraft zum Fortschaffen des Wassers angewendet, die Producte aus einer größeren Tiefe gehoben oder eine weitere Strecke fortgeschafft werden. Das Gesetz des sich vermindern= den Ertrages gilt daher für die Minenindustrie in noch voll= ständigerem Sinne als für die Landwirthschaft; andererseits gilt hierfür aber auch der entgegenwirkende Factor, nämlich derjenige der Verbesserungen bei der Production, in höherem Grade. Der Minenbetrieb kann von mechanischen Verbesserungen größeren Nutzen ziehen als die Landwirthschaft. Die erste bedeutende Anwendung der Dampfmaschine fand bei Bergwerken statt und hinsichtlich der chemischen Processe, wodurch die Metalle geschieden werden, ist die Möglichkeit der fortschreitenden Vervollkommnung gar nicht abzu= sehen. Ein anderer, nicht selten vorkommender Umstand, welcher ein Gegengewicht gegen das Fortschreiten aller Minen zu ihrer Erschöpfung abgibt, ist die Entdeckung neuer Minen von gleichem oder noch bedeutenderem Reichthum.

Fassen wir das vorstehende zusammen: alle hinsichtlich der Menge beschränkte Naturfactoren sind nicht allein in ihrer äußersten productiven Kraft begrenzt, sondern schon viel früher als diese Kraft bis zum äußersten angestrengt wird, befriedigen sie neu hin= zukommende Nachfrage nur zu progressiv härteren Bedingungen. Dieses Gesetz kann jedoch hinausgeschoben oder zeitweilig ein= geschränkt werden durch alles, was im allgemeinen die Macht des Menschen über die Natur ausdehnt; insbesondere durch jede Er= weiterung seiner Kenntniß und daraus entspringende Herrschaft über die Eigenschaften und Kräfte der Naturfactoren.

Capitel XIII.

Folgerungen aus den vorstehenden Gesetzen.

§. 1. Aus der vorstehenden Darlegung ergibt sich, daß es eine zwiefache Beschränkung für die Zunahme der Production gibt: Mangel an Capital und an Land. Die Production kommt zum Stillstande, weil entweder der Ansammlungstrieb nicht stark genug ist um eine fernere Vermehrung des Capitals herbeizuführen, oder weil, wie geneigt die Besitzer eines Ueberschusses vom Einkommen auch sein mögen, einen Theil desselben zu sparen, der zur Verfügung des Gemeinwesens stehende begrenzte Boden nicht gestattet, neues Capital mit solch einem Ertrage anzuwenden, der für sie ein Aequivalent ihrer Enthaltsamkeit sein würde.

In Ländern, wo das Princip der Vermögensansammlung so schwach ist wie bei verschiedenen Nationen Asiens, wo die Einwohner weder sparen mögen noch auch arbeiten, um sich die Mittel zum Sparen zu verschaffen, außer unter dem Reiz eines übertrieben hohen Gewinns, und selbst dies nicht, wenn es nothwendig ist eine beträchtliche Zeit darauf zu warten — wo die Production kärglich oder der Arbeitsbetrieb höchst mühselig bleibt, weil daselbst weder förderndes Capital noch hinreichende Voraussicht vorhanden ist um sich die Erfindungen anzueignen, wodurch Naturkräfte die Leistung menschlicher Arbeit übernehmen; in solchen Ländern ist, was in volkswirthschaftlicher Beziehung Noth thut, Hebung der Erwerbthätigkeit und des Ansammlungstriebes. Die Mittel dazu sind: erstens, eine bessere Regierung, vollständigere Sicherheit des Eigenthums, mäßige Steuern und Befreiung von willkürlicher Erpressung unter dem Namen der Besteuerung, ein länger dauernder und angemessenerer Landbesitz, welcher dem Bebauer so viel wie möglich den ungeschmälerten Genuß seiner darauf angewendeten Betriebsamkeit, Geschicklichkeit und Sparsamkeit sichert. Zweitens, Fortschreiten der öffentlichen Intelligenz, Beseitigung von Gewohnheiten und Aberglauben, die der wirksamen Anwendung der Erwerbthätigkeit entgegentreten, und die Steigerung der geistigen Thätigkeit, wodurch bei der Bevölkerung das Verlangen nach neuen Bedürfnissen und Genußmitteln geweckt wird. Drittens, die Einführung fremder Künste, welche die Einkünfte vom neuen Capital zu dem Betrage heben, welcher der geringen Stärke des Ansammlungstriebes entspricht, so wie das Herbeiziehen fremder Capitalien, wo-

durch bewirkt wird, daß die Zunahme der Production nicht länger
ausschließlich von der Sparsamkeit oder der Voraussicht der Ein=
wohner selbst abhängt, während es ihnen ein anregendes Beispiel
vor Augen stellt und durch die Beibringung neuer Ideen so wie das
Brechen der Gewohnheitsfesseln, vielleicht auch durch Verbesserung
der bisherigen Lage der Bevölkerung, bei ihr neue Bedürfnisse, ge=
steigerten Ehrgeiz und mehr Vorbedacht auf die Zukunft hervorzu=
rufen die Tendenz hat. Diese Betrachtungen finden mehr oder
minder Anwendung auf alle asiatischen Völker und die minder civi=
lisirten und erwerbthätigen Theile Europa's, wie Rußland, Ungarn,
Spanien und Irland.

§. 2. Andere Länder gibt es, und England steht an ihrer
Spitze, wo weder der Geist der Erwerbthätigkeit noch der Ansamm=
lungstrieb einer Aufmunterung bedarf, wo die Einwohner für eine
geringe Vergütung hart arbeiten und eines kleinen Gewinns wegen
viel sparen, wo, obschon die Sparsamkeit der arbeitenden Classen
im allgemeinen weit geringer ist als man wünschen sollte, der Sinn
für Vermögensansammlung bei dem wohlhabenderen Theile des Ge=
meinwesens eher einen Abschlag als Zunahme erfordert. In solchen
Ländern würde niemals irgend ein Mangel an Capital eintreten,
wenn seine Vermehrung nicht durch eine zu große Verringerung des
Einkommens vom Capital aufgehalten und zu einem Stillstand ge=
bracht würde. Diese Tendenz des Einkommens vom Capital zu
einer progressiven Verringerung ist die Ursache, daß die Zunahme
der Production oftmals mit einer Verschlechterung der Lage der
Producenten verbunden ist; und diese Tendenz, welche mit der Zeit
der Zunahme der Production überhaupt ein Ende machen dürfte,
ist ein Ergebniß der nothwendigen und natürlichen Bedingungen der
Production des Bodens.

In allen Ländern, die in der Ausbildung der Landwirthschaft
ein sehr frühes Stadium zurückgelegt haben, wird jede Vermehrung
der Nachfrage nach Nahrungsmitteln, die durch Bevölkerungszu=
nahme veranlaßt wird, wofern nicht eine gleichzeitige Verbesserung
in der Production stattfindet, stets den Antheil vermindern, welcher
bei einer billigen Vertheilung auf jedes Individuum kommen würde.
Eine vermehrte Production kann, in Ermanglung noch verfügbarer
Strecken fruchtbaren Bodens oder neuer Verbesserungen, welche
dazu dienen, die Producte wohlfeiler zu machen, nie anders erlangt
werden als durch Vermehrung der Arbeit in einer noch größeren
Proportion. Die Bevölkerung, im ganzen genommen, muß entweder
stärker arbeiten oder weniger essen, oder auch ihren gewöhnlichen
Unterhalt dadurch erhalten, daß sie einen Theil ihrer sonstigen ge=
wohnten Annehmlichkeiten aufopfert. So oft diese Nothwendigkeit

wegfällt, so geschieht es, weil die Verbesserungen zur Erleichterung
der Production progressiv fortschreiten, weil die Erfindungen der
Menschen um ihre Arbeit wirksamer zu machen mit der Natur einen
ebenmäßigen Kampf aushalten und ihren widerstrebenden Kräften
eben so rasch neue Hilfsquellen abringen, wie die alten von den
menschlichen Bedürfnissen ganz in Anspruch genommen und aus=
gebeutet werden.

Hieraus ergibt sich die wichtige Schlußfolgerung, daß die Noth=
wendigkeit einer Beschränkung der Bevölkerungszunahme nicht, wie
viele Leute meinen, einem Zustande großer Ungleichheit der Eigen=
thumsverhältnisse besonders eigen ist. Bei irgend welchem ge=
gebenen Zustande der Civilisation kann, in der Gesammtheit genom=
men, eine größere Zahl Menschen nicht so gut versorgt werden als
eine kleinere Zahl. Die Kargheit der Natur, nicht die Ungerech=
tigkeit der Gesellschaft, ist die Ursache des Elends, das sich an
Uebervölkerung knüpft. Eine ungerechte Vertheilung des Vermögens
vergrößert selbst nicht das Uebel, sondern bewirkt höchstens, daß es
etwas früher empfunden wird. Es beweist nichts, wenn man sagt,
daß alle Münder, welche die Zunahme der Bevölkerung ins Leben
ruft, auch Hände mit sich bringen. Die neuen Münder erfordern
eben so viel Nahrung wie die alten, aber die neuen Hände produ=
ciren nicht so viel. Würden alle Mittel der Production von der
Gesammtheit der Einwohner als gemeinschaftliches Eigenthum be=
sessen und der Ertrag mit vollkommener Gleichheit unter sie ver=
theilt, wäre ferner in einer so eingerichteten Gesellschaft die Erwerb=
thätigkeit eben so kräftig und der Ertrag eben so reichlich wie sie es
jetzt sind, so würde genug da sein um der ganzen vorhandenen Be=
völkerung eine äußerst angenehme Existenz zu verschaffen. Wenn
diese Bevölkerung sich aber verdoppelt hätte, wie sie es bei den be=
stehenden Sitten unter einem solchen Antrieb unzweifelhaft in wenig
mehr als zwanzig Jahren thun würde, wie wäre dann die Lage?
Wofern nicht die Künste der Production während derselben Zeit
sich in einem so beispiellosen Grade verbessert hätten, daß durch sie
die productive Kraft der Arbeit verdoppelt wäre, so würde der
schlechtere Boden, zu welchem man seine Zuflucht nehmen müßte,
und die mühseligere und dürftig belohnende Cultur, die bei dem
besseren Boden angewendet werden müßte um den Unterhalt für
eine so viel größere Bevölkerung herbeizuschaffen, nach einer unver=
meidlichen Nothwendigkeit jedes Individuum im Gemeinwesen ärmer
als zuvor machen. Wenn die Bevölkerung fortführe in dem Ver=
hältnisse zu wachsen, so würde bald die Zeit kommen, wo niemand
mehr als eben den nothwendigen Bedarf, und bald darauf eine
Zeit, wo niemand auch nur diesen noch hinreichend haben und das

weitere Anwachsen der Bevölkerung durch den Hungertod aufge=
halten würde.

Ob gegenwärtig oder zu irgend einer anderen Zeit der Ertrag
der Erwerbthätigkeit, im Verhältniß zu der angewendeten Arbeit,
zunimmt oder abnimmt, und ob die durchschnittliche Lage des
Volks sich verbessert oder verschlechtert, das hängt davon ab, ob
die Bevölkerung sich rascher vermehrt als die Verbesserungen, oder
diese rascher als jene. Sobald die Dichtigkeit der Bevölkerung
einen Grad erreicht hat, hinreichend um die hauptsächlichen Vor=
theile der Combination der Arbeit zu gestatten, so wirkt von da an
jede fernere Zunahme an sich, so weit die durchschnittliche Lage in
Betracht kommt, schädlich; allein der Fortschritt der Verbesserungen
hat eine entgegengesetzte Wirkung und gestattet eine Vermehrung
der Bevölkerung ohne Verschlimmerung ihrer Lage, ja selbst ver=
einbar mit einem durchschnittlich höheren Lebensgenuß. Verbesse=
rungen müssen hier im weiten Sinne verstanden werden; es sind
darin eingeschlossen nicht allein neue industrielle Erfindungen oder
eine ausgedehntere Benutzung der bereits bekannten, sondern auch
Verbesserungen in Staatseinrichtungen, im Erziehungswesen, in den
Meinungen und überhaupt in allen menschlichen Angelegenheiten,
vorausgesetzt, daß sie, wie alle hier gemeinten Verbesserungen, der
Production neue Anregung oder neue Erleichterungen gewähren.
Wenn die productiven Kräfte des Landes eben so rasch wachsen, wie
die zunehmende Bevölkerung eine Vermehrung der Producte ver=
langt, so ist es nicht nothwendig diese Vermehrung durch die Cultur
von Grundstücken zu erhalten, welche unfruchtbarer sind als die
schlechtesten der bis dahin in Anbau genommenen, oder durch An=
wendung hinzukommender Arbeit auf die alten Grundstücke mit ge=
ringerem Vortheil. Es können aber auch diese schwächer werdenden
Productionskräfte durch die vergrößerte Wirksamkeit aufgewogen
werden, womit man Arbeit beim Fortschritt der Verbesserungen in
der Fabrication anwendet. Auf die eine oder die andere Weise
wird die vermehrte Bevölkerung versorgt und alle befinden sich eben so
wohl wie vorher. Wenn aber das Wachsen der menschlichen Kraft
über die Natur überhaupt aufhört oder geschwächt wird und die
Bevölkerungszunahme nicht ebenfalls sich verringert — wenn nur
mit der einmal bestehenden Verfügung über die Naturmittel diese
Mittel für ein größeres Einkommen in Anspruch genommen werden,
so wird ein solches größeres Einkommen der vermehrten Bevölke=
rung nicht gewährt werden können, ohne entweder von jedem durch=
schnittlich eine größere Anstrengung zu verlangen oder jeden durch=
schnittlich auf einen kleineren Antheil an dem Gesammteinkommen
zu reduciren.

Es ist Thatsache, daß in gewissen Zeiträumen der Fortschritt
der Bevölkerungszunahme, zu anderen Zeiten der Fortschritt der
Verbesserungen rascher von statten gegangen. In England stieg
während eines langen Zeitabschnittes, welcher der französischen Re=
volution voranging, die Bevölkerung nur langsam; aber der Fort=
schritt der Verbesserungen, wenigstens bei der Landwirthschaft, scheint
noch langsamer gewesen zu sein, denn obschon nichts vorkam den
Werth der edlen Metalle zu verringern, so stieg der Getreidepreis
beträchtlich und England wurde aus einem getreideausführenden ein
getreideeinführendes Land. Dieser Nachweis ist indeß nicht ganz
beweisend, insofern nämlich die außerordentlich große Zahl reichlicher
Ernten während der ersten Hälfte des Jahrhunderts, welche während
der letzteren nicht fortdauerten, eine außerhalb des gewöhnlichen
Fortschritts der Gesellschaft liegende Ursache des in der letzteren
Periode gestiegenen Preises war. Ob während der nämlichen Pe=
riode Verbesserungen in der Fabrication oder Kostenverminderung
bei importirten Waaren Ersatz gewährt haben für die verminderte
Productivität der auf den Boden angewendeten Arbeit ist ungewiß.
Seit den großen mechanischen Erfindungen von Watt, Arkwright
und ihren Zeitgenossen haben die Einkünfte von der Arbeit wahr=
scheinlich eben so schnell wie die Bevölkerung zugenommen; sie wür=
den diese sogar überholt haben, wenn nicht eben die Vermehrung
der Einkünfte von der Arbeit der dem Menschengeschlecht inne=
wohnenden Befähigung der Vervielfältigung einen neu hinzukom=
menden Impuls gegeben hätte. Während der letztverflossenen fünf=
zehn oder zwanzig Jahre ist die Ausdehnung der verbesserten Be=
triebsweisen beim Ackerbau so rasch gewesen, daß der Boden sogar
einen größeren Ertrag im Vergleich mit der darauf angewendeten
Arbeit liefert; der durchschnittliche Getreidepreis ist entschieden nie=
driger geworden. Wenn nun auch die Verbesserungen während
eines gewissen Zeitraumes der wirklichen Bevölkerungszunahme es
gleich thun oder sie sogar übertreffen können, so kommen sie sicher=
lich doch nie zu demjenigen Verhältnisse der Zunahme, dessen die
Bevölkerung fähig ist, und nichts hätte einer allgemeinen Verschlech=
terung der Lage des Menschengeschlechts vorbeugen können, hätte
nicht eine thatsächliche Beschränkung der Bevölkerungszunahme statt=
gefunden. Wäre diese Beschränkung noch bedeutender gewesen, ohne
daß darum die nämlichen Verbesserungen unterblieben wären, so
würde es für die Nation oder die Menschheit im ganzen eine
größere Dividende gegeben haben als nun der Fall ist. Das neue
Terrain, welches die Verbesserungen der Natur abgerungen haben,
würde nicht blos zum Unterhalt einer größeren Anzahl gebraucht
worden sein; obschon der Rohertrag nicht so groß gewesen wäre,

so würde doch auf den Kopf der Bevölkerung ein größerer Ertrag gekommen sein.

§. 3. Wenn das Wachsen der Bevölkerung den Fortschritt der Verbesserungen überholt und ein Land gezwungen wird die Mittel seiner Subsistenz zu mehr und mehr ungünstigen Bedingungen auf= zubringen, weil der Boden nicht fähig ist neuer Nachfrage anders zu begegnen, so gibt es zwei Auskunftsmittel, wodurch man hoffen kann, diese unangenehme Nothwendigkeit zu mildern, selbst wenn in den Gewohnheiten des Volks in Rücksicht auf das Verhältniß seiner Vermehrung keine Veränderung eintreten sollte. Das eine dieser Auskunftsmittel ist die Einfuhr von auswärts, das andere die Aus= wanderung.

Die Zulassung wohlfeilerer Nahrungsmittel aus einem fremden Lande ist gleichbedeutend mit einer landwirthschaftlichen Erfindung, durch welche Nahrungsmittel mit ähnlicher Kostenverminderung im Lande selbst gewonnen werden könnten. Die productive Kraft der Arbeit wird hierdurch auf gleiche Weise vermehrt. Der Ertrag war vorher: so viel Nahrungsmittel für so viel auf das Hervorbringen von Nahrungsmitteln angewendete Arbeit; jetzt ist der Ertrag: eine größere Menge Nahrungsmittel für dieselbe Arbeit, angewendet auf die Hervorbringung von Baumwollen= oder Kurzen=Waaren oder irgend anderen Artikeln, welche im Austausch gegen Nahrungs= mittel gegeben werden. Die eine wie die andere Verbesserung schiebt die Abnahme der productiven Kraft der Arbeit um eine gewisse Entfernung zurück; aber in beiden Fällen tritt unmittelbar darauf der frühere Verlauf wieder ein — die zurückgetretene Fluth beginnt sogleich wieder vorzurücken. Es möchte nun den Anschein haben, daß wenn ein Land seine Nahrungsmittel aus einem so weiten Umkreise zieht wie die ganze bewohnbare Erde, eine Zunahme der Münder in einem kleinen Winkel derselben wenig Eindruck auf jene große Ausdehnung machen kann, daß die Einwohner des Landes mithin ihre Zahl verdoppeln und verdreifachen können, ohne die Wirkung in der gesteigerten Anspannung der Productions= quellen oder einer Erhöhung der Preise der Nahrungsmittel auf der ganzen Welt zu empfinden; allein bei dieser Schätzung werden verschiedene Punkte übersehen.

Erstens, die fremden Gegenden, aus denen Getreide eingeführt werden kann, begreifen nicht den ganzen Erdkreis, sondern eigentlich nur die Theile desselben, welche in der unmittelbaren Nachbarschaft von Küsten oder schiffbaren Flüssen liegen. Die Küsten sind nun in den meisten Ländern der Theil, welcher am frühesten und am dichtesten bevölkert ist und keine Nahrungsmittel abgeben kann. Die hauptsächliche Versorgungsquelle sind daher die Streifen Landes

längs der Ufer schiffbarer Flüsse, wie des Nils, der Weichsel
oder des Mississippi; von diesen gibt es aber in den productiven
Gegenden der Erde keine so große Menge, um während einer un=
bestimmten Zeitdauer, ohne eine gleichzeitig vermehrte Anspannung
der productiven Kräfte des Bodens, einer rasch steigenden Nachfrage
zu genügen. Aus dem Innern aushelfende Getreidezufuhren im
Ueberfluß erwarten, würde bei dem dermaligen Zustand der Com=
municationen eine eitle Hoffnung sein. Durch verbesserte Wege
und oft durch Canäle und Eisenbahnen wird freilich das Hinderniß
so weit beseitigt werden, daß es nicht unüberwindlich ist, allein
dies ist ein langsamer Fortschritt, namentlich in allen getreideaus=
führenden Ländern mit Ausnahme von Amerika, welcher der Be=
völkerungszunahme nicht nachkommen kann, wofern letztere nicht sehr
wirksam beschränkt wird.

Ferner wären, selbst wenn die Versorgung, statt von einem
kleinen Theile, von der Gesammtheit der Oberfläche der Ausfuhr=
Länder entnommen würde, die Menge der Nahrungsmittel, die man
ohne eine verhältnißmäßige Kosten=Steigerung erhalten könnte, noch
begrenzt. Die Länder, welche Lebensmittel ausführen, lassen sich
in zwei Classen eintheilen: in solche, wo der Ansammlungstrieb
stark ist, und in solche, wo er schwach ist. In Australien und den
Vereinigten Staaten von Amerika ist der Ansammlungstrieb stark;
das Capital vermehrt sich rasch und die Production von Nahrungs=
mitteln könnte sehr schnell ausgedehnt werden. In solchen Ländern
wächst aber auch die Bevölkerung mit außerordentlicher Raschheit.
Ihre Landwirthschaft hat nicht minder für ihre eigene anwachsende
Volkszahl als für die der einführenden Länder zu sorgen. Die Ein=
wohner müssen daher der Natur der Sache nach sehr bald, wenn
auch nicht zu minder fruchtbaren, doch wenigstens zu entfernteren
und minder zugänglichen Ländereien ihre Zuflucht nehmen, und zu
Arten des Anbaues, gleich denen in alten Ländern, die im Ver=
hältnisse zu der Arbeit und den Kosten minder productiv sind.

Es gibt wenige Länder, welche zu gleicher Zeit wohlfeile Nah=
rungsmittel und bedeutendes industrielles Gedeihen haben, denn es
sind dies nur solche, wo die Künste des civilisirten Lebens in voller
Ausbildung auf einen reichen und uncultivirten Boden übertragen
worden sind. Unter den alten Ländern sind diejenigen, die befähigt
sind Nahrungsmittel auszuführen, nur deshalb hierzu im Stande,
weil daselbst Capital und Bevölkerung noch nicht hinlänglich ange=
wachsen sind, um die Nahrungsmittel auf einen höheren Preis zu
bringen. Solche Länder sind Rußland, Polen und Ungarn. In
diesen Gegenden ist der Ansammlungstrieb schwach, die Productions=
mittel sehr unvollkommen, das Capital spärlich und seine Zunahme,

insbesondere aus einheimischen Quellen, nur langsam. Wenn dort
eine steigende Nachfrage nach Nahrungsmitteln zur Ausfuhr nach
anderen Ländern entstehen sollte, so würde eine solche Mehr=Pro=
duction, um jener Nachfrage zu entsprechen, nur sehr allmälig
herbeigeführt werden können. Das benöthigte Capital würde man
nicht durch Uebertragung aus anderen Anwendungen erhalten können,
weil letztere nicht vorhanden sind. Die Baumwollen= und Kurzen=
Waaren, welche im Austausch gegen Korn von England zu erhalten
wären, produciren die Russen und Polen gegenwärtig nicht im
Lande; sie behelfen sich ohne dieselben. Etwas möchte man mit
der Zeit erwarten von den vermehrten Anstrengungen, wozu die
Producenten durch den ihren Producten eröffneten Markt angetrieben
werden würden, aber einer solchen Steigerung der Anstrengungen
sind die Staatseinrichtungen von Ländern, deren ackerbautreibende
Bevölkerung aus Leibeigenen oder aus Bauern in fast ähnlicher
Lage besteht, nichts weniger als günstig, und selbst in unserm Zeit=
alter der Bewegung ändern sich solche Einrichtungen keineswegs
rasch. Wenn eine größere Capitalanlage als die Quelle, aus welcher
der Ertrag vermehrt werden soll, in Frage kommt, so müssen die
Mittel hierzu entweder auf dem langsamen Wege des Sparens
erlangt werden, unter dem Antrieb, den neue Waaren und ausge=
dehnterer Verkehr geben (und in solchem Falle würde die Bevöl=
kerung höchst wahrscheinlich eben so rasch zunehmen), oder das Ca=
pital muß aus fremden Ländern herbeigeschafft werden. Wenn
England eine rasch zunehmende Getreidezufuhr aus Rußland oder
Polen erhalten wollte, so müßte englisches Capital dahin gehen,
um die dazu erforderliche Production herbeizuführen. Dies ist jedoch
mit manchen Schwierigkeiten verknüpft, welche bedeutenden positiven
Nachtheilen gleichkommen. Verschiedenheit der Sprache und der
Sitten und tausend Hindernisse, die aus den Staatseinrichtungen
und gesellschaftlichen Verhältnissen des Landes entspringen, stellen
sich dem entgegen. Abgesehen von allem übrigen würde dadurch
auch die Bevölkerungszunahme an Ort und Stelle unvermeidlich
in dem Maße befördert werden, daß beinahe die ganze durch diese
Mittel herbeigeführte Mehr=Hervorbringung von Nahrungsmitteln
consumirt werden würde, ohne das Land zu verlassen. Wenn daher
nicht, als fast alleiniges Auskunftsmittel, fremde Künste und Ideen
Eingang finden und der zurückgebliebenen Civilisation dieser Länder
einen wirksamen Antrieb geben, kann man nur wenig darauf rechnen,
daß ihre Ausfuhr sich vermehren und andere Länder mit einer pro=
gressiv und auf unbestimmte Zeit hin steigenden Zufuhr von Nah=
rungsmitteln versorgen wird. Die Civilisation eines Landes zu
verbessern, ist aber ein langsamer Weg und läßt sowohl im Lande

selbst als in den Ländern, die es versorgt, zu einer so ansehnlichen
Bevölkerungszunahme Zeit, daß ihre Wirkung auf das Niederhalten
der Preise der Nahrungsmittel, der steigenden Nachfrage gegenüber,
nicht leicht für den Maßstab von ganz Europa entscheidender sein
wird, als für den kleineren einer besonderen Nation.

Das Gesetz der Verminderung des Ertrages der Erwerbthä=
tigkeit da, wo die Bevölkerungszunahme rascher fortschreitet als die
Verbesserungen, gilt also nicht allein für Länder, welche von ihrem
eigenen Boden ernährt werden, sondern findet im wesentlichen eben so
gut auf diejenigen Länder Anwendung, die ihren Unterhalt aus
jeder zugänglichen Gegend, welche ihn am wohlfeilsten liefern kann,
sich zu verschaffen bereit sind. Eine plötzliche und beträchtliche
Wohlfeilheit der Nahrungsmittel, wie auch immer entstanden, würde
wie jede andere plötzliche Verbesserung in den Mitteln der Pro=
duction die natürliche Tendenz der Dinge um ein oder zwei Stufen
zurückschieben, ohne jedoch deren Verlauf zu ändern. Ein Ereigniß
allerdings ist mit der Freiheit der Einfuhr verknüpft, welches zeit=
weilige Wirkungen hervorbringen kann, die wichtiger sind, als je
von den erbittertsten Feinden oder den eifrigsten Anhängern des
freien Handels mit Nahrungsmitteln in Betracht gezogen wurden.
Mais ist ein Product, das in hinreichender Menge zur Ernährung
des ganzen Landes zu einem Kostenbetrage herbeigeschafft werden
kann, der, wenn man den Unterschied der Nahrhaftigkeit in Anschlag
bringt, wohlfeiler als selbst die Kartoffel zu stehen kommt. Wenn
Mais einmal als das hauptsächliche Nahrungsmittel der Armen an
die Stelle des Weizens eintreten sollte, so würde die productive
Kraft der Arbeit hinsichtlich der Gewinnung von Nahrungsmitteln
so ungemein sich steigern und die Kosten der Ernährung einer Fa=
milie sich so vermindern, daß es vielleicht einige Generationen er=
fordern dürfte, bis die Bevölkerungszunahme, selbst wenn sie nach
amerikanischem Maßstabe fortschritte, diesen großen Zuwachs zur Er=
leichterung ihres Unterhalts überholt hätte.

§. 4. Außer der Getreideeinfuhr gibt es noch ein anderes Aus=
kunftsmittel, das von einer Nation, deren steigende Volkszahl, nicht
gegen ihr Capital, sondern gegen die productive Fähigkeit ihres
Bodens hart andrängt, in Anspruch genommen werden kann, näm=
lich Auswanderung, insbesondere in der Gestalt der Colonisation.
Die Wirksamkeit dieses Hilfsmittels ist, so weit als es reicht, un=
zweifelhaft, denn dasselbe besteht darin, anderswo solche uncultivirte
Strecken fruchtbaren Bodens aufzusuchen, die, wenn sie in der
Heimat vorhanden wären, in den Stand gesetzt hätten der Nach=
frage einer anwachsenden Bevölkerung, ohne ein Sinken der Pro=
ductivität der Arbeit, zu begegnen. Wenn daher die zu colonisirende

Gegend in der Nähe sich befindet und das Wandern den Sitten und Neigungen des Volks hinlänglich zusagt, ist dieses Hilfsmittel durchaus wirksam. Es ist das Wandern aus den älteren Theilen der amerikanischen Föderation nach neuen Territorien, was in jeder Hinsicht und für alle Zwecke Colonisation ist, wodurch die Bevölkerung im ganzen Umfang der Vereinigten Staaten in den Stand gesetzt wird sich ungestört fortzuentwickeln, ohne daß bis jetzt der Ertrag der Erwerbthätigkeit sich vermindert oder die Schwierigkeit der Gewinnung des Unterhalts sich vergrößert hätte. Wenn Australien oder das Innere von Canada so nahe bei Großbritannien läge, wie Wisconsin oder Iowa bei Newyork, wenn die überflüssige Bevölkerung sich dahin begeben könnte, ohne die See zu passiren, und von einem so verwegenen und unruhigen Charakter und so wenig an der Heimat hängend wäre als ihre Stammgenossen in Neuengland, so würden diese unbevölkerten Ländermassen dem Vereinigten Königreich denselben Dienst leisten, welchen die alten Staaten von Amerika aus den neuen ableiten. Eine umsichtig geleitete Auswanderung kann allerdings als ein wichtiges Hilfsmittel angesehen werden um den Druck der Bevölkerungszunahme durch eine einzelne Anstrengung plötzlich zu erleichtern, und in einem so außerordentlichen Falle wie in Irland stattfand, unter dem dreifachen Einflusse der Kartoffel-Mißernte, der Armengesetze und der allgemeinen Aussetzung der kleinen Pächter im ganzen Lande, konnte bei einer besonderen Krisis eine freiwillige Auswanderung größere Menschenmassen entfernen, als je bei einem derartigen Plane von Staatswegen in Aussicht genommen war; allein, wie die gegebenen Verhältnisse einmal sind, so spricht keine Wahrscheinlichkeit dafür, daß selbst bei den einsichtsvollsten Anordnungen ein beständiger Strom der Auswanderung im Gange gehalten werden könnte, hinreichend um, wie in Amerika, denjenigen Theil der jährlichen, in ihrer raschesten Progression befindlichen Bevölkerungszunahme zu entfernen, welcher dahin wirkt, für jedes in durchschnittlicher Lage befindliche Individuum des Gemeinwesens den Lebensunterhalt schwieriger zu machen, weil die Fortschritte in den Mitteln der Production während der nämlichen kurzen Zeitperiode hinter jener Zunahme zurückbleiben. So lange dies aber nicht geschieht, kann die Auswanderung nicht einmal zeitweilig von der Nothwendigkeit entbinden, die Bevölkerungszunahme einzuschränken. An dieser Stelle ist hierüber nichts weiter zu bemerken. Die allgemeinen Verhältnisse der Colonisation als eine praktische Frage genommen, ihre Wichtigkeit für England und die Grundsätze, nach denen sie geleitet werden sollte, werden in einem späteren Abschnitt dieses Werks ziemlich ausführlich erörtert.

Zweites Buch.

Vertheilung.

Capitel I.

Vom Eigenthum.

§. 1. Die Grundsätze, die im ersten Abschnitt dieses Werkes dargelegt sind, unterscheiden sich in gewissen Rücksichten ganz bedeutend von denjenigen, zu deren Betrachtung wir jetzt im Begriff stehen überzugehen. Die Gesetze und Bedingungen der Vermögens-Hervorbringung haben etwas von dem Charakter physikalischer Wahrheiten; bei ihnen findet sich nichts Freiwilliges oder Willkürliches. Was Menschen überhaupt hervorbringen, das muß auf eine derjenigen Weisen und unter solchen Bedingungen hervorgebracht werden, welche durch die Beschaffenheit äußerer Dinge und die gegebenen Eigenthümlichkeiten der leiblichen und geistigen Bildung der Menschen selbst auferlegt werden. Gleichviel ob die Menschen damit zufrieden sind oder nicht, ihre jedesmalige Production wird durch den Betrag ihrer vorangegangenen Vermögens-Ansammlung begrenzt sein und unter den hierdurch gegebenen Verhältnissen sich abmessen nach ihrer Energie, ihrer Geschicklichkeit, der Vollkommenheit ihrer Maschinen und ihrer umsichtigen Benutzung der Vortheile combinirter Arbeit. Gleichviel ob sie es gerne sehen oder nicht, ein doppelter Betrag von Arbeit wird auf dem nämlichen Boden nicht den doppelten Betrag von Nahrungsmitteln erzielen, wenn nicht in den Verfahrungsweisen der Landwirthschaft Verbesserungen stattgefunden haben. Die Menschen mögen es nun gerne sehen oder nicht, die unproductive Verausgabung durch Individuen

wird stets dahin wirken, um so viel das Gemeinwesen ärmer zu
machen, und dieses wird nur durch productive Verausgabung bereichert werden. Die Meinungen oder Wünsche, welche über diese
verschiedenen Gegenstände bestehen, haben auf die Dinge selbst keinen
bestimmenden Einfluß. Wir sind freilich nicht im Stande voraus-
zusehen, in welcher Ausdehnung die Arten der Production verändert oder ihre Kräfte vermehrt werden können mittelst künftiger
Erweiterung unserer Kenntniß von den Naturgesetzen, wodurch neue
industrielle Verfahrungsweisen, von denen wir gegenwärtig keine
Ahnung haben, hervorgerufen werden. Was jedoch auch immer
unser Erfolg sein mag, uns innerhalb der durch die gegebene Beschaffenheit der Dinge gesetzten Grenzen mehr Raum zu schaffen,
wir wissen, daß es hierfür bestimmte Grenzen gibt. Wir vermögen
die schließlichen Eigenschaften weder des Stoffes noch des menschlichen Geistes umzugestalten, sondern können diese Eigenschaften nur
mit größerem oder geringerem Erfolge verwenden, um die uns in-
teressirenden Ereignisse herbeizuführen.

Mit der Vertheilung des Vermögens verhält es sich nicht so;
diese ist ganz allein das Werk menschlicher Anordnung. Wenn die
Dinge einmal da sind, so können die Menschen, individuell oder in
Gesammtheit, mit ihnen verfahren, wie sie es für gut finden. Sie
können dieselben zur Verfügung eines jeden stellen, wie es ihnen
gefällt und unter beliebigen Bedingungen. Ferner kann in einem
gesellschaftlichen Zustande — in jedem Zustande mit Ausnahme einer
völligen Einsamkeit — jegliche Verfügung über jene Dinge nur
unter Zustimmung der Gesellschaft stattfinden, oder vielmehr derjenigen, welche über die wirkliche Gewalt der Gesellschaft verfügen.
Selbst dasjenige, was eine Person allein durch ihre eigene Bemühung ohne Beistand anderer hervorgebracht hat, kann sie nur mit
dem Willen der Gesellschaft behalten. Nicht nur kann die Gesellschaft selbst es ihr nehmen, sondern auch andere Individuen könnten
und würden es ihr wegnehmen, wenn die Gesellschaft sich nur passiv
verhielte, wenn diese nicht in ihrer Masse oder durch dieserhalb angestellte und bezahlte Leute dazwischenträte, um den einzelnen gegen
Störung in seinem Besitze zu schützen. Die Vertheilung des Vermögens hängt daher von den Gesetzen und Gewohnheiten der Gesellschaft ab. Die Regeln, wonach sie bestimmt wird, sind der Art,
wie die Meinungen und Gesinnungen des Gemeinwesens solche
gebildet haben, und in verschiedenen Zeiten und Ländern sehr verschieden; wenn die Menschen es wollten, so könnten sie selbst noch
verschiedener sein.

Die Meinungen und Gesinnungen der Menschen sind unzweifelhaft nichts Zufälliges; sie sind natürliche Folgen der Funda-

mental=Gesetze der menschlichen Natur in Verbindung mit dem be=
stehenden Zustande der Kenntnisse und der Erfahrung und mit der
vorhandenen Lage der gesellschaftlichen Einrichtungen so wie der in=
tellectuellen und moralischen Entwickelung. Die Gesetze der Ent=
stehung menschlicher Meinungen gehören indeß nicht zu unserer
gegenwärtigen Aufgabe. Sie sind ein Theil der allgemeinen Theorie
der menschlichen Entwickelung, eines weit größeren und schwierigeren
Untersuchungsgegenstandes als die Volkswirthschaft ist. Hier haben
wir nicht die Ursachen, sondern die Folgen der Regeln, denen ge=
mäß Vermögen vertheilt wird, zu betrachten. Diese Folgen sind
jedenfalls eben so wenig willkürlich und haben eben so sehr den Charakter
physikalischer Gesetze wie die Gesetze der Production. Menschen
können ihre eigenen Handlungen lenken, aber nicht die natürlichen
Folgen ihrer Handlungen, weder in Bezug auf sich selbst noch auf
andere. Die Gesellschaft kann die Vertheilung des Vermögens be=
liebig solchen Regeln unterwerfen wie sie für die besten hält; was
für praktische Ergebnisse aber aus der Wirksamkeit dieser Regeln
hervorgehen werden, das muß, wie jede andere physikalische oder
psychologische Wahrheit, durch Beobachtung und Nachdenken aufge=
funden werden.

Wir kommen also zur Betrachtung der verschiedenen Arten,
welche in der Praxis Geltung gefunden haben oder in der Theorie
darüber aufgestellt werden können, wie der Ertrag des Bodens
und der Arbeit vertheilt wird. Unter diesen wird unsere Aufmerk=
samkeit zuerst durch jene hauptsächliche und fundamentale Einrich=
tung in Anspruch genommen, worauf, abgesehen von einigen aus=
nahmsweisen und sehr eingeschränkten Fällen, die wirthschaftlichen
Anordnungen der Gesellschaft immer beruht haben, obschon sie in
ihren secundären Formen variirt hat und der Veränderlichkeit unter=
liegt. Ich meine natürlich die Einrichtung des individuellen Eigen=
thums.

§. 2. Privateigenthum, als öffentliche Einrichtung, verdankt
seinen Ursprung keiner von solchen Nützlichkeits=Erwägungen, welche
für die Aufrechthaltung der einmal begründeten Einrichtung spre=
chen. Aus rohen Zeitaltern ist sowohl durch die Geschichte als
durch die entsprechenden Gesellschaftszustände unserer eigenen Zeit
so viel hinlänglich bekannt, um abzunehmen, daß Gerichtshöfe, welche
stets früher da sind als die Gesetze, ursprünglich zu dem Zweck
eingesetzt worden sind, nicht um Rechte festzustellen, sondern um
Gewaltthätigkeit zu unterdrücken und Streitigkeiten zu erledigen.
Indem sie diesen Zweck hauptsächlich vor Augen hatten, legten sie
natürlich der ersten Besitzergreifung eine gesetzliche Wirkung bei und
behandelten diejenige Person, die zuerst durch Verdrängung eines

andern aus dem Besitze oder durch den Versuch einer solchen Ver=
drängung Gewaltthätigkeit begann, als den Angreifer. Die Auf=
rechthaltung des Friedens, die der ursprüngliche Zweck der Civil=
regierung war, ward so erreicht; während durch die Bestätigung
dessen, was jemand besaß, auch wenn es nicht die Frucht eigener
persönlicher Anstrengung war, diesem und andern beiläufig eine
Gewähr verschafft wurde, daß sie in dem so gegebenen Verhältniß
geschützt werden würden.

Wenn man die Einrichtung des Eigenthums als eine Frage
der socialen Philosophie in Erwägung zieht, so muß man den that=
sächlichen Ursprung desselben bei jeder der gegenwärtigen europäi=
schen Nation außer Betracht lassen. Man muß sich vielmehr ein
Gemeinwesen vorstellen, das durch keinen vorangegangenen Besitz=
zustand irgend gefesselt ist, einen Verein von Colonisten z. B., die
zum ersten Mal ein unbewohntes Land in Besitz nehmen, die nichts
mit sich bringen als was ihnen gemeinschaftlich gehört und ein
offenes Feld haben, um die ihnen am angemessensten erscheinenden
Einrichtungen und Staatsverfassung anzunehmen, also ganz frei
entscheiden können, ob sie die Aufgabe der Production nach dem
Princip des individuellen Eigenthums oder nach einem System eines
gemeinsamen Eigenthums und vereinigter Thätigkeit lösen wollen.

Wenn das Princip des Privateigenthums angenommen wird,
so müssen wir voraussetzen, daß dasselbe von keiner der anfänglichen
Ungleichheiten und Ungerechtigkeiten, die in den alten Gesellschaften
die wohlthätige Wirkung dieses Princips erschweren, begleitet sei.
Wir müssen annehmen, daß jeder erwachsene Mann und jede erwach=
sene Frau in der ungefesselten Benutzung und Verfügung ihrer
leiblichen und geistigen Fähigkeiten gesichert sei und daß die Mittel
zur Production, Boden und Werkzeuge in angemessener und billiger
Weise unter sie vertheilt werden, so daß alle in Rücksicht auf äußer=
liche Ausstattung unter gleichen Bedingungen ihre Wirthschaft be=
ginnen. Man kann selbst sich die Sache so denken, daß bei dieser
ursprünglichen Theilung für die Ungerechtigkeiten der Natur eine
Ausgleichung ermittelt und das Gleichgewicht in der Art hergestellt
würde, daß man den minder kräftigen Mitgliedern des Gemein=
wesens bei der Vertheilung Vortheile einräumte, welche geeignet
wären sie mit den übrigen auf gleichen Fuß zu stellen. Nach ein=
mal beschaffter Theilung sollte diese aber keiner Einmischung wieder
ausgesetzt sein; die einzelnen Privatpersonen wären ihren eigenen
Anstrengungen und den gewöhnlichen Wechselfällen überlassen, um
von dem ihnen Angewiesenen einen vortheilhaften Gebrauch zu
machen. — Wenn man im Gegentheil individuelles Eigenthum
ausschlösse, so würde der nothwendig anzunehmende Plan dahin

gehen, den Boden und alle Productionsmittel als das gemeinsame
Eigenthum des Gemeinwesens zu behalten und die erwerbthätigen
Verrichtungen für gemeinschaftliche Rechnung zu betreiben. Die
Leitung der Arbeit des Gemeinwesens würde einem oder mehreren
Vorstehern zu übertragen sein, von denen wir annehmen mögen,
daß sie durch Abstimmung des Gemeinwesens erwählt seien und
ihnen freiwillig von den übrigen gehorcht werde. Die Theilung des
Ertrages würde auf gleiche Weise ein öffentlicher Act sein. Das
Princip hierbei kann entweder das einer vollständigen Gleichheit
oder das eines Abmessens nach den Bedürfnissen oder den Ver-
diensten der Individuen sein, wie solches immer den im Gemeinwesen vorherrschenden Begriffen von Gerechtigkeit oder Politik entsprechen mag.

Beispiele solcher Associationen im kleinen Maßstabe sind die
Mönchsorden, die Mährischen Brüder, die Anhänger von Rapp
und andere. Auch sind zu allen Perioden einer thätigen Speculation
über die ersten Principien der Gesellschaft, in der Hoffnung auf
Abhilfe für das Elend und die Ungerechtigkeiten eines Zustandes
großer Vermögensungleichheit, Pläne zu einer größeren Anwendung
derselben Idee immer wieder zum Vorschein gekommen und populär
geworden. In einem Zeitalter wie das unsrige, wo eine allgemeine
neue Prüfung aller ersten Principien als unvermeidlich erkannt
wird und wo zum ersten Mal in der Geschichte die am meisten
dulbenden Classen des Gemeinwesens mit eine Stimme bei der
Erörterung haben, konnte es nicht anders kommen als daß Ideen
solcher Art sich weit hin verbreiteten. Die letzten Revolutionen in
Europa haben eine Menge derartige Speculationen hervorgerufen
und ein ungewöhnliches Maß von Aufmerksamkeit hat sich daher
auch den Formen, welche solche Ideen sich angeeignet haben, zugewendet; und diese Aufmerksamkeit wird sich vermuthlich nicht vermindern, sondern im Gegentheil sich mehr und mehr steigern.

Diejenigen, welche das Princip des individuellen Eigenthums
angreifen, können in zwei Classen getheilt werden: in solche, deren
Project vollständige Gleichheit hinsichtlich der Vertheilung der physischen Mittel des Lebens und Genusses bedingt, und in solche,
welche Ungleichheit zugeben, die aber auf gewisse, wirkliche oder an-
gebliche Principien der Gerechtigkeit oder der allgemeinen Nützlichkeit sich begründen und nicht wie so manche der bestehenden socialen
Ungleichheiten lediglich vom Zufalle abhängen soll. An die Spitze
der ersteren Classe sind, als die der Zeit nach ältesten aus der
gegenwärtigen Generation, Owen und seine Anhänger zu stellen.
Louis Blanc und Cabet haben sich dann später als Apostel ähnlicher Lehren bekannt gemacht, wiewohl der erstere Gleichheit der

Güterbertheilung nur als Uebergang zu einer noch höheren Stufe
der Gerechtigkeit vertheidigt, wonach alle arbeiten sollen in Ge=
mäßheit ihrer Fähigkeit und empfangen in Gemäßheit ihrer
Bedürfnisse. Der charakteristische Name dieses wirthschaftlichen
Systems ist „Communismus", eine Bezeichnung, die letzthin auch
in England Eingang gefunden hat. Das Wort „Socialismus",
welches unter den englischen Communisten entstanden ist und von
ihnen als ein Namen um ihre eigenen Lehren zu bezeichnen ange=
nommen wurde, wird jetzt auf dem Continent in einem weiteren
Sinne gebraucht; derselbe bedingt nicht nothwendig Communismus
oder die gänzliche Abschaffung des Eigenthums, sondern wird ange=
wendet auf jedes System, welches verlangt, daß der Boden und
die Werkzeuge der Production, nicht das Eigenthum von Privat=
personen, sondern des Gemeinwesens oder einer Association oder
auch der Regierung sein sollen. Unter solchen Systemen sind die
beiden, welche am meisten intellectuelle Bedeutung beanspruchen
dürften, nach ihren wirklichen oder vermeintlichen Urhebern „St.
Simonismus" und „Fourierismus" benannt worden. Ersterer ist
als System jetzt beseitigt, hat aber während der wenigen Jahre
seiner öffentlichen Verkündigung die Saat fast aller socialistischen
Tendenzen ausgestreut, welche sich seitdem in Frankreich so weit
verbreitet haben; jetzt zeichnet sich der Fourierismus aus durch die Zahl,
das Talent und den Eifer seiner Anhänger.

§. 3. Wie es sich nun auch mit den Vorzügen und Mängeln
solcher communistischen oder socialistischen Projecte verhalten möge,
man kann nicht von vornherein mit Bestimmtheit behaupten, daß
sie unausführbar seien. Es läßt sich vernünftiger Weise nicht be=
zweifeln, daß eine Dorfgemeinde, die aus wenigen tausend Bewohnern
bestehend als gemeinsames Eigenthum die nämliche Bodenfläche
baut, welche jetzt die vorhandene Bevölkerung ernährt, und die
mittelst vereinter Arbeit und der besten Verfahrungsweisen die er=
forderlichen Fabricate anfertigt, im Stande wäre genügend Pro=
ducte hervorzubringen um sich in angenehmen Verhältnissen zu
erhalten; eine solche Gemeinde würde auch die Mittel finden um
von jedem arbeitsfähigen Mitgliede der Association die erforderliche
Arbeit zu erhalten oder erforderlichen Falls zu erzwingen.

Der gegen ein System der Gütergemeinschaft und gleich=
mäßiger Vertheilung der Producte gewöhnlich erhobene Einwand,
daß jeder unablässig darauf sinnen würde, sich dem ihm zukommen=
den Antheile an der Arbeit zu entziehen, trifft allerdings eine wirk=
lich vorhandene Schwierigkeit; allein diejenigen, welche diese Einrede
geltend machen, vergessen, in wie großem Umfange diese nämliche
Schwierigkeit sich bei demjenigen System vorfindet, welches jetzt

bei neun Zehntheilen des allgemeinen Geschäftsbetriebes vorherrscht. Der Einwand geht davon aus, daß redliche und wirksame Arbeit nur von denen zu erwarten sei, welche individuell die Frucht ihrer eigenen Anstrengung ernten sollen. Ein wie unbedeutender Theil der in England verrichteten Arbeit, von der mindest bis zu der am theuersten bezahlten, wird durch Personen beschafft, die sie zum eigenen Vortheil betreiben! Vom irischen Taglöhner bis zum obersten Richter und Staatsminister erhält fast alle Arbeit der Gesellschaft ihre Vergütung durch Taglohn oder festes Gehalt. Ein Fabrik= arbeiter hat weniger persönliches Interesse an seiner Arbeit als ein Mitglied einer communistischen Association, da er nicht wie dieser für eine Handelsgesellschaft arbeitet, von der er selbst ein Theil= haber ist. Man wird ohne Zweifel mir entgegenhalten: obschon die Arbeiter selbst in den meisten Fällen kein persönliches Interesse an ihrer Arbeitsleistung hätten, so würden sie doch beaufsichtigt und angestellt von Personen, die ein solches persönliches Interesse hätten, und diese verrichteten den geistigen Theil der Arbeit. Es fehlt indeß viel, daß dies im allgemeinen stattfindet. Bei allen öffentlichen und vielen großartigen und erfolgreichen Privatunternehmungen werden nicht allein die Arbeit der Detailausführung, sondern auch die der Controle und Aufsicht festbesoldeten Beamten anvertraut. Und obschon das Auge des Herrn, wenn dieser wachsam und klug ist, seinen sprichwörtlichen Werth hat, so muß man andererseits erwägen, daß bei einer socialistischen Landwirthschaft oder Fabrik jeder Arbeiter unter dem Auge nicht Eines Herrn, sondern des ganzen Gemein= wesens sein würde. Im äußersten Falle eines hartnäckigen Beharrens auf der Nichterfüllung des ihm obliegenden Arbeitsantheils würden dem Gemeinwesen noch dieselben Auskunftsmittel zu Gebote stehen, welche die Gesellschaft jetzt hat, um Folgsamkeit gegen die nothwendigen Bedingungen der Association zu erlangen. Entlassung aus dem Dienste, das dermalige einzige Auskunftsmittel, bleibt unwirksam, sobald jeder Arbeiter, den man annehmen mag, seine Sache nicht besser macht als sein Vorgänger; die Macht einen Arbeiter zu entlassen befähigt einen Arbeitgeber nur, die gewöhnliche Arbeitsleistung zu erhalten; aber diese kann höchst unbedeutend sein. Selbst derjenige Arbeiter, welcher durch Trägheit oder Nachlässigkeit seine Beschäf= tigung verliert, hat im ungünstigsten Falle nichts schlimmeres zu leiden als die Disciplin eines Arbeitshauses, und wenn der Wunsch dieser zu entgehen bei dem einen System ein ausreichender Antrieb ist, so wird er auch bei dem anderen System genügen. Uebrigens wird die Stärke des Antriebes zur Arbeit, wo das Ganze oder ein großer Theil des Nutzens der Extraanstrengung dem Arbeiter ge= hört, von mir durchaus nicht zu gering angeschlagen. Bei dem vermaligen System der Erwerbthätigkeit ist dieser Antrieb jedoch in der großen Mehrzahl der Fälle nicht vorhanden. Wenn communistische Arbeit minder angestrengt sein mag als die eines bäuerlichen Eigenthümers oder eines Gewerbes für eigene Rechnung, so würde sie doch kräftiger sein als die eines Taglöhners, der an seiner Arbeit gar kein persönliches Interesse hat. Die Nachlässigkeit der ungebildeten Classen von Lohnarbeitern bei den von ihnen übernommenen Leistungen ist bei dem gegenwärtigen Gesellschaftszustande handgreiflich. Bei den communistischen Plänen ist es nun aber eine anerkannte Bedingung, daß alle eine gehörige Bildung genießen sollen. Wenn dies vorausgesetzt wird, werden die Pflichten der Mitglieder der Association ohne Zweifel eben so sorgsam verrichtet werden als diejenigen der großen Zahl der besoldeten Beamten in den mittleren und höheren Classen, bei denen nicht nothwendig eine gewissenlose Erfüllung ihrer Pflicht deshalb vorausgesetzt wird, weil, so lange sie nicht abgesetzt werden, ihre Bezahlung die nämliche bleibt, wie lässig sie auch immer ihr Amt wahrnehmen. Als allgemeine Regel gilt es freilich, daß durch festes Gehalt bei keiner Classe von Angestellten das Maximum von Eifer hervorgebracht wird; dies ist aber auch alles, was vernünftiger Weise gegen communistische Arbeit geltend gemacht werden kann.

Daß indessen diese Folge nothwendig eintreten würde, ist keineswegs so sicher wie von denen angenommen wird, welche nicht gewohnt sind ihren Ideenkreis über den ihnen einmal vertraut gewordenen Zustand der Dinge hinaus auszudehnen. Die Menschheit ist eines weit höheren Grades von Gemeinsinn fähig als unser Zeitalter sich gewöhnt hat für möglich zu halten. Die Geschichte bezeugt es, mit welch günstigem Erfolge große Körperschaften dahin gebracht werden können, daß sie das öffentliche Interesse als ihr persönliches ansehen. Kein Feld kann nun aber für die Entwickelung einer solchen Auffassung günstiger sein, als eine communistische Association. Aller Ehrgeiz, sowie alle körperliche und geistige Thätigkeit, welche jetzt sich abmühen mit der Verfolgung vereinzelter und selbstsüchtiger Interessen, würden einen anderen Wirkungskreis verlangen und denselben von selbst in dem Streben für die allgemeine Wohlfahrt des Gemeinwesens finden. Was so oft angeführt wird um die Hingebung der katholischen Priester und Mönche an die Interessen ihres Ordens zu erklären — daß sie kein anderes, davon getrenntes Interesse haben — diese nämliche Ursache würde beim Communismus die Bürger an das Gemeinwesen fesseln. Und abgesehen von den allgemeinen Motiven würde jedem Mitgliede der Association einer der am weitesten verbreiteten und stärksten persönlichen Antriebe nahe gelegt werden, nämlich die öffentliche Meinung. Die

Stärke dieses Mittels um von einer Handlung oder Unterlassung
abzuschrecken, welche von der öffentlichen Stimme positiv verurtheilt
werden, wird niemand so leicht in Abrede stellen. Auch die Macht
des Wettstreites, der zu den gewaltigsten Anstrengungen anregt um
das Lob und die Bewunderung anderer zu erwecken, erweist sich
erfahrungsmäßig überall, wo Menschen öffentlich mit einander wetteifern, selbst wo es sich um frivole und solche Dinge handelt, von
denen das Publicum keinen Nutzen hat. Ein Wettstreit, wer am
meisten für das gemeine Beste thun könne, ist eine Art Concurrenz,
welche die Socialisten nicht zurückweisen. Um wie viel die Wirksamkeit der Arbeit durch den Communismus verringert, oder ob
überall eine solche Verringerung auf die Dauer stattfinden würde,
das muß demnach für jetzt als eine unentschiedene Frage betrachtet
werden.

Ein anderer Einwand gegen den Communismus stimmt mit
dem so häufig gegen die Armengesetze geltend gemachten überein,
daß nämlich, falls jedes Mitglied des Gemeinwesens sicher wäre
für sich selbst und jede Zahl Kinder Subsistenz zu finden, unter der
einzigen Bedingung der Willfährigkeit zur Arbeit, jede bedachtsame
Beschränkung der Volksvermehrung zu Ende wäre und die Bevölkerung in dem Maße wachsen würde, daß das Gemeinwesen in
allmäliger Abstufung zunehmender Unbehaglichkeit schließlich dem
wirklichen Hungertode verfallen müßte. Diese Besorgniß würde
allerdings sehr begründet sein, wenn der Communismus keine Motive für die Beschränkung mit sich brächte, die denen mindestens
gleich kämen, welche er beseitigt. Der Communismus ist nun aber
grade derjenige Zustand der Dinge, bei dem man erwarten darf,
daß die öffentliche Meinung sich mit der allergrößten Intensität
gegen diese Art selbstsüchtiger Unmäßigkeit erklären wird. Jede
Volksvermehrung, welche die annehmliche Lage der Masse der Bevölkerung verringern oder deren Mühen steigern würde, müßte dann
für jedes einzelne Individuum der Association unmittelbare und
unverkennbare Inconvenienz zur Folge haben, und diese könnte dann
nicht der Habsucht der Arbeitgeber oder den ungerechten Privilegien
der Reichen zur Last gelegt werden. Unter so veränderten Umständen könnte es nicht ausbleiben, daß die öffentliche Meinung ihre
Mißbilligung zu erkennen gäbe, und wenn diese nicht ausreichte,
daß man durch Strafen irgend welcher Art diese oder andere ge-
meinschädliche Unenthaltsamkeit unterdrücken würde. Die communistische Theorie trifft also keineswegs in besonderer Weise der Vorwurf, welcher von der Gefahr der Uebervölkerung hergenommen ist;
vielmehr empfiehlt sich dieselbe dadurch, daß sie in hohem Grade
diesem Uebelstande vorzubeugen die Tendenz haben würde.

Eine bedeutendere wirkliche Schwierigkeit besteht darin, die Arbeit des Gemeinwesens richtig unter dessen Mitglieder zu vertheilen. Es gibt vielerlei Arten Arbeit, und mit welchem Maßstabe sollen sie gegen einander abgemessen werden? Wer soll beurtheilen, wie viel Baumwollespinnen oder Abliefern von Waaren aus dem Lager, oder wie viel Maurerarbeit oder Schornsteinfegen gleich gelten soll mit dem Pflügen einer gegebenen Strecke? Die Schwierigkeit einer richtigen Abschätzung der verschiedenen Arten Arbeit wird auch von den communistischen Schriftstellern so stark empfunden, daß sie es meistens für nothwendig erachtet haben, anzuordnen, daß alle der Reihe nach jede Art nützlicher Arbeit vornehmen sollten. Diese Anordnung würde jedoch der Theilung der Beschäftigungen ein Ende machen und von dem Vortheile der zusammenwirkenden Production so viel aufopfern, daß die Productivität der Arbeit bedeutend geschmälert würde. Ueberdies wäre selbst bei der nämlichen Art Arbeit die nominelle Gleichheit der Arbeit in Wirklichkeit eine so große Ungleichheit, daß das Rechtsgefühl sich gegen die gewaltsame Durchführung derselben empören würde. Nicht jedermann eignet sich gleich gut zu jeder Arbeit, und dieselbe Menge Arbeit ist eine ungleiche Last, je nachdem jemand schwach oder stark, abgehärtet oder empfindlich, schnell oder langsam, einfältig oder intelligent ist.

Obschon diese Schwierigkeiten wirklich vorhanden sind, erscheinen sie doch nicht unüberwindlich. Das Zutheilen der Arbeit nach der Stärke und den Fähigkeiten der Individuen — die Milderung einer allgemeinen Regel durch Berücksichtigung solcher Fälle, in denen sie zu hart drücken würde — dürfte nicht zu denjenigen Problemen gehören, welche die menschliche Einsicht, wenn sie durch Gerechtigkeitssinn geleitet wird, nicht sollte lösen können. Und die schlechteste und ungerechteste Anordnung, welche hierin bei einem nach Gleichheit strebenden Systeme getroffen werden könnte, würde jedenfalls so weit zurückbleiben hinter der Ungleichheit und Ungerechtigkeit, wie jetzt die Arbeit zugetheilt wird (des Mißverhältnisses ihrer Vergütung gar nicht zu gedenken), daß sie bei der Vergleichung kaum in Rechnung zu bringen wäre. Auch dürfen wir nicht vergessen, daß Communismus, als ein Gesellschaftssystem, bis jetzt nur in der Theorie existirt, daß seine Schwierigkeiten viel besser übersehen werden als seine Hilfsmittel und daß die Einsicht der Menschen eben erst angefangen hat auf die Mittel einer Organisation im Detail Bedacht zu nehmen, um jene zu überwinden und aus letzteren den größtmöglichen Vortheil zu ziehen.

Wenn man wählen müßte zwischen dem Communismus mit allen seinen Chancen und dem gegenwärtigen Gesellschaftszustande

mit allen seinen Leiden und Ungerechtigkeiten; wenn die Institution
des Privateigenthums es als nothwendige Folge mit sich brächte,
daß das Ergebniß der Arbeit so sich vertheile, wie wir es jetzt
sehen, fast im umgekehrten Verhältniß zur Arbeit — daß die größten
Antheile denjenigen zufallen, welche überhaupt nie gearbeitet haben,
die nächstgrößten denen, deren Arbeit beinahe nur nominell ist, und
so weiter hinunter, indem die Vergütung in gleichem Verhältniß
zusammenschrumpft wie die Arbeit schwerer und unangenehmer wird,
bis endlich die ermüdendste und aufreibendste körperliche Arbeit nicht
mit Gewißheit darauf rechnen kann, selbst nur den nothwendigsten
Lebensbedarf zu erwerben; wenn, sagen wir, die Alternative wäre:
dies oder Communismus, so würden alle Bedenklichkeiten des Communismus, große wie kleine, nur wie Spreu in der Wagschale sein.
Um aber die Vergleichung anwendbar zu machen, müssen wir den
bestausgedachten Communismus mit der Herrschaft des Privateigenthums, wie sie sein könnte, nicht wie sie wirklich ist, vergleichen.
Das Princip des Privateigenthums hat bis jetzt noch in keinem
Lande eine unbehinderte Entwickelung gehabt und somit zeigen
können, was es zu leisten vermag, und in England noch weniger
als in manchen anderen. Die socialen Einrichtungen des jetzigen
Europa's nahmen ihren Anfang von einer Eigenthumsvertheilung,
die nicht das Ergebniß einer gerechten Theilung oder der Aneignung durch Erwerbthätigkeit, sondern von Eroberung und Gewaltthätigkeit war, und ungeachtet alles dessen, was die Erwerbthätigkeit viele Jahrhunderte hindurch gethan hat um das Werk der Gewalt zu mobificiren, so hat das System doch noch manche und bedeutende Spuren seines Ursprungs behalten. Die Gesetze in Betreff
des Eigenthums haben sich noch keineswegs den Principien ange-
paßt, auf denen die Rechtfertigung des Privateigenthums beruht.
Sie haben ein Eigenthum über Dinge festgestellt, die nie Eigenthum hätten werden sollen, und ein unbedingtes Eigenthum da,
wo nur ein bedingtes Eigenthum stattfinden sollte. Die Gesetze
haben die Wagschale zwischen den verschiedenen Classen nicht
nach Recht und Billigkeit gehalten, sondern haben einigen Hindernisse in den Weg gelegt, um anderen Vortheile zu gewähren; sie
haben absichtlich Ungleichheiten begünstigt und verhindert, daß alle
beim Wettlauf gleichmäßig gestellt sind. Es ist freilich unvereinbar
mit irgend welchem Gesetze des Privateigenthums, daß alle unter
vollkommen gleichen Bedingungen den Wettlauf beginnen; wenn
jedoch so viel Mühe, wie man sich gegeben hat um die Ungleichheit der Glückszufälle, die aus der natürlichen Wirkung dieses Princips entspringen, noch zu erschweren, dazu angewendet wäre um
diese Ungleichheit durch jedes Mittel, sobald es nur nicht das

Princip selbst untergräbt, zu mildern; wenn die Tendenz der Gesetzgebung dahin gegangen wäre, die Ausbreitung des Vermögens statt
dessen Concentrirung zu begünstigen — die weitere Theilung großer
Vermögensmassen anzuregen, anstatt deren Zusammenhaltung anzu-
streben, so würde in solchem Falle sich erwiesen haben, daß das
Princip des Privateigenthums in keinem nothwendigen Zusammenhange steht mit den physischen und socialen Leiden, welche fast
sämmtliche socialistische Systeme als davon untrennbar voraussetzen.

Bei jeder Vertheidigung des Privateigenthums wird dasselbe
so aufgefaßt, daß jedem Individuum die Früchte seiner eigenen Arbeit
und Enthaltsamkeit gesichert sein sollen. Eine Garantie der Früchte
fremder Arbeit und Enthaltsamkeit gehört nicht zum eigentlichen
Wesen dieser Institution, sondern ist eine blos beiläufige Folgerung,
welche, wenn sie eine gewisse Höhe erreicht, die Endzwecke, welche
das Privateigenthum rechtfertigen, nicht mehr befördert, sondern
mit demselben in Widerspruch geräth. Um die schließliche Bestimmung der Institution des Privateigenthums zu beurtheilen,
müssen wir voraussetzen, daß alles und jedes in das rechte Gleis
gebracht sei, was jetzt diese Institution in einer Weise wirken läßt,
welche jenem Princip eines billigen Verhältnisses zwischen Vergütung und Anstrengung widerstrebt, worauf jede haltbare Rechtfertigung des Eigenthums begründet sein sollte. Wir müssen ferner
zwei Bedingungen als realisirt annehmen, ohne welche weder beim
Communismus noch bei irgend welchen anderen Institutionen die
Lage der großen Masse der Menschen anders als herabgewürdigt
und elend sein kann. Die eine dieser Bedingungen ist allgemeine
Erziehung; die andere, eine richtige Beschränkung des Bevölkerungs-
bestandes. Wären diese beiden Bedingungen erfüllt, so könnte es selbst
unter den dermaligen socialen Institutionen keine Armuth geben;
und unter solcher Voraussetzung liegt die Frage des Socialismus
nicht so, wie die Socialisten sie meistens darstellen, als sei derselbe
die einzige Zuflucht gegen die Uebel, welche jetzt die Menschheit
niederhalten, sondern es ist eine Frage vergleichsweiser Vortheile,
worüber die Zukunft zu entscheiden hat. Wir wissen noch zu wenig
davon, was die individuelle Triebfeder in ihrer besten Gestalt und
was der Socialismus in seiner besten Gestalt ausrichten kann, als
daß wir im Stande wären zu entscheiden, welche von den beiden
die schließliche Form der menschlichen Gesellschaft sein wird.

Wenn eine Vermuthung gewagt werden darf, so scheint die
Entscheidung hauptsächlich von der einen Erwägung abzuhängen:
welches der beiden Systeme sich mit der größten Ausdehnung der
menschlichen Freiheit und Entwickelung verträgt. Nachdem der nothwendige Lebensbedarf gesichert, ist das nächst stärkste persönliche

Bedürfniß unter den menschlichen Dingen die Freiheit. Ungleich den physischen Bedürfnissen, welche mit dem Fortschreiten der Civilisation mäßiger werden und leichter zu befriedigen sind, wächst das Bedürfniß nach Freiheit an Intensität, sobald die Intelligenz und die moralischen Fähigkeiten sich mehr entwickeln. Die socialen Einrichtungen so wie die praktische Moral würden hiernach ihre Vollkommenheit erreicht haben, wenn allen Personen völlige Unabhängigkeit und Freiheit des Handelns gesichert wäre, ohne alle Beschränkung als nur die, andere nicht zu beeinträchtigen. Eine Erziehung oder sociale Einrichtungen, welche es mit sich brächten, daß man die freie Selbstbestimmung seines Thuns und Lassens zum Opfer bringen müßte, um einen höheren Grad von Lebensannehmlichkeit oder Ueberfluß zu erlangen, oder daß man der Gleichheit zu Gefallen auf die Freiheit verzichten müßte, würden einen der edelsten Züge der menschlichen Natur auslöschen. Wir haben also zu untersuchen, in wie weit sich die Bewahrung dieser Eigenthümlichkeit mit einer communistischen Organisation der Gesellschaft verträgt. Man hat übrigens diese wie sonstige Einwendungen gegen communistische und socialistische Projecte bedeutend übertrieben. Es ist gar nicht nothwendig, daß die Mitglieder der Association mehr zusammen leben als sie es jetzt thun, noch auch, daß sie controllirt werden was die Verwendung ihres Antheils an dem Productionsertrage betrifft oder hinsichtlich der Benutzung ihrer Mußezeit, welche vermuthlich beträchtlicher sein wird, wenn die Production auf wirklich nützliche Dinge beschränkt wird. Die einzelnen Individuen brauchten nicht an eine bestimmte Beschäftigung oder Localität gebunden zu sein. Im Vergleich mit der gegenwärtigen Lage der Mehrzahl der Menschen würden die Beschränkungen des Communismus als Freiheit erscheinen. Die große Masse der Arbeiter hat in England wie in den meisten anderen Ländern so wenig freie Wahl bei ihrer Beschäftigung oder ihrem Aufenthalt, sie ist, praktisch genommen, so abhängig von festen Regeln und fremdem Willen wie es nur bei irgend einem System, mit Ausnahme wirklicher Sclaverei, sein kann — abgesehen von der gänzlichen häuslichen Unterordnung der einen Hälfte unserer Gattung, welcher in jeder Rücksicht gleiche Rechte mit dem bisher vorherrschenden Geschlechte einzuräumen, dem Owen'schen und den meisten anderen Planen des Socialismus zur besonderen Ehre gereicht. Allein nicht nach Zusammenstellung mit den dermaligen schlechten Gesellschaftszuständen können die Ansprüche des Communismus bemessen werden; auch genügt es nicht, daß dieser größere persönliche und geistige Freiheit in Aussicht stellt als jetzt von denen genossen wird, welche von beiden nicht so viel besitzen als des Namens werth ist.

Die Frage ist, ob dabei ein Asyl übrig bliebe für die Indivi-
dualität des Charakters; ob die öffentliche Meinung nicht ein tyran-
nisches Joch sein würde; ob nicht die völlige Abhängigkeit des
einzelnen von der Gesammtheit und die Aufsicht aller über jeden
alle zu einer langweiligen Gleichförmigkeit der Denkweise, der Gefühle und des Thuns bringen müßten. Es ist dies jetzt schon
einer der am meisten in die Augen springenden Uebelstände des
bestehenden Gesellschaftszustandes, ungeachtet der viel größeren Verschiedenheit der Erziehung und Berufsarten so wie der viel geringeren Abhängigkeit des Individuums von der Masse als bei einer
communistischen Gestaltung der Dinge der Fall sein würde. Kein
Gesellschaftszustand, wo Excentricität an sich ein Gegenstand des
Vorwurfs ist, kann gesund sein. Es muß erst noch ermittelt werden,
ob die communistische Theorie günstig sein würde jener vielgestal-
tigen Entwickelung der menschlichen Natur, jenen mannigfachen Un-
ähnlichkeiten, jener Verschiedenheit der Neigungen und Talente,
jener Mannigfaltigkeit der intellectuellen Auffassungen, welche nicht
nur einen wichtigen Theil der Interessen des menschlichen Lebens
bilden, sondern zugleich die Haupttriebfeder des geistigen und moralischen Fortschrittes sind, indem dadurch die Geister in gegen-
seitig sich antreibende Berührung gebracht und dem einzelnen unzählige Begriffe vorgeführt werden, auf die er von selbst nie
gekommen wäre.

§. 4. Bis so weit habe ich meine Bemerkungen auf die
communistische Theorie beschränkt, welche die äußerste Grenze des
Socialismus bildet, wonach nicht nur die Mittel zur Production
(Land und Capital) das Gesammteigenthum des Gemeinwesens
bilden, sondern auch der Productionsertrag und die Arbeit so weit
als nur möglich zur gleichmäßigen Vertheilung kommen. Die gut
oder schlecht begründeten Einwendungen, denen der Socialismus
überhaupt unterliegt, treffen diese Form desselben mit größter
Stärke. Die übrigen Varietäten des Socialismus unterscheiden
sich vom Communismus hauptsächlich dadurch, daß sie nicht nur
auf den von Herrn Louis Blanc hervorgehobenen Ehrenpunkt
der Industrie Gewicht legen, sondern auch mehr oder weniger die
Antriebe zur Arbeit beibehalten, welche aus pecuniärem Privat-
interesse hervorgehen. So ist es schon eine Modification des
strengen Communismus, wenn das Princip einer der Arbeit sich
anpassenden Vergütung aufgestellt wird. Die Versuche einer praktischen Ausführung des Socialismus, welche in Frankreich von
Associationen von Arbeitern, die für eigene Rechnung arbeiten,
unternommen worden sind, begannen meistens mit einer gleichmäßigen Vertheilung der Vergütung, ohne Rücksicht auf die von

jedem einzelnen beschaffte Menge Arbeit; allein in fast allen Fällen ward dieser Plan nach kurzer Zeit aufgegeben und man kam auf die stückweise Arbeit zurück. Das ursprüngliche Princip faßt einen höheren Standpunkt der Gerechtigkeit ins Auge und bedingt eine viel bedeutendere moralische Erhebung der menschlichen Natur. Das Abmessen der Vergütung nach der beschafften Arbeit ist nur in so weit wahrhaft gerecht, als das mehr oder minder ihrer Arbeitsleistung in ihrem Willen steht; wenn es aber von natürlichen Unterschieden der Stärke oder Fähigkeit abhängt, so ist dieses Vergütungsprincip an sich eine Ungerechtigkeit, indem es denen gibt, die schon besitzen, und denen am meisten zutheilt, die ohnehin schon von der Natur am meisten begünstigt sind. Wenn man dieses System übrigens als ein Compromiß ansieht mit dem selbstsüchtigen Charaktertypus, den der gegenwärtige Stand der allgemeinen Moral bedingt und der durch die bestehenden socialen Institutionen gefördert wird, ist es von hohem Nutzen, und so lange die Erziehung nicht völlig regenerirt worden, hat es weit mehr Aussicht auf unmittelbaren günstigen Erfolg als das Erstreben eines höher stehenden Ideals.

Die beiden ausgearbeiteten Formen des nicht-communistischen Socialismus, als St. Simonismus und Fourierismus bekannt, halten sich frei von den Einwendungen, welche gewöhnlich gegen den Communismus geltend gemacht werden. Wenn sie nun auch jede für sich anderen speciellen Einwendungen ausgesetzt sind, so dürfen sie doch wegen der großen intellectuellen Kraft, welche sie in vieler Beziehung auszeichnet, so wie wegen der umfassenden und philosophischen Behandlung einiger Fundamental-Aufgaben der Gesellschaft und der Moral mit Recht den bemerkenswerthesten Leistungen der früheren und jetzigen Zeit beigezählt werden.

Der St. Simonistische Plan faßt nicht eine gleiche, sondern eine ungleiche Theilung des Ertrages ins Auge, schlägt nicht vor, daß alle auf gleiche Weise, sondern verschieden in Gemäßheit ihres Berufs und ihrer Fähigkeit beschäftigt werden sollen; die Leistung eines jeden soll nämlich wie die Grade in einem Regiment durch die Wahl der leitenden Autorität angewiesen werden und die Vergütung in Geld nach Verhältniß der Wichtigkeit der Leistung und der Verdienste der sie erfüllenden Person, nach Bestimmung derselben Autorität, stattfinden. Was die Verfassung der regierenden Behörde betrifft, könnten verschiedene Pläne, die sich mit dem Wesen des Systems vertrügen, befolgt werden. Dieselbe könnte durch Volkswahl eingesetzt werden. In der Idee der ersten Urheber war vorausgesetzt, die Regierenden würden einsichtsvolle und tugendhafte Personen sein, welche die freiwillige Zustimmung der übrigen nur durch die Macht der geistigen Ueberlegenheit erhielten. Daß das Project in einem besonderen Gesellschaftszustand mit Vortheil wirken würde, will ich nicht in Abrede stellen. Es wird in der That ein erfolgreicher Versuch ziemlich von dieser Art berichtet, auf den oben bereits einmal Bezug genommen ward, nämlich derjenige der Jesuiten in Paraguay. Eine Race von Wilden, welche einem Theile des Menschengeschlechts angehörten, der, so weit uns zuverlässig bekannt ist, mehr als irgend ein anderer jeder fortgesetzten Anstrengung im Hinblick auf ein fern liegendes Ziel abgeneigt ist, ward unter die geistige Herrschaft civilisirter und gebildeter Männer gebracht, welche unter sich nach dem System der Gütergemeinschaft vereinigt waren. Der absoluten Autorität dieser Männer unterwarfen sie sich ehrfurchtsvoll und wurden von diesen dahin gebracht, die Künste des civilisirten Lebens zu lernen und für das Gemeinwesen Arbeiten zu verrichten, zu deren Ausübung zum eigenen Nutzen keine ihnen dargebotene Lockung sie veranlaßt hätte. Dieses gesellschaftliche System war von kurzer Dauer, indem es vorzeitig durch diplomatische Vereinbarungen und fremde Gewalt zerstört ward. Daß es überall ins Leben gerufen werden konnte, ist höchst wahrscheinlich nur dem ungeheuren Abstande hinsichtlich der Kenntnisse und Einsicht zuzuschreiben, welcher die wenigen Regierenden von der Classe der Regierten ohne alle dazwischenliegenden socialen oder intellectuellen Abstufungen trennte. Es setzt einen unbedingten Despotismus bei den Häuptern der Vereinigung voraus, der vermuthlich nicht viel verbessert würde, wenn diejenigen, denen der Despotismus anvertraut wäre (den Ansichten der Urheber des Systems entgegen) von Zeit zu Zeit nach dem Ausfall des allgemeinen Wahlactes wechselten. Es wäre jedoch eine beinahe zu chimärische Voraussetzung als daß man Gründe dagegen geltend machen sollte, anzunehmen, daß ein einzelner oder wenige menschliche Wesen, wie auch immer erwählt, im Stande sein könnten, durch irgend welche Organisation untergeordneter Agenten die Arbeit eines jeden seiner Befähigung anzupassen und die Vergütung eines jeden im richtigen Verhältniß seiner Verdienste zu bestimmen . — die Verwalter einer gerechten Vertheilung für jedes Mitglied eines Gemeinwesens zu sein, und wäre dieses auch das kleinste, das je eine besondere politische Existenz gehabt hat — oder daß irgend welcher Gebrauch, den sie von solcher Macht machen könnten, allgemein befriedigen oder ohne die Hilfe der Gewalt Gehorsam finden würde. Bei einer festen Regel wie derjenigen der Gleichheit möchte man sich vielleicht beruhigen, so wie auch bei dem Wechsel, als einer äußeren Nothwendigkeit; daß aber eine Handvoll menschlicher Wesen jedermann gleichsam wägen und lediglich

nach ihrem Gefallen und Urtheil dem einen mehr, dem anderen
weniger zutheilen sollte, dies würde man nicht ertragen, außer von
Personen, die für höhere Wesen als Menschen angesehen werden
und in übernatürlichem Schrecken ihren Rückhalt haben.

Die am geschicktesten ausgedachte und in jeder Beziehung Einwendungen am wenigsten ausgesetzte Form des Socialismus ist
diejenige, welche gewöhnlich als Fourierismus bekannt ist. Dieses
System hat es nicht auf die Abschaffung des Privateigenthums,
ja selbst nicht des Erbrechts abgesehen; im Gegentheil, es zieht
ausdrücklich als ein Element bei der Vertheilung des Ertrages sowohl
Capital als Arbeit in Betracht. Es schlägt vor, daß die Verrichtungen der Erwerbthätigkeit durch Associationen von etwa zwei
tausend Mitgliedern betrieben werden sollen, welche ihre Arbeit auf
dem Flächenraum von ungefähr einer Quadratmeile unter der Leitung von Vorständen ihrer Wahl combiniren. Bei der Vertheilung
wird zuvörderst für den Unterhalt jedes Mitgliedes des Gemeinwesens, gleichviel ob arbeitsfähig oder nicht, ein Minimum angewiesen. Das Uebrige des Ertrages wird nach vorher zu bestimmenden Proportionen unter die drei Elemente: Arbeit, Capital und
Talent, vertheilt. Das Capital des Gemeinwesens kann von verschiedenen Mitgliedern in ungleichen Antheilen eigenthümlich besessen
werden, welche in dem Falle wie bei jeder anderen Actiengesellschaft
verhältnißmäßige Dividenden erhalten. Der Anspruch jeder Person
auf den dem Talent angewiesenen Antheil an dem Ertrage wird
nach dem Grade oder Rang geschätzt, den das Individuum in den
verschiedenen Arbeitergruppen, wozu es gehört, einnimmt; diese
Grade werden in allen Fällen durch die Wahl der Genossen zuerkannt. Wenn eine solche Vergütung empfangen wird, würde diese
nicht nothwendiger Weise gemeinschaftlich verausgabt oder genossen
werden. Es würden für alle, die es vorziehen, besondere Haus-
haltungen stattnehmig sein und es wird keine andere Gemeinschaft-
lichkeit des Lebens beabsichtigt als daß alle Mitglieder der Association in demselben Gebäude wohnen sollen, zur Ersparung von Arbeit und Kosten, nicht allein hinsichtlich der Baulichkeit, sondern für
jeden Zweig der häuslichen Wirthschaft, und um durch Besorgung
des gesammten Kaufens und Verkaufens mittelst eines einzigen
Agenten den so sehr beträchtlichen Theil des Ertrages der Erwerbthätigkeit, der jetzt durch den Gewinn der nur die Vertheilung Be-
schaffenden weggenommen wird, auf den möglichst kleinen Betrag
herabzusetzen.

Es leuchtet ein, daß dieses System, vom Communismus darin
abweichend, wenigstens in der Theorie keinen von den Beweggründen
zur Anstrengung, welche in dem gegenwärtigen System der Gesell-

schaft vorhanden sind, beseitigt. Im Gegentheil, falls man voraus=
setzen könnte, daß die Anordnungen nach den Absichten ihrer Er=
finder wirken würden, möchte es jene Beweggründe sogar noch ver=
stärken, weil jede Person weit mehr Sicherheit haben würde,
individuell die Früchte vermehrter körperlicher oder geistiger Ge=
schicklichkeit oder Energie zu ernten als unter den gegenwärtigen
socialen Einrichtungen von irgend welchen gefühlt werden kann, als
nur von denjenigen, die sich in den vortheilhaftesten Stellungen
befinden oder denen die Laune des Zufalls günstiger ist als ge=
wöhnlich. Die Fourieristen haben indeß noch ein anderes Hilfs=
mittel. Sie glauben, daß sie das große und fundamentale Problem,
die Arbeit anlockend zu machen, gelöst haben. Daß dies nicht an
sich unausführbar sei, behaupten sie mit gewichtigen Argumenten,
insbesondere mit einem, welches sie mit den Owenisten gemeinsam
haben: jede auch noch so strenge Arbeit, welcher sich Menschen zum
Zweck der Subsistenz unterziehen, übertreffe schwerlich an Intensität
solche Arbeit, welche Menschen, deren Unterhalt schon sicher gestellt
ist, des Vergnügens wegen zu übernehmen sich bereit finden lassen
und selbst eifrig dahinter her sind. Es ist dies sicherlich eine sehr
bezeichnende Thatsache und die Forscher im Gebiet der Gesellschafts=
philosophie können wichtige Aufschlüsse daraus ableiten. Das darauf
begründete Argument kann jedoch leicht zu weit ausgedehnt werden.
Wenn Beschäftigungen voll Unannehmlichkeit und Mühseligkeit von
vielen Leuten als Vergnügen freiwillig betrieben werden, sollte dabei
zu verkennen sein, daß sie gerade deßhalb Vergnügungen sind, weil
sie freiwillig übernommen werden und beliebig aufgegeben werden
können? Die Freiheit eine Stellung aufgeben zu können bildet oft=
mals den ganzen Unterschied, ob sie für mühsam oder für an=
nehmlich gilt. Manche Leute bleiben von Januar bis December in
derselben Stadt, derselben Straße oder demselben Hause, ohne einen
auf Entfernung von da abzielenden Wunsch oder Gedanken; wenn
sie aber durch Vorschrift einer Autorität auf den nämlichen Platz
festgebannt würden, so fänden sie die Gefangenschaft völlig uner=
träglich.

Nach der Ansicht der Fourieristen ist kaum irgend eine Art
nützlicher Arbeit ihrer Natur nach und nothwendiger Weise unan=
genehm, wofern sie nur nicht als unehrenvoll gilt oder übermäßig ist,
oder den Antrieb der Sympathie und Nacheiferung entbehrt. Ueber=
triebener Anstrengung, behaupten sie, brauche niemand sich zu unter=
ziehen in einem Gesellschaftszustande, wo es keine müssige Classe
gibt, wo keine Arbeit vergeudet wird, während gegenwärtig für
unnütze Dinge ein so ungeheurer Arbeitsbetrag verschwendet wird,
wo ferner der mächtige Einfluß der Association seinen vollen Vor=

theil zeigen kann, sowohl hinsichtlich der steigenden Wirksamkeit der
Arbeit als der wirthschaftlicheren Consumtion. Die anderen Erfor=
dernisse, um Arbeit anziehend zu machen, würden sich, wie sie
glauben, durch die Ausführung aller Arbeit durch gesellschaftliche
Gruppen finden, zu denen in beliebiger Zahl jedes Individuum
nach eigener Wahl gehören könnte, indem sein Grad in jeder nach
dem Maße der Dienste festzustellen wäre, welche zu leisten er nach
der Schätzung seiner darüber abstimmenden Gefährten für fähig ge=
halten wird. Aus der Verschiedenheit des Geschmacks und der Ta=
lente wird geschlossen, daß jedes Mitglied des Gemeinwesens sich
verschiedenen Gruppen, die sich mit verschiedenen, theils körperlichen,
theils geistigen Arten von Beschäftigung abgeben, beiordnen und so
im Stande sein würde in einer oder einigen eine hohe Stelle ein=
zunehmen; woraus praktisch eine wirkliche Gleichheit oder etwas,
was dieser sich mehr nähern dürfte als man auf den ersten Blick
voraussetzen möchte, hervorgehen würde, nicht in Folge des Zwan=
ges, sondern im Gegentheil der größtmöglichen Entwickelung der
verschiedenen natürlichen Vorzüge, die in jedem Individuum sich
vorfinden.

Selbst aus einem so kurzen Umriß wird man entnehmen, daß
das Fourieristische System keinem der großen Gesetze, wodurch die
menschliche Thätigkeit auch beim gegenwärtigen unvollkommenen Zu=
stande der moralischen und intellectuellen Ausbildung geleitet wird,
Abbruch thut. Es würde sehr voreilig sein, wollte man ihm die Mög=
lichkeit des Erfolges absprechen oder es für völlig ungeeignet erklä=
ren, einen großen Theil der Hoffnungen, welche seine Anhänger
darauf setzen, zu realisiren. Was man in Betreff dieser wie jeder
anderen Art Socialismus wünschen muß und worauf sie einen
gerechten Anspruch haben, ist die unbehinderte Gelegenheit zu prak=
tischen Versuchen. Sie sind sämmtlich in der Lage in bescheidenem
Maßstabe versucht zu werden, so wie ohne allen persönlichen und
pecuniären Risico als nur für diejenigen, welche den Versuch ma=
chen. Die Erfahrung muß entscheiden, in wie weit und wie bald
eines oder mehrere der möglichen Systeme der Eigenthumsgemein=
schaft geeignet erscheinen, sich der auf Privateigenthum von Boden
und Capital begründeten Organisation der Erwerbthätigkeit zu sub=
stituiren. Inzwischen können wir jedoch, ohne die schließlichen Be=
fähigungen der menschlichen Natur begrenzen zu wollen, behaupten,
daß die Volkswirthe noch für eine geraume Zukunft sich hauptsäch=
lich zu beschäftigen haben werden mit den Bedingungen des Be=
standes und Fortschrittes einer auf Privateigenthum und individueller
Concurrenz beruhenden Gesellschaft; und daß bei der gegenwärtigen
Stufe der menschlichen Fortschritte, nicht die Untergrabung des

Systems des individuellen Eigenthums, sondern seine Verbesserung und die volle Theilnahme jedes Mitgliedes des Gemeinwesens an seinen Wohlthaten es ist, was vornehmlich als Ziel erstrebt werden muß.

Capitel II.

Fortsetzung desselben Gegenstandes.

§. 1. Zunächst ist nun zu erwägen, was in dem Begriff des Privateigenthums eingeschlossen ist und durch welche Erwägungen die Anwendbarkeit des Princips bedingt wird.

Die Institution des Eigenthums, auf ihre wesentlichen Elemente zurückgeführt, besteht in der Anerkennung eines Rechts für jede Person, ausschließlich zu verfügen über dasjenige, was sie durch eigene Anstrengung hervorgebracht oder durch Schenkung oder rechtmäßige Uebereinkunft, ohne Gewalt oder Betrug, von denen, die es hervorgebracht haben, erhalten hat. Die Grundlage des Ganzen ist das Recht der Producenten auf dasjenige, was sie selbst hervorgebracht haben. Man kann daher einwenden, daß die Einrichtung, wie sie jetzt besteht, bei Individuen Eigenthumsrechte über Dinge anerkennt, welche sie nicht hervorgebracht haben. Man könnte z. B. sagen, die Arbeiter in einer Fabrik schaffen durch ihre Arbeit und Geschicklichkeit den gesammten Ertrag, allein statt daß dieser nun ihnen gehört, gibt das Gesetz ihnen nur den verabredeten Lohn und überträgt den Ertrag irgend jemandem, der lediglich die Geldmittel hergegeben hat, ohne vielleicht zu der Arbeit selbst irgend etwas beigetragen zu haben, selbst nicht in der Gestalt der Oberaufsicht. Die Antwort hierauf ist, daß die Arbeit der Fabrication nur Eine der Bedingungen ist, welche zur Hervorbringung des Sachguts zusammenwirken müssen. Die Arbeit läßt sich ohne Stoffe und Werkzeuge nicht betreiben, noch auch ohne einen im voraus angeschafften Vorrath von Nahrungsmitteln um die Arbeiter während der Production zu unterhalten. Alle diese Dinge sind die Früchte vorangegangener Arbeit. Wären die Arbeiter im Besitz derselben, so würden sie nicht nöthig haben den Ertrag mit irgend

jemandem zu theilen; weil sie dieselben aber nicht besitzen, so muß
reuen, die sie besitzen, ein Aequivalent gegeben werden, sowohl für
die vorhergegangene Arbeit als für die Enthaltsamkeit, wodurch der
Ertrag solcher Arbeit, statt zum eigenen Genusse verausgabt zu
werden, für die in Rede stehende Benutzung aufbewahrt wurde.
Es kann vorkommen, daß das Capital nicht durch die Arbeit und
Enthaltsamkeit des dermaligen Besitzers geschaffen ist, und in den
meisten Fällen ist es dies auch nicht; ursprünglich muß es aber
durch die Arbeit und Enthaltsamkeit irgend einer früheren Person
geschaffen sein, welche vielleicht freilich auf unrechtmäßige Weise
dessen beraubt wurde, viel wahrscheinlicher indeß im jetzigen Zeitalter durch Schenkung oder Vertrag ihre Ansprüche auf den gegenwärtigen Capitalisten übertragen hat; und die Enthaltsamkeit wenigstens hat von jedem nachfolgenden Eigenthümer bis zum jetzigen
herunter fortgesetzt werden müssen. Wenn man sagt (wie man mit
Wahrheit thun kann), daß diejenigen, welche die Ersparnisse anderer
geerbt haben, einen in keiner Weise von ihnen verdienten Vorzug
vor den Erwerbsthätigen besitzen, denen ihre Vorfahren nichts
hinterlassen haben, so räume ich dies nicht allein ein, sondern behaupte nachdrücklich, daß dieser Vorzug so weit sollte eingeschränkt
werden als verträglich ist mit der Gerechtigkeit gegen diejenigen,
welche es für angemessen erachtet haben ihre Ersparnisse zu Schenkungen an ihre Nachkommen zu bestimmen. Während es aber seine
Richtigkeit hat, daß die bloßen Arbeiter im Nachtheil stehen im
Vergleich mit denjenigen, deren Vorgänger gespart haben, so ist es
andererseits nicht minder wahr, daß auch jene Arbeiter jetzt besser
daran sind, als wenn solche Vorgänger überhaupt nicht gespart
hätten; auch sie nehmen Theil an dem Vortheil, obschon nicht in
gleichem Grade wie diejenigen, welche ihn geerbt haben. Die Bedingungen des Zusammenwirkens zwischen gegenwärtiger Arbeit
und den Früchten früherer Arbeit sind ein Gegenstand der Vereinbarung zwischen den beiden Parteien. Jede derselben ist nothwendig
für die andere. Der Capitalist kann nichts ausrichten ohne Arbeiter,
noch auch diese ohne den ersteren. Wenn die Arbeiter in Beziehung auf Beschäftigung mit einander concurriren, so besteht für
die Capitalisten eine Concurrenz hinsichtlich der Arbeit bis zum
vollen Belauf des umlaufenden Capitals des Landes. Die Concurrenz wird oft dargestellt als ob sie nothwendig eine Ursache des
Elends und der Erniedrigung für die arbeitende Classe wäre, als
ob hohe Löhne nicht genau eben so sehr ein Ergebniß der Concurrenz seien als niedrige Löhne. Die Bezahlung der Arbeit ist in
den Vereinigten Staaten eben so sehr wie in Irland, und viel vollständiger als in England, eine Wirkung des Gesetzes der Concurrenz.

Das Recht des Eigenthums schließt also die Freiheit in sich, auf dem Wege des Contracts zu erwerben. Das Recht eines jeden auf dasjenige, was er selbst hervorgebracht hat, bedingt ein Recht auf das, was von anderen hervorgebracht ist, sobald es durch ihre freie Einwilligung erhalten wird; denn die Producenten müssen es entweder aus gutem Willen hergegeben oder es gegen etwas, was ihnen als ein Aequivalent galt, ausgetauscht haben, und eine Verhinderung so zu verfahren, wäre eine Beeinträchtigung ihres Rechts auf das Product ihrer eigenen Erwerbthätigkeit.

§. 2. Ehe wir dazu übergehen, die Dinge zu erwägen, welche das Princip des individuellen Eigenthums nicht einschließt, müssen wir noch eine andere Sache, die es in sich begreift, näher erörtern, nämlich, daß nach einem gewissen Zeitverlauf ein Eigenthumsrecht durch Verjährung verliehen wird. Dem fundamentalen Begriffe des Eigenthums gemäß sollte nichts so angesehen werden, was durch Gewalt oder Betrug erworben oder in Unkenntniß eines früheren, einer anderen Person zustehenden Eigenthumsrechts angeeignet ist. Es ist aber nothwendig für die Sicherheit rechtmäßiger Besitzer, daß sie nicht durch die Beschuldigung einer unrechtlichen Erwerbung belästigt werden können, wenn im Verlauf der Zeit Zeugen gestorben oder sonst verschwunden sind und der wahre Charakter der Eigenthumübertragung nicht mehr zu beweisen ist. Besitz, der während einer mäßigen Anzahl Jahre in gesetzlicher Weise nicht in Frage gestellt worden, muß, wie es auch durch die Gesetze aller Nationen geschieht, ein vollständiges Eigenthumsrecht verleihen. Selbst wenn die ursprüngliche Erwerbung ungerecht war, würde die Vertreibung derer, die allem Anschein nach im guten Glauben besitzen, aus ihrem Besitz, nachdem ein Menschenalter verflossen, durch das Wiederhervorsuchen lange ruhen gebliebener Ansprüche, meistens eine größere Ungerechtigkeit und fast immer, in privater wie in öffentlicher Hinsicht, ein größerer Uebelstand sein als wenn man das ursprüngliche Unrecht ohne Sühne läßt. Es mag hart erscheinen, daß ein ursprünglich gerechter Anspruch nur durch den Verlauf der Zeit erlöschen soll; aber es gibt eine Zeitdauer, nach welcher, selbst wenn man den individuellen Fall ins Auge faßt und die allgemeinen Folgen für die Sicherheit der Besitzer außer Betracht läßt, die Schaale der Härte nach der andern Seite zu sinkt. Es verhält sich mit den Ungerechtigkeiten der Menschen wie mit den Umwälzungen und Unglücksfällen in der Natur; je länger sie unreparirt bleiben, desto größer werden die Schwierigkeiten sie wieder gut zu machen, weil das, was später darüber gewachsen, wieder losgerissen oder abgebrochen werden muß. Bei keinem menschlichen Geschäfte, nicht

einmal dem einfachsten und klarsten, folgt daraus, daß etwas vor
sechzig Jahren passenderweise geschah, daß es auch jetzt noch an
der Zeit ist. Es braucht wohl kaum bemerkt zu werden, daß solche
Gründe für das Aufsichberuhenlassen ungerechter Vorgänge älterer
Zeit auf ungerechte Systeme oder Staatseinrichtungen keine An=
wendung finden dürfen; denn ein schlechtes Gesetz oder Herkommen
ist nicht ein einzelner schlechter Vorgang in ferner Vergangenheit,
sondern so lange das Gesetz oder Herkommen dauert, eine beständ=
dige Wiederholung schlechten Verfahrens.

Indem nun das Wesentliche des Privateigenthums der vor=
gedachten Art ist, wird jetzt zu erwägen sein, in welcher Ausdeh=
nung die Formen, worin diese Institution in den verschiedenen Zu=
ständen der Gesellschaft bestanden hat oder noch besteht, nothwendige
Folgen ihres Princips sind oder durch die Gründe, worauf sie
fußen, empfohlen werden.

§. 3. Im Begriff des Eigenthums liegt nichts weiter als das
Recht eines jeden auf seine eigenen Fähigkeiten, auf das, was er
durch diese hervorbringen und im rechtlichen Verkehr erhalten kann,
verbunden mit dem Rechte, dies nach seinem Belieben einer andern
Person zu geben, und dem Rechte dieser anderen Person es zu be=
halten und zu genießen. Es folgt also daraus, daß, obschon das
Recht Vermächtnisse zu stiften oder einer Schenkung nach dem
Tode zum Begriff des Privateigenthums mit gehört, es sich mit
dem Erbrecht, so weit dasselbe von den Vermächtnissen unterschieden
ist, anders verhält. Daß das Eigenthum einer Person, die wäh=
rend ihrer Lebzeit darüber keine Verfügung getroffen hat, zunächst
auf ihre Kinder und in Ermangelung derselben auf die nächsten
Verwandten übergehen soll, mag nun eine zweckmäßige Anordnung
sein oder nicht, eine natürliche Folge des Princips des Privateigen=
thums ist es jedoch nicht. Wenngleich zu der Entscheidung solcher
Fragen noch viele Erwägungen gehören, die außerhalb der Volks=
wirthschaft liegen, so dürfte es doch für den Plan dieses Werks
nicht als fremdartig erscheinen, der Prüfung nachdenkender Leser
diejenige Ansicht vorzutragen, welche nach dem Dafürhalten des
Verfassers sich am meisten empfiehlt. Eine vorgefaßte Meinung
zu Gunsten bestehender Ideen über diesen Gegenstand kann aus
ihrer Alterthümlichkeit nicht abgeleitet werden. In alten Zeiten
gelangte das Eigenthum einer verstorbenen Person an ihre Kinder
oder nächsten Verwandten durch eine so natürliche und selbstver=
ständliche Anordnung, daß man nie auf den Gedanken kam, es
könne ein anderer dabei mit in Betracht kommen. Erstens waren
sie gewöhnlich an Ort und Stelle, sie befanden sich im Besitz und
hatten, wenn auch keinen anderen, doch den bei den früheren Gesell=

schaftszuständen so wichtigen Rechtstitel der ersten Besitznahme. Zweitens waren sie schon in gewisser Art Miteigenthümer der Habe des Verstorbenen während seiner Lebenszeit gewesen. Bestand das Eigenthum in Land, so war es vom Staate meistentheils mehr der Familie als einem Individuum verliehen; bestand es in Vieh oder beweglichen Gütern, so ward es wahrscheinlich durch die vereinten Anstrengungen aller Glieder der Familie, die im Alter waren um zu arbeiten oder zu fechten, erworben, jedenfalls aber beschützt und vertheidigt worden. Ausschließliches individuelles Eigenthum im Sinne der neueren Zeit ist schwerlich in den Ideen jenes Zeit-alters anzutreffen gewesen. Wenn das Oberhaupt der Association starb, so erledigte sich in Wirklichkeit nichts als nur sein eigener Antheil daran, welcher nun dem Familiengliede zufiel, das der Nachfolger seiner Autorität wurde. Anders über das Eigenthum verfügen, würde so viel gewesen sein als einen kleinen, durch Ideen, Interessen und Gewohnheiten verbundenen Staat zerstören und die Mitglieder aufs Gerathewohl in die Welt hinausstoßen. Diese Erwägungen, wenn schon mehr gefühlt als erörtert, hatten einen so mächtigen Einfluß auf die Gemüther der Menschen, daß sie die Idee eines natürlichen Rechts der Kinder auf die Besitzungen ihres Vorfahren schufen — eines Rechts, das dieser selbst zu beein-trächtigen nicht befugt war. Vermächtnisse waren im ursprünglichen Gesellschaftszustande fast gar nicht bekannt — ein deutlicher Be-weis, wenn es sonst keine gäbe, daß das Eigenthum in einer gänzlich abweichenden Weise von der jetzigen Auffassung verstanden wurde *).

Die Feudal-Familie, die letzte geschichtliche Form des patriar-chalischen Lebens, ist jedoch längst vergangen und die Einheit der Gesellschaft ist nicht mehr die Familie oder der „Clan", zusammen-gesetzt aus allen vermeintlichen Nachkommen eines gemeinschaftlichen Stammvaters, sondern das Individuum oder höchstens ein Paar Individuen mit seinen unmündigen Kindern. Eigenthum knüpft sich jetzt an Individuen, nicht an Familien. Wenn die Kinder erwachsen sind, folgen sie nicht den Beschäftigungen und den Verhältnissen des Vaters; wenn sie an seinen pecuniären Mitteln theilnehmen, so geschieht dies nach seinem Belieben, und zwar nicht vermöge einer allgemeinen Betheiligung bei dem Eigenthume und der Ver-waltung des Ganzen, sondern gemeiniglich vermittelst des aus-schließlichen Genusses eines bestimmten Theils; in England wenig-stens (ausgenommen so weit Fideicommisse oder sonstige Stiftungen

---

*) Man vergleiche über diese und andere verwandte Punkte die aus-gezeichneten Erläuterungen in Hrn. Maine's gründlichem Werke über Altes Recht und sein Verhältniß zu modernen Ideen.

ein Hinderniß abgeben) steht es in der Macht der Eltern, ihre Kinder
sogar zu enterben und ihr Vermögen Fremden zu hinterlassen. Entfern=
tere Verwandte stehen gemeiniglich der Familie und deren Inter=
essen fast eben so fern als wenn sie gar nicht damit verknüpft wären.
Der einzige Anspruch, den sie, wie man voraussetzt, an ihre
reicheren Verwandten haben, beschränkt sich auf einen gewissen Vor=
zug vor anderen hinsichtlich guter Dienste und auf einige Unter=
stützung im Falle wirklicher Noth.

Eine so wesentliche Veränderung in der Verfassung der Ge=
sellschaft mußte hinsichtlich der Grundlagen, worauf die Eigenthums=
verfügung durch Erbschaft beruhen sollte, einen bedeutenden Unter=
schied machen. Die von neueren Schriftstellern gewöhnlich ange=
führten Gründe, daß das Eigenthum einer Person, die ohne ein
Testament zu hinterlassen stirbt, den Kindern oder nächsten Ver=
wandten zufällt, sind folgende: erstens, die Voraussetzung, daß das
Gesetz, indem es so verfährt, viel wahrscheinlicher als bei irgend
einem anderen Verfahren dasjenige thut, was der Eigenthümer
selbst gethan hätte, wenn er dazu gekommen wäre; und zweitens
die Härte, die darin liegen würde, wollte man diejenigen, welche
mit ihrem Vater zusammengelebt und an seinem Wohlstande theil=
genommen haben, aus dem Genusse des Vermögens in Armuth
und Entbehrung stürzen.

Beiden Argumenten läßt sich eine gewisse Bedeutung nicht
abstreiten. Gewiß sollte das Gesetz für die Kinder eines ohne
Testament Verstorbenen oder für die von ihm hinsichtlich ihres
Unterhalts abhängig gewesenen Personen das thun, was zu thun
die Pflicht des Vaters oder Beschützers gewesen wäre, so weit dies
jemand außer ihm selbst wissen kann. Da indeß das Gesetz nicht
über individuelle Ansichten entscheiden kann, sondern nach allgemeinen
Regeln verfahren muß, so haben wir zunächst in Betracht zu ziehen,
welcher Art diese Regeln sein sollten.

Zuvörderst möchten wir bemerken, daß in Rücksicht auf Colla=
teral=Verwandtschaften, abgesehen von persönlichen Gründen für ein=
zelne Individuen, es niemandes Pflicht ist, für diese eine pecuniäre
Fürsorge zu treffen. Keiner erwartet es, wofern es sich nicht trifft,
daß directe Erben fehlen; auch würde es selbst in diesem Falle
nicht erwartet werden, wenn solche Hoffnungen nicht durch die ge=
setzlichen Bestimmungen im Falle eines Intestatnachlasses hervor=
gerufen wären. Mir scheint daher kein Grund vorzuliegen, wes=
halb collaterales Erbrecht überhaupt bestehen soll. Bentham hat
es schon vor langer Zeit vorgeschlagen und andere bedeutende
Autoritäten haben sich dieser Meinung angeschlossen, daß wenn weder

in absteigender noch in aufsteigender Linie Erben vorhanden sind
und keine letztwillige Verfügung getroffen ist, das Eigenthum dem
Staate zufallen sollte. Es gibt keinen vernünftigen Grund, wes=
halb, wie dies dann und wann vorzukommen pflegt, das ange=
sammelte Vermögen irgend eines kinderlosen Geizhalses bei seinem
Tode einen entfernten Verwandten bereichern soll, der ihn nie ge=
sehen, der vielleicht gar nicht gewußt hat, daß er mit jenem ver=
wandt sei, bis dadurch etwas zu gewinnen war, und der keinen
größeren moralischen Anspruch an ihn hatte als ein völlig Fremder.
Die nämliche Erwägung findet aber auch auf die nächsten Seiten=
Verwandten Anwendung. Collateral=Verwandte haben keine wirk=
lichen Ansprüche als nur solche, die hinsichtlich Nicht=Verwandter
eben so stark sein können; in dem einen wie anderen Falle ist die
richtige Weise, um begründete Ansprüche zu befriedigen, die der
Vermächtnisse. Die Ansprüche der Kinder sind ganz anderer Natur;
sie sind wirklich begründet und unverletzlich. Aber selbst bei diesen,
möchte ich glauben, ist das gewöhnlich beobachtete Verfahren ein
verkehrtes. Was man den Kindern schuldig ist, das wird in einigen
Beziehungen zu gering, in anderen, wie mir scheint, zu hoch ange=
schlagen. Eine der wichtigsten aller Verpflichtungen, nämlich die,
keine Kinder in die Welt zu setzen, wenn man dieselben während
ihrer Kinderjahre nicht bequem ernähren und der Wahrscheinlichkeit
nach auch so erziehen kann, daß sie nach erlangter Volljährigkeit
sich selbst erhalten, wird auf eine der menschlichen Einsicht wenig
Ehre machende Weise sowohl in der Praxis unbeachtet gelassen als
in der Theorie leicht genommen. Andererseits, wenn der Vater
Vermögen besitzt, so scheint mir die Auffassung der Ansprüche der
Kinder einem entgegengesetzten Irrthum zu unterliegen. Wenn ein
Vater auch ein noch so großes Vermögen ererbt haben mag (oder
noch mehr, wenn er es selbst erworben hat), so kann ich nicht zu=
geben, daß er seine Kinder nur deshalb, weil es seine Kinder sind,
reich, ohne die Nothwendigkeit eigener Anstrengung, zu hinterlassen
verbunden sei. Ich könnte dies auch dann nicht zugeben, wenn für
die Kinder selbst ein solches Verhältniß immer gut wäre. Allein
dies ist im höchsten Grade ungewiß; denn es hängt vom indivi=
duellen Charakter ab. Ohne extreme Fälle vorauszusetzen, darf man
zuversichtlich behaupten, daß in der Mehrzahl der Fälle, nicht allein
für das Interesse der Gesellschaft, sondern auch der Individuen
besser gesorgt sein würde, wenn diesen ein mäßiges Vermögen statt
eines großen vermacht worden wäre. Die Wahrheit dieses Gemein=
platzes älterer und neuerer Moralisten wird von manchen einsichts=
vollen Eltern gefühlt, welche auch hiernach viel häufiger verfahren
würden, wenn sie nicht schwach genug wären, weniger das zu er=

wägen, was ihren Kindern wirklich vortheilhaft ist als was andere
Leute dafür halten.

Die Pflichten der Eltern gegen ihre Kinder sind solche, welche
unauflöslich mit der Thatsache verbunden sind, daß sie einem menſch=
lichen Weſen das Daſein gegeben haben. Der Vater hat der Ge=
ſellſchaft gegenüber die Verpflichtung dahin zu ſtreben, daß das Kind
ein gutes und tüchtiges Mitglied der Geſellſchaft werde, und ſeinen
Kindern iſt er ſchuldig ſo weit von ihm abhängt, ihnen eine ſolche
Erziehung und ſolche Fertigkeiten und Mittel zu verſchaffen, daß
dieſelben dadurch in den Stand geſetzt werden mit wahrſcheinlicher
Ausſicht auf ein gutes Fortkommen ins praktiſche Leben einzutreten.
Hierauf hat jedes Kind einen Anſpruch; aber ich kann nicht zugeben,
daß ein Kind als ſolches mehr beanſpruchen könne. Es gibt einen
Fall, wo dieſe Verpflichtungen ſich ganz nackt darſtellen, ohne daß
äußere Umſtände ſie verhüllen und verwirren, nämlich bei einem
unehelichen Kinde. Es wird im allgemeinen gefühlt, daß der Vater
einem ſolchen Kinde diejenige Fürſorge ſchuldet, wodurch daſſelbe
in den Stand geſetzt wird, ſeines Lebens, im ganzen genommen,
froh zu werden. Ich halte dafür, daß kein Kind, nur als ſolches
genommen, irgend mehr beanſpruchen kann, als was ein Vater an=
erkanntermaßen ſeinem unehelichen Kinde ſchuldig iſt, und daß kein
Kind, für welches dies geſchieht, wofern man nicht vorher deshalb
Erwartungen in ihm angeregt hat, ſich beſchweren kann, wenn das
übrige Vermögen des Vaters zu öffentlichen Zwecken beſtimmt wird
oder Perſonen zufällt, denen es nach des Vaters Anſicht beſſer über=
laſſen wird. Um den Kindern die Ausſicht auf eine gehörige Exi=
ſtenz zu verſchaffen, wozu ſie berechtigt ſind, iſt es meiſtens noth=
wendig, daß ſie von Kindheit auf nicht in Gewohnheiten des Luxus
auferzogen werden, die im ſpäteren Leben zu befriedigen ſie nicht
die Mittel haben dürften. Dieſe Pflicht wird oft von ſolchen, die
Einkünfte für eine beſtimmte Dauer beſitzen, aber nur wenig Eigen=
thum zu hinterlaſſen haben, auf eine ſchreiende Weiſe verletzt. Wenn
die Kinder reicher Eltern, wie dies bis zu einem gewiſſen Grade
natürlich iſt, in Gewohnheiten gelebt haben, entſprechend dem Maße
der Ausgaben, welches die Eltern ſich geſtatten, ſo iſt es im allge=
meinen die Pflicht der Eltern, für die Kinder eine reichlichere Für=
ſorge zu treffen als für auf andere Weiſe auferzogene Kinder ge=
nügen würde. Ich ſage „im allgemeinen“, weil auch hier die Frage
noch eine andere Seite hat. Es kann nämlich der Satz vielleicht
ganz gut aufrecht gehalten werden, daß es für eine ſtarke Natur,
welche gegen beengende Verhältniſſe ihren Weg machen ſoll, im
ganzen genommen, ſowohl für die Bildung des Charakters wie für
das Lebensglück vortheilhaft iſt, frühzeitig etwas von dem Gefühl

und den Erfahrungen des Reichthums gekannt zu haben. Wenn
man aber auch zugibt, daß Kinder, die in größerem Luxus aufer=
zogen sind als sie späterhin im Leben sich zu verschaffen wahrscheiu=
lich im Stande sein werden, gerechten Grund zur Klage haben und
daß solchen ein begründeter Anspruch auf eine Versorgung zusteht,
die mit den Verhältnissen, worin sie aufgewachsen sind, in gewissem
Verhältnisse steht, so ist dies doch ein Anspruch, der besonders leicht
weiter ausgedehnt werden kann als seine Begründung rechtfertigt.
Dieser Fall trifft genau zu bei jüngeren Kindern des hohen
Adels und der Landedelleute, deren Vermögen der Hauptsache nach
auf den ältesten Sohn übergeht. Die anderen Söhne, welche ge=
wöhnlich zahlreich sind, werden in der gleichen luxuriösen Lebens=
weise auferzogen wie der künftige Erbe, und sie erhalten meistens,
was die Billigkeit vorschreibt, nämlich genug, um selbst in der ge=
wohnten Lebensweise fortzuleben, aber nicht, um eine Frau und
Kinder darin zu unterhalten. Niemand kann sich darüber mit Grund
beschweren, daß er hinsichtlich der Mittel, um sich zu verheirathen
und eine Familie zu ernähren, auf seine eigenen Anstrengungen an=
gewiesen ist.
Sobald man also kurzweg die Gerechtigkeit der Sache an sich
und das wirkliche Interesse der Individuen und der Gesellschaft als
alleinige Momente in Betracht zieht, so ist meine Ansicht, daß eine
Versorgung, wie sie im Fall unehelicher Kinder und unter gewissen
Umständen bei jüngeren Kindern als angemessen anerkannt wird,
alles in sich begreift, was Eltern ihren Kindern schuldig sind, und
demnach auch alles, was der Staat den Kindern derer, die ohne
Testament gestorben sind, schuldet. Der etwanige Ueberschuß könnte
mit Fug und Recht den gemeinnützigen Zwecken des Gemeinwesens
zugewiesen werden. Ich möchte indeß nicht dahin mißverstanden
werden, daß man mir unterlegte, als empföhle ich, daß Eltern für
ihre Kinder niemals mehr thun sollten als worauf diese, in ihrer
Eigenschaft als Kinder, ein moralisches Anrecht haben. In einigen
Fällen ist es gebieterische Pflicht, in vielen lobenswerth, in allen
zulässig, viel mehr zu thun. Hierzu bietet sich ja auch das Mittel
in der Freiheit, Vermächtnisse zu bestimmen. Es kommt nicht den
Kindern, sondern den Eltern zu, daß sie die Macht haben, Beweise
ihrer Liebe an den Tag zu legen, Dienste und Opfer zu belohnen
und über ihr Vermögen nach eigenem Ermessen und eigener Ein=
sicht zu verfügen.
§. 4. Ob auch die Befugniß hinsichtlich der Vermächtnisse einer
Beschränkung unterworfen werden sollte, ist eine weitere Frage von
nicht geringer Wichtigkeit. Ungleich dem Erbrecht ab intestato ge=
hört die Anordnung von Vermächtnissen zum Eigenthumsrecht. Das

Eigenthum einer Sache kann, ohne die Macht, darüber beim Todes=
fall oder zu Lebzeiten nach eigenem Gutbünken zu verfügen, nicht
als vollständig angesehen werden. Alle Gründe, welche das Be=
stehen von Privateigenthum empfehlen, sprechen zugleich für eine
solche Ausdehnung. Eigenthum ist aber nur Mittel zu einem Zweck,
nicht der Zweck selbst. Wie alle anderen Eigenthumsrechte, und
selbst in noch größerem Maße als die meisten derselben, ist die Be=
fugniß zum Anordnen von Vermächtnissen dem ausgesetzt, daß es
mit noch wichtigeren Zwecken in Widerspruch geräth. Dies geschieht,
wenn ein Testator z. B. sich nicht begnügt, A. ein Landgut zu ver=
machen, sondern dabei noch die Bedingung stellt, daß es bei A.'s
Tode auf dessen ältesten Sohn übergehen solle, dann auf den ältesten
Sohn dieses Sohns wieder u. s. w. für alle Zukunft. Ohne Zweifel
haben gelegentlich Personen sich eifriger angestrengt ein Vermögen zu
erwerben, in der Hoffnung, für alle Folgezeit eine Familie zu gründen;
die Nachtheile für die Gesellschaft in Folge solcher für ewige Zeiten
getroffenen Anordnungen überwiegen jedoch den Werth dieses Reiz=
mittels zu größerer Anstrengung und auch ohne dasselbe erscheint der
Antrieb für diejenigen, welche Gelegenheit haben großes Vermögen
zu erwerben, stark genug. Ein ähnlicher Mißbrauch der Befugniß,
Vermächtnisse zu machen, findet statt, wenn eine Person, welche sich
das Verdienst erwirbt, Eigenthum zu öffentlichen Zwecken nachzu=
lassen, für ewige Zeiten die Details seiner Anwendung vorzu=
schreiben unternimmt, wenn sie z. B. bei Begründung einer Er=
ziehungsanstalt fest bestimmt, welcher Unterricht dort für immer
ertheilt werden soll. Da es unmöglich ist, daß irgend jemand wissen
kann, welcher Unterricht Jahrhunderte nach seinem Tode zweckmäßig
sein wird, so sollte das Gesetz solcher Verfügung über das Eigen=
thum keine Wirkung beilegen, wofern sie nicht nach Verlauf einer
bestimmten Zwischenzeit der regelmäßigen Revision einer geeigneten
Autorität unterliegt.

Dies sind von selbst einleuchtende Begrenzungen. Aber selbst
die einfachste Ausübung des Rechts zu Vermächtnissen, nämlich die
Person zu bezeichnen, auf die das Eigenthum unmittelbar nach dem
Tode des Testators übergehen soll, ist stets unter die Privilegien
gerechnet, welche nach den Ansichten über die Zweckmäßigkeit be=
schränkt oder verändert werden können. Die Beschränkungen sind
bisher fast nur zu Gunsten der Kinder gewesen. In England ist
dem Grundsatze nach das Recht unbeschränkt, indem das einzige
Hinderniß in dieser Beziehung dasjenige ist, welches aus einer An=
ordnung eines früheren Eigenthümers hervorgeht, in welchem Falle
der zeitweilige Inhaber freilich nicht über seine Besitzungen durch
Testament verfügen kann, da nichts vorhanden ist, was zu ver=

machen wäre, indem er selbst lediglich eine Nutznießung für Lebens=
zeit besitzt. Nach dem römischen Recht, worauf das Civilrecht des
Continents von Europa hauptsächlich begründet ist, waren Ver=
mächtnisse ursprünglich überhaupt nicht gestattet, und nachdem sie
eingeführt waren, ward für jedes Kind eine legitima portio zwangs=
weise vorbehalten, was noch jetzt als Recht bei einigen Völkern des
Continents gilt. Nach dem französischen Recht seit der Revolution
kann ein Vater durch letzten Willen nur über einen Theil verfügen,
der einem Kindestheil gleichkommt, und jedes Kind erhält einen
gleichen Antheil. Diese für die Hauptmasse des Eigenthums eines
jeden bestehende Art von Fideicommiß zu Gunsten der Gesammtheit
der Kinder scheint mir im Princip eben so wenig zu vertheidigen als
ein Fideicommiß zu Gunsten eines einzelnen Kindes, obschon es nicht
so direct gegen das Gerechtigkeitsgefühl verstößt. Es ist fraglich,
ob Eltern gezwungen werden sollten, ihren Kindern auch nur die
Versorgung zu hinterlassen, wozu diese in ihrer Eigenschaft als
Kinder, wie ich vorhin behauptet habe, einen moralischen Anspruch
haben. Kinder können diesen Anspruch durch Unwürdigkeit im allge=
meinen oder durch besonderes schlechtes Betragen gegen ihre Eltern
verwirken, sie können auch andere Hilfsquellen oder Aussichten haben.
Was vorher schon im Wege der Erziehung und sonstigen Förderung
für sie gethan ist, kann ihren moralischen Anspruch zum vollen be=
friedigen oder andere können vorzüglichere Ansprüche haben als sie.

Die außerordentliche Beschränkung der Befugniß, Vermächt=
nisse zu machen, ward im französischen Recht als ein demokratisches
Mittel beliebt, um die Gewohnheiten des Erstgeburtsrecht zu brechen
und der Tendenz des ererbten Eigenthums, sich zu großen Massen
zu vereinigen, entgegenzuwirken. Ich stimme darin überein, daß ich
diese Dinge für außerordentlich wünschenswerth halte; aber das
dazu benutzte Mittel scheint mir nicht sehr einsichtsvoll. Sollte
ich ein Gesetzbuch entwerfen in Gemäßheit dessen, was mir an und
für sich als das beste erscheint, ohne Rücksicht auf bestehende Mei=
nungen und Gefühle, so würde ich keine Beschränkung dafür auf
stellen, worüber einer durch Testament verfügen dürfe, sondern was
einer durch Vermächtniß oder Erbschaft solle erwerben dürfen.
Jedermann sollte die Befugniß haben, mittelst eines Testaments über
sein ganzes Vermögen zu verfügen, aber nicht, es zu vergeuden
durch Bereicherung eines oder des anderen einzelnen Individuums
über ein gewisses Maximum hinaus, das übrigens hinlänglich hoch
zu bestimmen wäre, um die Mittel einer behaglichen Unabhängig=
keit zu gewähren. Diejenigen Ungleichheiten des Eigenthums, welche
aus ungleicher Erwerbthätigkeit, Mäßigkeit, Ausdauer, so wie aus
der Verschiedenheit des Talents und selbst des Zufalls hervorgehen

sind von dem Princip des Privateigenthums nicht zu trennen, und wenn wir ein Princip annehmen, so müssen wir uns auch die natürlichen Folgen desselben gefallen lassen. Ich sehe jedoch nichts Verwerfliches darin, daß man eine Grenze feststellt, bis zu der jemand lediglich durch die Gunst anderer ohne irgend welche Anstrengung seiner eigenen Fähigkeiten soll erwerben dürfen, und daß man verlangt, er selbst solle dafür arbeiten, wenn er einen ferneren Zuwachs zu seinem Vermögen wünscht*). Ich kann mir nicht denken, daß das Maß der Beschränkung, welches hierdurch dem Rechte der testamentarischen Verfügung auferlegt würde als ein lästiger Zwang von irgend einem Testator würde empfunden werden, der ein großes Vermögen nach seinem wahren Werthe schätzt, nämlich nach den Vortheilen und Annehmlichkeiten, die dadurch erkauft werden können. Wenn man diese auch noch so übermäßig anschlägt, so muß es doch jedermann einleuchten, daß hinsichtlich des Wohlbefindens des Besitzers der Unterschied zwischen einem mäßigen Reichthum und fünfmal größerem Vermögen unbedeutend erscheint, verglichen mit dem Genuß und den andauernden Wohlthaten, welche durch eine anderweitige Verfügung über jene anderen vier Fünftel hätten verschafft werden können. So lange freilich die Meinung praktisch vorherrscht, daß das beste, was man für einen Gegenstand seiner Zuneigung thun kann, darin bestehe, für ihn alle äußerlichen Lebensgüter bis zur Uebersättigung anzuhäufen, möchte es wenig Nutzen bringen, ein solches Gesetz zu erlassen. Selbst wenn es gelänge dasselbe durchzusetzen, so würde im allgemeinen mit der Neigung dazu auch die Gelegenheit bleiben, sich demselben zu entziehen. Das Gesetz würde ohne Kraft sein, wofern nicht die Gesinnung des Volks ihm energisch zur Seite stände. Wenn man aus dem hartnäckigen Festhalten der öffentlichen Meinung in Frankreich an dem dortigen Gesetze der zwangsweisen Theilung einen Schluß ziehen darf, so

---

*) In dem Falle, daß das Capital in den Händen des Besitzers selbst zu dem Betrieb gewerblicher Verrichtungen verwendet wird, sprechen starke Gründe dafür, daß diesem das Recht verbleibe, den gesammten in einer einzigen Unternehmung beschäftigten Fonds einer Person zu vererben. Es ist wünschenswerth, daß er im Stande sei, die Unternehmung demjenigen seiner Erben zu hinterlassen, den er am meisten geeignet glaubt, dieselbe mit Tüchtigkeit und Gemeinsinn zu leiten; und hierdurch würde die (unter der Herrschaft der französischen Gesetzgebung so häufig eintretende und so störend wirkende) Nothwendigkeit vermieden, ein Handels- oder Industrie-Etablissement bei dem Tode seines Chefs aufzulösen. In gleicher Weise sollte es einem Landeigenthümer, der einem seiner Erben die moralische Verpflichtung hinterläßt, einen Ahnensitz und einen Park oder Lustgarten zu erhalten, gestattet sein, diesem zugleich so viel sonstiges Eigenthum zu vererben als zur Instandhaltung derselben erforderlich ist.

würde dies bei gewiſſen Zuſtänden der Geſellſchaft und des Staats
höchſt wahrſcheinlich eintreten, obſchon in England für jetzt das Gegen=
theil davon der Fall ſein dürfte. Wenn die Beſchränkung einen
praktiſchen Erfolg erlangen könnte, ſo würde die Wohlthat für das
allgemeine bedeutend ſein. Vermögen, das nicht länger zur Be=
reicherung einiger weniger dienen könnte, würde entweder zu Zwecken
öffentlicher Nützlichkeit beſtimmt oder, wenn einzelne Individuen es
erhielten, unter eine größere Anzahl vertheilt werden. Solche unge=
heure Vermögen, deren niemand zu irgend welchem perſönlichen
Zwecke bedarf, ſondern die nur zum Prunk oder zu einer unge=
bührlichen Macht dienen, würden viel weniger vorkommen; dagegen
würde ſich die Zahl von wohlhabenden Familien im Beſitz der Vor=
theile der Muße und aller wahren Genüſſe, die der Reichthum ge=
währen kann, beträchtlich vermehren. Die Dienſte, welche eine
Nation von ihren der Muße ſich erfreuenden Claſſen zu erwarten
berechtigt iſt, ſei es durch deren directe Beſtrebungen oder durch
die Richtung, welche ſie der Sinnesart und dem Geſchmack des
Publicums geben, würden alsdann auf eine viel wohlthätigere
Weiſe als gegenwärtig geſchieht, geleiſtet werden. Ein anſehnlicher
Theil der Vermögensanſammlungen durch gedeihliche Erwerbthätig=
keit würde vermuthlich öffentlichen Zwecken gewidmet werden, ent=
weder durch directe Vermächtniſſe an den Staat oder durch Aus=
ſtattung von Stiftungen. In einem ſehr großen Maßſtabe findet
dies ſchon in den Vereinigten Staaten ſtatt, wo überhaupt die An=
ſichten und die Praxis in Bezug auf das Erbſchaftsweſen außer=
ordentlich rationell und gemeinnützig zu ſein ſcheinen*).

*) „Großartige Vermächtniſſe und Schenkungen zu öffentlichen Zwecken
der Mildthätigkeit oder der Erziehung bilden einen auffallenden Zug in der
neueren Geſchichte der Vereinigten Staaten, insbeſondere von Neu-England.
Es iſt nicht allein gewöhnlich, daß reiche Capitaliſten durch letzten Willen einen
Theil ihres Vermögens zur Ausſtattung nationaler Anſtalten hinterlaſſen,
ſondern einzelne bewilligen ſchon bei ihren Lebzeiten bedeutende Summen zu
gleichen Zwecken. Es gibt hier kein Zwangsgeſetz für die gleiche Vermögens=
theilung unter die Kinder, wie in Frankreich, und andererſeits auch kein Her=
kommen der Fideicommiſſe oder des Erſtgeburtrechtes, wie in England, ſo daß
die Wohlhabenden freie Hand haben, ihr Vermögen zwiſchen ihren Verwandten
und dem Gemeinnutzen zu theilen, da es für ſie unmöglich iſt, eine Familie
für alle Zukunft durch Fideicommiß zu begründen, und Eltern ſehr häufig
das Glück haben, lange vor ihrem Tode alle ihre Kinder gut verſorgt und in
unabhängiger Stellung zu ſehen. Ich ſah eine Liſte der während der letzten
dreißig Jahre allein im Staate Maſſachuſetts ſtattgefundenen Vermächtniſſe
und Schenkungen und es beliefen ſich dieſelben auf nicht weniger als ſechs
Millionen Dollars (etwa acht und eine halbe Million Thlr. Pr. Cour.)." Lyell's
Travels in America, I p. 263.
Wenn in England jemand, der irgend welche nahe Verwandte am Leben
hat, für öffentliche oder wohlthätige Zwecke Summen ausſetzt, die über eine

§. 5. Der nächste in Erwägung zu ziehende Punkt ist, ob die Vernunftgründe, worauf die Institution des Eigenthums beruht, Anwendung finden auf alle Dinge, hinsichtlich derer gegenwärtig ein Recht des ausschließlichen Eigenthumrechtes anerkannt wird, und wenn dies nicht der Fall ist, auf welche andere Gründe hin eine solche Anerkennung sich vertheidigen läßt.

Indem das wesentliche Princip des Eigenthums darin besteht, daß allen Personen dasjenige gesichert werde, was sie durch ihre Arbeit hervorgebracht und durch ihre Enthaltsamkeit angesammelt haben, kann dies Princip keine Anwendung auf dasjenige finden, was nicht der Ertrag der Arbeit ist, nämlich das rohe Material der Erde. Wenn der Boden seine Productivkraft gänzlich von der Natur und durchaus nicht von menschlicher Erwerbthätigkeit herleitete, oder wenn es irgend Mittel gäbe, zu unterscheiden, was aus jeder dieser Quellen herflösse, so würde es nicht nur nicht nothwendig, sondern auch der Gipfel der Ungerechtigkeit sein, die Gabe der Natur einigen wenigen als eigenmächtiges Privilegium zu überlassen. Beim Ackerbau muß die Benutzung des Bodens freilich für eine gewisse Zeitdauer nothwendig ausschließlich sein. Derselben Person, die gepflügt und gesäet hat, muß gestattet werden zu ernten; aber der Boden könnte, wie bei den alten Germanen, nur für Ein Jahr im Besitze bleiben, oder könnte auch mit der Zunahme der Bevölkerung periodisch aufs neue getheilt werden; oder der Staat könnte der allgemeine Landeigenthümer sein und die Bebauer erhielten von ihm den Boden in Pacht oder umsonst.

Obschon aber der Boden selbst nicht durch Erwerbthätigkeit hervorgebracht ist, so gilt dies doch von seinen meisten werthvollen Eigenschaften. Arbeit ist nicht allein zu seiner Benutzung, sondern fast in gleichem Maße zum Instandsetzen dieser Erwerbsmittel erforderlich. Oftmals wird gleich anfangs beträchtliche Arbeit erfordert um das Land urbar zu machen. Selbst nachdem es urbar gemacht worden, ist seine Productionsfähigkeit in manchen Fällen völlig die Wirkung der Arbeit und der Kunst. Die Bedford-Ebene brachte wenig oder nichts hervor, so lange sie nicht künstlich trocken gelegt war. Die Moräste Irlands können, so lange nicht gleiches für sie geschieht, außer Feuerung wenig hervorbringen. Einer der unfruchtbarsten Landstriche der Welt, dessen Boden aus demselben Material besteht wie die Goodwin-Sandbänke, das Waes-Land in Flandern, ist durch Betriebsamkeit so fruchtbar gemacht worden,

---

Kleinigkeit hinausgehen, so thut er dies auf die Gefahr hin, nach seinem Tode von einer Jury für verrückt erklärt zu werden, oder daß das Vermögen durch die Processe wegen Ungiltigkeitserklärung des Testaments aufgezehrt wird.

daß es jetzt zu den ergibigsten in Europa gehört. Die Bodencultur erfordert ferner Gebäude und Einzäunungen, welche gänzlich durch Arbeit hervorgebracht werden. Die Früchte solcher Betriebsamkeit können nicht innerhalb eines kurzen Zeitabschnittes eingesammelt werden; die Arbeit und die Auslagen geschehen unmittelbar, ihre wohlthätigen Folgen verbreiten sich aber über viele Jahre, viel= leicht über alle Zukunft. Ein Pächter wird diese Arbeit und Aus= lagen nicht übernehmen, wenn Fremde, und nicht er selbst, daraus Nutzen ziehen werden. Wenn er solche Verbesserungen unternimmt, so muß er eine lange Zeitdauer, während der sie ihm Gewinn bringen werden, vor sich haben, wofern nicht sein Landbesitz ein beständiger ist *).

§. 6. Dies sind die Gründe, welche vom wirthschaftlichen Gesichtspunkte aus das Eigenthum in Bezug auf den Boden recht= fertigen. Man hat gesehen, daß dieselben nur insofern Geltung haben als der Besitzer des Bodens auch für die Verbesserung des=

---

*) „Was dem Menschen bei seinen Arbeiten Einsicht und Ausdauer ver= lieh, was ihn alle seine Anstrengungen auf ein seiner Gattung nützliches Ziel richten ließ, das war das Gefühl der Beständigkeit. Die fruchtbarsten Lände= reien sind immer diejenigen, welche die Gewässer längs ihres Laufs abgelagert haben; aber diese sind es auch, welche sie mit Ueberschwemmung bedrohen oder durch Versumpfung verderben. Unter der Garantie der Beständigkeit unter= nimmt der Mensch langwierige und mühsame Arbeiten, um den Sümpfen einen Abfluß zu verschaffen, um Deiche gegen die Ueberschwemmungen herzu= stellen, um durch Bewässerungscanäle befruchtende Gewässer über die Felder zu vertheilen, welche eben durch diese Gewässer vorher zur Unfruchtbarkeit ver= urtheilt waren. Unter derselben Garantie begnügt sich der Mensch nicht mehr mit dem gewöhnlichen jährlichen Ertrage des Bodens; er hat unter die von selbst fortkommende Vegetation nützliche Sträucher und Bäume gepflanzt, hat sie durch die Cultur veredelt, in gewisser Beziehung sogar ihr Wesen ver= ändert und sie vervielfältigt. Bei den Baumfrüchten erkennt man an, daß sie nur durch eine Cultur von Jahrhunderten zu der Vollkommenheit, die sie jetzt erreicht haben, gebracht sind, während andere von ihnen aus den entlegensten Gegenden her eingeführt wurden. Zu gleicher Zeit hat der Mensch die Erde bis zu einer beträchtlichen Tiefe offen gelegt, um die Bodenfläche zu erneuern und sie durch Vermischung verschiedener Erdarten und die Einwirkung der Luft fruchtbarer zu machen. Er hat auf Hügeln die Dammerde, welche davon her= abrollte, befestigt und die ganze Oberfläche der Ebene mit einer überall reich= lichen und dem Menschengeschlecht nützlichen Vegetation bedeckt. Von einigen seiner Arbeiten wird er erst nach zehn oder zwanzig Jahren die Frucht ernten, von anderen werden noch nach Jahrhunderten seine spätesten Enkel den Genuß haben. Alle haben dazu mit beigetragen, die Productivkraft der Natur zu vermehren, dem Menschengeschlecht ein unendlich reicheres Einkommen zu ver= schaffen — ein Einkommen, von dem ein beträchtlicher Theil durch diejenigen consumirt wird, welche an dem Landbesitz keinen Antheil haben, die jedoch ohne diese Theilung des Bodens, die sie enterbt zu haben scheint, keine Nahrung gefunden hätten." Sismondi, études sur l'économie politique. 3. Essai, de la richesse territoriale.

selben etwas gethan hat. Wenn in einem Lande der Eigenthümer
aufhört für Verbesserungen zu sorgen, so hat die Volkswirthschaft
zur Vertheidigung der bestehenden Landeigenthumsverhältnisse nichts
anzuführen. Keine gesunde Theorie des Privateigenthums hat je
die Sache so angesehen, daß der Landeigenthümer lediglich ein hierauf angewiesener Sinekurist sein sollte.

In Großbritannien sorgt der Landeigenthümer ziemlich häufig
für Verbesserungen, aber es läßt sich nicht behaupten, daß dies die
allgemeine Regel ist. In der Mehrzahl der Fälle verleiht er die
Befugniß zur Bebauung unter solchen Bedingungen, welche auch
andere verhindern, Verbesserungen vorzunehmen. In den südlichen
Theilen der Insel können dauernde Verbesserungen kaum anders
als durch das Capital des Landeigenthümers beschafft werden, da
dort längere Verpachtungen nicht üblich sind; demgemäß ist denn
auch der Süden, im Vergleich mit dem Norden von England und
den Niederlanden in Schottland, in landwirthschaftlichen Verbesserungen außerordentlich zurück. Es ist unverkennbar, daß eine allgemeine Verbesserung des Bodens durch die Landeigenthümer sich
mit einem gesetzlichen oder herkömmlichen Erstgeburtsrechte nicht
leicht verträgt. Wo der Landbesitz im ganzen auf den Erben übergeht, da erhält dieser es meist entblößt von pecuniären Hilfsquellen,
die ihn in den Stand setzen würden denselben zu verbessern, weil
nämlich das persönliche Eigenthum durch die Versorgung der jüngeren Kinder in Anspruch genommen und der Landbesitz selbst oft
zu dem nämlichen Zweck schwer belastet wird. Nur ein verhältnißmäßig kleiner Theil der Landeigenthümer hat daher die Mittel kostspielige Verbesserungen vorzunehmen, wenn sie es nicht mit gelie-
henem Gelde thun und durch Vermehrung der Hypotheken, mit
denen in den meisten. Fällen das Landgut schon als sie es erhielten belastet war. Aber die Lage des Eigners eines tief verschul-
deten Landgutes ist so unsicher, Wirthschaftlichkeit ist so unwill-
kommen für jemanden, dessen anscheinendes Vermögen seine wirklichen Geldmittel weit übersteigt, und die Schwankungen der Rente
und Getreidepreise, wodurch gleich der Rand seines Einkommens
berührt wird, sind so abschreckend für jemanden, der wenig mehr
als eben nur den Rand sein eigen nennen kann, daß man sich nicht
wundern darf, wenn nur wenige Landeigenthümer sich in der Lage
befinden, um künftigen Gewinnes willen unmittelbare Opfer zu
bringen. Wären sie auch dazu geneigt, so können kluger Weise es
doch nur diejenigen thun, welche die Grundsätze der wissenschaftlichen Landwirthschaft ernstlich studirt haben, und große Landeigenthümer haben selten irgend etwas ernstlich studirt. Sie könnten
wenigstens Pächtern Veranlassung geben das zu thun, was sie selbst

nicht thun wollen oder können. Es ist aber in England allgemeine
Klage darüber, daß selbst bei längeren Verpachtungen die Eigen=
thümer ihre Pächter durch Verträge binden, welche sich auf die
Praxis eines veralteten und als unzweckmäßig erkannten Landbau=
systems gründen; die meisten derselben lassen sich auf längere Ver=
pachtungen gar nicht ein und geben ihren Pächtern keine Garantie
eines Besitzes über eine einzige Ernte hinaus, wodurch sie den
Boden rücksichtlich der Verbesserungen in einem nicht viel besseren
Zustande erhalten als zu den Zeiten der barbarischen Vorfahren,

— immotata quibus jugera liberas
Fruges et Cererem ferunt,
Nec cultura placet longior annua.

Das Landeigenthum in England ist also weit entfernt, voll=
ständig die Bedingungen zu erfüllen, welche sein Bestehen in wirth=
schaftlicher Hinsicht rechtfertigen. Wenn diese Bedingungen in Eng=
land ungenügend erfüllt werden, so geschieht dies in Irland ganz
und gar nicht. Mit einzelnen und zum Theil sehr ehrenwerthen
Ausnahmen thun die Eigner irländischer Landgüter weiter nichts
für das Land als daß sie seinen Ertrag herausziehen. Wenn bei
den öffentlichen Verhandlungen in bezeichnender Weise von „beson=
deren Belastungen" die Rede gewesen ist, so trifft dies wörtlich bei
ihnen zu, daß nämlich die größte Belastung des Landbesitzes die
Landeigner selbst sind. Indem sie dem Boden nichts wieder zu gute
kommen lassen, consumiren sie dessen sämmtlichen Ertrag, abzüglich
der Kartoffeln, die durchaus nöthig sind um die Einwohner vor
dem Hungertod zu bewahren. Wenn sie irgend einen Begriff von
Verbesserung haben, so besteht dieser gewöhnlich darin, daß sie den
Einwohnern selbst nicht einmal diese karge Kost lassen, sondern die
Bevölkerung austreiben, um zu betteln oder gar im Elend zu ver=
kommen *). Wenn das Landeigenthum sich auf solchen Fuß gestellt
hat, so läßt es sich nicht länger vertheidigen, und die Zeit ist ge=
kommen, daß hierin neue Anordnungen zu treffen sind.

Wenn man von der Heiligkeit des Eigenthums spricht, so
sollte man immer bedenken, daß dem Landeigenthum diese Heiligkeit
nicht in demselben Grade zukommt. Kein Mensch hat das Land
geschaffen. Es ist das ursprüngliche Erbtheil des gesammten Men=
schengeschlechts. Die Aneignung des Bodens ist eine Frage des
allgemeinen Nutzens. Hat das Privateigenthum beim Lande diesen

---

*) Der Leser möge beachten, daß diese Sätze vor achtzehn Jahren ge=
schrieben sind. Die moralischen wie wirthschaftlichen Umgestaltungen, die in
unserm Zeitalter vor sich gehen, sind so wunderbar, daß es unmöglich ist,
mit ihnen gleichen Schritt zu halten, wenn man nicht ein Werk, wie das
vorliegende, beständig umarbeiten will.

Nutzen nicht, so ist es ungerecht. Es ist für niemanden eine Be=
drückung, ausgeschlossen zu sein von dem, was andere hervorge=
bracht haben. Sie waren nicht verpflichtet es für seinen Gebrauch
hervorzubringen, und er verliert nichts dabei, daß er an Dingen
keinen Antheil hat, welche sonst überhaupt nicht vorhanden sein
würden. Allein es ist eine Bedrückung, auf Erden geboren zu
werden und alle Gaben der Natur schon vorher in ausschließlichen
Besitz genommen und keinen Raum für den neuen Ankömmling
freigelassen zu finden. Ein Volk hiermit zu versöhnen, nachdem ein=
mal die Idee bei ihm Eingang gefunden, daß gewisse moralische
Rechte ihm in seiner Eigenschaft als menschlichen Wesen zustehen,
hierzu wird es immer nothwendig sein, bei den Leuten die Ueber=
zeugung zu begründen, daß das ausschließliche Eigenthum für die
Menschheit im ganzen, sie eingeschlossen, gut sei. Dies könnte jedoch
keinem vernünftigen Menschen eingeredet werden, wenn die Bezie=
hungen zwischen dem Landeigenthümer und dem Bebauer des Bo=
dens überall von der Art wären, wie sie in Irland gewesen sind.

Man fühlt es, und selbst diejenigen, welche an ihren Rechten
am hartnäckigsten festhalten, fühlen es, daß Landeigenthum und son=
stiges Eigenthum verschiedene Dinge sind. Wo die große Masse
des Gemeinwesens ohne Antheil am Landeigenthum und dieses das
ausschließliche Attribut einer kleinen Minderheit geworden ist, da
hat man gemeiniglich versucht, dies Verhältniß wenigstens in
der Theorie mit dem Gerechtigkeitssinn auszusöhnen, indem man
demselben Pflichten aufzulegen und es zu einer Art moralischer
oder legaler Magistratur zu erheben gesucht hat. Wenn es aber
dem Staate frei steht die Besitzer des Bodens als öffentliche
Beamte zu behandeln, so ist es nur noch ein Schritt weiter, wenn
man sagt, daß es dem Staate auch frei stehe sie bei Seite zu
schieben. Der Anspruch der Landeigenthümer auf den Grund und
Boden ist überhaupt der allgemeinen Politik des Staats unter=
geordnet. Das Princip des Eigenthums gibt ihnen kein Recht auf
das Land selbst, sondern nur ein Recht auf Entschädigung für sol=
chen Theil ihrer Interessen am Boden, welchen ihnen zu entziehen
die Politik des Staates mit sich brächte. In letzterer Beziehung
ist ihr Anspruch unverletzlich. Den Landeigenthümern und den
Eignern von jeder Art Eigenthum, welches als solches vom Staate
anerkannt worden, ist man schuldig, daß ihnen der Besitz desselben
nicht entzogen werden darf ohne daß sie dafür den vollen pecuniären
Werth oder ein den daraus bezogenen Einkünften gleichkommendes
jährliches Einkommen erhalten. Hierzu ist man verpflichtet nach den
allgemeinen Principien, worauf Eigenthum beruht. Wurde der
Boden durch den Ertrag ihrer eigenen Arbeit und Enthaltsamkeit

ober derjenigen ihrer Vorfahren gekauft, so gebührt ihnen aus die=
sem Grunde eine Entschädigung; anderenfalls gebührt ihnen selbige
auf Grund der Verjährung. Auch kann es niemals nothwendig sein,
daß um einen Zweck zu erreichen, wodurch das Gemeinwesen ins=
gesammt gewinnen wird, ein besonderer Theil desselben geopfert
werden sollte. Wenn das Eigenthum von der Art ist, daß sich
besondere Vorliebe daran knüpft, so dürfte die Entschädigung ein
bloß pecuniäres Aequivalent zu überschreiten haben. Unter den eben
erwähnten Vorbehalten hat der Staat freie Hand, mit dem Land=
eigenthum so zu verfahren wie die allgemeinen Interessen des Ge=
meinwesens es erheischen mögen; wenn es sich so treffen sollte,
selbst bis zu dem Umfange, daß mit dem ganzen geschähe, was jetzt
mit Theilen desselben geschieht, so oft die Anlage einer Eisenbahn
oder einer neuen Straße bewilligt wird. Das Gemeinwesen hat
ein zu großes Interesse an der gehörigen Bebauung des Bodens
und den Bedingungen, welche sich an seine Besitzergreifung knüpfen,
als daß es diese Dinge der Willkür einer Classe von Personen
unter dem Namen Landeigenthümer überlassen sollte, nachdem diese
ihrer Aufgabe sich nicht gewachsen gezeigt haben. Die gesetzgebende
Gewalt, welche nach ihrem Belieben die Gesammtheit der Land=
eigenthümer in Staatsgläubiger oder Pensionisten umwandeln könnte,
kann demzufolge auch die durchschnittlichen Einnahmen der irländi=
schen Landeigner in eine feste Rentenzahlung umwandeln und die
Pächter zu Eigenthümern erheben; es wird hierbei aber immer
vorausgesetzt, daß den Landeigenthümern der volle Marktwerth ihrer
Güter ausbezahlt würde, falls sie dies der Annahme der vorge=
schlagenen Bedingungen vorziehen sollten.

An einer anderen Stelle sollen die verschiedenen Arten des
Landeigenthums und Landbesitzers so wie die Vorzüge und Nachtheile
einer jeden erörtert werden; im gegenwärtigen Capitel haben wir
es nur mit dem Rechte an sich zu thun, mit den Gründen, die es
rechtfertigen, und, als Schlußfolgerung dieser Gründe, mit den
Bedingungen, wodurch es begrenzt sein sollte. Es erscheint mir
fast als ein Axiom, daß Landeigenthum stricte interpretirt werden
und in allen Zweifelsfällen die Entscheidung gegen den Eigenthümer
ausfallen muß. Beim Eigenthum an beweglichen Gütern und bei
allen Dingen, die das Product der Arbeit sind, ist grade das Ge=
gentheil der Fall. Ueber diese sollte die Macht des Eigners so=
wohl rücksichtlich der Benutzung als der Ausschließung unbedingt
sein, ausgenommen wo für andere ein positives Uebel daraus her=
vorgehen würde; während dagegen beim Grund und Boden keinem
Individuum ein ausschließliches Recht gestattet werden sollte, von
dem sich nicht nachweisen läßt, daß es positives Gutes herbeiführe.

Das Zugeständniß eines ausschließlichen Rechts über einen Theil der gemeinschaftlichen Erbschaft, während es andere gibt, die gar keinen Antheil daran haben, ist überhaupt schon ein Privilegium. Keine vorhandene Menge beweglicher Güter, welche jemand durch seine Arbeit erwerben kann, verhindert andere, durch die nämlichen Mittel gleiches zu erwerben; wer aber Land als Eigenthum besitzt, der bewirkt der Natur der Sache nach, daß ein anderer es nicht besitzen kann. Das Privilegium oder Monopol läßt sich nur als nothwendiges Uebel vertheidigen; es wird eine Ungerechtigkeit, sobald es bis zu einem Punkt geführt wird, wohin das compensirende Gute ihm nicht folgt.

Das ausschließliche Recht z. B. auf eine Strecke Landes zu Zwecken des Anbau's schließt noch kein ausschließliches Recht in sich in Bezug auf den Zutritt dazu. Ein solches Recht sollte nicht anerkannt werden, ausgenommen in der Ausdehnung, die nothwendig ist, um den Ertrag gegen Beschädigung und des Eigners Privathabe gegen Angriff zu schützen. Die Prätension zweier Herzöge, einen Theil der Hochlande abzusperren und das übrige Menschengeschlecht von mehreren Quadratmeilen einer Berggegend auszuschließen um das Wild vor Störung zu bewahren, ist ein Mißbrauch; dies überschreitet die zulässigen Grenzen des Rechts des Landeigenthums. Wenn Land nicht gebauet werden soll, so kann im allgemeinen kein vernünftiger Grund angeführt werden, daß es überhaupt Privateigenthum sein soll; und wenn jemandem gestattet wird dasselbe sein Eigen zu nennen, so sollte er wissen, daß er es durch stillschweigende Bewilligung des Gemeinwesens inne hat, und unter der damit verknüpften Bedingung, daß sein Eigenthumsrecht, wenn es möglicherweise der Gesammtheit auch keinen Nutzen bringt, dieser doch wenigstens keine Vortheile entziehen soll, die sie sonst von der betreffenden Bodenfläche, wofern diese ohne Eigenthümer gewesen wäre, gehabt hätte. Selbst rücksichtlich des cultivirten Bodens darf jemand, dem (obschon ihm allein unter Millionen) das Gesetz gestattet, Tausende von Morgen Landes als seinen Antheil eigen zu besitzen, nicht meinen, dies alles sei ihm zum beliebigen, guten oder schlechten Gebrauch gegeben, um damit zu schalten, als ob es niemanden anginge als ihn allein. Die Renten und Gewinne, die er aus diesem großen Landeigenthum ziehen kann, gehören ihm, und nur ihm; aber in Rücksicht auf den Boden ist er in allem, was er damit vornimmt oder auch zu thun unterläßt, moralisch verpflichtet seine Interessen und Genüsse mit dem öffentlichen Wohl in Einklang zu bringen, und unter Umständen sollte er hiezu gesetzlich gezwungen werden. Das Menschengeschlecht im ganzen behält von seinem ursprünglichen Rechtsanspruch an den Boden des von ihm bewohnten Planeten stets noch so viel, als sich mit den Zwecken verträgt, derentwegen es auf das übrige verzichtet hat.

§. 7. Außer dem Eigenthum an dem, was durch Arbeit hervorgebracht ist, und dem Landeigenthum gibt es noch andere Dinge, welche Gegenstand des Eigenthums gewesen sind oder noch sind, hinsichtlich derer jedoch überall nie ein Eigenthumsrecht hätte bestehen sollen. Da jedoch die civilisirte Welt im allgemeinen über die meisten derselben zur Einsicht gelangt ist, so dürfte es unnöthig sein an dieser Stelle dabei zu verweilen. An der Spitze davon steht das Eigenthum an menschlichen Wesen. Es ist eine fast überflüssige Bemerkung, daß eine solche Einrichtung in keinem Gesellschaftszustande stattfinden kann, der darauf Anspruch macht, auf Gerechtigkeit oder Brüderlichkeit zwischen menschlichen Geschöpfen gegründet zu sein. Wie unrechtmäßig dies aber auch an sich sein mag, so ist es doch eben so eine Ungerechtigkeit, ein solches Eigenthum ohne volle Entschädigung abzuschaffen, nachdem der Staat dasselbe ausdrücklich als gesetzlich anerkannt hat und menschliche Wesen während mehrerer Generationen unter der Sanction des Gesetzes gekauft, verkauft und vererbt worden sind. Dies Unrecht ward abseiten Großbritanniens durch die großartige Gerechtigkeitsmaßregel vom Jahre 1833 abgestellt, wahrscheinlich den tugendhaftesten und zugleich praktisch wohlthätigsten Act, den je eine Nation in ihrer Gesammtheit vollzogen hat. Ein anderes Beispiel von Eigenthum, das nie hätte geschaffen werden sollen, ist das Eigenthum an öffentlichen Aemtern, wie die Richterstellen unter dem alten französischen Regime und erbliche gutsherrschaftliche Gerichtsbarkeit in Ländern, die noch nicht ganz das Feudalwesen abgestreift haben. Auch England zeigt noch Fälle der Art, wie die käuflichen Officierstellen in der Armee, die Patronate oder das Recht der Besetzung geistlicher Aemter. Zuweilen wird ein Eigenthum auch geschaffen in dem Recht das Publicum zu besteuern, z. B. durch ein Monopol oder andere ausschließende Gerechtsame. Solche Mißbräuche herrschen hauptsächlich vor in halbbarbarischen Ländern, aber sie sind auch in den am meisten civilisirten nicht ohne Beispiel. In Frankreich gibt es verschiedene wichtige Gewerbe und Professionen, mit Einschluß von Notaren, Mäklern, Druckern, ja selbst Bäckern und (bis vor kurzem) Schlächtern, deren Anzahl gesetzlich beschränkt ist. Das Privilegium (brevet) eines jeden von dieser begünstigten Anzahl hat also einen bedeutenden Marktpreis. In diesen verschiedenen Fällen könnte bei Abschaffung des Privilegiums Entschädigung gerechterweise nicht wohl versagt werden. In anderen Fällen dürfte dies zweifelhafter sein. Die Frage würde

sich darum drehen, was unter den besonderen Umständen als ge=
nügend zu betrachten, um als Verjährung zu gelten, so wie ferner,
ob die gesetzliche Anerkennung, die ein Mißbrauch erhalten hat, so
weit geht, um ihn als Staatseinrichtung erscheinen zu lassen, oder
ihn nur als eine gelegentliche Licenz erscheinen läßt. Es würde
verkehrt sein, eine Entschädigung in Anspruch zu nehmen für Ver=
luste in Folge von Tarifveränderungen, da diese anerkanntermaßen
von Jahr zu Jahr eintreten können, oder für Monopole gleich denen
welche die Königin Elisabeth einzelnen Personen ertheilte — Gunst=
bezeugungen einer despotischen Autorität, zu deren Widerruf die sie
ertheilt habende Macht jeder Zeit befugt war.

So viel über die Institution des Eigenthums, einen Gegen=
stand, den in volkswirthschaftlicher Rücksicht zu erörtern unvermeid=
lich war, wobei wir uns aber nicht füglich auf rein wirthschaftliche
Betrachtungen beschränken durften. Wir haben nunmehr zu unter=
suchen, auf Grund welcher Principien und mit welchen Erfolgen
die Vertheilung des Ertrages des Bodens und der Arbeit beschafft
wird und welche Beziehungen hierdurch unter den verschiedenen
Gliedern der Gesellschaft hervorgerufen werden.

Capitel III.

Von den Classen, unter welche der Ertrag sich vertheilt.

§. 1. Indem Privateigenthum als eine Thatsache angenommen
wird, haben wir zunächst die dadurch hervorgerufenen verschiedenen
Classen der Bevölkerung aufzuzählen, deren Zusammenwirken oder
mindestens deren Einwilligung zur Production nothwendig ist und
die demnach im Stande sind sich einen Antheil an dem Ertrage
auszubedingen. Wir haben zu untersuchen, nach welchen Regeln
sich der Ertrag unter diese Classen durch die natürliche Wirkung
der Interessen der Betheiligten vertheilt. Dann wird eine fernere
Frage sein, welchen Einfluß Gesetze, Staatseinrichtungen und
Regierungsmaßregeln äußern oder doch äußern können, um diese
natürliche Vertheilung aufzuheben oder zu modificiren.

Die drei Erfordernisse der Production sind, wie schon so oft
wiederholt worden, Arbeit, Capital und Land; wobei unter „Capital“

die Mittel und Erleichterungen, welche die angesammelten Ergeb=
nisse vorangegangener Arbeit sind, verstanden werden, und unter
„Land" die von der Natur gewährten Stoffe und Erwerbsmittel,
mögen diese nun im Innern der Erde enthalten sein oder deren
Oberfläche bilden. Da jedes dieser Productionselemente für sich
besonders ein Eigenthum abgeben kann, so darf ein erwerbthätiges
Gemeinwesen angesehen werden als eingetheilt in Landeigenthümer,
Capitalisten und productive Arbeiter. Jede von diesen Classen erhält
als solche einen Antheil an dem Ertrage; keine andere Person oder Classe
erhält irgend etwas davon, ausgenommen durch ihre Bewilligung.
Der Rest des Gemeinwesens wird in der That auf ihre Kosten
unterhalten und gewährt entweder gar kein Aequivalent oder ein
solches, das in unproductiven Diensten besteht. In der Volkswirth=
schaft müssen jene drei Classen daher so angesehen werden als bil=
deten sie das gesammte Gemeinwesen.

§. 2. Obschon die vorgedachten drei Classen zuweilen abge=
sondert bestehen und den Ertrag unter sich theilen, so verhält sich
dies doch nicht nothwendig und immer so. Im Gegentheil, es gibt
kaum ein oder zwei Gemeinwesen, wo die vollständige Absonderung
jener drei Classen die allgemeine Regel bildet. England und Schott=
land (außer einigen Gegenden von Belgien und Holland) sind fast
die einzigen Länder, wo Boden, Capital und Arbeit, in ihrer Be=
nutzung zur Landwirthschaft, jedes meistens seinen besonderen Eigen=
thümer hat. Gewöhnlich gehören derselben Person entweder zwei
dieser Erfordernisse oder auch alle drei.

Der Fall, wo der nämlichen Person alle drei Erfordernisse
gehören, umfaßt die beiden Extreme der Gesellschaft hinsichtlich der
Unabhängigkeit und Würde der arbeitenden Classe. Erstens, wenn
der Arbeiter selbst der Eigenthümer ist. Dies ist der gewöhnlichste
Fall in den nördlichen Staaten der amerikanischen Union; einer
der gewöhnlichsten in Frankreich, in der Schweiz, den drei skandi=
navischen Königreichen und Theilen von Deutschland; ein gewöhn=
licher Fall in Theilen von Italien und Belgien. In allen den ge=
nannten Ländern gibt es ohne Zweifel sehr große Landgüter und
eine noch bedeutendere Anzahl anderer Landgüter, die, ohne zu den
sehr großen zu gehören, gelegentlich oder beständig die Hilfe ge=
mietheter Arbeiter erfordern. Ein großer Theil des Landes ist jedoch
in Güter zerstückt, die zu klein sind als daß sie andere Arbeit
erfordern als die des Bauern und seiner Familie, oder selbst für
diese nicht volle Beschäftigung geben. Das angewendete Capital
gehört nicht immer dem bäuerlichen Eigenthümer, indem viele von
diesen kleinen Bauergütern mit Hypotheken beschwert sind, um die
Mittel der Bewirthschaftung zu erhalten. Das Capital ist auf sein

Risico darin angelegt, und wenn er auch Zinsen dafür zu bezahlen
hat, so gibt dies doch niemanden irgend welche Befugniß zur Ein=
mischung, außer vielleicht vorkommenden Falls das Recht, von dem
Landgut Besitz zu nehmen, wenn die Zinsenbezahlung aufhört.

Der andere Fall, wo Boden, Capital und Arbeit einer und
derselben Person gehören, findet in Ländern mit Sclaverei statt, in
welchen die Arbeiter selbst Eigenthum des Landeigners sind. Die
britischen Colonien in Westindien vor der Sclavenemancipation und
die Zuckercolonien derjenigen Nationen, die einen ähnlichen Act der
Gerechtigkeit noch nicht vollbracht haben, sind Beispiele großer
Etablissements für landwirthschaftliche und fabricirende Arbeit
(Zucker= und Rumproduction geschieht durch Verbindung beider),
wo der Boden, die Werkzeuge und Maschinen so wie die herab=
gewürdigten Arbeiter, alles zusammen das Eigenthum eines Capita=
listen sind. In diesem Falle findet eben so wenig wie in dem ganz
entgegengesetzten, wo der Bauer Eigenthümer ist, eine Theilung des
Ertrages statt.

§. 3. Wenn nicht alle drei Erfordernisse einer und derselben
Person eigen gehören, so trifft es sich oft, daß dies doch bei zweien
der Erfordernisse der Fall ist. Zuweilen ist jemand zugleich Eigen=
thümer des Capitals und des Bodens, aber nicht der Arbeit. Der
Landeigenthümer trifft seine Vereinbarung direct mit dem Arbeiter
und versieht ihn mit dem zur Bewirthschaftung erforderlichen Vor=
rath. Dies ist das gewöhnliche System in denjenigen Gegenden
des europäischen Continents, wo die Arbeiter weder einerseits Hörige
noch andererseits Eigenthümer des Bodens sind. Es war dies auch
das gewöhnliche System in Frankreich vor der Revolution, und
kommt dasselbe in einigen Gegenden dieses Landes, wenn der Boden
nicht das Eigenthum des Bebauers ist, noch vielfach in Anwen=
dung. Es herrscht allgemein vor in den Ebenen von Italien, mit
Ausnahme der rein auf Viehzucht angewiesenen, wie z. B. die Ma=
remma in Toscana und die Campagna von Rom. Bei diesem
Systeme theilt sich der Ertrag in zwei Classen, Landeigenthümer
und Arbeiter.

In anderen Fällen besitzt der Arbeiter nicht den Boden, wohl
aber das dazu erforderliche kleine Betriebscapital als sein Eigen=
thum, indem es nicht gebräuchlich ist, daß der Landeigner solches
hergibt. Dies System ist in Irland vorherrschend. Es besteht bei=
nahe allgemein in Indien und in den meisten Ländern des Orients,
sei es nun, daß die Regierung, wie es meistens geschieht, das Eigen=
thum des Bodens für sich behält, oder daß sie Theile desselben,
entweder ganz unbedingt oder mit gewissen Beschränkungen, in das
Eigenthum einzelner Personen übergehen läßt. In Indien sind die

Verhältnisse jedoch insofern besser als in Irland, als der Land=
eigenthümer gewohnt ist den Bebauern Vorschüsse zu machen, wenn
sie ohne solche den Boden nicht bestellen können. Für diese Vor=
schüsse verlangt der einheimische Landeigenthümer gemeiniglich hohe
Zinsen; aber der hauptsächliche Landeigner, die Regierung, gewährt
dieselben umsonst, indem sie nach der Ernte den Vorschuß zusammen
mit der Bodenrente sich zurückerstatten läßt. Der Ertrag wird hier,
wie vorhin, zwischen den nämlichen beiden Classen getheilt, den
Landeigenthümern und den Arbeitern.

Dies sind die hauptsächlichsten Verschiedenheiten bei der Classi=
fication derer, unter welche sich der Ertrag der landwirthschaftlichen
Arbeit vertheilt. Bei dem Fabricationsbetriebe kommen nie mehr
als zwei Classen in Betracht: die Arbeiter und die Capitalisten.
Ursprünglich waren die Gewerktreibenden in allen Ländern entweder
Sclaven oder die Frauen in den Familien. In den Fabriketablisse=
ments der Alten, sowohl den im großen als den auf kleinem Fuß
betriebenen, waren die Arbeiter das Eigenthum des Capitalisten.
Wenn irgend welche Handarbeit als verträglich mit der Würde eines
freien Mannes gedacht wurde, so war es nur landwirthschaftliche
Arbeit. Das umgekehrte System, wo das Capital dem Arbeiter
eigen gehörte, entstand zugleich mit der freien Arbeit und unter ihm
wurden die ersten großen Fortschritte der Fabriksindustrie zurück=
gelegt. Der Gewerksmann war Eigner des Webstuhls oder der
wenigen Geräthschaften, die er gebrauchte, und arbeitete für eigene
Rechnung; oder er schloß wenigstens hiermit, wenn er auch ge=
wöhnlich eine gewisse Zahl Jahre, ehe er als Meister zugelassen
werden konnte, für einen anderen arbeitete, anfangs als Lehrling
und dann als Geselle. Der Zustand, daß jemand sein ganzes Leben
hindurch nur ein für Tagelohn gemietheter Arbeiter verblieb, fand
in den Zünften und Gilden des Mittelalters nicht statt. In länd=
lichen Ortschaften, wo ein Zimmermann oder Grobschmied von den
Einkünften aus seinem Geschäft nicht selbst leben und noch gemiethete
Arbeiter unterhalten kann, ist ein solcher noch jetzt sein eigener Ge=
selle, und unter ähnlichen Umständen sind Ladeninhaber ihre eigenen
Ladendiener. Sobald jedoch die Ausdehnung des Markts es ge=
stattet, tritt die Unterscheidung zwischen Capitalisten oder Unter=
nehmern und der Classe der Arbeiter vollständig ein, indem die
Capitalisten für gewöhnlich keine andere Arbeit beitragen als die
der Leitung und Aufsicht.

Capitel IV.

Von der Concurrenz und dem Herkommen.

§. 1. Unter der Herrschaft des Privateigenthums ist die Thei=
lung des Ertrages das Ergebniß zweier entscheidenden Factoren,
der Concurrenz und des Herkommens. Es ist wichtig, die Bedeu=
tung des Einflusses, welcher jeder von diesen Ursachen zukommt,
und in welcher Weise die Wirksamkeit der einen durch die andere
mobificirt wird, festzustellen.

Die Volkswirthe im allgemeinen, und die englischen Oecono=
misten noch mehr als andere, haben sich daran gewöhnt auf den
ersteren dieser Factoren fast ausschließlich Gewicht zu legen, das
andere und dagegen ankämpfende Princip aber wenig zu beachten.
Sie pflegen sich so auszudrücken als ob sie meinten, daß die Con=
currenz in allen Fällen alles das wirklich thue, was als die Ten=
denz der Concurrenz nachgewiesen werden kann. Dies erklärt sich
zum Theil daraus, daß nur mittelst des Princips der Concurrenz
die Volkswirthschaft auf den Charakter einer Wissenschaft Anspruch
hat. So weit Bodenrente, Capitalgewinn, Arbeitslohn, Preise
durch Concurrenz bestimmt werden, können dafür Gesetze angegeben
werden. Angenommen, daß Concurrenz ihr ausschließlicher Regu=
lator sei, können Grundsätze von umfassender Allgemeinheit und
wissenschaftlicher Genauigkeit aufgestellt werden, denen gemäß sie
regulirt werden. Der Volkswirth hält dies mit Recht für seine
besondere Aufgabe, und als abstracte oder hypothetische Wissenschaft
genommen, kann von der Volkswirthschaft nicht gefordert werden,
daß sie irgend mehr leiste, wie sie solches denn auch nicht vermag.
Es würde indeß eine bedeutende Verkennung des wirklichen Ver=
laufs der menschlichen Angelegenheiten sein, wollte man annehmen,
daß die Concurrenz in der That diese unbegrenzte Herrschaft aus=
übe. Es ist hier nicht die Rede von natürlichen oder künstlichen
Monopolen oder irgend einer Einmischung staatlicher Autorität in
die Freiheit der Production oder des Tausches. Derartige störende
Ursachen sind stets von den Volkswirthen zugestanden worden. Ich
spreche hier von Fällen, wo die Concurrenz in keiner Weise einge=
schränkt wird, wo weder in dem Wesen der Sache selbst noch in
künstlichen Schwierigkeiten ein Hinderniß vorliegt, wo aber dennoch
das Resultat nicht durch Concurrenz, sondern durch Gewohnheit
oder Herkommen entschieden wird, indem Concurrenz entweder über=
haupt nicht stattfindet oder ihre Wirkung in einer Weise äußert,

die von derjenigen, welche gewöhnlich als die natürliche gilt, ganz abweicht.

§. 2. Die Concurrenz ist in der That erst in verhältnißmäßig neuer Zeit in beträchtlichem Grade das leitende Princip der Contracte geworden. Je weiter wir in die Geschichte zurückblicken, desto mehr sehen wir alle Geschäfte und Vereinbarungen unter dem Einfluß feststehenden Herkommens. Der Grund ist einleuchtend. Herkommen ist der mächtigste Beschützer der Schwachen gegen die Starken; ihr einziger Beschützer, wo es keine Gesetze oder Regierung gibt, die diesem Zwecke genügen. Herkommen ist eine Schranke, welche selbst bei der unterdrücktesten Lage, worin Menschen sich befinden können, die Tyrannei bis zu einem gewissen Grade zu achten gezwungen ist. In einem unruhigen militairischen Gemeinwesen ist für die erwerbthätige Bevölkerung Freiheit der Concurrenz eine leere Phrase; sie ist nie in der Lage hiernach ihre Bedingungen zu machen. Es findet sich stets ein Mächtigerer, der sein Schwert in die Wagschale wirft, und die Bedingungen fallen so aus, wie er sie auferlegt. Obschon aber das Recht des Stärkeren entscheidet, so ist es doch nicht das Interesse, noch auch im allgemeinen die Praxis des Stärkeren, dieses Recht bis auf's äußerste auszubeuten, und jeder Nachlaß davon hat die Tendenz ein Herkommen, und jedes Herkommen die Tendenz ein Recht zu werden. Auf solche Weise entstehende Rechte und keinerlei Art der Concurrenz entscheiden in einem rohen Gesellschafszustande über den Antheil, den die Producenten am Ertrage ihrer Arbeit haben. Ganz besonders sind es die Beziehungen zwischen dem Landeigenthümer und dem Bauer und die Zahlungen, die der letztere dem ersteren zu machen hat, welche in allen Gesellschaftszuständen, mit Ausnahme der allerneuesten, durch die Gewohnheit des Landes bestimmt werden. Niemals bis zu den jüngsten Zeiten herab sind die Bedingungen des Landbesitzes, als Regel betrachtet, eine Sache der Concurrenz gewesen. Derjenige, der zur Zeit ein Stück Land inne hält, wird sehr gewöhnlich so angesehen als hätte er ein Recht seinen Besitz zu behalten, so lange er die herkömmlichen Leistungen erfüllt; er ist so in gewissem Sinne Miteigenthümer des Bodens geworden. Selbst wo der Inhaber diese feste Ueberweisung von Land nicht erlangt hat, bleiben oft doch die Bedingungen des Besitzes fest und unveränderlich.

In Indien z. B. und anderen asiatischen Ländern mit ähnlicher Verfassung werden die „Ryots" nicht als jeder Zeit kündbare Pächter oder selbst als Pächter mit längerem Pachtcontract angesehen. In sehr vielen Dörfern stehen freilich einige Ryots auf diesem precären Fuß, nämlich solche oder die Nachkommen solcher,

bie zu einer bekannten und verhältnißmäßig neuen Zeit sich an dem
Ort niedergelassen haben; alle jedoch, die als Nachkommen oder
Repräsentanten der ursprünglichen Einwohner betrachtet werden,
gelten als berechtigt ihr Land zu behalten, so lange sie die her=
kömmlichen Renten bezahlen. Welcher Art diese ursprünglichen
Renten sind oder sein sollten, das ist in den meisten Fällen in
Dunkel gehüllt, indem Usurpation, Tyrannei und fremde Eroberung
die näheren Nachweise darüber großentheils verwischt haben. Wenn
aber ein altes echtes Hindu=Fürstenthum unter die Herrschaft der
britischen Regierung oder die Verwaltung ihrer Beamten fällt und
dann die Details des Einkommensystems untersucht werden, so hat
man oft gefunden, daß, wenn auch die Forderungen des großen
Landeigenthümers, des Staats, durch fiscalische Raubsucht bis
dahin getrieben sind, daß in praktischer Hinsicht ihre Begrenzung
nicht mehr abzusehen ist, man es doch für nothwendig gehalten hat,
für jede Steigerung der Erpressung einen unterscheidenden Namen
und besonderen Vorwand zu haben, so daß die Forderung zuweilen
auf dreißig oder vierzig verschiedene Posten gekommen ist, welche der
nominellen Rente hinzugelegt sind. Zu diesem Umwege bei Steige=
rung der Zahlungen würde man sicherlich sich nicht entschlossen
haben, wenn es ein anerkanntes Recht des Landeigenthümers auf
Erhöhung der Rente gegeben hätte. Dies Verfahren liefert den
Beweis, daß es einmal eine wirksame Beschränkung hiefür, eine
herkömmliche Rente gegeben hat, und daß zu einer oder der anderen
Zeit das geltende Recht des Ryot auf seinen Landbesitz, so lange
er die dem Herkommen gemäßen Renten bezahlte, mehr als bloß
nominell war*). Die britische Regierung von Indien vereinfacht stets
die Bedingungen des Landbesitzes, indem sie die verschiedenen Auf=
lagen in eine einzige umwandelt, wodurch sie die Bodenrente, sowohl
dem Namen wie der Sache nach, zu etwas willkürlichem oder
wenigstens zu einem Gegenstand specieller Uebereinkunft macht.
Dabei achtet die Regierung aber gewissenhaft des Recht des Ryot
auf seinen Landbesitz, obschon sie ihm selten mehr läßt als den
nothdürftigen Unterhalt.

Im neuern Europa sind die Bebauer des Bodens stufen=
weise aus dem Zustande persönlicher Sclaverei emporgestiegen. Die
barbarischen Eroberer des Westreichs fanden, daß die leichteste
Weise ihre Eroberungen zu verwalten die sein würde, das Land in

---

*) Die alten Gesetzbücher der Hindus erwähnen in einigen Fällen ein
Sechstheil, in anderen ein Viertheil des Ertrages als eine angemessene Rente;
es ist jedoch kein Zeugniß vorhanden, daß die in diesen Büchern auf=
gestellten Regeln in irgend einer Periode der Geschichte wirklich beobachtet
worden sind.

denjenigen Händen zu lassen, in welchen sie es angetroffen hatten.
Sie ersparten sich so eine höchst unerquickliche Arbeit, die Aufsicht
über Schaaren von Sclaven, indem sie diesen bis zu einem gewissen
Grade selbstständig zu handeln gestatteten, unter der Verpflichtung,
ihre Herren mit Vorräthen und mit Arbeit gehörig zu versehen.
Ein gewöhnliches Auskunftsmittel bestand darin, dem Hörigen zu
seinem ausschließlichen Gebrauch so viel Land, als für seinen Unterhalt hinreichend erschien, anzuweisen, und ihn auf dem übrigen
Landbesitz des Herrn so oft arbeiten zu lassen, wie es erforderlich
war. Nach und nach wurden diese unbestimmten Verpflichtungen
in eine bestimmte verwandelt, nämlich eine festgesetzte Menge Producte oder eine festgesetzte Menge Arbeit zu liefern. Als die Herren
im Fortgang der Zeit sich mehr dazu neigten, ihr Einkommen
lieber zum Ankauf von Luxusgegenständen als zum Unterhalt eines
Gefolges anzuwenden, wurden statt dieser Zahlungen in Producten
und Arbeit Zahlungen in Geld eingeführt. Jedes Zugeständniß,
anfangs freiwillig und nach Belieben widerruflich, gewann allmälig die Bedeutung eines Herkommens und ward endlich von den
Gerichten anerkannt und aufrecht erhalten. Auf diese Weise erhoben
sich die Hörigen immer mehr und mehr zu freien' Landbesitzern,
welche ihr Land auf feste Bedingungen hin für ewige Zeiten inne
hatten. Die Bedingungen waren zuweilen höchst lästig und die
Leute sehr elend daran; aber ihre Verbindlichkeiten waren durch
Landesherkommen oder Recht festbestimmt, nicht durch Concurrenz
regul'rt.

Wo die Bauern, genau genommen, niemals in wirklicher Leibeigenschaft sich befunden oder wo sie aufgehört hatten Leibeigene zu
sein, da riefen die Anforderungen eines armen und wenig fortgeschrittenen Gesellschaftszustandes eine andere Einrichtung ins Leben,
welche in einigen und selbst in sehr entwickelten Gegenden Europa's
sich als hinlänglich vortheilhaft erwiesen hat, um bis auf den heutigen Tag fortgesetzt zu werden. Ich rede von dem sogenannten
Métayer-System. Bei diesem wird der Boden in kleine Landgüter
und unter einzelne Familien getheilt, während der Landeigenthümer
meistens noch die Betriebsmittel, welche für das dortige landwirthschaftliche System erforderlich gelten, hergibt und statt der Bodenrente und der Zinsen einen feststehenden Antheil am Ertrage erhält.
Dieser meistens in Producten entrichtete Antheil beträgt gewöhnlich
die Hälfte, wie dies schon in den Namen métayer, mezzaiuolo
und medietarius liegt. Es gibt jedoch Gegenden, z. B. der reiche
vulcanische Boden der Provinz Neapel, wo der Landeigner zwei
Drittheile für sich nimmt und der Bauer vermittelst eines vortreff-
lichen Anbaues dabei noch auskommen kann. Der Antheil mag

nun aber zwei Dritttheile oder die Hälfte betragen, er ist fest bestimmt und variirt nicht zwischen einem und dem anderen Landgut
oder zwischen einem oder dem anderen Pächter. Das Landesherkommen ist die allgemeine Regel; niemand denkt daran die Renten
zu steigern oder zu ermäßigen und Land zu anderen Bedingungen
als den herkömmlichen zu verpachten. Die Concurrenz kommt bei
der Regulirung der Renten gar nicht in Betracht.

§. 3. Die Preise kamen, wo es kein Monopol gab, früher
unter den Einfluß der Concurrenz und sind dieser auch viel allgemeiner unterworfen als die Bodenrenten. Dieser Einfluß ist indeß
keineswegs, selbst nicht bei der gegenwärtigen Wirksamkeit kaufmän-
nischer Concurrenz, so unbedingt wie zuweilen angenommen wird.
Kein Satz begegnet uns öfterer auf dem Gebiet der Volkswirthschaft als: auf dem nämlichen Markte könne es nicht zweierlei Preise
geben. Dahin geht unzweifelhaft die natürliche Wirkung unbehin-
derter Concurrenz; es weiß aber jedermann, daß es dennoch fast
immer zwei Preise auf einem und demselben Markte gibt. Nicht
nur in jeder großen Stadt und in fast jedem Gewerbe sind wohlfeile und theure Läden, sondern derselbe Laden verkauft oft denselben Artikel verschiedenen Kunden zu verschiedenen Preisen. Es
ist eine allgemeine Regel, daß jeder Detaillist seine Preisliste der
Classe von Kunden, die er erwartet, anpaßt. Der Großhandel mit
den Hauptartikeln steht dagegen wirklich unter der Herrschaft der
Concurrenz. Hiebei bestehen sowohl die Käufer als Verkäufer aus
Kaufleuten oder Fabricanten; auf ihre Einkäufe haben Unachtsam-
keit oder Augenverblenderei keinen Einfluß, sondern es sind reine
Geschäftssachen. Hinsichtlich der Märkte im Großhandel kann man
mit Wahrheit den allgemeinen Satz aufstellen, daß zu gleicher Zeit
nicht zweierlei Preise für denselben Artikel bestehen; hierfür gibt es
zu jeder Zeit und an jedem Orte einen Marktpreis, den man in
einem Preiscourant aufführen kann. Der Preis im Detailverkehr
dagegen, der Preis, welcher von dem wirklichen Consumenten bezahlt wird, scheint sehr langsam und unvollkommen die Wirkung der
Concurrenz zu empfinden. Wenn hierbei Concurrenz stattfindet, so
theilt sie oft nur die Gewinne des hohen Preises unter eine größere
Anzahl von Händlern statt die Preise herabzudrücken. Daher kommt
es, daß von dem Preise, welchen der Consument bezahlt, ein so bedeutender Theil durch die Gewinne der Detaillisten absorbirt wird.
Wer nachforscht nach dem Betrage, der in die Hände derer kommt,
welche die von ihm gekaufte Sache hergestellt haben, wird oft über
dessen Kleinheit erstaunt sein. Wenn es freilich der Markt einer
großen Stadt ist, der für große Capitalisten einen hinlänglichen
Reiz enthält, sich auf Detailgeschäfte einzulassen, so erweist es sich

meistens als eine bessere Speculation, durch wohlfeileren Verkauf
ein großes Geschäft heranzuziehen, statt sich einfach mit einem ge=
wissen Antheil zu begnügen. Dieser Einfluß der Concurrenz macht
sich mehr und mehr bei allen hauptsächlichen Zweigen des Detail=
handels in den großen Städten geltend. Die Raschheit und Wohl=
feilheit des Transports, wodurch die Consumenten von den Kauf=
leuten in ihrer unmittelbaren Nachbarschaft weniger abhängig wer=
den, wirken dahin, das ganze Land mehr und mehr einer großen
Stadt ähnlich zu machen; bisher aber sind Detailgeschäfte nur in
den großen Mittelpunkten des Verkehrs hauptsächlich oder doch sehr
bedeutend durch die Concurrenz bestimmt worden. Anderswo wirkt
die Concurrenz, wenn sie überhaupt wirkt, mehr als ein gelegentlich
störender Einfluß; der übliche Regulator ist das Herkommen, von
Zeit zu Zeit modificirt durch gewisse Begriffe von Billigkeit oder
Gerechtigkeit, die sich bei den Käufern und Verkäufern finden.

Bei manchen Gewerben sind die Bedingungen, wonach die
Geschäfte vor sich gehen, Gegenstand einer positiven Anordnung der
Genossen, welche die ihnen zu Gebote stehenden Mittel benutzen,
um die Lage jedes Mitgliedes der Körperschaft, der von den fest=
gestellten Gewohnheiten abweicht, unangenehm zu machen. Bekannt=
lich war dies bis vor kurzem beim Buchhandel der Fall, indem
ungeachtet eifriger Rivalität bei diesem Gewerbe die Concurrenz
nicht ihre natürliche Wirkung zeigte, daß sie hergebrachte Regeln in
diesem Geschäfte beseitigte. Die Vergütung bei allen Professionen
wird durch das Herkommen regulirt. Die Gebühren der Aerzte,
Chirurgen und Advocaten sind fast unveränderlich. Dies geschieht
gewiß nicht aus Mangel an reichlicher Concurrenz in diesen Pro=
fessionen, sondern weil Concurrenz hier die Folge hat, die Aussichten
jedes Concurrenten auf Gebühren zu vermindern, nicht aber die
Gebühren an sich zu verringern.

Wenn das Herkommen in einem so beträchtlichen Umfange sich
gegen die Concurrenz selbst da behauptet, wo wegen der Anzahl der
Concurrenten und des Trachtens nach Gewinn der Sinn für Con=
currenz am regsten ist, so können wir gewiß sein, daß solches noch
weit mehr der Fall ist, wo die Leute mit kleinerem Gewinn zu=
frieden sind und ihren pecuniären Vortheil im Vergleich mit ihrer
Bequemlichkeit nicht so hoch anschlagen. Im continentalen Europa
wird es sich, wie ich glaube, oft treffen, daß Preise und gewisse
Kosten, überhaupt oder für einige Sachen, an einigen Orten viel
höher sind als an anderen, nicht weit entfernten, ohne daß es mög=
lich wäre eine andere Ursache dafür anzugeben als daß es immer
so gewesen; die Kunden sind daran gewöhnt und beruhigen sich
dabei. Ein unternehmender Concurrent mit hinlänglichem Capital

könnte die Kosten herabdrücken und während seines Geschäftsbetriebes
sein Glück machen, aber es finden sich keine solche unternehmende
Concurrenten. Wer Capital hat zieht es vor dasselbe dort zu lassen,
wo es einmal ist, und weniger Gewinn zu ziehen, um nur keine
weitere Mühe davon zu haben.

Diese Betrachtungen sind als eine allgemeine Berichtigung an=
zusehen, welche, gleichviel ob ausdrücklich erwähnt oder nicht, bei
den in den folgenden Abschnitten dieses Werks enthaltenen Schluß=
folgerungen zu berücksichtigen ist. Unsere Erörterungen müssen im
allgemeinen so vor sich gehen als wenn die bekannten und natür=
lichen Wirkungen der Concurrenz auch wirklich in allen Fällen her=
vorgebracht würden, wo sie nicht durch ein positives Hinderniß be=
schränkt werden. Wo eine Concurrenz nicht stattfindet, obschon sie
es könnte, oder wo sie besteht, aber ihre natürlichen Folgen durch
einen anderen Factor niedergehalten werden, da werden die Schluß=
folgerungen mehr oder minder ihre Anwendbarkeit verlieren. Bei
Anwendung der Schlußfolgerungen der Volkswirthschaft auf die
wirklichen Lebensverhältnisse müssen wir, um Irrthum zu vermeiden,
in Betracht ziehen, nicht nur, was bei Voraussetzung des Maxi=
mums der Concurrenz eintreten würde, sondern auch, in wie weit
das Ergebniß betroffen werden dürfte, wenn die Concurrenz hinter
ihrem Maximum zurückbleibt.

Die wirthschaftlichen Zustände, welche nun zunächst zur Erör=
terung und Würdigung an die Reihe kommen, sind solche, womit
die Concurrenz nichts zu thun hat, indem die Entscheidung über
die dahin gehörigen Geschäfte und Vorgänge von roher Gewalt
oder festem Herkommen abhängt. Hiermit werden sich die nächsten
Capitel beschäftigen.

Capitel V.

Von der Sclaverei.

§. 1. Unter den Formen, welche die Gesellschaft unter dem
Einfluß der Institution des Eigenthums annimmt, gibt es, wie schon
bemerkt, zwei, in sonstiger Beziehung freilich von einem gar sehr

verschiedenen Charakter, doch darin sich ähnlich, daß sich das Eigenthum des Bodens, die Arbeit und das Capital in denselben Händen
befinden. Einer dieser Fälle ist die Sclaverei, der andere ist derjenige der bäuerlichen Eigenthümer. In dem einen Falle gehört
die Arbeit dem Landeigenthümer, in dem anderen das Land dem
Arbeiter. Wir beginnen mit dem ersten.

Bei diesem System gehört der ganze Ertrag dem Landeigenthümer. Die Nahrung und der sonstige Bedarf seiner Arbeiter sind
Theile seiner Ausgaben. Die Arbeiter besitzen nichts als was der Herr
ihnen zu geben für angemessen hält und bis es ihm gefällt es wieder
zurückzunehmen; und sie arbeiten so hart als er will oder wozu er sie
zu zwingen im Stande ist. Ihr Elend wird nur durch die Menschlichkeit oder das wohlverstandene eigene Interesse des Herrn beschränkt.
Mit der ersteren Erwägung haben wir bei der gegenwärtigen Gelegenheit uns nicht weiter zu beschäftigen. Was die zweite Erwägung
bei einem so verabscheuungswerthen Gesellschaftszustande vorschreiben wird, das hängt von der Leichtigkeit der Einfuhr frischer Sclaven
ab. Wenn erwachsene kräftige Sclaven in hinlänglicher Anzahl anzuschaffen und mit mäßigen Kosten einzuführen sind, wird das wohlverstandene eigene Interesse dazu rathen, die Sclaven sich zu Tode
arbeiten zu lassen und sie durch Einfuhr zu ersetzen, statt der langsamen und kostspieligen Aufziehung derselben. Auch unterlassen die
Sclaveneigner es fast niemals auf diese Auffassung einzugehen. Es
ist notorisch, daß dies die Praxis in den britischen Sclavencolonien
war, so lange der Sclavenhandel gesetzmäßig war, und auf Cuba
soll es noch so sein.

Wenn der Sclavenmarkt, wie es im Alterthum der Fall war,
nur durch Kriegsgefangene oder solche, die aus dünnbevölkerten
Gegenden oder entfernten Grenzen der bekannten Welt weggeschleppt
waren, versorgt werden konnte, war es im allgemeinen vortheilhafter, die Zahl der Sclaven durch Aufziehen derselben zu erhalten,
was dazu nöthigte, sie weit besser zu behandeln. Aus diesem Grunde,
wozu noch andere hinzukamen, war die Lage der Sclaven im Alterthum, abgesehen von gelegentlichen Abscheulichkeiten, vermuthlich viel
weniger schlimm als in den Colonien der neueren Nationen. Die
Heloten werden gewöhnlich als der Typus der abschreckendsten Form
persönlicher Sclaverei angeführt; aber mit wie wenig Wahrheit dies
geschieht, das ergibt sich aus der Thatsache, daß sie regelmäßig be-
waffnet waren, wenn auch nicht mit der schweren Rüstung der
Hopliten, und einen integrirenden Theil der Militärmacht des
Staates bildeten. Sie waren ohne Zweifel eine niedriger stehende
und herabgewürdigte Kaste, aber ihre Sclaverei scheint eine der
mindest lästigen Gestaltungen der Hörigkeit gewesen zu sein. In

viel furchtbareren Farben erscheint die Sclaverei bei den Römern während des Zeitraumes, wo die römische Aristokratie sich mit dem Raube einer neueroberten Welt sättigte. Die Römer waren an sich ein grausames Volk und die unwürdigen Edlen gingen mit dem Leben ihrer Myriaden von Sclaven mit der nämlichen rücksichts= losen Verschwendung um, womit sie jeden anderen Theil ihrer übel= erworbenen Besitzthümer vergeudeten. Die Sclaverei ist indeß einer ihrer schlimmsten Eigenschaften ledig, wenn ihr noch Hoffnung ge= lassen ist. Freilassung war leicht und üblich; freigelassene Sclaven erhielten zugleich die vollen Rechte der Bürger, und Beispiele, daß sie nicht allein Reichthum, sondern schließlich selbst Ehrenstellen er= warben, waren nicht selten. Bei dem Fortschritt milderer Gesetz= gebung unter den Kaisern warb auch dem Sclaven der Schutz des Rechts zu Theil; er wurde fähig Eigenthum zu besitzen, und das Uebel zeigte sich überhaupt in bedeutend milderer Gestalt.

So lange die Sclaverei jedoch nicht die gemilderte Form der Hörigkeit annimmt, wobei der Sclave nicht allein Eigenthum und gesetzliche Rechte hat, sondern auch seine Verbindlichkeiten mehr oder minder durch Herkommen begrenzt sind und er theilweise zum eigenen Nutzen arbeitet, ist seine Lage selten der Art, daß sie eine rasche Zunahme der Bevölkerung oder Production herbeiführt.

§. 2. So lange Sclavenländer im Verhältnisse zu ihrem culturfähigen Boden eine zu geringe Bevölkerung haben, bringt die Arbeit der Sclaven bei einer erträglichen Verwaltung weit mehr hervor als für ihren Unterhalt erforderlich ist, besonders weil die vielfache Aufsicht, welche ihre Arbeit verlangt, der Zerstreuung der Bevölkerung vorbeugt und so mehrere Vortheile der combinirten Arbeit sichert. Deßhalb hat bei einem guten Boden und Clima und bei verständiger Fürsorge für seine eigenen Interessen der Eigner vieler Sclaven die Mittel zum Reichthum. Der Einfluß eines sol= chen Gesellschaftszustandes auf die Production ist leicht einzusehen. Es ist eine nicht zu bezweifelnde Wahrheit, daß die durch Furcht vor Bestrafung erpreßte Arbeit nicht sehr wirksam und productiv ist. Andererseits muß man einräumen, daß unter gewissen Um= ständen menschliche Wesen durch die Peitsche getrieben werden kön= nen, Dinge zu versuchen und selbst zu vollbringen, zu welchen sie für keinerlei Bezahlung, die ein Unternehmer ihnen anzubieten der Sache werth gehalten hätte, sich verstanden haben würden. Auch ist es wahrscheinlich, daß productive Verrichtungen, die eine große Combination von Arbeit erheischen, z. B. die Zuckerproduction, nicht so bald in den amerikanischen Colonien Eingang gefunden haben würde, wenn die Sclaverei nicht das Mittel gewährt hätte, Massen von Arbeit zusammenzuhalten. Es gibt auch wilde Volks=

stämme, die gegen regelmäßige Erwerbthätigkeit eine solche Abnei=
gung haben, daß es fast unmöglich ist ein arbeitsames Leben bei
ihnen hervorzurufen, bis sie entweder erobert und zu Sclaven ge=
macht werden oder selbst Eroberer werden und Andere zu Sclaven
machen. Wenn man aber auch die ganze Bedeutung dieser Erwä=
gungen einräumt, so bleibt es doch gewiß, daß Sclaverei sich mit
einer hohen Stufe der Erwerbsmittel und einer wahren Wirksam=
keit der Arbeit nicht verträgt. Hinsichtlich aller Erzeugnisse, die
viele Geschicklichkeit erfordern, bleiben Länder mit Sclaverei vom
Auslande stets abhängig. Hoffnungslose Sclaverei verdummt den
Geist; und Intelligenz bei den Sclaven, obschon im Alterthum
und im Orient oft ermuntert, ist bei einem fortgeschritteneren Gesell=
schaftszustande für die Herren eine Quelle so großer Gefahr und
ein Gegenstand so bedeutender Furcht, daß es in einigen Ländern
für ein höchst strafbares Vergehen gilt, einen Sclaven lesen zu
lehren. Alle Verrichtungen, die mittelst Sclavenarbeit beschafft
werden, geschehen in der rohesten und mangelhaftesten Weise. Und
selbst die rein körperliche Kraft der Sclaven kommt nicht zur Hälfte
zur Ausübung *). Die mildeste Form der Sclaverei ist gewiß die
Lage des Leibeigenen, der, dem Boden beigegeben, sich selbst von
dem ihm angewiesenen Stück Land unterhält und eine bestimmte
Anzahl Tage in der Woche für seinen Herrn arbeitet. Doch auch
hierbei ist nur Eine Meinung über die geringe Leistung der Arbeit
der Leibeigenen. Die nachstehende Anführung rührt von Professor
Jones her, dessen Versuch über die Vertheilung des Vermögens
(richtiger wohl über die Bodenrente) ein reichhaltiges Repertorium
bildet über die Arten des Landbesitzes in verschiedenen Ländern **).

„Die Schriftsteller, welche die Sitten und Gewohnheiten Ruß=
lands beobachtet haben, erwähnen hierüber einige auffallende That=
sachen. Zwei Landleute in Middlessex z. B., sagen sie, mähen an
Einem Tage eben so viel Gras als sechs russische Leibeigene, und
trotz der Theuerniß der Lebensmittel in England und deren Wohl=
feilheit in Rußland kostet das Mähen einer Quantität Heu, das
einem englischen Landwirth eine halbe Kopeke zu stehen kommen
würde, einem russischen Landeigenthümer drei oder vier Kopeken ⁊c."

Was der Qualität der Arbeit an sich abgeht, das wird bei
dem in Rede stehenden Verhältnisse durch eine treffliche Leitung
und Aufsicht nicht gut gemacht. Der genannte Verfasser bemerkt ***),

---

*) Ueber die geringe Productivität der Sclavenarbeit in den Vereinigten
Staaten finden sich gründliche Nachweise in den werthvollen Schriften von
Olmsted.
**) Essay on the distribution of wealth and the sources of taxation.
By the Rev. Richard Jones.
***) Jones, S. 53 f.

die Landeigenthümer, „in ihrem Charakter als Bewirthschafter ihrer
Güter, sind nothwendig die einzigen Führer und Leiter der ganzen
landwirthschaftlichen Bevölkerung", weil es dort, wo die Arbeiter
Eigenthum des Herrn sind, keine vermittelnde Classe von capitalbesitzenden Pächtern geben kann. Große Landeigenthümer sind
überall eine müssige Classe, oder wenn sie arbeiten, so widmen sie
sich nur den mehr aufregenden Arten von Anstrengung — dem
Löwenantheil, den die Höherstehenden stets sich selbst vorbehalten.
„Es wäre eine eitle und unverständige Erwartung, daß eine Race
adeliger Eigenthümer, mit Privilegien und Ansehen umgeben so wie
durch Bevorzugung und Gewohnheit ihres Standes zu militärischen
und politischen Beschäftigungen hingezogen, im ganzen genommen,
sich je viel um Landwirthschaft bekümmern sollte." Jedermann kann
sich selbst sagen, was sogar in England die Folge sein würde, wenn
die Bewirthschaftung jedes Landgutes direct von seinem Eigner
ausgehen sollte. In einigen wenigen Fällen würde sich außerordentliche Sachkenntniß und Energie, in zahlreichen individuellen Fällen
ein mäßiger Erfolg, im allgemeinen aber ein kläglicher Zustand der
Landwirthschaft herausstellen.

§. 3. Ob die Eigenthümer selbst bei der Freigebung ihres
Sclaven verlieren würden, ist eine von der vergleichsweisen
Wirksamkeit freier und Sclavenarbeit zum Besten des Gemeinwesens
verschiedene Frage. Dieselbe ist als abstracter Satz vielfach dis-
cutirt worden, als ob sie eine allgemeine Lösung zuließe. Ob
Sclaverei oder freie Arbeit dem Unternehmer am meisten Vortheil
bringt, ist von der Höhe des Lohns der freien Arbeiter abhängig.
Diese hängt wiederum davon ab, ob die arbeitende Bevölkerung
im Vergleich mit dem Capital und dem Boden zahlreich ist. Im
allgemeinen leistet gemiethete Arbeit so viel mehr als Sclavenarbeit, daß der Unternehmer an Löhnen eine beträchtlich
größere Summe, als ihm der Unterhalt seiner Sclaven vorher
kostete, bezahlen und dennoch durch den Wechsel gewinnen kann;
allein dies hat seine Grenzen. Die Abnahme der Leibeigenschaft
in Europa und ihr Erlöschen bei den westlichen Nationen dieses
Welttheils ward ohne Zweifel durch die Veränderungen beschleunigt,
welche das Anwachsen der Bevölkerung für die pecuniären Interessen
der Herren herbeigeführt hatte. In dem Maße wie die Bevölkerungszunahme schwerer auf dem Boden lastete, ohne Verbesserungen
bei der Landwirthschaft, wurde nothwendig die Unterhaltung der
Leibeigenen kostspieliger und ihre Arbeit minder einträglich. Bei
dem Stande des Arbeitslohns wie er in Irland ist oder auch in
England (wo derselbe in Betracht der Leistung der Arbeit eben so
wohlfeil ist als in Irland) kann man unmöglich dem Gedanken

Raum geben, daß Sclaverei vortheilhaft sein würde. Wären die irländischen Landleute Sclaven, so würden ihre Herren, eben so wie jetzt die Landeigenthümer, gern bereit sein, bedeutende Summen zu verausgaben, blos um sich ihrer zu entledigen. Andererseits leidet es eben so wenig Zweifel, daß auf dem reichen und schwachbevölkerten Boden der westindischen Inseln, bei einer Vergleichung zwischen freier und Sclaven-Arbeit, die letztere den Vortheil für sich hatte, und daß die den Sclaveneigenthümern für die Abschaffung derselben bewilligte Entschädigung wahrscheinlich kein vollständiger Ersatz für ihren Verlust war.

Ueber eine so völlig entschiedene Sache wie die der Sclaverei braucht hier nichts mehr gesagt zu werden. Mit vielem Interesse muß man abwarten, wie lange noch die übrigen Nationen, welche Sclavencolonien besitzen, hinter dem Vorgange Englands zurückbleiben werden in einer Angelegenheit von solcher Bedeutung, sowohl für die Gerechtigkeit, welche offenbar gegenwärtig keine Tugend nach der Mode ist, als für die Philanthropie, welche gewiß dahin zu rechnen ist. Europa verdient weit mehr Vorwürfe als Amerika wegen Duldung eines zu verabscheuenden Mißbrauchs, von dem es sich mit so viel größerer Leichtigkeit frei machen könnte. Es gilt dies von der Negersclaverei, nicht von der Leibeigenschaft bei den slavischen Völkern, die noch nicht den entsprechenden Zustand der Civilisation, bei dem auch im westlichen Europa die Hörigkeit noch bestanden hat, hinter sich haben und die allem Anschein nach ihre Befreiung von diesem großen Uebelstande mehr dem Einfluß der Ideen fortgeschrittener Länder als ihrer eigenen Entwickelung zu verdanken haben werden.

Capitel VI.

Von bäuerlichen Landeigenthümern.

Wo das Eigenthum des Bodens in den Händen von Bauern ist, da gehört der ganze Ertrag (eben so wie dies bei der Sclaverei der Fall ist) einem und demselben Eigenthümer und die Unterscheidung zwischen Bodenrente, Capitalgewinn und Arbeitslohn findet nicht statt. In allen anderen Beziehungen bilden die beiden gedachten Gesellschaftszustände den äußersten Gegensatz zu einander.

Der eine ist der Zustand der größten Unterdrückung und Herab=
würdigung der arbeitenden Classe, in dem anderen hat diese selbst
die unabhängigste Entscheidung über ihr eigenes Schicksal.
Der Vorzug kleiner eigener Landgüter gehört jedoch zu den
bestrittensten Fragen im Gebiete der Volkswirthschaft. Auf dem
Continent gilt der Segen, den ein Land davon hat, daß ein zahl=
reicher Theil seiner Bevölkerung aus selbstständigen Landeigenthü=
mern besteht, als ein fast allgemein anerkanntes Axiom. Englische
Autoritäten dagegen sind entweder mit dem Urtheil der Landwirthe
des Continents nicht bekannt oder sie beachten es nicht weiter,
unter dem Vorgeben, daß diese hinsichtlich großen Landeigenthums
unter günstigen Umständen keine Erfahrung besäßen; der Vorzug
des großen Landeigenthums werde nur dort gefühlt, wo es auch
große Pachtungen gebe, und da dies in ackerbautreibenden Districten
eine bedeutendere Capitalansammlung bedinge als man gewöhnlich
auf dem Continent finde, so würden hier die ganz großen Land=
güter meistens zur Bewirthschaftung in kleinen Stücken verpachtet,
ausgenommen wo Viehzucht im Großen betrieben wird. Hierin liegt
einige Wahrheit; aber das Argument kann auch umgekehrt werden.
Wenn nämlich der Continent aus Erfahrung von einer Landwirthschaft
im großen Maßstabe und mit bedeutendem Capital wenig kennt,
so sind dagegen die englischen Schriftsteller praktisch nicht besser
bekannt mit bäuerlichen Landeigenthümern, von deren socialer Lage
und Lebensweise sie die irrigsten Vorstellungen haben. Selbst in
England stehen übrigens die alten Traditionen der auf dem Con=
tinent vorherrschenden Ansicht zur Seite. Die „Yeomanry", welche
während ihres Bestandes als der Ruhm Englands gefeiert wurde und
über deren Verschwinden so viel geklagt ist, waren entweder kleine Land=
eigenthümer oder kleine Pächter, und wenn sie gewöhnlich das letztere wa=
ren, so ist ihr derber Unabhängigkeitssinn um so mehr bemerkenswerth.
Es gibt einen Landstrich (leider nur einen sehr kleinen) in England,
wo bäuerliche Eigenthümer noch viel vorkommen, nämlich die „sta-
tesmen" in Cumberland und Westmoreland, wenn diese auch mei=
stentheils oder selbst durchweg gewisse herkömmliche Abgaben ent=
richten, da solche wegen ihrer feststehenden Sätze die Stellung nicht
mehr als die Grundsteuer berühren. Unter denen, die das Land=
kennen, ist nur Eine Stimme über die höchst günstigen Wirkungen
des in jenen Grafschaften vorherrschenden Ackerbausystems. Keine
andere landwirthschaftliche Bevölkerung hätte die Originale zu Words=
worth's Bauern liefern können *).

*) Wordsworth, A Description of the Scenery of the Lakes in the
North of England. 3. ed. pp. 50—53; 63—65.

Da jedoch die englischen landwirthschaftlichen Systeme im allgemeinen über das Wesen und die Erfolge bäuerlichen Landeigenthums keine Erfahrung an die Hand geben und die Engländer meistens mit dem Ackerbausystem des Continents ganz unbekannt sind, so ist der englischen Auffassung selbst der Begriff „bäuerlicher Eigenthümer" fremdartig und findet bei ihm nicht leicht Eingang. Selbst die Sprachformen stehen dem im Wege; die gewöhnliche Bezeichnung für Landeigenthümer ist „Grundherren" (landlords), ein Ausdruck, dem „Pächter" (tenants) im Gedanken immer zur Seite steht *).

---

*) Der Verfasser gibt nun im Verlauf des sechsten Capitels ausführliche und meistens wörtliche Auszüge aus verschiedenen Schilderungen über die Zustände der bäuerlichen Landwirthschaft und der kleinen Landeigenthümer in der Schweiz, in Norwegen, mehreren Theilen Deutschlands, in Flandern, den Canalinseln und einigen Gegenden Frankreichs, weil er dies dem allgemeinen Vorurtheil seiner Landsleute gegenüber als Einleitung zu dem folgenden Capitel für erforderlich erachtet. Da bei deutschen Lesern kein solches Vorurtheil vorauszusetzen ist und nur eine besondere Rücksicht die Aufnahme derartiger Beschreibungen in ein systematisches Lehrbuch der Volkswirthschaft motiviren dürfte, so erschien es angemessen, in der deutschen Ausgabe dieselben wegzulassen, zumal das folgende Capitel ohnehin die hauptsächlichen Ergebnisse jener Auszüge wiederholt. Es wird genügen, die Schriften, aus denen der in Rede stehende Abschnitt des englischen Originals (Buch II. C. VI. §. 2—7) die Schilderungen auszugsweise mittheilt, zu erwähnen: Sismondi, Études sur l'économie politique, Essai III. Historisch-geographisch-statistisches Gemälde der Schweiz. 1. Thl. Kanton Zürich (1834) S. 80 f. 17. Thl. Kanton Thurgau (1837) S. 209. — Laing, Notes of a Traveller S. 299 ff., 351 ff. und desselben Journal of a Residence in Norway (pp. 36—40). Howitt, Rural and domestic Life in Germany p. 27, 40 ff. — K. H. Rau, Ueber die Landwirthschaft der Rheinpfalz und insbesondere in der Heidelberger Gegend. Heidelberg 1830. J. Kay, The Social Condition and Education of the People in England and Europe. Vol. I. 126 ff. u. 138 ff. — Flemish Husbandry. pp. 3, 13, 73 ff. — W. Thomas Thornton, A Plead for Peasant Proprietors. — Arth. Young, Travels in France. Vol. I. pp. 50 ff., 322 ff., 412 u. a. — Was die Vereinigten Staaten betrifft, so bemerkt Hr. Mill mit Recht, daß man auf die dortigen Zustände für den vorliegenden Zweck kein großes Gewicht legen dürfe. Ein Land, welches die natürliche Fruchtbarkeit von Amerika mit den Kenntnissen und Künsten des neuen Europa's verbinde, sei in so überaus günstiger Lage, daß dort das Gedeihen der erwerbthätigen Classen schwerlich durch irgend etwas aufgehalten werden könnte, außer durch Unsicherheit des Eigenthums oder eine tyrannische Regierung.

Capitel VII.

Von bäuerlichen Landeigenthümern.

§. 1. Ehe wir den Einfluß des bäuerlichen Eigenthums auf
die schließlichen wirthschaftlichen Interessen der arbeitenden Classe
prüfen, wie diese durch das Anwachsen der Bevölkerung bestimmt
werden, wollen wir hinsichtlich des moralischen und socialen Ein=
flusses eines solchen territorialen Verhältnisses diejenigen Punkte
bemerken, welche, sei es der Natur der Sache nach, sei es auf das
Zeugniß bekannter Thatsachen und zuverlässiger Gewährsmänner
hin, als ausgemacht gelten können.

Auf alle Beobachter macht der „fast übermenschliche Fleiß"
der bäuerlichen Landeigenthümer, wie ein Schweizer Schriftsteller
es nennt, einen mächtigen Eindruck. Diejenigen, welche nur Ein
Land mit Bauerhöfen gesehen haben, halten stets die Einwohner
grade dieses Landes für die betriebsamsten auf der Welt. Es
herrscht auch fast gar kein Zweifel darüber, an welche Seite der
Lage des Bauernstandes sich diese hervorragende Betriebsamkeit
anknüpft. Es ist die „magische Gewalt" des Eigenthums, die
nach den Worten von Arthur Young Sand in Gold umwandelt.
Der Begriff des Eigenthums schließt jedoch nicht nothwendig in
sich, daß gar keine Rente, noch weniger, daß keine Steuern davon
zu entrichten seien. Es schließt nur das in sich, daß die Rente
eine feste Zahlung sei, keiner Erhöhung zum Nachtheil des Be=
sitzers in Folge der von ihm vorgenommenen Verbesserung oder
nach dem Belieben eines Gutsherrn unterworfen. Ein Pächter auf
Erbzins gilt in jeder Hinsicht und für alle Zwecke als ein Eigen=
thümer; ein Erbpächter (longholder) steht hierin gleich mit dem
Besitzer eines Freigutes (freeholder). Worauf es ankommt, das
ist die Beständigkeit des Besitzes zu festbestimmten Bedingungen.
„Man gebe einem Manne den sicheren Besitz eines nackten Felsens,
und er wird ihn zu einem Garten umschaffen; man gebe ihm einen
Garten in neunjährige Pacht, und er wird ihn zu einer Wüste
umwandeln."

Die vorhin angeführten mannichfachen Berichte über das sorg=
fältige Cultursystem und die unzähligen Erfindungen des bäuerlichen
Landeigenthümers, jede überflüssige Stunde und jeden freien Augen=
blick zu benutzen, um den künftigen Ertrag des Bodens zu ver=

bessern, erklären das, was in einem früheren Capitel*) über den
weit größeren Rohertrag gesagt ist, welcher bei einigermaßen gleich-
stehender landwirthschaftlicher Kenntniß und gleicher Qualität des
Bodens auf kleinen Landgütern gewonnen wird, wenigstens wenn
sie das Eigenthum der Bauern sind. Die Schrift über die flämische
Wirthschaft ist besonders lehrreich rücksichtlich der Mittel, wodurch
unermüdliche Erwerbthätigkeit schwächere Hilfsquellen, Unvollkommenheit der Geräthschaften und Unbekanntschaft mit wissenschaftlichen Theorien mehr als aufwiegt. Die bäuerliche Landwirthschaft
in Flandern und Italien soll bei gleichen Bodenverhältnissen reichlichere Ernten hervorbringen als die bestbewirthschafteten Districte
in England und Schottland. Dieselben werden ohne Zweifel durch
eine größere Summe von Arbeit hervorgebracht, welche, wenn ein
Unternehmer dafür bezahlen sollte, ihm theurer zu stehen käme als
sein Gewinn beträgt; dem Bauer aber kostet es nichts, für ihn
ist dies die Benutzung von Zeit, die er übrig hat, zu einer Lieb-
lingssache, oder wie man vielleicht sagen kann, um einer ihn be-
herrschenden Leidenschaft nachzugeben**).

Die größere Anstrengung ist es aber nicht allein, welche die
flämischen Landbauer so glänzende Erfolge erreichen läßt, sondern
das nämliche Motiv, das ihre Erwerbthätigkeit kräftigt, setzt sie
auch in Besitz einer Menge landwirthschaftlicher Kenntnisse, welche
man in Ländern, wo der Ackerbau nur mit gemietheter Arbeit
betrieben wird, erst viel später erwirkt. Ein gleich günstiges Zeugniß
ertheilt Hr. de Lavergne der landwirthschaftlichen Geschicklichkeit
der kleinen Landeigenthümer in denjenigen Gegenden Frankreichs,
wo die „petite culture" zu Hause ist. „In den reichen Ebenen
von Flandern, an den Ufern des Rheins, der Garonne, der Cha-
rente, der Rhone sind alle die Künste, die den Boden fruchtbar
machen und die Productivität der Arbeit steigern, auch den kleinsten
Landwirthen bekannt und von ihnen geübt, selbst wenn sie außerordentliche Auslagen erfordern. In ihren Händen ersetzt und er-
höhet der mit großen Kosten gesammelte reichliche Dünger beständig
die Fruchtbarkeit des Bodens, wie sehr dieser auch durch die trost-
lose Cultur in Anspruch genommen ist. Die Vieheracen sind ausgezeichnet und die Ernten prächtig. In einigen Gegenden sind es
Tabak, Flachs, Colza, Trapp, Runkelrüben, in anderen Wein, Oliven,
Pflaumen, Maulbeeren, welche einer Bevölkerung fleißiger Arbeiter
reiche Schätze spenden. Die „kleine Cultur" liefert auch das meiste

*) Buch I. Cap. IX. §. 4.
**) Hierüber vergleiche man die anschauliche Schilderung in J. Mi-
chelet, Le Peuple 1re partie Ch. 1.

der Gartenerzeugnisse, welche man mit Aufwand bedeutender Auslagen in der Nähe von Paris zieht" *).

§ 2. Eine andere Seite, welche man beim bäuerlichen Eigenthum wesentlich mit ins Auge fassen muß, ist seine Mitwirkung
zur Volkserziehung. Bücher und Schulen sind zur Erziehung unentbehrlich; aber sie allein reichen nicht aus. Die geistigen Fähigkeiten werden da am meisten entwickelt, wo sie am meisten geübt
werden; — was könnte ihnen aber größere Uebung verschaffen, als
eine Menge verschiedener Interessen haben, deren keines vernach-
lässigt werden darf und die nur durch abwechselnde Thätigkeit des
Willens und der Intelligenz wahrgenommen werden können? Einige
der Gegner von kleinen Landgütern legen großes Gewicht auf die
Sorgen und Verlegenheiten, welche die bäuerlichen Grundeigenthümer in den Rheinlanden und Flandern bedrücken. Diese Sorgen
und Verlegenheiten sind es aber grade, welche ihn höher als einen
englischen Tagelöhner stellen. Es ist sicherlich ein nicht ganz stich-
haltiges Argument, wenn man die Lage eines Tagelöhners als
keine sorgenvolle aufstellt. Ich kann mir keine Umstände denken,
unter denen er frei von Sorgen wäre, so lange die Möglichkeit
vorliegt, daß er außer Beschäftigung kommt, oder er müßte denn
Zutritt haben zu einer reichlichen Vertheilung von Armengeld und
keine Scham noch Widerstreben empfinden, dasselbe zu beanspruchen.
Hiervon aber abgesehen, hat der Tagelöhner bei den gegenwärtigen
Zuständen der Gesellschaft und der Bevölkerung manche Sorgen,
welche keine kräftigende Wirkung auf den Geist haben, aber keine,
die eine derartige Wirkung ausüben. Bei dem bäuerlichen Eigenthümer in Flandern findet grade das Gegentheil statt. Der
Sorge, welche vor allem niederdrückt und die Kraft bricht — der
Ungewißheit wegen des nothwendigen Lebensunterhaltes — steht er
ziemlich fern; es bedarf eines seltenen Zusammentreffens von Umständen, wie der Kartoffelkrankheit in Verbindung mit einer allgemeinen schlechten Ernte, um ihn einer solchen Gefahr auszusetzen. Seine Sorgen beziehen sich auf die gewöhnlichen Schwankungen des Mehr oder Weniger; sie entspringen daraus, daß er
ein freies menschliches Wesen ist, und nicht fortwährend ein Kind
bleibt, was freilich der vorherrschenden Philanthropie die wünschenswerthe Stellung der arbeitenden Classen zu sein scheint. Er ist
nicht länger ein Wesen aus einem von den Mittelclassen verschiedenen Stande; seine Bestrebungen und Zwecke gleichen denen,
welche diese Classen beschäftigen und denselben zum größten Theil

---

*) **Lavergne**, Essai sur l'Économie rurale de l'Angleterre, de
l'Ecosse et de l'Irlande. 3. ed. p. 127.

ihre geistige Entwicklung verschaffen. Wenn es einen ersten Grund=
satz für die intellectuelle Erziehung gibt, so ist es dieser, daß nur
eine solche Unterweisung dem Geiste Nutzen bringt, wobei der
Geist thätig ist, nicht solche, wobei er sich passiv verhält. Das
Geheimniß für die Entwicklung der Fähigkeiten ist, diesen viele
Beschäftigung zu geben, so wie sie anzureizen viel zu thun. Wenige
Dinge dürften in dieser Hinsicht die durch das Eigenthum und die
Bewirthschaftung des Bodens hervorgerufenen Beschäftigungen und
Interessen übertreffen. Der Wichtigkeit oder selbst Nothwendigkeit
anderer Arten geistiger Ausbildung soll das Gesagte durchaus
nicht Abbruch thun. Der Besitz von Eigenthum an sich wird den
Bauer nicht abhalten, grob, selbstsüchtig und vorurtheilsvoll zu sein.
Diese Dinge sind von anderen Einflüssen und anderen Arten der
Belehrung abhängig. Aber jener mächtige Antrieb zu einer Art
geistiger Thätigkeit hemmt auf keine Weise andere Mittel der in=
tellectuellen Ausbildung; im Gegentheil, indem man sich darin übt,
jedes Stückchen erworbener Kenntniß gleich zum praktischen Nutzen
anzuwenden, wird der Schulunterricht und das Lesen fruchtbar,
während solches ohne solchen mithelfenden Einfluß in nur zu vielen
Fällen dem Saamen gleicht, der auf einen Felsen gestreuet wird.

§ 3. Es ist nicht die Intelligenz allein, worauf die Lage
eines bäuerlichen Landeigenthümers vielfach einen wohlthätigen Ein=
fluß ausübt; eben so günstig ist sie den moralischen Eigenschaften
der Voraussicht, der Mäßigkeit und der Selbstbeherrschung. Wo
die arbeitende Classe hauptsächlich aus Tagelöhnern besteht, sind
diese unbedachtsam; sie verausgaben sorglos den vollen Betrag
ihrer Mittel und lassen die Zukunft für sich selbst sorgen. Dies
ist so notorisch, daß manche Personen, die es sonst mit den arbei=
tenden Classen sehr gut meinen, die feste Ansicht haben, daß eine
Erhöhung des Arbeitslohnes ihnen wenig Nutzen bringen werde,
falls nicht eine wenigstens entsprechende Verbesserung in den
Neigungen und Sitten dieser Classe Hand in Hand ginge. Ganz
entgegengesetzt ist die Tendenz bäuerlicher Landeigenthümer oder
solcher, die Landeigenthum zu erlangen hoffen; sie sorgen sogar fast
zu viel für den morgenden Tag. Es trifft sie häufiger der Vor=
wurf der Knickerigkeit als der Verschwendung; sie versagen sich ver=
ständige Genüsse und leben erbärmlich, um nur etwas zu ersparen.
In der Schweiz spart fast jeder, der nur eben die Mittel dazu hat;
gleiches gilt von den flämischen Landleuten; selbst bei den Fran=
zosen, obgleich dieselben im Rufe eines vergnügungs= und genuß=
süchtigen Volks stehen, ist durch die ländliche Bevölkerung hindurch
die Sparsamkeit auf eine Weise verbreitet, welche im ganzen ge=
nommen höchst befriedigend ist und in einzelnen Fällen eher zu weit

geht als nicht weit genug. Unter benen, die wegen der von ihnen
bewohnten elenden Hütten und der Kräuter und Wurzeln, die ihre
Nahrung ausmachen, von Reifenden irrthümlich als Beweife und
Beifpiele der allgemeinen Armuth angefehen werden, gibt es fehr
viele, welche Schätze in ledernen Beuteln aufbewahren, beftehend
in Summen von Fünffrancsftücken, die fie vielleicht ein ganzes
Menschenalter lang behalten, wenn fie es nicht dahin bringen, die=
felben für ihre höchfte Freude zu verausgaben — den Ankauf von
Land. Wenn eine moralifche Inconvenienz mit dem Gesellschafts=
zuftande, wo die Bauern Landeigenthümer find, verknüpft ift, fo
ift es die Gefahr, daß fie auf ihre pecuniären Verhältniffe zu viel
Bedacht nehmen, geizig und berechnend im tadelnswerthen Sinne
des Worts werden. Der französifche Bauer ift kein einfacher
Landmann; fowohl im Leben wie in der Poefie ift er jetzt „le
rusé paysan". Dies ift die Stufe, die er in der fortfchreitenden
Entwicklung, welche nach der Natur der Dinge der menschlichen
Intelligenz und menschlichen Emancipation vorgezeichnet ift, er=
reicht hat. Einiges Uebermaß in diefer Richtung ift aber ein
kleines und vorübergehendes Uebel, im Vergleich mit Sorglofigkeit
und Unbedachtfamkeit bei den arbeitenden Claffen, und ein wohl=
feiler Preis für den unfchätzbaren Werth der Tugend der Selbft=
ftändigkeit, wenn diefe der allgemeine Charakterzug eines Volkes
wird. Diefe Tugend gehört zu den erften Bedingungen eines aus=
gezeichneten menschlichen Charakters; — wenn die fonftigen Tugen=
den eines Volks nicht auf folchen Stamm gepfropft find, fo fchlagen
fie felten fefte Wurzeln; jenes Gefühl der Selbftftändigkeit ift für
die arbeitende Claffe eine unentbehrliche Eigenfchaft, felbft für einen
erträglichen Grad des phyfifchen Wohlbefindens. Hierdurch ift
eben der Bauernftand in Frankreich und in den meiften europäifchen
Ländern, wo die Bauern den eigenen Boden bauen, von jeder
anderen arbeitenden Bevölkerung ausgezeichnet.

§. 4. Sollte es wahrfcheinlich fein, daß ein in jeder anderen
Beziehung Mäßigkeit und Vorausficht fo fehr beförbernder Zuftand
der wirthfchaftlichen Verhältniffe hierfür gerade bei dem Haupt=
punkte, der Bevölkerungszunahme, präjubicirlich fein follte? Daß
dem fo fei, ift die Meinung der meiften englifchen Oeconomiften,
welche über diefe Frage gefchrieben haben. Hrn. Mac Culloch's
Meinung hierüber ift bekannt. Hr. Jones*) verfichert, „eine
Bauern=Bevölkerung, welche felbft dem Boden ihren Arbeitslohn
abgewinne und ihn in den Producten confumire, werde im allge=
meinen fehr wenig durch innere Motive, welche zur freiwilligen

*) Essay on the distribution of wealth p. 146. ibid. p. 68.

Beschränkung veranlassen, bestimmt. Die natürliche Folge sei, daß, wofern nicht eine ihnen auferlegte äußere Ursache solche bäuerliche Landwirthe zwinge, die Bevölkerungszunahme zu mäßigen, sie bei beschränktem Territorium sich sehr rasch einem Zustande des Mangels und Elends nähern und endlich nur durch die physische Unmöglichkeit, sich Subsistenz zu verschaffen, zum Stillstand gebracht werden würden." An einer anderen Stelle spricht er von einem solchen Bauernstande, der sich genau in der Lage befinde, wo der rohe Instinct, ihre Zahl zu vermehren, durch die wenigsten der ausgleichenden Motive und Neigungen gehemmt wird, welche die Bevölkerungszunahme der höheren Stände und gebildeteren Personen reguliren. Die Ursachen dieser Eigenthümlichkeit hat Hr. Jones versprochen, in einem späteren Werke nachzuweisen; dieses ist indeß noch nicht erschienen. Ich bin nicht im Stande zu muthmaßen, aus welcher Theorie der menschlichen Natur und der Motive, welche das menschliche Thun bestimmen, er sie ableiten wird. Von Arthur Young wird die nämliche Eigenthümlichkeit als eine Thatsache angenommen, aber, obschon es seine Weise nicht ist, seine Meinungen näher zu bestimmen, so treibt er jene Lehre doch nicht zu einem solchen Extreme wie Hr. Jones, indem er selbst mehrfache Beispiele beibringt, wo die aus bäuerlichen Eigenthümern bestehende Bevölkerung keineswegs einem Zustande des Mangels und Elends entgegenging.

Daß über diesen Gegenstand sich eine Abweichung der Erfahrungen von einander herausstellt, läßt sich leicht begreifen. Die arbeitende Classe mag nun vom eigenen Boden oder vom Arbeitslohn leben, sie hat bisher sich noch immer bis zu der Grenze vermehrt, welche ihr herkömmlicher Maßstab hinsichtlich der Lebensweise festsetzt. Wenn der Maßstab niedrig ist, eine kärgliche Subsistenz nicht überschreitet, so wird eben so sehr die Größe der Bauerngüter wie die Höhe des Arbeitslohnes so heruntergedrückt werden, daß dabei eben das Leben zu fristen ist. Aeußerst bescheidene Begriffe von dem, was zur Subsistenz nothwendig ist, sind gar wohl vereinbar mit bäuerlichem Eigenthum; und wenn ein Volk immer an Armuth gewöhnt gewesen, so wird Uebervölkerung und übertriebene Zerstückelung des Bodens stattfinden. Darauf kommt es aber nicht an. Die eigentliche Frage ist, ob Bauern, den Besitz von hinreichendem Land zum bequemen Unterhalt vorausgesetzt, mehr oder weniger dahin neigen dürften, diese günstige Lage durch unbedachtsame Vermehrung aufzugeben, als wenn sie Tagelöhner wären, die unter gleich angenehmen Verhältnissen lebten. Alle in der Natur der Sache liegende Erwägungen sprechen dafür, daß sie weniger dazu geneigt sein werden. In wie weit die Höhe des

Arbeitslohnes von den Bevölkerungsverhältnissen abhängt, ist ein Gegenstand für die Untersuchung und Erörterung. Daß der Arbeitslohn sinken muß, wenn die Bevölkerung stark zunimmt, wird häufig ernstlich bezweifelt und bleibt immer eine Frage, deren einsichtsvolle Beurtheilung einige Uebung im Nachdenken erfordert. Jeder Bauer hingegen ist im Stande, aus eigener voller Sachkenntniß sich selbst zu sagen, ob sein Stück Land dahin gebracht werden kann, mehrere Familien mit gleicher Behaglichkeit zu ernähern wie es Eine ernährt. Wenigen Menschen dürfte es gleichgültig sein, ihre Kinder in einer ungünstigeren Lebenslage zu hinterlassen als worin sie selbst leben. Der Vater, der ein Landgut zu hinterlassen hat, kann sehr gut selbst beurtheilen, ob seine Kinder darauf leben können oder nicht; Leute hingegen, welche vom Arbeitslohn leben, sehen keinen Grund, weshalb ihre Söhne nicht im Stande sein sollten, sich auf dieselbe Weise zu ernähren, und verlassen sich auf diese Aussicht. „Selbst bei den nützlichsten und nothwendigsten Künsten und Gewerken," bemerkt Hr. Laing*), „ist die Nachfrage nach Arbeitern keine offen vorliegende, bekannte, beständige und bestimmbare Nachfrage, aber wohl ist sie dies bei der Landwirthschaft auf kleinen Gütern. Die zu beschaffende Arbeit, die Nahrung, welche diese Arbeit aus einem Bodenbesitz hervorbringen wird, sind sichtbare und bekannte Elemente, um darnach die Subsistenzmittel zu berechnen. Kann mein Stück Land eine Familie ernähren oder nicht? kann ich mich verheirathen oder nicht? Diese Frage kann ein Landeigenthümer ohne langes Bedenken sich mit Bestimmtheit beantworten. Das Sichverlassen auf eine ungewisse Zukunft, wo der Ueberlegung nichts klar vorliegt, das ist es, was in den niederen wie in den höheren Ständen leichtsinnige und unbedachtsame Heirathen herbeiführt und unter uns die Leiden der Uebervölkerung zur Folge hat. Die Ungewißheit der Zukunft oder der Zufall findet sich ein bei jedermanns Berechnungen, sobald die Gewißheit gänzlich aufhört. Dies findet bei einer Vertheilung des Eigenthums statt, wo sichere Subsistenz das Loos einer nur kleinen Zahl ist, statt von ungefähr zwei Drittheilen der Bevölkerung."

Die Leiden, welche Uebervölkerung den arbeitenden Classen zu Wege bringt, hat kein Schriftsteller deutlicher erkannt als Sismondi, und deshalb hat er die Bauergüter so ernstlich in Schutz genommen. Er hat in mehr als einem Lande reichliche Gelegenheit gehabt, ihren Einfluß auf die Bevölkerungsverhältnisse zu beurtheilen. Seine Worte sind: „In denjenigen Ländern, wo die Bewirthschaftung

---

*) Notes of a Traveller, p. 46.

durch kleine Eigenthümer noch fortbauert, wächst die Bevölkerung
regelmäßig und rasch bis sie ihre natürlichen Grenzen erreicht hat,
d. h. vererbte Güter werden fortgesetzt unter die verschiedenen
Söhne so lange getheilt und wieder getheilt als jede Familie durch
vermehrte Arbeit aus einem kleineren Stück Land einen gleichen
Ertrag erzielen kann. Ein Vater, der eine große Fläche natürlicher
Weiden besitzt, theilt diese unter seine Söhne und diese verwandeln
sie in Felder und Wiesen; deren Söhne theilen ihre Güter wieder
und schaffen die Koppelwirthschaft ab. Jede Verbesserung im
landwirthschaftlichen Betriebe gestattet einen ferneren Schritt in
der weiteren Theilung des Grundeigenthums. Es ist aber so
leicht keine Gefahr, daß ein Grundeigenthümer Kinder aufziehen
sollte, um aus ihnen Bettler zu machen. Er weiß genau, was
für eine Erbschaft er ihnen zu hinterlassen hat; er weiß, daß das
Landrecht dieselbe gleichmäßig unter sie vertheilen wird; er sieht
die Grenze, jenseits welcher die weitere Theilung sie von dem
Rang, den er selbst eingenommen, verdrängen würde; ein gerechter
Familienstolz, der dem Edelmann und dem Bauern gemeinsam ist,
hält ihn zurück Kindern das Leben zu geben, für die er nicht angemessen sorgen kann. Werden mehrere geboren, so heirathen sie
wenigstens nicht, oder sie machen es unter sich aus, wer von den
verschiedenen Brüdern die Familie fortpflanzen soll. Man findet
in den Schweizer Cantonen nicht, daß die Erbgüter der Bauern
je so zertheilt wären, daß sie unter eine achtungswerthe Bedeutung
herabsänken, obschon die Sitte der fremden Kriegsdienste, wodurch
den Kindern ein anderweitiges Fortkommen eröffnet wird, zuweilen
eine überflüssige Bevölkerung hervorruft" *).

In Betreff von Norwegen liegt ein ähnliches Zeugniß vor.
Obschon dort kein Gesetz oder Herkommen wegen des Erstgeburts-
rechtes besteht, auch keine Fabriken den Ueberschuß der Bevölkerung
aufnehmen, wird daselbst die Theilung des Grundeigenthums nicht
bis zu einer nachtheiligen Ausdehnung betrieben. „Die Theilung
der Landgüter unter die Kinder," bemerkt Hr. Laing**), „scheint
während der tausend Jahre, daß dieser Gebrauch in Wirksamkeit
gewesen, nicht die Folge gehabt zu haben, die Landgüter bis zu
dem Minimum-Umfange zu reduciren, welcher nur noch eben die
menschliche Existenz fristet. Ich habe fünfundzwanzig bis vierzig
Kühe auf einzelnen Gütern gezählt, und das in einem Lande, wo
der Landwirth mindestens sieben Monate im Jahre für den ganzen
Viehstand Winterfütterung und Ställe besorgen muß. Es ist einleuchtend, daß eine oder die andere Ursache, welche die Zusammen-

*) Nouveaux Principes, Liv. III. ch. III.
**) Residence in Norway, p. 18.
Mill, gesammelte Werke. V. (Politische Oeconomie. I.)   18

haltung des Grundeigenthums befördert, den Folgen der Theilung
desselben unter den Kindern entgegenwirkt. Diese Ursache kann
keine andere sein als diejenige, deren Wirkung bei solchen socialen
Verhältnissen ich lange vorher vermuthet hatte; in einem Lande,
wo das Land nicht lediglich pachtweise in den Händen seiner
Bauern ist, wie in Irland, sondern als selbstständiges Eigenthum,
da wird dessen Vereinigung durch Todesfälle von Miterben
und durch Verheirathung der Erbtöchter unter den Grundeigen=
thümern die fortschreitende Theilung in Folge der gleichmäßigen
Erbberechtigung der Kinder ausgleichen. Die ganze Masse des
Eigenthums wird bei einem solchen Gesellschaftszustande, wie ich
mir denke, in einer Periode aus eben so vielen Landgütern von der
Classe zu 1000 Pf. St., eben so vielen zu 100 Pf. St. und eben so
vielen zu 10 Pf. St. jährlichem Ertrage bestehen, als in einer
anderen Periode." Wenn dies eintreten soll, so muß man bei der
betreffenden Gesellschaft durchgängig eine sehr wirksame Klugheits=
schranke gegen Uebervölkerung voraussetzen und wird nicht irren,
wenn man das Verdienst dieser Schranke der dieselbe begünstigenden
eigenthümlichen Tendenz des Bauergütersystems beimißt.

„In einigen Gegenden" der Schweiz, z. B. im Aargau", be=
merkt Herr Kay, „heirathet ein Bauer fast niemals vor dem Alter
von 25 Jahren und meistens viel später; die Mädchen aber selten
vor dem dreißigsten Jahre. Und die Theilung des Bodens so wie
die Leichtigkeit der Uebertragung des unbeweglichen Eigenthums von
einem auf den andern begünstigen nicht nur in den ländlichen Be=
zirken die Vorsicht der Arbeiter; in ähnlicher Weise, wenn auch
vielleicht in etwas geringerem Grade, wirken sie auf die Arbeiter=
classen in den kleinen Städten. In diesen ist es herkömmlich, daß
der Arbeiter einen kleinen Fleck Landes außerhalb der Stadt hat,
den er Abends als seinen Küchengarten bestellt. Hier zieht er
Gemüse und Früchte für den Verbrauch seiner Familie im Winter.
Der Wunsch in den Besitz eines solchen Gartens zu kommen übt
einen mächtigen Einfluß aus, um ihn zu einem verständigen Lebens=
wandel anzuhalten und unvorsichtigen Heirathen vorzubeugen. Ein
Fabricant in Aargau erzählte mir, daß die städtischen Arbeiter ge=
wöhnlich ihre Heirathen um einige Jahre aufschieben, damit sie erst
hinlänglich ersparen zum Ankauf eines Gartens oder Hauses oder
auch von beidem" *).

Der nämliche Verfasser zeigt durch statistische Nachweise, daß
in Preußen das durchschnittliche Alter der sich Verheirathenden
nicht allein viel später ist als in England, sondern nach und nach

*) Kay, a. B. Vol. I., S. 67—69.

später geworden ist als es früher war, während zu gleicher Zeit die Zahl der unehelichen Geburten in Preußen geringer ist als in irgend einem anderen Lande. Wo immer ich in Norddeutschland und der Schweiz gereiset bin, bemerkte man mir, daß der von allen Bauern gehegte Wunsch Landeigenthum zu erwerben als die stärkste Beschränkung einer ungehörigen Bevölkerungszunahme wirksam wäre*).

„In Flandern pflegen," wie Herr Fauche, der britische Consul in Ostende, bemerkt, „jüngere Landwirthe und diejenigen, welche die Mittel haben, die Landwirthschaft anzufangen, mit ihrer Verheirathung so lange zu warten bis sie zur Pachtung eines Landguts gelangen**); sind sie einmal so weit, so ist dann ihr Streben Landeigenthümer zu werden." „Das erste, was ein Däne mit seinem Ersparniß thut," sagt Hr. Browne, der Consul in Kopenhagen, „ist, daß er sich eine Uhr kauft, darauf ein Pferd und eine Kuh, welche er vermiethet, was ihm gute Zinsen einbringt. Dann geht sein Ehrgeiz dahin, ein kleiner Grundeigenthümer zu werden, und diese Classe von Leuten ist in Dänemark besser daran als irgend eine andere. Ich kenne in der That keinen Stand in irgend einem Lande, dem alles, was zum Leben wirklich nothwendig ist, leichter zu Gebote stände als diese Classe, welche im Vergleich mit derjenigen der Tagelöhner sehr bedeutend ist."

Die Erfahrung, welche der angeblichen Tendenz des bäuerlichen Eigenthums, Uebervölkerung herbeizuführen, am entschiedensten entgegentritt, ist das Beispiel von Frankreich. In diesem Lande hat der Versuch nicht unter den günstigsten Umständen stattgefunden, da sehr viele Bauerhöfe zu klein sind. Die Zahl der Grundeigenthümer in Frankreich ist nicht genau ermittelt, aber bei keiner Schätzung fehlt viel an fünf Millionen, was bei der niedrigsten Berechnung der Personenzahl auf eine Familie (und grade für Frankreich muß es ein sehr niedriger Anschlag sein) viel mehr als die Hälfte der ganzen Bevölkerung als entweder selbst Landeigenthum besitzend oder dazu erbberechtigt nachweist. Die Mehrzahl der Güter ist zu klein, als daß sie den Eigenthümern Subsistenz gewähren könnten, von denen, einigen Schätzungen zufolge, etwa drei Millionen genöthigt sind, ihren Unterhalt entweder durch Arbeiten als Tagelöhner oder durch Hinzunehmen von mehr Land, meistens auf sogenannte Halbpacht, zu ergänzen. Wenn eigenthüm-

---

*) Ebendaselbst S. 75—79; 90.
**) In einer Mittheilung an die Commissioners of Poor Law Enquiry S. 640 der auswärtigen Mittheilungen, Appendix F zum ersten Bericht. — Die gleich darauf angeführte Aeußerung des Consuls in Kopenhagen, ebendaselbst, S. 268.

licher Grundbesitz nicht ausreicht, den Besitzer aus der Abhängig=
keit vom Lohnverdienst zu befreien, so verliert die Lage eines
Eigenthümers außerordentlich viel von ihrem Einfluß, Ueber=
völkerung zu hemmen. Wenn die in England so oft geäußerte
Prophezeiung in Erfüllung gegangen und Frankreich ein Armen=
gehege geworden wäre, so würde das Experiment nichts gegen die
Tendenzen desselben landwirthschaftlichen Systems unter anderen
Umständen bewiesen haben. Wie verhält es sich aber in Wirk=
lichkeit? Das Anwachsen der französischen Bevölkerung ist das
langsamste in Europa. Während der Generation, welche die fran=
zösische Revolution aus dem äußersten hoffnungslosen Elend zu
plötzlichem Ueberfluß hob, fand eine starke Zunahme der Bevöl=
kerung statt. Seitdem ist eine andere Generation aufgewachsen,
welche, unter besseren Verhältnissen geboren, nicht gelernt hat im
Elend zu leben. Auf diese äußert der Geist der Sparsamkeit
seinen augenscheinlichen Einfluß, indem er das Anwachsen der Be=
völkerung innerhalb der Zunahme des Nationalvermögens hält.
In einer von Professor Rau aufgestellten Tabelle über das Ver=
hältniß der jährlichen Bevölkerungszunahme in verschiedenen Ländern,
wird dieselbe für Frankreich von 1817 bis 1827 auf 0,63 Procent,
für England während eines gleichen zehnjährigen Zeitabschnittes
auf 1,60 und für die Vereinigten Staaten auf nahe an 3,00 Pro=
cent jährlich abgeben. Nach den von Hr. Legoyt analysirten
officiellen Listen war der Durchschnitt der Bevölkerungszunahme in
Frankreich, der von 1801 bis 1806 1,28 Procent jährlich betragen
hatte, von 1806 bis 1831 nur 0,47 Procent; von 1831 bis 1836
durchschnittlich 0,60 Procent; von 1836 bis 1841 0,41 Procent,
und von 1841 bis 1846 0,68 Procent. Der Census von 1851
hat für die zunächst vorangegangenen Jahre nur eine Zunahme
von jährlich 0,21 Procent und der Census von 1856 eine ent=
sprechende Zunahme von jährlich 0,14 Procent aufgewiesen, weßhalb
man mit Herrn de Lavergne sagen darf, die Bevölkerungszunahme
in Frankreich habe so gut wie aufgehört *). Selbst diese langsame
Zunahme ist lediglich die Folge eine Verminderung der Todesfälle;
die Zahl der Geburten überhaupt ist nicht gestiegen, wohl aber hat
das Verhältniß der Geburten zu der Bevölkerung beständig ab=
genommen. Dies langsame Wachsen der Menschenmenge, während
das Capital sich viel rascher vermehrt, hat eine bemerkenswerthe
Verbesserung in der Lage der arbeitenden Classe herbeigeführt.
Die Umstände desjenigen Theils dieser Classe, welcher aus Grund=
eigenthümern besteht, läßt sich nicht leicht mit Genauigkeit ver=

---

*) Journal des Économistes, Jahrg. 1847, Februar, März und Mai.

gewissern, da dieselben natürlich sehr variiren, aber die Lage der
bloßen Arbeiter, welche aus den Veränderungen beim Grundeigenthum, die bei der Revolution stattfanden, keinen directen Nutzen
zogen, hat sich seit jener Zeit unzweifelhaft sehr verbessert *).
Professor Rau erwähnt eine ähnliche Erfahrung in einem anderen
Lande, wo die Theilung des Bodens wahrscheinlich zu weit geht,
nämlich in der Pfalz.

Mir ist kein einziges zuverlässiges Beispiel bekannt, das die
Behauptung unterstützte, rasche Bevölkerungszunahme werde durch
Bauerhöfe befördert. Es können ohne Zweifel Beispiele angeführt
werden, wo dieselbe hierdurch nicht verhindert worden, und dahin
gehört namentlich Belgien, über dessen Zukunft in Bezug auf die
Bevölkerungsverhältnisse große Ungewißheit herrscht. Belgien hat
jetzt auf dem europäischen Continent die rascheste Bevölkerungszunahme, und wenn die Verhältnisse des Landes, wie sie es bald
thun müssen, ein Innehalten in dieser Raschheit erheischen, so wird
hier eine sehr mächtige Gewohnheit zu brechen sein. Einer der
ungünstigen Umstände ist die große Macht, welche die katholische
Geistlichkeit über die Gemüther des Volkes ausübt; der Einfluß
derselben macht sich überall gegen Beschränkung der Bevölkerungszunahme sehr geltend. Man muß jedoch nicht vergessen, daß die
unermüdliche Betriebsamkeit und große landwirthschaftliche Geschicklichkeit des Volks die bisherige rasche Zunahme praktisch unschädlich

*) Neuere und zugleich vollständigere und genauere Angaben hierüber
findet man in dem wichtigen Werke des Hrn. Leonce de Lavergne, Économie rurale de la France depuis 1789. Nach den gründlichen Untersuchungen
dieses Forschers ist der durchschnittliche Tagelohn eines französischen Arbeiters
seit dem Anfange der Revolution im Verhältniß von 19 zu 30 gestiegen, während zugleich in Folge der anhaltenderen Beschäftigung das gesammte Arbeiter-
einkommen in noch stärkerer Proportion gestiegen sein und sich nahezu verdoppelt haben dürfte. Seine Worte sind (2. Ausg. S. 57):
"Arthur Young schätzt den mittleren Preis eines Tagewerks, der jetzt
auf 1 Fr. 50 Cent. anzunehmen ist, auf 19 Sous, und diese Erhöhung reprä-
sentirt nur erst einen Theil des erlangten Gewinns. Obschon die ländliche
Bevölkerung beinahe die nämliche geblieben ist, weil der Ueberschuß der Bevölkerung seit 1789 sich in die Städte gezogen hat, so ist doch die Zahl der
wirklichen Arbeitstage größer geworden, erstens, weil die durchschnittliche Lebensdauer sich verlängert hat, und dann, weil die Arbeit jetzt besser organisirt ist,
sowohl durch die Beseitigung mancher Feiertage als auch durch stärkere Nachfrage nach Arbeit. Die Vermehrung der Arbeitstage mit in Anschlag gebracht,
muß der Verdienst des ländlichen Arbeiters sich verdoppelt haben .... Diese
Erhöhung des Arbeitslohns bedeutet für den Arbeiter eine mindestens gleich-
kommende Vermehrung seines Wohlbefindens, denn der Preis der zum Leben
nothwendigen hauptsächlichen Dinge hat sich wenig verändert und für Fabricate,
z. B. Gewebe, ist er merklich gesunken. Die Wohnungen sind ebenfalls besser
geworden, wenn auch nicht durchweg, doch in der Mehrzahl der Provinzen."

gemacht haben. Die bedeutende Zahl großer noch ungetheilter Güter bietet durch ihre allmälige Zertheilung eine Hilfsquelle für die nothwendige Vermehrung des Rohertrages. Außerdem finden sich dort viele große Fabrikstädte so wie Minen= und Kohlendistricte, welche einen beträchtlichen Theil der jährlichen Bevölkerungs= zunahme heranziehen und beschäftigen.

§. 5. Selbst da, wo Bauerhöfe von übermäßiger Bevölke= rungszunahme begleitet sind, führt dieser hinzukommende volks= wirthschaftliche Nachtheil nicht nothwendig zu einer weit gehenden Theilung des Bodens. Wenn auch das Landeigenthum in äußerst kleine Stücke zerfällt, so folgt daraus noch nicht, daß dies auch mit den Landwirthschaften an sich der Fall ist. Wie großes Grundeigenthum sich vollkommen verträgt mit kleinen Wirthschaften, so andererseits auch kleines Grundeigenthum mit großen Landwirth= schaften von entsprechendem Umfang. Eine weit gehende Theilung der Bewirthschaftung ist nicht die unvermeidliche Folge einer selbst ungebührlichen Vervielfältigung der bäuerlichen Eigenthümer. Wie von seiner bewundernswerthen Intelligenz in Dingen, die zu seiner Beschäftigung gehören, erwartet werden konnte, hat der flämische Bauernstand jene Lehre längst begriffen. Schwerz in seinen landwirthschaftlichen Mittheilungen (B. I. S. 185) bemerkt: „Die Gewohnheit, die Güter nicht getheilt zu sehen, und die Ueber= zeugung von ihrer Nützlichkeit hat sich so sehr in Flandern erhalten, daß noch heute, wenn ein Bauer mit Tode abgeht und mehr Kinder hinterläßt als aus der Baarschaft oder den Allodien be= friedigt werden können, die Erben nicht daran denken, sich in den Hof zu theilen, obgleich er keinem Lehnsverbande noch Majoritäts= rechte unterworfen ist. Sie verkaufen ihn vielmehr in Masse und theilen sich in den Erlös. Sie betrachten das väterliche Gut als einen Edelstein, der an Werth verliert, wenn er durchgesägt wird." Daß eine gleiche Ansicht in Frankreich in hohem Grade vorherrschen muß, das erhellt aus der Häufigkeit der Landverkäufe, welche in zehn Jahren sich auf den vierten Theil des ganzen Flächenraums des Landes belaufen. Von Hrn. Passy werden in seinem Auf= satze „Ueber die Veränderungen der landwirthschaftlichen Verhält= nisse des Departements de l'Eure seit dem Jahre 1800" *) andere Thatsachen angeführt, die zu dem nämlichen Schluß führen. „Das Beispiel dieses Departements bezeugt, daß zwischen der Vertheilung des Landeigenthums und der Bewirthschaftung nicht, wie einige Schriftsteller dies behauptet haben, ein Zusammenhang besteht, welcher sie unaufhaltsam zur Uebereinstimmung treibt. In keiner

---

*) Im Journal des Économistes erschienen.

Gegend des Departements üben die Veränderungen im Eigenthum einen bemerkbaren Einfluß auf den Umfang der Landwirthschaften aus. Während in Districten mit kleinen Wirthschaften Ländereien, die demselben Eigner gehören, gewöhnlich unter viele Landwirthe vertheilt sind, ist es auch nicht ungewöhnlich in Gegenden, wo das große Cultursystem (la grande culture) vorherrscht, daß ein und derselbe Landwirth die Ländereien von verschiedenen Eigenthümern pachtet. Namentlich in den Ebenen von Vexin begnügen sich manche thätige und reiche Landwirthe nicht mit einem einzelnen Gute; andere fügen zu den Ländereien ihrer hauptsächlichen Wirth= schaft alle diejenigen in der Nachbarschaft hinzu, deren Pachtung sie möglich machen können, und bringen es auf diese Weise zu einem Gesammtbesitz, der in einzelnen Fällen zweihundert Hectaren erreicht oder überschreitet. Je mehr die Güter zertheilt werden, um so häufiger wird dieses Abkommen, und da dasselbe dem In= teresse aller Betheiligten zusagt, so ist es wahrscheinlich, daß die Zeit es befestigen wird."

„In einigen Gegenden, z. B. in der Nähe von Paris," be= merkte Herr de Lavergne *) „wo die Vorzüge der großen Land= wirthschaft einleuchtend werden, zeigt sich auch die Tendenz einer Vergrößerung der Landgüter, indem mehrere Güter zu Einem ver= bunden werden oder auch Pächter ihre Wirthschaft ausdehnen, in= dem sie von einer Anzahl verschiedener Eigenthümer kleine Grund= stücke pachten. Ueberall sonst haben sowohl Pachtungen wie eigener Landbesitz von zu großem Umfange die Tendenz zur Theilung. Die Landwirthschaft findet ganz von selbst diejenige Organisation, welche ihr am besten zusagt." Es ist eine von dem nämlichen Verfasser nachgewiesene schlagende Thatsache, daß diejenigen Departements, welche die größte Zahl kleiner bäuerlicher Grundstücke haben — Nord, Somme, Pas de Calais, Unter=Seine, Aisne und Oise — sämmtlich zu den reichsten und am besten cultivirten Theilen Frank= reichs gehören.

Zu weit getriebene Theilung des Bodens und übermäßige Kleinheit der Landwirthschaften sind ohne Zweifel ein vorherrschender Uebelstand in einigen Ländern mit bäuerlichen Eigenthümern, ins= besondere in einigen Theilen Deutschlands und Frankreichs. Die Regierungen von Bayern und Nassau haben es für nothwendig erachtet, der Theilbarkeit eine gesetzliche Schranke zu setzen, und die preußische Regierung hat eine gleiche Maßregel den Ständen der Rheinprovinz erfolglos vorgeschlagen. Man wird indeß, wie ich glaube, nirgends finden, daß die kleine Landwirthschaft das System

---

*) Économie rurale de la France pp. 455; 117, 141, 152 u. a.

der Bauern und die große Landwirthschaft das der großen Guts=
herren sei; im Gegentheil, überall wo die kleinen Güter unter
eben so viele Eigenthümer vertheilt sind, bin ich überzeugt, daß auch
das große Landeigenthum unter zu viele kleine Pächter zerstückelt
ist; der Grund wird in beiden Fällen derselbe sein, nämlich daß
Capital, Geschicklichkeit und landwirthschaftlicher Unternehmungsgeist
sich dort in einem zurückgebliebenen Zustande befinden. Man darf
wohl mit Grund annehmen, daß die Bodenzerstückelung in Frank=
reich nicht weiter geht als man auf Rechnung dieser Ursache setzen
kann, daß dieselbe im Abnehmen, nicht im Zunehmen begriffen ist,
und daß die laute Besorgniß, die in einigen Regionen über das
Fortschreiten der Zerstückelung geäußert wird, zu den unbegründet=
sten, wirklichen oder vorgegebenen, Schreckbildern gehört.

Wenn Bauerhöfe dahin wirken, die Bodentheilung über das
Maß hinaus, welches der landwirthschaftlichen Praxis des Landes
entspricht und bei großen Landgütern gebräuchlich ist, zu befördern,
so muß die Ursache in einem der heilsamen Einflüsse des Systems
liegen, in dem vorzüglichen Grade, wie es Voraussicht bei denen
befördert, welche noch kein bäuerliches Eigenthum besitzen, aber es
sich zu erwerben hoffen. In England, wo der Arbeiter für seine
Ersparnisse keine andere Art des Anlegens hat als die Spar=
casse, und keine Stellung, wozu er durch die Ausübung von Spar=
samkeit gelangen kann, ausgenommen vielleicht die eines kleinen
Ladeninhabers mit der Gefahr des Bankerotts, findet man durch=
aus nichts, was dem strebsamen haushälterischen Sinne entspricht,
der denjenigen erfüllt, welcher sich selbst durch Ersparungen aus
dem Stande des Taglöhners zu dem eines Grundeigenthümers er=
heben kann. Fast alle Gewährsmänner stimmen darin überein, daß
die eigentliche Ursache der Bodenzerstückelung in dem höheren Preise
liegt, der für den Boden durch Verkauf an Bauern, welche darin
ihre kleinen Capitalansammlungen anlegen, erzielt werden kann, ver=
glichen mit der Ueberlassung desselben im ganzen an irgend einen
reichen Käufer, der dabei keinen andern Zweck vor Augen hat als
von dem Einkommen des Bodens zu leben, ohne diesen weiter zu
verbessern. Die Hoffnung, auf solche Weise ihre Ersparniß zu ver=
werthen, ist für die, welche ohne Grundeigenthum sind, der mäch=
tigste Reiz, um Betriebsamkeit, Mäßigkeit und Enthaltsamkeit, wo=
von ja ihr Erfolg bei diesem verständigen Streben abhängt, zu üben.

Als Ergebniß dieser Untersuchung über die directe Wirkung
und den indirecten Einfluß der Bauerhöfe hat sich, wie ich glaube,
herausgestellt, daß zwischen dieser Form des Landeigenthums und
einem unvollkommenen Zustande der Künste der Production kein
nothwendiger Zusammenhang stattfindet; daß keine andere bestehende

Art der Landwirthschaft einen so wohlthätigen Einfluß auf die Erwerbthätigkeit, Intelligenz, Mäßigkeit und Voraussicht der Bevölkerung hat, noch auch im allgemeinen so sehr einer unbedachtsamen
Zunahme ihrer Zahl entgegenwirkt; und daß daher, im ganzen
genommen, bei dem gegenwärtigen Zustande der Erziehung keine
andere sowohl ihrem moralischen wie physischen Gedeihen so günstig
ist. Verglichen mit dem englischen Systeme des landwirthschaftlichen
Betriebes mit Tagelöhnern muß sie als außerordentlich wohlthätig
für die arbeitende Classe betrachtet werden. Die Vergleichung mit
dem gemeinschaftlichen Landeigenthum von Arbeiterassociationen gehört nicht hierher.

Capitel VIII.

Von den Halbpächtern.

§. 1. Von dem Falle, wo der Ertrag des Bodens und der
Arbeit ungetheilt dem Arbeiter gehört, gehen wir zu den Fällen
über, wo derselbe getheilt wird, aber nur zwischen zwei Classen —
Arbeitern und Landeigenthümern — indem der Charakter des Capitalisten, wie es sich gerade trifft, entweder mit dem einen oder
dem andern zusammenfällt. Man kann sich freilich denken, daß möglicher Weise, wenn zwei Classen von Leuten sich in den Ertrag
theilen, die eine derselben die der Capitalisten sein kann, indem der
Charakter des Arbeiters und der des Landeigners vereint die andere bildet. Dies kann auf zweierlei Art stattfinden. Die Arbeiter
könnten, obschon ihnen selbst der Boden gehört, denselben einem
Pächter vermiethen und von diesem wieder als Lohnarbeiter beschäftigt werden. Dies Verhältniß würde jedoch, selbst in den sehr
seltenen Fällen, die dasselbe hervorrufen könnten, keine besondere
Erörterung erfordern, da es in keiner wesentlichen Beziehung von
dem dreifachen System der Arbeiter, Capitalisten und Grundherren
abweicht. Der andere Fall ist nicht ungewöhnlich, wo nämlich ein
bäuerlicher Eigenthümer sein Gut bewirthschaftet, aber das erforderliche wenige Capital durch eine Hypothek auf sein Grundstück
sich verschafft. Auch dieser Fall zeigt keine erhebliche Besonderheit.
Hierbei ist nur Eine Person, der Bauer selbst, die über die Ver-

waltung allein zu verfügen hat; der Bauer bezahlt eine feste Jah=
resrente als Zinse an einen Capitalisten, eben so wie er eine andere
bestimmte Summe als Steuern an die Regierung zahlt. Ohne uns
bei diesen Fällen länger aufzuhalten, gehen wir zu denen über,
welche ausgeprägte besondere Züge aufweisen.

Wenn die in den Ertrag sich theilenden Parteien der oder die
Arbeiter und der Landeigenthümer sind, so kommt es nicht wesent=
lich darauf an, wer von beiden das Capital hergibt, oder ob sie
es beide, wie dies öfterer geschieht, in einem gewissen Verhältniß zu
einander thun. Der wesentliche Unterschied liegt nicht hierin, son=
dern in einem anderen Umstande, nämlich darin, ob die Theilung
des Ertrages zwischen beiden durch Herkommen oder durch Con=
currenz regulirt wird. Wir betrachten zunächst den ersteren Fall,
von dem die Landwirthschaft auf Halbpacht (métairie) die haupt=
sächliche und in Europa fast die einzige Form ist.

Das Princip des Halbpachtsystems ist, daß der Arbeiter oder
Bauer sich direct mit dem Landeigenthümer abfindet, und nicht eine
feste Rente in Geld oder in Producten, sondern einen gewissen
Antheil vom Ertrage entrichtet, oder vielmehr von demjenigen,
was vom Ertrage übrig bleibt, wenn das zur Erhaltung des Be=
triebes Erforderliche in Abzug gebracht ist. Gewöhnlich ist das Ver=
hältniß dieses Antheils, wie schon der Name andeutet, die Hälfte;
in einigen Gegenden beträgt er zwei Dritttheile. Was die Betriebs=
mittel anlangt, so variirt das Herkommen in den verschiedenen Ge=
genden; in einigen gibt der Gutsherr das Ganze her, in anderen
die Hälfte, noch anderswo einen besonderen Bestandtheil, z. B.
das Vieh und die Saat, während der Arbeiter für die Geräth=
schaften zu sorgen hat. „Diese Art Verbindung," sagt Sismondi
mit hauptsächlicher Berücksichtigung von Toskana *), „ist oftmals
Gegenstand eines Contracts, um gewisse Dienstleistungen und ge=
legentliche Zahlungen, wozu der Halbpächter sich anheischig macht,
festzustellen. Die Unterschiede in den Verbindlichkeiten des einen
Contracts von denen des anderen sind jedoch unbedeutend. Das
Herkommen beherrscht gleichmäßig alle diese Anordnungen und be=
stimmt alle Stipulationen, die in den Contract nicht aufgenommen
sind. Der Grundherr, welcher es unternähme, vom Herkommen
abzugehen, welcher mehr forderte als sein Nachbar, welcher zur
Grundlage der Uebereinkunft etwas anderes als die gleiche Thei=
lung der Ernte nähme, würde sich so verhaßt machen, würde so
gewiß sein, keinen ordentlichen Halbpächter zu erhalten, daß der

---

*) Études sur l'Économie politique. 6. Essai: De la Condition des
Cultivateurs en Toscane.

Contract aller Halbpächter als übereinstimmend, wenigstens für jede Provinz, angesehen werden kann, und daß eine Concurrenz unter den Bauern bei der Nachfrage nach Beschäftigung, oder ein Angebot, den Boden zu lästigeren Bedingungen als Andere zu bewirthschaften, niemals vorkommt." In gleichem Sinne äußert sich Chateauvieux in Betreff der Halbpächter in Piemont. „Man betrachtet das Landgut als ein Erbtheil und denkt nicht daran, die Pacht zu erneuern, sondern es geht so fort von einer Generation zur anderen, ohne schriftliche Aufzeichnungen und Register."

§. 2. Wenn die Theilung des Ertrages eine Sache des festen Herkommens, nicht der wechselnden Uebereinkunft ist, so hat die Volkswirthschaft keine Gesetze der Vertheilung zu erforschen. Sie hat, wie im Falle des bäuerlichen Eigenthums, nur den Einfluß des Systems zu betrachten, erstens auf die moralische und physische Lage des Bauernstandes, und zweitens auf die Wirksamkeit der Arbeit. In beiden Beziehungen hat das Halbpachtsystem die charakteristischen Vorzüge des bäuerlichen Eigenthums, aber in geringerem Grade. Der Halbpächter hat ein schwächeres Motiv zur Anstrengung als der bäuerliche Eigenthümer, weil statt des Ganzen nur die Hälfte der Früchte seiner Erwerbthätigkeit ihm eigen gehört. Andererseits hat er ein stärkeres Motiv als ein Taglöhner, der an dem Resultat kein weiteres Interesse hat als daß er nur nicht entlassen wird. Wenn der Halbpächter nicht von seinem Besitz entfernt werden kann, ausgenommen wegen Verletzung seines Contracts, so hat er ein stärkeres Motiv sich anzustrengen als irgend ein Pächter auf Grundzins, wenn dieser nicht eine Erbpacht hat. Der Halbpächter ist wenigstens der Compagnon seines Grundherrn und hat den halben Antheil an ihrem gemeinschaftlichen Gewinne. Wo überdies die Beständigkeit seines Besitzes durch Herkommen gewährleistet ist, da zeigt sich bei ihm Anhänglichkeit an seine Landstelle und viel vom Gefühle eines Eigenthümers. Es wird hierbei vorausgesetzt, daß der halbe Ertrag hinreicht, ihm einen angemessenen Unterhalt zu verschaffen. Ob dem so ist, das wird bei einem gegebenen landwirthschaftlichen Zustande durch den Grad der Bodentheilung bedingt, welcher wiederum von der Einwirkung der Bevölkerungszunahme abhängig ist. Eine solche Zunahme über die Zahl hinaus, welche sich auf dem Boden füglich ernähren kann oder durch Fabriken in Anspruch genommen wird, wirkt ja, wie wir gesehen, auch auf das Wesen des bäuerlichen Eigenthums zurück, also nicht weniger, sondern eher mehr auf eine Bevölkerung von Halbpächtern. Die bei dem System des bäuerlichen Eigenthums hervorgehobene Tendenz, nämlich in diesem Punkte Bedachtsamkeit zu befördern, ist jedoch in nicht geringem

Grade ebenfalls dem Halbpachtſyſtem eigen. Auch hierbei läßt ſich leicht und genau berechnen, ob eine Familie ernährt werden kann oder nicht. Wenn der Eigenthümer des ganzen Ertrages leicht beur=theilen kann, ob er die Production ſo weit ſteigern kann, um eine größere Zahl Perſonen eben ſo gut wie bisher zu erhalten, ſo iſt dieſe Frage für den Eigenthümer von nur der Hälfte eben ſo leicht zu löſen *). Eine Abwehr gibt es übrigens, welche dieſes Syſtem außer den ſchon aus dem Syſtem des Landeigenthums hervorgehenden Rückſichten dar=zubieten ſcheint; es findet ſich hier nämlich ein Gutsherr, der einen be=ſchränkenden Einfluß geltend machen kann, indem er ſeine Einwilligung zu weiterer Theilung verſagt. Dieſer Abwehr lege ich jedoch keine große Wichtigkeit bei, weil ein Landgut, ohne zerſtückelt zu werden, mit über=flüſſigen Arbeitern belaſtet ſein kann und die zunehmende Zahl der Hände den Rohertrag ſteigert, der Grundherr alſo, der ja den halben Ertrag erhält, unmittelbar dadurch gewinnt, während der Nachtheil allein die Arbeiter trifft. Auch der Grundherr muß end=lich freilich durch die Armuth der letzteren leiden, indem er gezwun=gen iſt, ihnen Vorſchüſſe zu gewähren, beſonders nach ſchlechten Ernten; und eine Vorausſicht dieſes ſchließlichen Nachtheils kann auf ſolche Grundherren, die künftige Sicherheit einem augenblick=lichen Gewinn vorziehen, wohlthätig einwirken.

Der charakteriſtiſche Nachtheil des Halbpachtſyſtems wird von Adam Smith ſehr treffend dargelegt. Nachdem darauf hinge=wieſen, wie Halbpächter offenbar das Intereſſe haben, daß der ge=ſammte Ertrag ſo groß wie möglich ſei, damit auch ihr Antheil möglichſt groß ausfallen möge, fährt er ſo fort: „es kann jedoch

*) Fréd. Bastiat in ſeinen Considérations sur le métayage (Journal des Économistes, Février 1846) verſichert, daß ſelbſt in Frankreich, unbeſtreit=bar dem mindeſt günſtigen Beiſpiele des Halbpachtſyſtems, der Einfluß des=ſelben auf Zurückhaltung der Bevölkerungszunahme ſichtbar iſt: „Es iſt eine erwieſene Thatſache, daß die Tendenz zu einer übermäßigen Volksvermehrung ſich hauptſächlich im Schooße der Menſchenclaſſe, die vom Arbeitslohn lebt, herausſtellt. Die Bedachtſamkeit, welche die Heirathen verſpätet, hat über ſie wenig Gewalt, weil die Uebel, die aus dem Uebermaß der Concurrenz hervor=gehen, derſelben nur ſehr dunkel und in einer anſcheinend wenig Beſorgniß erregenden Ferne vorſchweben. Für ein Land iſt es daher die günſtigſte Lage, wenn es ſo organiſirt iſt, daß das Tagelöhnerweſen möglichſt ausgeſchloſſen wird. In Ländern mit dem Halbpachtſyſtem werden die Heirathen vornehmlich durch die Bedürfniſſe der Landwirthſchaft beſtimmt; ihre Zahl ſteigt, wenn durch irgend einen Umſtand die Halbpachten für die Arbeiter nachtheilige Lücken darbieten; ſie nimmt wieder ab, ſobald die Lücken ausgefüllt ſind. Hier wirkt ein leicht zu ermittelnder Zuſtand, nämlich das Verhältniß zwiſchen der Aus=dehnung des Guts und der Zahl der Hände gleichſam wie die Vorſehung. So ſehen wir denn auch, daß, wenn kein Umſtand dazwiſchen tritt, um einer über=zähligen Bevölkerung Auswege zu eröffnen, dieſe ſtationär bleibt. Die ſüdlichen Departements Frankreichs liefern dafür den Beweis."

diese Classe von Landbauern nie das Interesse haben, einen Theil
des kleinen Capitalvorraths, den sie von ihrem Antheil am Ertrage
ersparen möchten, für die weitere Verbesserung des Bodens zu
verausgaben, weil der Grundherr, ohne selbst etwas verausgabt zu
haben, die Hälfte von allem, was auch mehr producirt wäre, erhalten würde. Der Zehnte, der ja ein so viel kleinerer Theil vom
Ertrage ist, erweist sich schon als ein sehr bedeutendes Hinderniß
aller Bodenverbesserung. Eine Abgabe also, die sich auf den halben
Antheil beläuft, muß sie geradezu gehemmt haben. Es dürfte im
Interesse des Halbpächters liegen, mit den ihm vom Eigenthümer
verschafften Capitalmitteln dem Boden einen möglichst großen Ertrag abzugewinnen, aber er kann nie ein Interesse haben, einen
Theil seines eigenen Capitals hineinzustecken. In Frankreich, wo
fünf Sechstel des ganzen Reichs, wie man sagt, noch im Besitz
dieser Classe von Landbauern ist, klagen die Grundeigenthümer, daß
ihre Halbpächter jede Gelegenheit wahrnehmen, um das Vieh ihrer
Herren lieber zum Fuhrwerk statt zum Ackerbau zu benutzen, weil
sie in dem einen Falle den ganzen Gewinn für sich behalten, in
dem anderen aber mit ihrem Grundherrn theilen müssen."

Es liegt allerdings ganz in der Natur dieses Pachtverhältnisses,
daß alle Verbesserungen, welche Capitalverausgabung erfordern, mit
dem Capital des Grundherrn herzustellen sind. Dies ist jedoch
wesentlich auch in England überall der Fall, wo die Pächter auf
beliebige Kündigung stehen — oder, wenn Arthur Young Recht
hat, selbst bei neunjährigen Pachten. Wenn der Grundherr Willens
ist, Capital zu Verbesserungen herzugeben, so hat der Halbpächter
das größte Interesse, dieselben zu fördern, weil ja die Hälfte des
Nutzens daraus ihm zuwächst. Da jedoch die beständige Dauer
seines Besitzes, deren er sich in dem hier erörterten Falle nach dem
Herkommen erfreuet, seine Einwilligung zu einer nothwendigen Bedingung macht, so sind der Sinn für das einmal überlieferte und
die Abneigung gegen Neuerung, die für eine durch Erziehung nicht
gebildete ackerbautreibende Bevölkerung charakteristisch sind, ohne
Zweifel ein ernstliches Hinderniß gegen Verbesserungen, wie auch
die Vertheidiger des Halbpachtsystems einzuräumen scheinen.

§. 3. Bei englischen Schriftstellern hat das Halbpachtsystem
keine Gnade gefunden. „Es läßt sich nicht Ein Wort zu Gunsten
dieser Einrichtung anführen," sagt Arthur Young*), „und tausend Gründe können gegen dieselbe vorgebracht werden. Einzig und
allein das harte Gebot der Nothwendigkeit kann man zu ihren
Gunsten geltend machen. Die Armuth der Pächter ist so groß, daß

*) a. B. V. I. pp. 404 ff. II. pp. 151 ff.; 217.

der Grundherr das Gut mit den Betriebsmitteln ausstatten muß, oder es würde hiervon ganz entblößt sein. Dies ist eine höchst drückende Last für den Eigenthümer, der auf solche Weise genöthigt ist den Wechselfällen der Landwirthschaft in ihrer gefährlichsten Form sich auszusetzen, nämlich sein Eigenthum gänzlich den Händen von Leuten zu überlassen, welche im Allgemeinen unwissend, größtentheils unbedachtsam und theilweise selbst schlecht sind."

„Bei dieser elendesten aller Arten von Verpachtung erhält der betrogene Grundherr eine erbärmliche Rente, der Landmann ist in der äußersten Armuth, der Boden wird kläglich bewirthschaftet, und die Nation im ganzen leidet eben so sehr wie die einzelnen Betheiligten..... Ueberall wo dieses System vorherrscht, da kann man es als ausgemacht ansehen, daß sich eine nichtsnutzige und elende Bevölkerung vorfindet.... Wo ich im Mailändischen armes und unbewässertes Land sah, da war es in den Händen von Halbpächtern. Sie sind ihrem Grundherrn fast immer für Saat oder Lebensmittel verschuldet und ihre Lage ist schlimmer als die eines Tagelöhners.... Es gibt wenige Gegenden in Italien, wo die Ländereien dem sie besitzenden Landwirthe zu einer Geldrente verpachtet sind; wo aber dies der Fall ist, da sind die Ernten größer, ein klarer Beweis für die Verwerflichkeit des Halbpachtsystems." — Herr Mac Culloch*) spricht sich in gleichem Sinne aus: „Ueberall wo das Halbpachtsystem Eingang gefunden, da hat es allen Verbesserungen einen Riegel vorgeschoben und die Landleute in die kläglichste Armuth gebracht." Herr Jones theilt die allgemeine Ansicht und bezieht sich zu deren Bestätigung auf Turgot und Destutt-Tracy. Abgesehen von Young's gelegentlicher Hinweisung auf Italien scheint die Auffassung bei allen diesen Schriftstellern hauptsächlich von Frankreich hergeleitet zu sein, und zwar von dem Frankreich vor der Revolution **). Nun aber

---

*) Principles of Political Economy. 3. ed. p. 471.
**) Hr. Tracy bildet eine theilweise Ausnahme, da seine Erfahrung später herabreicht als die Revolutionsperiode; er gibt jedoch zu (wie Hr. Jones selbst dies auch an einer andern Stelle angeführt hat), daß er nur mit einem beschränkten unfruchtbaren District mit bedeutender Bodenzerstückelung bekannt sei.
Hr. Passy ist der Meinung, daß bei dem Halbpachtsystem der französische Bauernstand in Dürftigkeit sich befinde und das Land schlecht bewirthschaftet sein müsse, weil der von dem Grundherrn in Anspruch genommene Antheil an dem Ertrage zu hoch ist. Nur in günstigerem Clima kann ein Land, das nicht gerade von der üppigsten Fruchtbarkeit ist, die Hälfte seines Rohertrages als Rente bezahlen und dabei dem Landwirth noch genug übrig lassen, um ihn in den Stand zu setzen die kostspieligeren und werthvolleren

bietet die Lage der französischen Halbpächter unter dem alten Regime keineswegs die typische Form dieser Art Contracte. Für diese Form ist wesentlich, daß der Eigenthümer alle Steuern bezahlt. In Frankreich hatte aber die Befreiung des Adels von der directen Besteuerung die Regierung dahin gebracht, die ganze Last ihrer fortwährend steigenden fiskalischen Anforderungen denen, die den Boden baueten, aufzubürden, und diesem Umstande grade schrieb Turgot die äußerste Dürftigkeit der Halbpächter zu — eine Dürftigkeit, die in einigen Fällen so weit ging, daß seiner Angabe nach im Limousin und Angoumois, welche Provinzen er selbst verwaltete, die Landleute, nach Abzug aller Lasten, selten mehr als fünfundzwanzig bis dreißig Livres per Kopf für ihren ganzen jährlichen Lebensunterhalt behielten, nicht in baarem Gelde, sondern nach Berechnung alles dessen, was sie von den eingeernteten Producten selbst verzehrten *). Nehmen wir noch hinzu, daß sie nicht die factische Erbpacht der Halbpächter in Italien hatten („in Limousin werden die Halbpächter für nicht viel mehr als Domestiken angesehen, die man beliebig fortjagen kann, und sind genöthigt, in allen Stücken sich dem Willen der Grundherren zu fügen," bemerkt Arthur Young, V. I., p. 404), so leuchtet es ein, daß die älteren französischen Zustände gegen das Halbpachtsystem in seiner besseren Gestalt kein Argument abgeben. Eine Bevölkerung, die nichts ihr eigen nennen, die gleich den irländischen Häuslern unter keinen Umständen schlimmer daran sein konnte, hatte keinen Beweggrund ihre Vermehrung und die immer weiter gehende Bodenzerstückelung zu beschränken, bis wirkliche Hungersnoth hemmend entgegentrat.

Eine hiervon höchst abweichende Schilderung des Halbpachtsystems in Italien finden wir bei den sorgfältigsten Schriftstellern. Fassen wir zuerst den Punkt der Bodenzerstückelung ins Auge. In der Lombardei gibt es nach Chateauvieux's Mittheilung in seinen „Briefen aus Italien" wenige Landgüter, die größer als sechszig Acres und auch wenige, die kleiner als zehn sind. Diese Güter sind sämmtlich in Halbpacht, im eigentlichen Sinne des

---

Ackerbauproducte anzubauen (Système de Culture, p. 35). — Dies ist ein Vorwurf nur in Betreff der numerischen Proportion, die freilich die gewöhnliche ist, aber keine wesentliche Bedingung des Systems bildet.

*) Vergl. Mémoire sur la Surcharge des Impositions, qu'éprouvait la Généralité de Limoges, adressé au Conseil d'état en 1766. Oeuvres de Turgot Vol. IV., pp. 260—304. Die hier und da vorkommende Verbindlichkeit der Grundherren, einen Theil der Steuern zu bezahlen, war nach Turgot's Angabe neueren Ursprungs und eine Folge zwingender Nothwendigkeit. „Der Eigenthümer versieht sich nur dann dazu, wenn er sonst keine Halbpächter finden kann, so daß selbst in diesem Falle der Halbpächter auf dasjenige beschränkt ist, was er eben bedarf, um nicht Hungers zu sterben."

Worts. Sie zeigen eine Reichhaltigkeit an passenden landwirthschaft=
lichen Baulichkeiten, wie sie in irgend einem anderen Lande in Eu=
ropa selten vorkommt u. s. w. Und von Piemont, wo ebenfalls
das Halbpachtsystem vorherrscht, sagt derselbe Verfasser, „in keinem
Theile der Welt versteht man die Bewirthschaftung des Bodens
besser als in Piemont, und dies erklärt die Erscheinung seiner star=
ken Bevölkerung und sehr bedeutenden Ausfuhr von Lebensmitteln.“
Von dem Anbau des Arnothales so wie von der Lebensweise der
dortigen ländlichen Bevölkerung entwirft ferner der genannte Rei=
sende eine förmlich idyllische Schilderung.

Nicht ganz so günstig lautet in einigen Punkten Chateau=
vieux's Zeugniß über die Lage der einzelnen Landleute. „Es ist
nicht die natürliche Fruchtbarkeit des Bodens noch der dem Auge
des Reisenden auffallende allgemeine Ueberfluß, was das Wohlbe=
finden der Einwohner ausmacht. Die Zahl der Individuen, unter
welche sich der Gesammtertrag vertheilt, ist es, wodurch der Antheil
bestimmt wird, dessen Genuß jedem einzelnen zufallen kann. Und
dieser ist dort sehr klein. Ich habe freilich ein köstliches, gutbe=
wässertes, fruchtbares und mit beständiger Vegetation bedecktes Land
vorgeführt; ich habe gezeigt, wie es in unzählige eingehegte Stücke
getheilt ist, die gleich eben so vielen Beeten in einem Garten tau=
send abwechselnde Arten des Anbaues enthalten, auch erwähnt, daß
alle diese kleinen besonderen Grundstücke mit gut gebaueten Häusern
versehen sind, mit Weinlaub bekleidet und mit Blumen verziert; —
wenn man aber in diese Häuser hineingeht, findet man einen gänzlichen
Mangel an allen Lebensbequemlichkeiten, einen mehr als frugalen Tisch
und einen allgemeinen Eindruck der Entbehrung.“ Stellt aber
Chateauvieux hier nicht unbewußt die Lage der Halbpächter
derjenigen der Pächter in anderen Ländern gegenüber, während doch
der eigentliche Maßstab zur Vergleichung die Lage der landwirth=
schaftlichen Taglöhner gewesen wäre?

Ungeachtet seiner Bemerkung über die Armuth der Halbpächter
spricht Chateauvieux sich, wenigstens was Italien betrifft, zu
Gunsten dieses Systems aus. „Dasselbe beschäftigt und interessirt
fortwährend die Eigenthümer, was bei großen Grundherren, die ihre
Güter zu festen Renten verpachten, nicht der Fall ist. Es begründet
eine Gemeinsamkeit der Interessen und freundliche Beziehungen
zwischen dem Eigenthümer und den Halbpächtern, von welchen letz=
teren ich selbst oft Zeuge gewesen bin und die auf die moralische
Lage der Gesellschaft einen sehr vortheilhaften Einfluß äußern. Bei
diesem System hat der Eigenthümer stets ein Interesse an dem
Ausfall der Ernte und verweigert es nie, einen Vorschuß darauf
zu leisten, welchen der Boden mit Zinsen zurückzuvergüten verspricht.

Durch solche Vorschüsse und die darauf begründete Hoffnung ist es geschehen, daß die reichen Grundeigenthümer allmälig den ganzen landwirthschaftlichen Betrieb in Italien vervollkommnet haben. Ihnen verdankt das Land die zahlreichen Bewässerungssysteme, so wie die Terrassencultur auf den Hügeln — allmälige, aber bleibende Verbesserungen, welche gewöhnliche Bauern aus Mangel an Mittel nie beschafft hätten, welche auch nicht von Pächtern noch von den großen Eigenthümern, die ihre Güter zu festen Renten verpachten, ausgeführt worden wären, da diese kein hinlängliches Interesse daran haben. So bildet das System von selbst jene innige Verbindung zwischen dem reichen Eigenthümer, dessen Mittel für die Verbesserung der Cultur sorgen, und dem Halbpächter, dessen Sorgfalt und Arbeit durch ein gemeinsames ·Interesse dahin gerichtet wird, diese Vorschüsse bestens zu verwerthen."

Das allergünstigste Zeugniß für das Halbpachtsystem hat Sismondi (in dem schon angeführten 6. Essai) abgelegt, der hierbei den Vorzug hat, daß seine Auskunft darüber nicht die eines Reisenden ist, sondern daß er als dort lebender Grundeigenthümer mit dem ländlichen Leben genau bekannt war. Seine Angaben beziehen sich auf Toscana im allgemeinen und ganz besonders auf das Thal von Nievoli, wo sein Gut lag. Von dem sorgfältigen Anbau des Ganzen, dem allgemeinen Wohlstande, dem heiteren Lebensgenusse und dem erfreulichen Zustande der Intelligenz und Moralität entwirft Sismondi die lebhafteste Schilderung*).

§. 4. Auf die vorstehenden Zeugnisse ist nicht in dem Sinne Bezug genommen, als werde dadurch die innere Vortrefflichkeit des Halbpachtsystems an sich schon bewiesen; sie dürften aber hinreichen, um nachzuweisen, daß weder „kläglich bewirthschafteter Boden" noch die „elendeste Armuth" in nothwendigem Zusammenhange damit stehen, und daß der ungemessene Tadel, mit dem englische Schriftsteller dieses System überschüttet haben, auf einer äußerst beschränkten

*) [Es erschien nicht erforderlich, die nur für das englische Publicum berechneten wörtlichen Auszüge aus den idyllischen Schilderungen von Sismondi u. a. hier aufzunehmen, da ihr Resultat ohnehin mitgetheilt wird. Nur die Bemerkung dürfte nicht zu übergehen sein, daß Hr. Jones die günstige Lage der Halbpächter nahe bei Florenz einräumt, dieselbe aber theilweise dem Strohflechten zuschreibt, wodurch die Frauen der Landleute einen reichlichen Tagelohn erwürben. Hiergegen bemerkt unser Verfasser: „Selbst diese Thatsache spricht zur Gunsten des Halbpachtsystems, denn in den Theilen Englands, wo Strohflechten oder Spitzenklöppeln von den Frauen und Kindern der arbeitenden Classen betrieben wird, wie in Bedfordshire und Buckinghamshire, ist die Lage derselben nicht besser, sondern eher schlimmer als anderswo, indem der Lohn für landwirthschaftliche Arbeit um das volle Aequivalent herabgedrückt ist."]

Auffassung der Sache beruht. Ich betrachte die landwirthschaftlichen Verhältnisse Italiens einfach als neuen Beleg zu Gunsten
kleiner Landgüter mit Beständigkeit des Besitzes. Es ist ein Beispiel davon, was diese beiden Elemente, selbst unter der Ungunst
der Eigenthümlichkeit des Halbpachtcontracts, leisten können, wo die
Motive zur Anstrengung nur halb so stark sind als wenn der Boden,
bei gleicher Bedingung des beständigen Besitzes, zu einer Rente
Geld gepachtet wäre, möge diese für alle Zeit festbestimmt sein, oder
auch nach einer Regel, wobei der Landwirth noch den vollen Nutzen
seiner Anstrengungen behält, variiren. Das Halbpachtsystem ist nicht
der Art, daß wir dessen Einführung da wünschen sollten, wo die
Anforderungen der Gesellschaft es nicht naturgemäß ins Leben gerufen haben; allein eben so wenig möchten wir es auf die blos theoretische Ansicht von seiner Schädlichkeit hin abgeschafft sehen. Wenn
in Toscana das System in der Praxis so wohlthätig wirkt, wie
dies mit jedem Anschein einer speciellen Sachkenntniß von einer so
competenten Autorität wie Sismondi geschildert wird, wenn die
Lebensweise des Volks und der Umfang der Landgüter sich Menschenalter hindurch gleichmäßig erhalten hat und noch jetzt behauptet, wie
er versichert*), so wäre es zu bedauern, wenn ein solcher Zustand
des ländlichen Wohlbefindens, der weit über das hinausgeht, was
in den meisten europäischen Ländern erreicht ist, aufs Spiel gesetzt
werden sollte durch einen Versuch, unter dem Vorwande landwirthschaftlicher Verbesserung ein System von Renten in Geld und Pächtern mit Capital einzuführen. Selbst wo die Halbpächter arm sind
und die Bodenzerstückelung weit geht, ist es nicht als selbstverständlich vorauszusetzen, daß eine Veränderung zu etwas besserem führen
würde. Die Vergrößerung der Güter und die Einführung der sogenannten landwirthschaftlichen Verbesserungen vermindern gewöhnlich die Zahl der auf dem Boden beschäftigten Arbeiter. Wenn nun
nicht die Zunahme des Capitals im Handel und Fabrikswesen für
die außer Beschäftigung gesetzte Bevölkerung anderweitigen Erwerb
eröffnet, oder wenn nicht uncultivirte Bodenstrecken zur Benutzung
vorhanden sind, wo sie angesiedelt werden kann, so wird die Concurrenz den Arbeitslohn so herabdrücken, daß die Leute wahrschein-

---

*) „Man sieht niemals eine Familie von Halbpächtern dem Grundherrn
eine Theilung des Gutes vorschlagen, es sei denn, daß die Arbeit wirklich ihre
Kräfte übersteigt und sie die Gewißheit hat, auf einer kleineren Bodenfläche noch
dieselben Vortheile zu erzielen. Man sieht niemals in einer Familie mehrere
Söhne zu gleicher Zeit sich verheirathen und eben so viele neue Hausstände
bilden. Einer nur nimmt eine Frau und übernimmt die Sorge für die
Haushaltung; keiner der Brüder verheirathet sich, es sei denn, daß der andere
ohne Kinder bliebe, oder daß man einem anderen Bruder ein neues Halb-
pachtgut anböte." Nouveaux Principes, Liv. III. ch. 5.

lich als Tagelöhner schlimmer daran sind, als sie es als Halb=
pächter waren.

Hr. Jones erhebt gegen die französischen Oeconomisten des
vorigen Jahrhunderts den gerechten Vorwurf, daß sie bei Verfol=
gung ihres Lieblingszweckes, nämlich Renten in Geld einzuführen,
nur daran dachten, andere Pächter an die Stelle der vorhandenen
Halbpächter zu setzen, statt diese in Pächter auf Geldzins umzu=
wandeln. Dies kann, wie richtig bemerkt wird, schwerlich bewirkt
werden, wenn nicht, um die Halbpächter in den Stand zu setzen zu
sparen und Capital anzusammeln, die Grundeigenthümer sich längere
Zeit eine Verminderung ihres Einkommens gefallen lassen, statt
eine Vermehrung zu erwarten, was meistens für sie das unmittel=
bare Motiv war, um den Versuch zu machen. Wenn solche Um=
wandlung vor sich gegangen wäre und in der Lage des Halbpäch=
ters keine anderweitige Veränderung stattgefunden hätte; wenn unter
Beibehaltung aller anderen Rechte, die das Herkommen ihm sichert,
er lediglich frei wird von dem Anspruch des Grundherrn auf die
Hälfte des Ertrages und statt dessen eine mäßige feste Rente zu
entrichten hat, so würde der Landmann in so weit seine Stellung
verbessert haben, als ihm künftig, statt nur die Hälfte, die gesamm=
ten Früchte der von ihm beschafften Verbesserungen gehören würden.
Aber auch so würde die Wohlthat nicht ganz ohne Beimischung sein.
Ein Halbpächter, obschon selbst kein Capitalist, hat einen Capitalisten
zu seinem Compagnon und erlangt so, wenigstens in Italien, die
Benutzung eines beträchtlichen Capitals, wie dies durch die Vor=
trefflichkeit der landwirthschaftlichen Baulichkeiten bewiesen wird. Es
ist nun nicht wahrscheinlich, daß die Grundeigenthümer länger ein=
willigen sollten, ihr bewegliches Eigenthum den Wechselfällen des
landwirthschaftlichen Betriebes auszusetzen, wenn sie ohnehin eines
festen Geldeinkommens gewiß sind. So würde die Sache liegen,
selbst wenn die Veränderung den factischen beständigen Besitz des
Halbpächters ungestört ließe und ihn wirklich in einen bäuerlichen
Eigenthümer zu einem Erbzins umwandeln würde. Wenn man ihn
aber nur in einen gewöhnlichen Pächter umgewandelt annimmt,
nach Belieben des Grundherrn zu entfernen und dem ausgesetzt,
daß die Bodenrente ihm durch Concurrenz zu einer Höhe getrieben
wird, welche anzubieten oder zu versprechen irgend ein Unglücklicher
sich finden läßt, der gerade Subsistenz sucht, so würde der Halb=
pächter alle Rücksichten in seiner Lage verlieren, die ihn gegen
fernere Verschlimmerung schützen; er würde aus seiner jetzigen
Stellung, als halber Eigenthümer des Bodens, verdrängt werden
und zu einem sogenannten Häusler herabsinken.

Capitel IX.

Von den Häuslern.

§. 1. Mit der allgemeinen Benennung der Häuslerpacht (cottier tenure) sollen alle Fälle ohne Ausnahme bezeichnet werden, wo
der Arbeiter seinen Contract wegen eines Stück Landes ohne einen
capitalbesitzenden Pächter macht und wobei die Bedingungen des
Contracts, namentlich die Höhe der Rente, nicht durch Herkommen,
sondern durch Concurrenz bestimmt werden. Das hauptsächliche Beispiel in Europa von dieser Pachtart ist Irland, und von diesem
Lande stammt der Name „Cottier"*). Man konnte bis noch vor
kurzem beinahe von der gesammten landwirthschaftlichen Bevölkerung
Irlands sagen, daß sie aus Häuslern besteht, außer wo das s. g.
Ulster Pächterrecht eine Ausnahme bildete. Es gab dort freilich
eine zahlreiche Classe von Arbeitern, welche nicht im Stande gewesen sind, auch nur den kleinsten Streifen Boden als bleibende
Pachtung zu erhalten, wie man annehmen kann, in Folge der Wei-
gerung entweder der Eigenthümer oder der im Besitz befindlichen
Pächter eine weitere Zerstückelung zu gestatten. Durch die Seltenheit des Capitals war jedoch die Gewohnheit, Arbeitslohn mittelst
Land zu bezahlen, so vorherrschend geworden, daß selbst solche Leute,
die gelegentlich für die Häusler oder die dort noch vorkommenden
größeren Pächter arbeiten, gemeiniglich nicht mit baarem Gelde bezahlt wurden, sondern mittelst der Erlaubniß für das Jahr ein Stück
Land zu bestellen, welches ihnen meistens von dem größeren Pächter
fertig gedüngt geliefert ward und unter dem Namen „conacre"
bekannt war. Sie verstanden sich dazu, hierfür eine Rente in Geld,
oft mehrere Pfund Sterling per Acre zu zahlen, aber in Wirklichkeit kam gar kein Geld zum Vorschein, indem die Schuld in Arbeit
nach einer Geldschätzung abgetragen ward.

　　Da bei dem Häuslersystem der Ertrag in zwei Theile zerfällt,
nämlich Bodenrente und die Vergütung an den Arbeiter, so wird
offenbar das eine durch das andere bestimmt. Der Arbeiter behält,

---

*) In seiner ursprünglichen Auffassung bezeichnet das Wort „Cottier"
eine Classe von Afterpächtern, welche von den kleinen Pächtern ein Häuschen
nebst einem oder zwei Acres Land gemiethet haben. Der Gebrauch der
Schriftsteller hat jedoch seit lange schon den Ausdruck so weit ausgedehnt, daß
er jene kleinen Pächter selbst in sich begreift und überhaupt alle bäuerlichen
Pächter, deren Bodenrente durch die Concurrenz bestimmt wird.

was der Grundherr ihm nicht abnimmt, und seine Lage ist von der
Höhe der Rente abhängig. Indem die Rente durch Concurrenz regulirt
wird, hängt sie ab von dem Verhältniß zwischen der Nachfrage nach
Land und dem Angebot desselben. Die Nachfrage wird ferner durch
die Zahl der Concurrenten bedingt und diese besteht aus der gesammten ländlichen Bevölkerung. Die Folge dieser Verpachtungsart
ist also, das Princip der Volksvermehrung direct auf die Boden-
verhältnisse, und nicht wie in England auf das Capital einwirken
zu lassen. Da nun der Boden eine gegebene Größe ist, während
die Bevölkerung eine unbegrenzte Vermehrungsfähigkeit besitzt, so
schraubt die Concurrenz, wofern nicht etwa die Bevölkerungszunahme
aufgehalten wird, die Rente bis zum höchsten Punkt, wobei die
Leute noch eben ihr Leben fristen können. Die Wirkungen des
Häuslerpachtsystems sind demnach davon abhängig, in wie weit die
Fähigkeit der Bevölkerungszunahme entweder durch Herkommen,
durch individuelle Bedachtsamkeit oder durch Hungersnoth und Krankheiten beschränkt wird.

Es wäre eine Uebertreibung, wollte man behaupten, daß von
vorn herein die Häuslerpacht mit einer günstigen Lage der arbeitenden Classe unverträglich sei. Wenn man dasselbe bei einem
Volke voraussetzen könnte, das an ein hohes Maß von Lebensannehmlichkeit gewöhnt ist, dessen Ansprüche so wären, daß sie für
den Boden keine höhere Rente bewilligten, als welche ihnen eine
reichliche Subsistenz übrig ließe, und dessen mäßige Vermehrung
keine Bevölkerung zurückläßt, um durch ihre Concurrenz die Rente
in die Höhe zu treiben, vorbehältlich wenn der steigende Bodenertrag in Folge der zunehmenden Geschicklichkeit in den Stand setzen
würde eine höhere Rente bequem zu bezahlen; in solchem Falle
möchte die das Land bauende Classe bei diesem Pachtsystem eine
eben so große Vergütung und einen eben so großen Antheil an den
Lebensbedürfnissen und Annehmlichkeiten haben, wie bei jedem
anderen. Sie würden indeß, so lange ihre Renten willkürlich sind,
keinen derjenigen besonderen Vortheile genießen, welche Halbpächter
nach dem toscanischen System aus ihrer Verbindung mit dem
Boden ableiten. Sie würden weder die Benutzung eines ihren
Grundherren gehörigen Capitals haben, noch auch diesen Mangel
gut machen durch die inneren Motive zur körperlichen und geistigen
Anstrengung, welche bei dem Bauern, der die Gewißheit eines beständigen Besitzes hat, wirksam sind. Im Gegentheil, jeder erhöhte
Werth, den die Anstrengungen des Pächters dem Boden verleihen,
würde keine andere Folge haben als auch die Rente zu erhöhen,
entweder schon für das nächste Jahr oder spätestens wenn seine
Pachtperiode abläuft. Die Grundherren können genug Gerechtig-

keitsgefühl oder Gutmüthigkeit haben, um sich des Vortheils, welchen
die Concurrenz ihnen verschaffen würde, nicht zu bedienen, und ver=
schiedene Grundherren dürften hiernach mehr oder weniger ver=
fahren. Man darf sich jedoch nie sicher darauf verlassen, daß irgend
eine Classe Menschen gegen ihr unmittelbares pecuniäres Interesse
handeln werde. Selbst ein Zweifel hierüber würde beinahe den=
selben Einfluß haben wie Gewißheit, denn wenn jemand erwägt,
ob er sich jetzt einer Anstrengung oder einem Opfer unterziehen soll
für eine verhältnißmäßig ferne Zukunft, so neigt sich die Schaale
schon bei einer sehr geringen Wahrscheinlichkeit, daß die Früchte der
Anstrengung oder des Opfers ihm entzogen werden dürften. Die
einzige Gewährleistung gegen Unsicherheit solcher Art wäre das Auf=
kommen eines Herkommens, das demselben Besitzer eine Beständig=
keit seiner Pacht sicherte, ohne Verbindlichkeit zu irgend einer anderen
Erhöhung der Rente als welche durch die allgemeine Meinung des
Gemeinwesens möglicher Weise sanctionirt werden möchte. Das
Ulster Pächterrecht ist ein solches Herkommen. Die bedeutenden
Summen, welche abziehende Pächter von ihren Nachfolgern für die
gutwillige Ueberlassung ihrer Güter erhalten*), beschränken erstlich
die Concurrenz auf Personen, die jene Summen anzubieten haben,
während derselbe Umstand auch beweist, daß der Grundherr selbst
von jener beschränkteren Concurrenz keinen Vortheil für sich zieht,
da die Rente des Gutsherrn nicht den Betrag des Ganzen erreicht,
was der neu eintretende Pächter nicht allein anbietet, sondern auch
wirklich bezahlt. Dies thut er in dem vollen Vertrauen, daß die
Rente nicht werde gesteigert werden. Hierfür hat er die Garantie
eines Herkommens, welches allerdings nicht durch das Gesetz aner=
kannt ist, aber seine verbindliche Kraft aus einer anderen Sanction
ableitet, die in Irland sehr gut verstanden wird**). Ohne Beistand

---

*) „Es ist nicht ungewöhnlich, daß ein Pächter ohne Erbpacht oder län=
geren Contract das bloße Privilegium des Besitzes seines Pachtgutes zum
Preise von zehn bis sechszig bis hinauf zu zwanzig und sogar vierzig Be=
trägen der jährlichen Bodenrente verkauft, ohne sichtbare Zeichen von durch
ihn beschafften Verbesserungen." Digest of evidence taken by Lord Devon's
Commission, Einleitung. Der Herausgeber fügt hinzu: „Der verhältniß=
mäßig ruhige Zustand jenes Districtes (Ulster) darf vielleicht hauptsächlich
diesem Umstande zugeschrieben werden."

**) (Aus demselben Digest.) „In der großen Mehrzahl der Fälle ist es
keine Wiedererstattung von gehabten Auslagen oder beschafften Bodenverbesse=
rungen, sondern blos eine Lebensversicherung von Ablauf von sonst dro=
henden Gewaltthätigkeiten." — „Das gegenwärtige Ulster Pächterrecht ist ein
Erbpachtrecht im Entstehen." — „Wenn das Pächterrecht unbeachtet bleibt und
ein Landbesitzer vertrieben wird, ohne den Preis seiner gutwilligen Entfernung
empfangen zu haben, sind Gewaltthätigkeiten die ganz gewöhnliche Folge...."

der einen oder anderen Art ist nicht zu erwarten, daß in irgend einem im Fortschritt begriffenen Gemeinwesen ein die Bodenrente beschränkendes Herkommen sich bilde. Wenn Vermögen und Bevölkerung stationär wären, so würde im allgemeinen auch die Bodenrente stationär sein und, nachdem sie eine lange Zeit hindurch unverändert geblieben, dahin kommen auch als unveränderlich angesehen zu werden. Aber jeder Fortschritt hinsichtlich des Vermögens und der Bevölkerung wirkt auch auf die Steigerung der Bodenrente hin. Bei dem Halbpachtsystem gibt es eine feste Weise, wonach der Eigner des Bodens sicher ist an dem daraus gewonnenen größeren Ertrage theilzunehmen. Beim Häuslersystem kann er dies aber nur durch eine Abänderung des Contracts, und diese wird bei einem fortschreitenden Gemeinwesen fast immer zu seinem Vortheil ausfallen. Sein Interesse würde sich daher der Bildung eines Herkommens, wonach Bodenrente in eine feste Forderung umgewandelt wird, entschieden entgegenstellen.

§. 2. Wo die Höhe der Bodenrente weder durch Gesetz noch durch Herkommen beschränkt ist, hat ein Häuslersystem die Nachtheile des schlechtesten Halbpachtsystems, ohne kaum einen der Vorzüge, wodurch jene Nachtheile bei der besten Art des letztgedachten Systems aufgewogen werden. Es ist kaum anders möglich als daß die Häuslerlandwirtschaft durchweg einen elenden Zustand aufweist. Es ist aber nicht die nämliche Nothwendigkeit vorhanden, daß dabei auch die Lage der Landleute so sei. Wenn durch hinlängliche Beschränkung der Bevölkerungszunahme die Concurrenz bei der Nachfrage nach Land niedergehalten und äußerster Armuth vorgebeugt werden könnte, so würde eine bedachtsame und annehmliche Lebensweise gute Aussicht haben sich zu behaupten. Aber selbst unter diesen günstigen Umständen würden die Motive zur Voraussicht bedeutend schwächer sein als bei den Halbpächtern, welche, wie in Toskana, durch Herkommen gegen eine Entziehung ihres Landbesitzes geschützt sind. Eine so geschützte Halbpächterfamilie kann durch keine andere unvorsichtige Vermehrung, als ihre eigene, verarmen, aber eine Häuslerfamilie, wie verständig und enthaltsam sie selbst auch sein mag, kann durch die Folgen der Vermehrung anderer Familien die Bodenrente zu ihren Ungunsten gesteigert sehen. Ein Schutz der Häusler gegen dieses Uebel könnte allein aus einem diese Classe durchdringenden Gefühl ihrer Pflicht und Würde hervorgehen. Aus dieser Quelle könnte jedoch für sie

„Der zerrüttete Zustand von Tipperary und die agrarische Verbindung durch ganz Irland sind nur ein methodischer Krieg, um das Ulster Pächterrecht zu erlangen."

ein bedeutender Schutz abgeleitet werden. Wenn das gewöhnliche Maß der Lebensanforderungen bei dieser Classe hoch ist, dürfte ein junger Mann sich nicht dazu entschließen eine Rente anzubieten, die ihn in eine schlechtere Lage als den früheren Inhaber bringen würde; oder es könnte auch, wie in einigen Ländern wirklich der Fall ist, die allgemeine Sitte sein, nicht zu heirathen als bis eine Landstelle frei geworden.

Aber nicht da, wo ein hohes Maß der Lebensannehmlichkeit in den Sitten der arbeitenden Classe Wurzel geschlagen hat, haben wir je Veranlassung die Wirkungen des Häuslersystems zu betrachten. Dieses System findet sich nur dort, wo die gewohnten Lebensanforderungen auf der möglich niedrigsten Stufe stehen; wo, so lange sie nicht förmlich vor Hunger umkommen, die Leute sich anhaltend vermehren und die Volksvermehrung nur durch Krankheiten und kürzere Lebensdauer in Folge des Mangels an dem rein physischen Lebensbedarf gehemmt wird. Dies war der unglückliche Zustand des größten Theils des irländischen- Landvolks. Wenn ein Volk in diesen Zustand versunken ist, und noch mehr, wenn es in demselben seit unvordenklicher Zeit sich befunden hat, so ist das Häuslersystem ein fast unübersteigliches Hinderniß sich aus demselben zu erheben. Wenn die Lebensweise eines Volkes der Art ist, daß seine Vermehrung nicht anders aufgehalten wird als durch die Unmöglichkeit auch nur den allernothwendigsten Lebensunterhalt zu erlangen, und wenn dieser Unterhalt nur vom Boden gewonnen werden kann, so sind alle Uebereinkünfte und Contracte hinsichtlich der Höhe der Rente rein nominell. Die Concurrenz zur Erlangung von Land bringt die Pächter dahin größere Zahlung zu versprechen als zu leisten möglich ist, und wenn sie alles, was sie können, bezahlt haben, so bleiben sie doch noch fast immer mit der Rente im Rückstande.

Hr. Revans, der Secretär der Untersuchungscommission in Betreff des irländischen Armengesetzes bemerkt hierüber *): „Von dem irländischen Landvolk kann man mit Wahrheit behaupten, daß jede Familie, die nicht hinreichend Land besitzt um daraus ihren Unterhalt zu gewinnen, eines oder mehrere ihrer Mitglieder sich durch Bettelei ernähren läßt. Man kann demnach leicht begreifen, daß von den Landleuten alles aufgeboten wird um kleine Grundstücke zu pachten, und daß sie bei ihren Geboten nicht durch die

---

*) Evils of the State of Ireland, their Causes and their Remedies (p. 10), eine Schrift, die außer anderen Dingen eine Auswahl und Zusammenstellung aus dem Material enthält, das die Commission, bei welcher der Erzbischof Wahtely den Vorsitz hatte, gesammelt hat.

Fruchtbarkeit des Bodens oder die Fähigkeit die Rente bezahlen zu
können geleitet werden, sondern so viel bieten als ihnen Aussicht
zu geben scheint, nur erst in den Besitz zu kommen. Sie sind fast
durchgängig außer Stande die versprochene Rente zu zahlen; und sie
werden daher ihren Grundherren fast eben so früh verschuldet als sie
von ihren Landstellen Besitz genommen. Unter dem Namen von
Rente liefern sie den ganzen Bodenertrag ab, mit Ausnahme eines
eben zu ihrer Existenz hinreichenden Kartoffelvorraths. Da aber
dies der versprochenen Rente selten gleichkommt, so behält der Ver=
pächter beständig gegen sie eine steigende Schuldforderung. In eini=
gen Fällen würde die größte Menge des Ertrages, die ihre Land=
stellen je geliefert, oder die bei ihrem Feldbausystem in dem aller=
günstigsten Jahr hervorgebracht werden könnte, der versprochenen
Rente nicht gleich kommen; wenn daher der Bauer seine Verbind=
lichkeiten gegen den Grundherrn erfüllen würde, wozu er selten im
Stande ist, so müßte er den Boden ganz umsonst bauen und dem
Grundherrn nur für die Erlaubniß hierzu eine Prämie entrichten.
An der Seeküste bezahlen in der That Fischer, und in den nörd=
lichen Grafschaften zu Hause arbeitende Weber häufig mehr an
Rente als der Marktwerth des ganzen Ertrages des von ihnen ge=
pachteten Bodens beträgt. Man könnte voraussetzen, daß sie besser
daran sein würden, wenn sie unter solchen Umständen gar keinen
Landbesitz hätten. Aber die Fischerei könnte während einer oder
zwei Wochen fehlschlagen, und so auch die Nachfrage nach den Er=
zeugnissen des Webstuhls, so daß sie, wenn sie nicht die Landstelle,
worauf ihre Nahrung gewachsen ist, besäßen, Hungers sterben wür=
den. Der volle Betrag der versprochenen Rente wird jedoch selten
bezahlt. Der Bauer bleibt beständig in Schuld gegen seinen Grund=
herrn; seine erbärmliche Habe — seine und seiner Familie klägliche
Kleidung, die zwei oder drei Stühle und die wenigen Küchenge=
schirre, welche seine elende Hütte enthält, würden beim Verkauf die
bestehende und fortwährend steigende Schuld nicht decken. Das
Landvolk ist meistens mit einem Jahre in Rückstand und die Ent=
schuldigung der Leute, warum sie nicht mehr bezahlen, ist ihre völ=
lige Armuth. Sollte der Ertrag der Pachtstelle in einem Jahre
reichlicher als gewöhnlich ausfallen oder der Landmann durch
irgend einen Zufall zum Besitz einigen Eigenthums gelangen, so kann
sich seine Lebensweise nicht verbessern. Er kann nicht bessere oder
reichlichere Nahrung anschaffen, seinen Hausrath nicht vermehren,
noch seiner Frau und seinen Kindern bessere Kleidung geben. Das
Erworbene muß demjenigen, von dem er seine Landstelle gepachtet
hat, ausgekehrt werden. Die zufällige Mehreinnahme setzt ihn nur
in den Stand seinen Rückstand an der Rente zu verringern und so

seine Austreibung aufzuschieben.   Darüber hinaus gehen seine Er=
wartungen nicht."

Als ein äußerstes Beispiel von der Stärke der Concurrenz
bei der Pachtung von Land so wie von der ungeheuren Höhe, bis
zu welcher die nominelle Rente gelegentlich getrieben wird, können
wir aus den von Lord Devon's Commission aufgenommenen
Zeugenaussagen eine Thatsache citiren, die von Hrn. Hurly,
Regierungsbeamten für Kerrh, bezeugt wurde. (Evidence p. 851)
„Ich wußte, daß jemand auf eine mir sehr gut bekannte Pachtung,
im Werthe von 50 Pfund Sterling jährlich, bieten wollte; ich sah,
daß die Concurrenz bis zu dem Punkte stieg, daß jener endlich zu
einer Rente von 450 Pfund Sterling als Pächter angenommen
wurde."

§. 3. Was kann ein Pächter bei einer solchen Lage durch eine
noch so große Erwerbthätigkeit oder Klugheit gewinnen, was durch
Leichtsinn verlieren? Wenn der Grundherr zu irgend einer Zeit
sein volles Recht geltend machte, so würde der Häusler nicht im
Stande sein das Leben zu fristen. Wenn er durch außerordentliche
Anstrengung den Ertrag seiner kleinen Landstelle verdoppelte und
dabei vorbedächtig sich enthielte Münder hervorzubringen, um den=
selben aufzuessen, so würde sein Gewinn nur darin bestehen, daß
er mehr übrig behält, um es seinem Grundherrn zu bezahlen, wäh=
rend wenn er zwanzig Kinder hätte, diese erst ernährt sein würden
und der Grundherr nur das Uebriggebliebene nehmen könnte. Unter
dem ganzen Menschengeschlecht ist fast nur der Häusler in der Lage,
daß er durch sein eigenes Thun sich kaum besser oder schlimmer
stellen kann. Ist er erwerbsam oder vorsichtig, so gewinnt dadurch
kein anderer als sein Grundherr; ist er träge oder unmäßig, so
geschieht auch dies auf Kosten des Grundherrn. Die Phantasie
selbst kann keine Lebenslage ausdenken, leerer an Motiven, sei es
zur Arbeit oder zur Enthaltsamkeit. Die Reizmittel freier Menschen
sind weggenommen, und der Zwang der Sclaverei ist dafür nicht
eingetreten. Er hat nichts zu hoffen und nichts zu fürchten, als
nur aus dem Besitz seiner Pachtung entfernt zu werden, und hier=
gegen schützt er sich selbst durch die ultima ratio eines defensiven
Bürgerkrieges. Die Erscheinungen des „Rockism" und „White-
boyism" waren bei Leuten, welche nichts mehr ihr eigen nennen
konnten als eine tägliche Mahlzeit der schlechtesten Art von Nah=
rungsmitteln, die Kundgebung des Entschlusses, sich nicht auch diese
noch zum Vortheil anderer Leute entziehen zu lassen.

Ist es nun nicht eine bittere Satyre auf die Art und Weise,
wie sich Meinungen über die wichtigsten Probleme der Natur und
des Lebens der Menschen bilden, wenn man angesehene öffentliche

Lehrer antrifft, welche das Zurückbleiben der irländischen Erwerb=
thätigkeit und den Mangel an Energie beim irischen Volke, um seine
Lage zu verbessern, einer eigenthümlichen Indolenz und Sorglosig=
keit der celtischen Race zuschreiben? Unter allen vulgären Arten,
sich einer Erwägung der Folgen socialer und moralischer Einflüsse
auf den menschlichen Geist zu entziehen, ist die vulgärste, die Ver=
schiedenheiten des Verfahrens und des Charakters angeborener
natürlicher Verschiedenheit zuzuschreiben. Welche Race würde nicht
träge und sorglos sein, wenn die Dinge so geordnet sind, daß sie
aus Vorsicht und Anstrengung keinen Vortheil ziehen kann? Wenn
die Verhältnisse, in deren Mitte diese Leute leben und arbeiten, der
Art sind, wie kann man sich da wundern, daß die Sorglosigkeit und
Gleichgiltigkeit sich so festgesetzt haben, daß sie nicht gleich im ersten
Augenblick, wo sich eine Gelegenheit zeigt, daß Anstrengung ihnen
wirklich von Nutzen sein kann, abgeschüttelt werden? Es ist sehr
natürlich, daß ein vergnügungssüchtiges und empfindsam organisirtes
Volk wie die Irländer weniger Neigung hat zu ausdauernder gleich=
mäßiger Arbeit als die Engländer, weil für sie das Leben mehr
Anregungen hat, die hievon unabhängig sind; aber sie sind nicht
minder zur Arbeit geeignet als ihre celtischen Brüder, die Fran=
zosen, noch auch weniger als die Toskaner oder die alten Griechen.
Eine erregbare Organisation ist gerade eine solche, wo bei ent=
sprechender Anregung es am leichtesten ist einen Geist eifriger An=
strengung anzufachen. Es spricht durchaus nicht gegen die Befähi=
gung zur Betriebsamkeit bei menschlichen Wesen, daß sie sich nicht
anstrengen wollen, so lange sie kein Motiv dazu haben. Keine Ar=
beiter verrichten in England oder Amerika schwerere Arbeit als die
Irländer; freilich nicht unter einem Häuslersystem.

§. 4. Die zahlreiche Volksmenge, die den Boden von Indien
bauet, befindet sich in einer dem Häuslersystem ziemlich entsprechen=
den, zugleich aber in einer davon ziemlich abweichenden Lage, so
daß eine Vergleichung beider Zustände ganz lehrreich sein dürfte.
In den meisten Theilen Indiens gibt es in Bezug auf den Landbau
nur zwei contrahirende Parteien, den Grundherrn und den Bauer,
und dies scheint immer der Fall gewesen zu sein. Der Grundherr
ist in der Regel der Souverain, außer wo dieser durch eine be=
sondere Verleihung seine Rechte einem Privatmann, der dann sein
Vertreter wird, übertragen hat. Die Zahlungen der Bauern oder,
wie man sie dort nennt, der Ryots, sind selten oder wohl nie durch
Concurrenz regulirt worden wie in Irland. Obschon die in den
einzelnen Gegenden geltenden Gewohnheiten unendlich von einander
verschieden waren und gegen den Willen des Souverains praktisch
kein Herkommen galt, so bestand doch immer irgend eine Art Regel,

die einer Nachbarschaft gemeinsam war; der Steuereinnehmer machte
nicht seine Rechnung mit den einzelnen Bauern, sondern besteuerte
jeden nach der für alle übrigen angenommenen Regel. Der Begriff
eines Eigenthums, oder auf alle Fälle doch eines Rechts auf beständigen Besitz, ward so beim Landmann aufrecht erhalten. Es
entstand die Anomalie einer dem Bauer zustehenden Erbpacht und
daneben einer willkürlichen Macht ihm die Bodenrente zu erhöhen.
Als die mongolische Herrschaft für den größeren Theil Indiens
an die Stelle der Hindu-Fürsten trat, verfuhr sie nach einem verschiedenen Princip. Eine genaue Aufnahme des Bodens ward beschafft und hierauf eine Abgabe begründet, welche für jedes einzelne
Feld die der Regierung zu leistende Zahlung besonders feststellte.
Wenn diese Abgabe nie überschritten wäre, so würden sich die Rhots
in der verhältnißmäßig vortheilhaften Stellung bäuerlicher Eigenthümer befunden haben, welche einem drückenden, aber festen Erbzins unterworfen sind. Der Mangel jedes wirklichen Schutzes gegen
ungesetzliche Erpressungen machte jedoch diese Verbesserung ihrer
Lage fast nominell. Mit Ausnahme des gelegentlichen Vorkommens
eines menschlichen und kräftigen Verwalters in einzelnen Gegenden
hatten die Erpressungen keine andere praktische Grenze als die Unfähigkeit des Rhots mehr zu zahlen.

Einem solchen Zustand der Dinge folgte die englische Herrschaft über Indien. Diese erkannte schon in früher Zeit die Wichtigkeit, diesem willkürlichen Charakter des Einkommens vom Boden
ein Ende zu machen und den Forderungen der Regierung eine feste
Grenze zu geben. Auf die mongolische Schätzung zurückzugehen versuchte man nicht. Im allgemeinen ist es die sehr verständige Praxis
der englischen Regierung in Indien gewesen, demjenigen, was als
die Theorie der dort einheimischen Staatseinrichtungen dargelegt
wurde, wenig Beachtung zu schenken, dagegen die bestehenden und
in der Praxis anerkannten Rechte zu untersuchen, zu schützen und
zu erweitern. Lange Zeit hindurch machte sie jedoch hinsichtlich
thatsächlicher Verhältnisse arge Versehen und die vorgefundenen
Gewohnheiten und Rechte wurden sehr mißverstanden. Diese Miß-
verständnisse entstanden aus der Unfähigkeit gewöhnlicher Geister,
sich einen Zustand gesellschaftlicher Beziehungen zu denken, die von
denen, mit welchen man praktisch vertraut ist, fundamental verschieden sind. Da England an große Landgüter und große Grundherren gewöhnt ist, so nahmen die englischen Herrscher es als ausgemacht an, daß Indien gleiches haben müsse. Indem sie sich nun
nach einer Classe Leute umsahen, die dieser ihrer Auffassung entsprechen möchten, verfielen sie auf eine Art Steuereinsammler, Zemindars genannt. Ueber diese bemerkt der philosophische Geschichts-

schreiber Indiens*): „Der Zeminbar hatte einige der Attribute, welche einem Grundeigenthümer zukommen; er zog die Bodenrente eines besonderen Bezirkes ein, regierte die Landleute dieses Districts, lebte mit verhältnißmäßigem Aufwand, und wenn er starb, ward sein Sohn sein Nachfolger. Die Zeminbars waren demnach, so schloß man ohne sich weiter aufzuhalten, die Eigenthümer des Bodens, der große und kleine Landadel (landed nobility and gentry) Indiens. Es ward nicht beachtet, daß die Zeminbars, wenn sie die Renten auch einzogen, diese doch nicht behielten, sondern sie mit einem Abzuge sämmtlich der Regierung auszahlten. Es blieb ferner unbeachtet, daß wenn sie die Ryots regierten und in mancher Hin-sicht über sie despotische Gewalt ausübten, sie dies doch keineswegs in dem Sinne thaten als besäßen die Ryots ihre Ländereien von ihnen auf wirkliche oder contractmäßige Pacht. Die Besitzung des Ryots war eine erbliche Besitzung, von der ihn zu entfernen dem Zeminbar durchaus nicht zustand. Von jedem Heller, den der Ze-minbar dem Ryot abnahm, war er verpflichtet Rechnung abzulegen, und es geschah nur durch Betrug, wenn er von allem, was er ein-cassirte, eine „ana" mehr zurückbehielt als den geringfügigen An-theil, der als Vergütung für die Eincassirung ihm zugestanden war."

„Es fand in Indien ein so günstiges Zusammentreffen statt wie die Weltgeschichte dazu kein Seitenstück aufweist. Nächst dem Souverain hatten die unmittelbaren Landbauer bei weitem das größte Interesse am Boden. Für die wirklich bestehenden Rechte der Zeminbars hätte leicht eine vollständige Entschädigung beschafft werden können. Man entschloß sich zu der edelmüthigen Revolution der wirthschaftlichen Verbesserung des Landes die Eigenthumsrechte des Souverains zum Opfer zu bringen. Die Motive zur Ver-besserung, welche das Eigenthum gibt und deren Bedeutung man so richtig würdigte, hätten denjenigen verliehen werden können, auf welche sie mit einer unvergleichlich größeren Kraft gewirkt haben würden als auf irgend eine andere Menschenclasse; sie hätten näm-lich denen zugewendet werden können, von welchen allein in jedem Lande die hauptsächlichen Verbesserungen im Landbau ausgehen müssen, den unmittelbaren Bearbeitern des Bodens. Eine Maß-regel, würdig eine Stelle einzunehmen unter den edelsten Anord-nungen, die je zur Verbesserung eines Landes stattgefunden, hätte dazu beitragen können, der Bevölkerung Indiens für das so lange ertragene Elend schlechter Regierung einen Ersatz zu gewähren. Aber die Gesetzgeber waren englische Aristokraten und aristokratische Vor-urtheile entschieden."

---

*) Mill's History of British India; Buch IV. Capitel V.

Die Maßregel schlug, was die von ihren wohlmeinenden Ur=
hebern erwarteten hauptsächlichen Erfolge betrifft, gänzlich fehl.
Nicht daran gewöhnt in Anschlag zu bringen, wie die Wirksamkeit
jeder gegebenen Staatseinrichtung schon durch die Mannigfaltigkeit
der Umstände, die innerhalb eines einzelnen Reiches besteht, mobi=
ficirt wird, schmeichelten sie sich mit dem Gedanken, daß sie durch
alle Provinzen von Bengalen englische Grundherren geschaffen
hätten, und es erwies sich, daß sie nur solche von irländischer Art
eingesetzt hatten. Die neue Landaristokratie täuschte jede auf sie
gesetzte Erwartung. Die neuen Grundherren thaten nichts für die
Verbesserung ihrer Landgüter, aber alles zu ihrem eigenen Ruin.
Da man in Indien sich nicht die nämliche Mühe wie in Irland
gegeben hat, um Gutsherren in den Stand zu setzen, den natür=
lichen Folgen ihrer Unbedachtsamkeit zu entgehen, so kamen sämmt=
liche Ländereien in Bengalen wegen Schulden oder Steuerrückständen
zur Sequestration und zum Verkauf, und in einem Menschenalter
waren die alten Zemindars verschwunden. Andere Familien, meistens
die Nachkommen von Geldwechslern in Calcutta oder eingeborenen
Angestellten, die sich unter der britischen Herrschaft bereichert hatten,
nehmen jetzt ihre Stelle ein und leben als unnütze Drohnen auf
dem ihnen überlieferten Boden. Was die Regierung an ihren
pecuniären Ansprüchen geopfert hat, um eine solche Classe ins Leben
zu rufen, ist im günstigsten Fall rein vergeudet worden.

In denjenigen Gegenden Indiens, wo die britische Herrschaft
in neuerer Zeit eingeführt worden, hat man das Versehen, eine
unnütze Classe großer Grundherren mit Geschenken aus dem öffent=
lichen Einkommen auszustatten, vermieden. In den meisten Theilen
der Madras= und in einem Theile der Bombay=Präsidentschaft
wird die Bodenrente direct von den unmittelbaren Landbauern der
Regierung bezahlt. In den Nordwestprovinzen trifft die Regierung
ihre Verabredung mit der Gesammtheit der Dorfgemeinde, indem
sie den von jedem Einzelnen zu entrichtenden Betrag festsetzt, aber
sie zusammen solidarisch verbunden hält. In dem größeren Theil
Indiens haben die unmittelbaren Landbauer des Bodens noch nicht
die Beständigkeit ihrer Pachtung zu einer festen Rente erlangt. Die
Regierung verwaltet das Grundeigenthum nach dem Princip, wo=
nach ein guter irländischer Grundherr sein Landwesen verwaltet;
sie läßt nicht die Concurrenz darüber entscheiden, sie fragt nicht die
Landleute, was dieselben zu bezahlen versprechen wollen, sondern
entscheidet für sich, welche Rente jene wohl leisten können, und be=
stimmt demgemäß ihre Forderung. In vielen Bezirken wird ein
Theil der Landbauer als Pächter der übrigen angesehen, indem die
Regierung nur diejenigen (oft eine große Anzahl) in Anspruch

nimmt, welche als die Nachfolger der ursprünglichen Besitzer oder Eroberer des Dorfes gelten. Zuweilen wird die Rente nur für Ein Jahr festgestellt, mitunter für drei oder fünf; allein die Tendenz der gegenwärtigen Politik geht gleichförmig auf lange Pachtzeiten und erstreckt sich in den nördlichen Provinzen von Indien auf eine Dauer von dreißig Jahren. Diese Anordnung hat noch nicht lange genug bestanden, um durch die Erfahrung zu zeigen, wie weit die Motive, welche lange Pachten bei dem Landmann hervorrufen, hinter dem wohlthätigen Einfluß eines beständigen Besitzes zurückbleiben*). Aber die beiden Systeme eines jährlichen Contracts und von Verpachtungen auf kurze Zeit sind unwiderruflich verurtheilt. Von einem Erfolg derselben kann nur im Vergleich mit der vorher bestandenen unbeschränkten Unterdrückung die Rede sein. Sie werden von niemandem gebilligt und wurden nie in einem anderen Licht betrachtet, als nur wie zeitweilige Anordnungen, die aufzugeben sind, sobald eine vollständige Kenntniß der Fähigkeiten des Landes etwas Dauerhafteres vorbereitet haben wird.

Capitel X.

Neber die Mittel zur Abschaffung des Häuslerpachtwesens.

§. 1. Als die erste Ausgabe dieses Werks geschrieben und veröffentlicht wurde (1847), war die Frage, was mit einer Häuslerbevölkerung zu geschehen habe, für die englische Regierung die dringlichste aller praktischen Fragen. Die Mehrzahl einer Bevölkerung von acht Millionen, die lange in hilfloser Trägheit und entwürdigender Verarmung unter dem Häuslersystem sich hingeschleppt hatte und hierdurch auf bloße Ernährung der wohlfeilsten Art so wie zu der Unfähigkeit reducirt war irgend etwas zur Verbesserung ihres Looses zu thun oder nur zu wollen, diese war endlich durch den völligen Mißwachs jenes niedrigsten Nahrungsmittels in einen Zustand versetzt, wo nur noch die Wahl blieb zwischen Verhungern oder dauernder Erhaltung durch andere Leute und einer

---

*) Die indische Regierung hat seither den Beschluß gefaßt, die langen Pachten der nördlichen Provinzen in beständigen Besitz mit fester Rente umzuwandeln.

durchgreifenden Umgestaltung der wirthschaftlichen Verhältnisse, in
denen jene Mehrzahl der Bevölkerung bisher ihr trübseliges Dasein
geführt hatte. Ein solcher Nothstand hatte die Aufmerksamkeit der
gesetzgebenden Macht wie der Nation auf sich gezogen, allein nicht
mit vielem Erfolge. Indem nämlich das Uebel seinen Ursprung
hatte in einem Landbausystem, welches der Bevölkerung jede Trieb=
feder zum Fleiß und zur Sparsamkeit außer der Furcht vor dem
Verhungern entzog, bestand das vom Parlament getroffene Hilfs=
mittel darin, auch noch diese letzte Triebfeder durch die Verleihung
eines gesetzlichen Anspruchs auf milbthätige Ernährung zu ent=
fernen, während zur Heilung der Ursache des Nothstandes nichts
geschah als leeres Bedauern, wiewohl die Verschleppung der Sache
dem Staatsschatze zehn Millionen Pfund Sterling zu stehen kam.

„Es ist nutzlos (bemerkte ich damals) weitere Gründe dafür
anzuführen, daß das Häuslersystem den wahren Grund der wirth=
schaftlichen Uebel von Irland bildet. So lange die - bäuerlichen
Bodenrenten, durch Concurrenz bestimmt, Landesbrauch bleiben,
Fleiß, nützliche Thätigkeit, irgend eine andere Beschränkung als
durch den Tod für die Bevölkerungszunahme oder irgend eine Ver=
minderung der Armuth zu erwarten, heißt so viel als Trauben von
den Dornen und Feigen von den Disteln pflücken wollen. Wenn
unsere praktischen Staatsmänner zur Erkenntniß dieser Thatsache
nicht reif sind, oder, wenn sie dieselbe auch in der Theorie anerken=
nen, doch für deren Wirklichkeit kein hinreichendes Verständniß
haben, um darauf hin ihre Maßregeln zu begründen, so gibt es
noch eine andere und zwar rein physikalische Erwägung, der sie
unmöglich werden ausweichen können. Wenn der eine Anbau, von
dem die Bevölkerung bisher gelebt hat, fortfährt ganz unsicher zu
sein, so muß entweder der landwirthschaftlichen Entwickelung ein
neuer großer Impuls gegeben werden oder der Boden Irlands ist
nicht länger im Stande, auch nur entfernt die gegenwärtige Volks=
menge zu ernähren. Der Gesammtertrag der westlichen Hälfte der
Insel, der als Rente nichts übrig läßt, kann unmöglich die ganze
Bevölkerung dauernd ernähren und diese wird nothwendig eine
jährliche Last für die Besteuerung des Reichs bleiben, bis sie durch
Auswanderung oder Hungersnoth auf eine dem niedrigen Stande
ihrer Erwerbthätigkeit entsprechende Zahl reducirt ist, oder die
Mittel um diese Erwerbthätigkeit productiver zu machen, gefun=
den sind.“

Seitdem die vorstehenden Worte geschrieben wurden, haben
Ereignisse, die kein Mensch vorhergesehen hat, die englische Regie=
rung in Bezug auf Irland aus Verlegenheiten gerettet, welche
die gerechte Strafe ihrer Gleichgültigkeit und ihres Mangels an

Voraussicht gewesen wären. Irland war bei dem Häuslersystem nicht länger im Stande seine Bevölkerung zu ernähren. Durch die gewährten Hilfsmittel beförderte das Parlament weitere Volksver= mehrung, aber keineswegs die Production. Die Hilfe kam, ohne daß politische Weisheit dafür Vorsorge getroffen hätte, aus einer unerwarteten Quelle. Die sich selbst unterhaltende Auswanderung — das freiwillig und in großartigem Maßstabe ins Werk gesetzte Wakefield'sche System (indem die Kosten der späteren Auswan= derung durch den Verdienst der vorangegangenen Auswanderer be= stritten wurden) — hat jetzt die Bevölkerung Irlands bis auf den Punkt zurückgeführt, wo sie bei dem bestehenden landwirthschaftlichen System Beschäftigung und Unterhalt finden kann. Der Census von 1851 zeigte im Vergleich mit demjenigen von 1841 eine Bevölkerungs= abnahme von mehr als einer und einer halben Million, und der letzte Census (von 1861) hat abermals eine Verminderung von einer halben Million ergeben. Die Irländer haben so den Weg gefunden zu jenem blühenden Continent, der noch für manche Menschenalter im Stande sein wird die Bevölkerungszunahme der ganzen Welt bei unvermindertem Lebensgenusse zu ernähren. Die ländliche Bevöl= kerung Irlands hat es gelernt ihre Augen auf ein irdisches Para= dies jenseits des Oceans zu richten, als eine sichere Zufluchtstätte sowohl gegen die Unterdrückung der „Sachsen" als gegen die Ty= rannei der Natur. Es leidet unter solchen Umständen keinen Zweifel, daß wenn auch die Beschäftigung bei landwirthschaftlichen Arbeiten durch die allgemeine Anwendung des englischen Wirth= schaftssystems durch ganz Irland sich verringern oder ganz Irland, gleich der Grafschaft Sutherland, in eine Meierei (grazing farm) verwandelt werden sollte, die überflüssig gewordene Bevölkerung mit gleicher Raschheit und eben so ohne Unkosten für den Staat, wie die während der letzten drei Jahre vor 1851 dahin ausgewan= derte Million Irländer, nach Amerika übersiedeln wird. Diejenigen, welche der Ansicht sind, daß der Grund und Boden eines Landes weniger tausend Grundeigenthümer wegen da ist und daß, so lange die Bodenrente entrichtet wird, die Gesellschaft und die Regierung ihre Aufgabe erfüllt haben, dürften in dem vorerwähnten Ergebnisse eine glückliche Beendigung der irischen Verlegenheiten erblicken.

Die Zeit, in der wir leben, und die gegenwärtige Entwick= lungsstufe des menschlichen Geistes sind jedoch nicht mehr dazu an= gethan, solche übermüthige Prätensionen zu ertragen. Der Grund und Boden Irlands so wie der eines jeden Landes gehört der Bevölke= rung dieses Landes; Jene, welche Landeigenthümer heißen, haben nach den Grundsätzen der Gerechtigkeit und Billigkeit einen Rechtsan= spruch nur auf die Rente oder auf eine Entschädigung für den Markt=

preis derselben. In Betreff des Bodens an sich muß die Entschei=
dung stets davon abhängen, bei welcher Art von Eigenthumsverhält=
nissen und bei welchem Cultursystem derselbe der Gesammtheit der
Einwohner den meisten Nutzen bringt. Den Eigenthümern der
Bodenrente mag es sehr zusagen, daß die Masse der Bevölkerung,
an Gerechtigkeit verzweifelnd in dem Lande, wo sie und ihre Vor=
fahren gelebt und geduldet haben, in einem andern Welttheile ein
Grundeigenthum aufsucht, das ihnen in der Heimat versagt ist;
allein die gesetzgebende Gewalt sollte eine solche Austreibung von
Millionen Menschen aus ihrem Vaterlande mit anderen Augen
ansehen. Wenn die Bewohner eines Landes dieses in Masse ver=
lassen, weil dessen Regierung keine Maßregeln ergreift um ihnen das
Leben in demselben erträglich zu machen, so ist diese Regierung ge=
richtet und verurtheilt. Es besteht durchaus nicht die Nothwendig=
keit, den Grundeigenthümern einen Pfennig des Geldwerthes ihrer
gesetzlichen Ansprüche zu rauben; allein die Gerechtigkeit erfordert,
daß die wirklichen Landbauer in Irland in die Lage kommen das
zu werden, was sie in Amerika werden wollen — Eigenthümer des
Bodens, den sie anbauen.

Die Staatsklugheit erfordert es nicht minder. Diejenigen, die
weder Irland noch irgend ein fremdes Land kennen und ihren Maß=
stab für Alles, was in socialer und wirthschaftlicher Beziehung
trefflich ist, lediglich der englischen Erfahrung entnehmen, erblicken
das einzige Heilmittel für das irische Elend in der Umwandlung
der Häusler in Lohnarbeiter. Allein dies ist vielmehr ein Plan
zur Verbesserung des irischen Landbaues als der Lage des irischen
Volkes. Der Zustand eines Taglöhners besitzt keine Zauberkraft,
um einem Volke, dem Voraussicht, Mäßigkeit oder Selbstbeherr=
schung abgeht, diese Eigenschaften einzuflößen. Wenn es möglich wäre,
die irischen Landleute durchweg in Lohnempfänger zu verwandeln,
während die alten Charaktereigenschaften und Lebensgewohnheiten
dieselben blieben, so würden wir nur vier oder fünf Millionen
Menschen als Taglöhner in derselben elenden Weise leben sehen,
in welcher sie vorher als Häusler lebten: gleich wenig strebsam in
Ermanglung jeder Lebensannehmlichkeit, gleich gedankenlos in Hin=
sicht der Fortpflanzung, und vielleicht sogar gleich sorglos bei ihrer
Arbeit, denn man könnte sie nicht insgesammt entlassen und, könnte
man es, so hieße dies gegenwärtig einfach sie der Armenpflege
überweisen. Ganz anders würde die Umwandlung der Häusler
in bäuerliche Eigenthümer wirken. Ein Volk, das in Bezug auf
Voraussicht und Gewerbfleiß noch alles zu lernen hat — das an=
erkanntermaßen in Betreff der wirthschaftlichen Tugenden zu den
am tiefsten stehenden in Europa gehört — ein solches Volk bedarf

zu seiner Wiedergeburt der stärksten Antriebe, welche diese Tugenden entfachen können, und noch kennt man keinen Antrieb, der hierin dem Landeigenthum vergleichbar wäre. Ein bauerndes Interesse des Landbauers an dem Boden ist nahezu eine Bürgschaft für die unermüdlichste Arbeitsamkeit; gegen Uebervölkerung ist es kein un= fehlbar wirkendes Mittel, aber doch das beste Präservativ, das man bisher kennt, und wo dieses fehlschlüge, würde jeder andere Plan wahrscheinlich noch weit sicherer das Ziel verfehlen, — das Uebel wäre eben der Einwirkung rein wirthschaftlicher Heilmittel entrückt.

Es steht in Irland nicht viel anders als in Indien. Nun sind zwar auch dort gelegentlich schwere Mißgriffe begangen worden, allein niemals hat Jemand im Namen des landwirthschaftlichen Fortschritts die Verdrängung der Ryots aus ihrem Besitz gefordert. Man hat den Fortschritt vielmehr darin erblickt, daß man den Besitz derselben sicherer zu machen strebte und eine Meinungsverschiedenheit besteht nur darüber, ob hierzu Beständigkeit des Besitzes (Erbpacht, perpetuity) erforderlich ist oder ob lange Pachtzeiten genügen. Dieselbe Frage besteht in Irland und man würde vergebens leugnen wollen, daß lange Pachtzeiten unter solchen Grundherren, wie man sie mitunter findet, sogar in Irland Wunder wirken. Dann muß es aber ein Pacht mit niedrigem Pachtschilling sein. Ein langer Pacht allein genügt keineswegs um dem Häusler=Unwesen ein Ende zu machen. Während des Bestandes des Häuslerpachts waren die Pachtzeiten immer lang: einundzwanzig Jahre und drei Lebenszeiten waren eine gewöhnliche Frist. Allein da die Rente durch Concurrenz bestimmt und somit zu einer Höhe hinaufgeschraubt ward, die für den Pächter unerschwinglich war, so brachte demselben eine Steige= rung des Ertrages keinen Nutzen und konnte ihm bei aller An= strengung von seiner Seite keinen bringen, so daß der Vortheil langer Pachtzeiten nur dem Namen nach bestand. In Indien ver= mag die Regierung dort, wo sie nicht so unklug war ihr Eigen= thumsrecht auf die Zemindars zu übertragen, dieses Uebel zu ver= hindern, denn sie ist selbst die Grundherrin und kann die Rente nach ihrem Ermessen festsetzen. Wo hingegen die Rente durch Con= currenz festgestellt wird und die Concurrenten Landleute sind, die um ihren Unterhalt kämpfen, dort sind nominelle Renten unver= meidlich, außer wo die Bevölkerung so dünn ist, daß die Concurrenz selbst nur eine nominelle ist. Die Mehrzahl der Grundherren greift nach unmittelbarem Geld = und Machtzuwachs, und so lange sie Häusler finden, die ihnen gerne jeden Preis anbieten, wäre es eitel zu erwarten, daß ihre verständige Selbstverleugnung diesem ver= derblichen Mißbrauch steuern werde.

Beständigkeit des Besitzes ist ein stärkerer Antrieb zu Ver=
besserungen als eine lange Pachtzeit: nicht nur darum, weil die
längste Pachtzeit nicht ihr Ende erreicht ohne zu einer kurzen und
immer kürzeren und zuletzt zu gar keiner Pachtzeit zu werden,
sondern aus tiefer liegenden Gründen. Es ist sehr leicht, auch
bei rein wirthschaftlichen Fragen den Einfluß der Einbildungskraft
nicht mit in Anschlag zu bringen. Das Wort „für immer" besitzt
eine Kraft, die auch nicht der längsten Reihe von Jahren inne
wohnt. Mag diese Reihe auch lang genug sein um das Leben der
Kinder und all derjenigen zu umfassen, an denen Jemand persön=
liches Interesse nimmt: so lange derselbe nicht jenen hohen Grad
von Geistesbildung erreicht hat, bei dem das öffentliche Wohl
(welches gleichfalls den Begriff beständiger Dauer in sich schließt)
eine überwiegende Herrschaft über sein Fühlen und Streben gewonnen
hat, wird er nicht mit demselben Eifer bemüht sein den Werth
eines Landgutes zu erhöhen, an dem sein Antheil mit jedem Jahre
im Werth vermindert wird. So lange überdies beständiger Besitz
in Bezug auf Grund und Boden die Regel ist, wie dies in ganz
Europa der Fall ist, wird ein Besitz von beschränkter, wenn auch
noch so langer Zeitdauer sicherlich eine untergeordnete Geltung
und geringeres Ansehen genießen, er wird mit minder regem Eifer
gesucht werden und den, der ihn gefunden hat, nicht mit derselben
nachhaltigen Zuneigung erfüllen. Dem Häusler = Unwesen gegen=
über ist jedoch die Frage der Beständigkeit der Frage der Be=
schränkung der Rente gegenüber völlig untergeordnet. Die Rente,
die ein capitalbesitzender — nicht Brod, sondern Gewinn suchen=
der — Pächter zahlt, mag getrost der Concurrenz überlassen blei=
ben; bei einer Rente, die von Arbeitern gezahlt wird, kann dies
nimmermehr statthaben, es müßten sich denn die Arbeiter auf einer
Stufe der Gesittung befinden, welche Arbeiter noch niemals erreicht
haben und unter derartigen Verhältnissen nicht leicht erreichen
können. Die Renten bäuerlicher Pächter sollten niemals willkürlich
sein, niemals von dem Belieben des Grundherrn abhängen: es ist
unbedingt nothwendig, daß die Sitte oder das Gesetz sie regle,
und wo nicht ein für beide Theile vortheilhafter Brauch, wie das
toskanische Halbpacht = System, sich festgesetzt hat, dort verlangen
Vernunft und Erfahrung, daß sie von Staatswegen geregelt werden,
wodurch die Rente zu einem Erbzins und der Pächter zu einem
bäuerlichen Eigenthümer wird *).

----

*) Die nun folgenden neun Seiten des Originals sind einer eingehenden
Erörterung der irischen Landfrage gewidmet, deren unverkürzte Mittheilung
nicht erforderlich schien. Das Ziel, welches der Verfasser anstrebt, ist unverrückt
dasselbe geblieben; seine Ansichten in Betreff der dabei in Anwendung zu

Ich habe eine Erörterung geschlossen, welche einen für den Um=
fang dieses Werkes fast unverhältnißmäßigen Raum einnimmt, und
schließe damit zugleich die Untersuchungen derjenigen einfacheren
Formen der socialen Wirthschaft, bei denen der Ertrag des Bodens

---

bringenden Mittel haben jedoch im Laufe der Zeit manche Wandlungen er=
fahren.

Frühe schon hatte er die Forderung irischer Patrioten, die Pächter durch=
weg zu Landeigenthümern zu machen und den gegenwärtig wirklich von ihnen
gezahlten (nicht den nominellen) Pachtzins als eine unveränderliche feste Rente
zu belassen, den variablen Zeitpacht in einen Erbpacht mit festem Erbzins zu
verwandeln, als eine berechtigte anerkannt. Er erinnerte an die kaum minder
gewaltsame Reform der preußischen Agrar = Gesetzgebung unter Stein und
Hardenberg und berief sich auf das Zeugniß einsichtsvoller Fremder, wie
von Raumer's und Gustave de Beaumont's, denen eine derartige Maß=
regel so heilsam und naturgemäß erschien, daß sie kaum begreifen konnten,
weshalb dieselbe noch nicht ergriffen worden sei. Doch hegte Hr. Mill selbst
gegen die zwangsweise Durchführung dieser Reform noch mancherlei Bedenken.
Er bezweifelte nicht die Berechtigung, wohl aber — vorläufig — die Noth=
wendigkeit und Heilsamkeit derselben. Die vollständige Beseitigung der großen
Grundbesitzer insbesondere erschien und erscheint ihm vom öconomischen Stand=
punkte aus an und für sich keineswegs als wünschenswerth und er glaubte
das von ihm erstrebte Ziel, die Schöpfung eines irischen Bauernstandes,
damals noch durch gelindere Mittel erreichen zu können (durch Maß=
regeln, die er bringend empfahl, die aber nur zum kleinsten Theil ver=
wirklicht wurden) — ohne jenen öconomischen Nachtheil mit in den Kauf
nehmen und ohne zu der radicalen Maßregel einer umfassenden Expro=
priation seine Zuflucht nehmen zu müssen, die er an sich für vollkommen
berechtigt hält, aber auch nur dann, wenn man in Betreff der Mittel,
um eine unerläßliche Reform zu bewirken, keine Wahl hat. Der Hoffnung,
daß Irland „einer sogenannten heroischen Cur" werde enrathen können, gab
der Verfasser in der vorletzten Auflage dieses Werkes (1862) angesichts der
durch die Hungersnoth und Auswanderung herbeigeführten Bevölkerungs=
abnahme und der heilsamen Wirkung neuer Gesetze, insbesondere der Encum-
bered Estates Act, einen hoffnungsvollen Ausdruck. Einige Jahre später
(1865) schienen diese Erwartungen durch die wirthschaftliche Entwicklung Ir=
land's nicht vollkommen gerechtfertigt; vor Allem aber hat die drohende Ent=
völkerung des Landes und die gebieterische Nothwendigkeit, das irische Volk
durch eine rasche und durchgreifende Verbesserung seines Loses mit der eng=
lischen Herrschaft zu versöhnen, den Verfasser zu jenem alten Vorschlag zurück=
geführt, der nunmehr seine volle Billigung erfährt und in der kürzlich (1868)
veröffentlichten Flugschrift „England und Irland" für die einzige mögliche fried=
liche Lösung der irischen Frage erklärt wird. „Es gab eine Zeit," so heißt es
daselbst (S. 22), „für Vorschläge, die dahin zielten, diese Wandlung im Wege
des allmäligen Fortschritts und dadurch zu bewirken, daß der Staat derartige
freiwillige Uebereinkommen begünstigte, — allein der Band der sibyllinischen
Bücher, in dem dies geschrieben war, ist seitdem verbrannt worden...."

„Es muß eine Zwangsgewalt geben (S. 36) und eine streng richterliche
Untersuchung. Es muß in jedem Falle mit Umsicht und so rasch als die Natur
der Sache es gestattet, festgestellt werden, welche Jahreszahlung für den Grund=
herrn ein Aequivalent für die Rente böte, die er jetzt erhält (vorausgesetzt,
daß dieselbe keine übermäßige ist) und für den gegenwärtigen Werth jeder vor=

entweder ungetheilt einer einzigen Claſſe gehört oder ſich doch nur
zwiſchen zwei Claſſen vertheilt. Wir ſchreiten nunmehr zu den
Fällen einer dreifachen Theilung des Ertrages, nämlich unter
Arbeiter, Grundeigenthümer und Capitaliſten, und um die jetzt fol=
genden Erörterungen möglichſt an diejenigen, welche uns zuletzt für
einige Zeit beſchäftigt haben, anzureihen, werde ich mit dem Ge=
genſtande des Arbeitslohns den Anfang machen.

----

handenen Ausſicht auf eine Rentenſteigerung, die aus einer anderen Quelle
flöſſe als aus den Bemühungen des Bauers ſelbſt. Dieſe Jahreszahlung ſollte
dem Grundherrn unter Garantie des Staates geſichert werden. Es ſollte ihm
freiſtehen, dieſe Zahlung aus dem Staatsſchatz zu erhalten, indem ihm ein
entſprechender Betrag von Conſols überwieſen würde. Jene Grundherren, die
dem Lande am wenigſten Nutzen bringen und mit ihren Pächtern auf dem
ſchlechteſten Fuße ſtehen, würden wahrſcheinlich dieſe Gelegenheit ergreifen um
ihre Verbindung mit dem Boden von Irland ganz und gar zu löſen. Doch
wie dem auch ſein mag — unter allen Umſtänden würde jedes Grundſtück,
das der Eigenthümer nicht ſelbſt bewirthſchaftet, der bauernde Beſitz des gegen=
wärtigen Pächters werden, der entweder dem Grundherrn oder dem Staate
den feſtgeſetzten unabänderlichen Zins entrichten würde..... Damit der Be=
bauer des Bodens die volle Wohlthat genieße, die ihm ein bauernder Grund=
beſitz gewährt, iſt es nicht erforderlich daß er nichts zahle, wohl aber daß er
die Gewißheit habe, daß die Zahlung nicht geſteigert werden könne, und es
wäre im Beginne nicht einmal wünſchenswerth, daß dieſe Zahlung weniger
betrüge als einen billigen Pachtſchilling" (wegen der Gefahr eines mißbräuch·
lichen und gemeinſchädlichen Afterpachtes von Seite dieſer neuen Erbpächter).

                                                        D. Her.

Nachtrag.

Die nachträgliche Hinzufügung einer größeren Anzahl von Aenderungen und Zusätzen ist bei diesem Bande hauptsächlich dadurch nöthig geworden, daß der Herausgeber erst im Verlaufe des Druckes über das in der Vorrede angedeutete Verhältniß ins Klare gekommen ist. Demzufolge war es insbesondere nothwendig, sämmtliche Abweichungen der sechsten von der fünften Auflage des Originals von Bogen 1 bis 10 (einschließlich) hier namhaft zu machen

S. 8, 3. 24—25 lies ein Miteigenthum zum — Thalern an dem
— 3. 7—6 v. u. l. das aus Staatsschuldverschreibungen herrührende
S. 9 nach 3. 10 einzuschalten:
Ein anderes Beispiel eines Besitzes, das für seinen Eigenthümer, aber nicht für die Nation oder die Menschheit Vermögen ausmacht, sind die Sclaven. In Folge einer seltsamen Begriffsverwirrung wird der sogenannte Sclavenbesitz mit so und so viel per Kopf bei der Abschätzung des Vermögens oder Capitals eines Landes eingerechnet, welches den Bestand eines derartigen Besitzes duldet. Wenn ein menschliches Wesen in Rücksicht der ihm innewohnenden productiven Kräfte einen Theil des Nationalvermögens in dem Falle ausmacht, wenn seine Kräfte einem Anderen gehören, so muß er einen Theil dieses Vermögens auch dann ausmachen, wenn jene Kräfte ihm selbst gehören. Der Vermögenszuwachs, den er für seinen Herrn ausmacht, ist ein Vermögensverlust für ihn selbst, und dieser Verlust kann nicht den Besitz aller Beider zugleich oder des Landes vermehren, dem die Beiden angehören. Es entspricht jedoch überhaupt nicht den Zwecken einer rationellen Eintheilung, die Einwohner eines Landes als einen Theil seines Vermögens aufzufassen. Sie sind dasjenige, um dessen willen Vermögen besteht. Man bedarf des Ausdrucks Vermögen, um die von ihnen besessenen wünschenswerthen Gegenstände im Unterschied zu ihren Personen, mit mit Einschluß derselben, zu bezeichnen. Der Mensch besitzt an sich selbst kein Vermögen, wenn er auch das Mittel ist, solches zu erwerben.
S. 12, 3. 22 statt müßte l. mußte
S. 14, 3. 21 l. Ausbauer, Raschheit der Auffassung und Beobachtung, und Handgeschicklichkeit
— 3. 26 st. zu sich l. an sich
S. 16, 3. 3—4 l. in gleichen oder abgestuften Loosen
— 3. 5 l. derselben, wirklichen oder vermeintlichen, Abstammung
— 3. 19 v. u. l. eines großen Binnenmeeres
S. 17, 3. 18 st. umfassenden l. nationalen
— 3. 15 v. u. l. welche Wege sie auch sonst einschlagen mochten, sie — stets damit
— 3. 12 v. u. l. eigenen vornehmsten Bürger
S. 18, 3. 9 v. u. l. ward es während des Mittelalters
S. 19, 3. 21 l. asiatischen Staatsordnung darbot,
S. 20, 3. 19 st. Staatsgeschäften l. Staatsgesellschaften
— 3. 11—12 v. u. l. durch immer weiter ausgedehnte
— 3. 10 st. auch nur eines l. eines
S. 21, 3. 7 v. u. st. betrieben; l. betrieben, wo solche vorhanden sind;
S. 23, 3. 13 st. Verordnungen l. Anordnungen
— 3. 15 l. können, welche diese Anordnungen sein sollen, so vermögen — wirken sollen.
S. 27 gehört zum Schluß des ersten Absatzes die Anmerkung:
Dieses Fundamental-Gesetz der Herrschaft, welche der Mensch über die Natur ausübt, ward, so viel ich weiß, von James Mill in seinen „Elementen" zum ersten Mal beleuchtet und als ein Grundprincip der Volkswirthschaft hervorgehoben.
— 3. 8—7 v. u. l. entdecken, welche ihre Kräfte ihnen auszuführen gestatten und welche fähig
S. 37, 3. 22 l. benutzte Dinge, z. B.
S. 39, 3. 12 v. u. l. die positiv wirkenden Naturfactoren, die an der Hervorbringung seiner Erzeugnisse betheiligt sind, bedürfen kaum einer Nachhülfe.

S. 40, Z. 12 l. Arbeit nicht tragen
S. 43, Z. 20 st. ein Arztes l. eines Arztes
—   Z. 12 v. u. l. wenngleich in der Regel jene Rücksicht allein hiefür ein völlig aus-
reichender Bestimmungsgrund wäre.
S. 50, Z. 5 l. aber im übrigen machen sie das Land weder besser noch schlechter.
—   Z. 1 v. u. gehört zum Worte „Maschinen" die Anmerkung:

    Einige Autoritäten halten es für ein wesentliches Element des Begriffs Ver-
mögen, daß dasselbe nicht blos der Ansammlung, sondern auch der Uebertragung
fähig sei; und insofern die werthvollen Eigenschaften und sogar die productiven Fähigkeiten eines menschlichen Wesens nicht von ihm abgelöst werden und auf einen
Anderen übergehen können, so versagen sie derselben die Bezeichnung Vermögen und
der auf ihre Erwerbung verwendeten Arbeit den Namen productive Arbeit. Es scheint
mir jedoch in Betreff der Geschicklichkeit eines Handwerkers z. B. — die ein zugleich
begehrenswerthes und in einem gewissen Maße dauerhaftes (um nicht zu sagen, ein
sogar Nationalvermögen producirendes) Besitzthum ist — eben so wenig Grund vorhanden
zu sein, derselben den Titel Vermögen darum zu versagen, weil sie an einen Menschen
geheftet ist als dies bei einer Kohlengrube oder einer Fabrik darum statthaft wäre, weil
sie an einen Ort geheftet ist. Und überdies, wenn auch nicht die Geschicklichkeit selbst, so
kann doch ihr Gebrauch einem Käufer überantwortet werden; sie kann zwar nicht verkauft aber vermiethet werden; und sie kann auch geradezu verkauft werden und wird verkauft in allen Ländern, deren Gesetze es gestatten, daß der Mensch selbst mit ihr verkauft
werde. Die Unübertragbarkeit beruht nicht auf einem natürlichen, sondern auf einem
rechtlichen und sittlichen Hinderniß. Das menschliche Wesen fasse ich, wie früher
bemerkt, nicht als Vermögen auf. Es ist der Zweck, um dessen willen Vermögen
besteht. Allein seine erworbenen Fähigkeiten, die nur als Mittel bestehen und durch
Arbeit ins Leben gerufen worden sind, fallen, wie ich denke, mit Recht unter jene
Bezeichnung.

S. 51, Z. 6—7 st. obschon — entspricht l. und ich bin noch immer derselben Ansicht.
—   Z. 13 l. Fähigkeiten, welche dies nicht sichtlich bezwecken, werden kaum so angesehen.
S. 52, Z. 15 l. Vermögen oder besitzen eine dahin zielende Tendenz.
—   Z. 16 v. u. schließt, sobald nicht eine Vermehrung — Producte einen Bestandtheil
dieses Vortheils bildet.
—   Z. 7 v. u. l. Es ist im Gegentheil einleuchtend
S. 54, Z. 7—6 v. u. st. und es bleibt dahingestellt l. und es war eine Zeit lang zweifelhaft
—   Z. 6 v. u. st. diesem Beispiel gefolgt l. diesem Beispiel in gewissem Maße gefolgt
S. 63, Z. 12 st. zu verringern l. fest anzulegen
—   Z. 19 u. 20 st. aufgebracht l. aufgebraucht
S. 68, Z. 9 st. sondern im Stande war l. sondern ohne daß die Geschicklichkeit oder die
Thatkraft der Arbeiter eine Steigerung erfahren und ohne daß man Personen zum
Arbeiten veranlaßt hätte, die vorher im Müssiggang erhalten wurden,
S. 69, Z. 3 nach „erreicht" einzuschalten: Capital kann zeitweilig ohne Anwendung sein, wie
in dem Fall von unverkauften Waaren oder von Fonds, die noch keine Anlegung
gefunden haben: in dieser Zwischenzeit setzt dasselbe keine Erwerbthätigkeit in Be-
wegung. Oder es können u. s. w.
S. 70, Z. 6 l. weil man seine Steuern nicht gänzlich davon
S. 71, Z. 12 v. u. l. als ein ordentlicher Arbeiter
—   Z. 2 v. u. l. Die Waaren (so sagt man) werden
S. 72, Z. 5 v. u. l. und sogar in
S. 73, Z. 16 l. wird und vielleicht eben so schnell als ob es im Müssiggang verzehrt worden wäre
S. 75, Z. 12 st. erspart hat l. erspart
S. 81, Z. 12 l. wodurch oft Seiten der Wahrheit ans Licht treten, welche — — leicht verdeckt
werden.

S. 91 ist nach Z. 12 ein neuer Absatz einzuschalten:
    Es kann keine bessere reductio ad absurdum der gegnerischen Lehre geben als
diejenige, welche das Armengesetz an die Hand gibt. Wenn es den arbeitenden
Classen gleichmäßig zum Vortheil gereicht, ob ich meine Mittel in der Gestalt von
Dingen verzehre, die für meinen eigenen Gebrauch kaufe, oder ob ich einen Theil
in der Gestalt von Löhnen oder Almosen für ihren Verbrauch bei Seite setze, wie
läßt es sich verständiger Weise rechtfertigen, daß man mir mein Geld wegnimmt um
Arme zu ernähren, die doch meine unproductive Verausgabung ihnen den gleichen
Vortheil gebracht und ich überdies davon Genuß gehabt hätte? Wenn die Gesellschaft
ihren Kuchen zugleich essen und behalten kann, warum sollte ihr dieser zwiefache
Genuß verwehrt sein? Der gesunde Menschenverstand sagt jedoch jedem Einen in
seinem eigenen Falle (wenn er es auch im Großen nicht einsieht), daß die Armen-
steuer, welche er zahlt, wirklich seinem Verbrauch entzogen und und sagt ihm den Hin-
und Herschieben von Zahlungen es möglich macht, daß zwei Personen dasselbe Stück
Brod verzehren. Hätte man von ihm die Steuerzahlung nicht gefordert und hätte er
somit den Betrag für sich selbst verausgabt, so würden die Armen um so viel weniger
von dem Gesammtertrag des Landes erhalten haben, als er mehr verbraucht hätte.
S. 92 Anm. Z. 21 st. kann l. können

S. 93 Anm. Z. 3 l. Er macht nicht, wie in — Falle vorher eine Anzeige

S. 94 ist nach Z. 14 Folgendes einzuschalten:

Die Einsicht in die Gründe eines Satzes gibt uns gewöhnlich auch eine ziemlich richtige Vorstellung von den Grenzen seiner Geltung. Der allgemeine Grundsatz, der uns jetzt beschäftigt, geht dahin, daß die Nachfrage nach Sachgütern nur die Richtung der Arbeit und die Art von Vermögen bestimmt, welche erzeugt wird, nicht aber die Quantität oder die Wirksamkeit der Arbeit oder den Gesammtbetrag des Vermögens. Es gibt hievon jedoch zwei Ausnahmen. Es kann erstens, wenn die Arbeit unterhalten wird aber nicht voll beschäftigt ist, geschehen, daß die Nachfrage nach einem Artikel die so unterhaltene Arbeit zu gesteigerten Anstrengungen veranlaßt, deren Ergebniß eine Vermehrung des Vermögens sein kann, die sowohl den Arbeitern selbst als auch Anderen zu gute kommt. Eine Arbeit, die in der Mußezeit von Personen verrichtet wird, die ihren Unterhalt aus einer anderen Quelle ziehen, kann (wie vorhin bemerkt ward) unternommen werden ohne anders als durch das Bermittlung eines vorhandenen Capita's, wenn wir von dem (oft sehr geringfügigen) Betrage absehen, der die Auslage für Werkzeuge und Arbeitsstoffe zu decken hat, und auch dieser oft durch Ersparnisse beschafft, die eigens zu diesem Zwecke stattfanden. Da mithin hier der Grund unseres Lehrsatzes nicht gilt, so verliert der Lehrsatz selbst seine Geltung, und eine derartige Beschäftigung kann durch das Entstehen einer Nachfrage nach dem Artikel ins Leben gerufen werden, ohne daß der Arbeit in irgend einer anderen Richtung ein entsprechendes Maß von Beschäftigung entzogen wird. Die Nachfrage wirkt selbst in diesem Falle auf die Arbeit nicht anders als durch die Bermittlung eines vorhandenen Capitals, allein sie bietet einen Bestimmungsgrund dar, welcher bewirkt, daß das Capital ein größeres Maß von Arbeit in Bewegung setzt als früher.

Die zweite Ausnahme, von der ich in einem späteren Abschnitte ausführlicher handeln werde, beruht auf der bekannten Wirkung, welche die Erweiterung des für eine Waare bestehenden Markts hervorbringt und die darin besteht, daß dieselbe eine gesteigerte Entwicklung des Princips der Arbeitstheilung und hierdurch eine wirksamere Vertheilung der productiven Kräfte der Gesellschaft ermöglicht. Auch dies ist eine mehr scheinbare als wirkliche Ausnahme. Nicht das vom Käufer gezahlte Geld, sondern das Capital des Producenten entlohnt die Arbeit: die Nachfrage entscheidet nur über die Art und Weise, wie das Capital beschäftigt wird und über die Art der Arbeit, welche es entlohnen soll; wenn aber diese Entscheidung dahin ausfällt, daß die Waare in großem Maßstabe erzeugt wird, so setzt sie dasselbe Capital in den Stand von der Waare mehr zu erzeugen und kann somit mittelbar durch eine Vermehrung des Capitals auch eventuell eine Vermehrung der Arbeitsentlohnung bewirken.

S. 94, Z. 17 v. u. l. Wir können uns die Verrichtung des Tausches (derselbe mag nun als eigentlicher Tauschhandel oder durch die Vermittlung des Geldes stattfinden) nicht streng genug als einen bloßen Mechanismus vorstellen, durch welchen jede Person

— Z. 3 v. u. l. sei — Einige sind so weit gegangen sie eine Betrügerei zu nennen —,

S. 95, Z. 8 st. durch jede l. durch die

— Z. 23 v. u. st. ganz bestimmt l. in endgiltiger Weise

— Z. 13 v. u. l. welche das in Anspruch nimmt, was sonst für Arbeitserzeugnisse verausgabt worden wäre, eine Besteuerung

— Z. 9 v. u. l. besteuern, da die Steuersummen entweder für Arbeit oder für Sachgüter wieder ausgegeben werden und somit ihnen

— Z. 6 v. u. st. dieser l. derselben

— Z. 3 v. u. st. was auf l. was nach dieser Lehre auf

S. 96, Z. 11 st. Jemand wirklich l. irgend Jemand, der nicht ein Arbeiter ist, wirklich

S. 97, Z. 11 v. u. l. ersparen, so ist es angemessener, dies als ein neues Capital, als das Ergebniß eines zweiten Acts der Ansammlung zu betrachten.

S. 98, Z. 9 st. verlängert sich durch l. erstreckt sich über

S. 100, Z. 21 st. Arbeiter l. Arbeiter, wenigstens zeitweilig, mit

— Z. 25 st. angewendet werden. l. angewendet zu werden.

— Z. 7 v. u. st. eigentliche l. wirksame

S. 101, Z. 12—9 ist der Satz: „Die — vermindern" zu tilgen. Desgleichen die dazu gehörige Anmerkung, an deren Stelle in der neuesten Ausgabe die folgende zum Schluß des vorhergehenden Satzes gehörige getreten ist:

Die Beseitigung der kleinen Pächter in Nordschottland, welche im Laufe dieses Jahrhunderts stattfand, war jedoch ein solcher Fall und Veränderungen, die seit der Zeit des Kartoffelmißwachses und der Aufhebung der Korngesetze in Irland Platz gegriffen haben, sind ein anderer. Die bemerkenswerthe und jüngst viel besprochene Verminderung des Robertrages der irischen Landwirthschaft ist allem Anschei e nach zum Theil dem Umstande zuzuschreiben, daß Grundstücke, welche früher Menschen und Arbeiter ernährten, jetzt Vieh ernähren; und diese Verminderung ist nur dadurch möglich geworden, daß die Auswanderung und der Tod einen beträchtlichen Theil der irischen Bevölkerung hinweggeräumt hat. So bietet uns die neueste Zeitgeschichte zwei Fälle dar, in denen dasjenige, was man als eine landwirthschaftliche Verbesserung betrachtete, die Fähigkeiten des Landes vermindert hat, seine Bevölkerung zu erhalten. Alle auf den Fortschritten der Naturwissenschaft beruhenden Verbesserungen bewirken jedoch eine Vermehrung, oder jedenfalls nicht eine Verminderung, des Rohertrages.

S. 103, Z. 2 st. ausgleichend? l. ausgeglichen?
— Z. 22 st. hat l. jedenfalls hat und st. auch nicht l. nicht vielmehr
— Z. 8 st. namentlich l. nämlich
S. 104, Z. 12 l. Grab dessen, was man ein wirksames Verlangen nach Ansammlung genannt hat, welche drei Dinge
S. 106, Z. 6—7 st. vermehren, fast l. vermindern, doch fast
— Z. 20 st. hierzu erst l. erst verkauft oder umgetauscht, d. h.
S. 107, Z. 3 l. hat von dieser Seite keinen
S. 108, Z. 23 st. Süden wird l. Süden, oder in der gemäßigten Zone von Europa nach Osten, wird
S. 109, Z. 12 st. gänzlich l. fast gänzlich
S. 110, Z. 6 l. Inferiorität mehr als aufwiegt. besonders
— Z. 18 ff. l. daß kaum jemals natürliche — Individuum entfernt das leisten, was sie ihrer Natur und ihrem Vermögen nach leisten könnten.
— Z. 19 v. u. Die Energie, welche der Leidenschaft entquillt, besitzen die Bewohner im Uebermaß.
S. 111, Z. 23 l. in der Intensität ihrer
S. 112, Z. 1—2 l. gewesen sein, der sie dazu bewegen konnte, sich
— Z. 13 st. nicht zu besorgen. . nicht erforderlich)
— Z. 13—14 st. vermindern würde l. verminderen
— Z. 14 v. u. l. durch das Maß von Wissen in Bezug — welches zu — benutzt wird.
S. 113, Z. 5—7 l. „Leistungen — zart sind."
— Z. 14—15 l. ohne Werkzeuge irgend welcher Art könnten
— Z. 7 v. u. st. erneuern; die l. erneuern; das Pflügen und Düngen des Untergrundes sowohl als der Oberfläche, die
S. 116, Z. 15 l. kommt, verdreht sie ihm den Kopf; wenn
S. 117, Z. 11 st. kommen mitunter selbst beim Ausfuhrhandel vor. Unter l. sind im englischen Ausfuhrhandel nichts weniger als unerhört. Jedermann hat vom sogenannten „Teufelsstaub" gehört; unter
S. 119, Z. 23 st. doch l. doch noch vor kurzem
S. 120, Z. 1 l. Eigenthum anerkennt, gibt
S. 123, Z. 18 l. bringen; wenn
— Z. 24 l. verlegen."
S. 127, Z. 23 st. Landbauer, vereint l. Landbauer, bis vor kurzem vereint
S. 129, Z. 10 v. u. l. „warb,"
— Z. 9 v. u. l. „vor
— Z. 1 l. kann")."
S. 131, Z. 3 st. würde l. wird
— Z. 15 st. Gewerbe l. Verfahren
S. 135, Z. 16 st. mehr Vortheil l. Vortheil mehr
— Z. 17 l. hinzufügen: was auch
S. 136, Z. 2 l. und selbst angenommen
— Z. 14 l. „Wenn
— Z. 13 v. u. l. haben, Beides zusammen bewirkt, daß für
— Z. 12 v. u. l. wird."
S. 137, Z. 14—15 l. Stadium der Gesittung, wo
S. 140, Z. 18 st. jeder Briefträger l. jede Briefträger
S. 144, Z. 16 v. u. l. sollen, dem Unternehmen ihr Geld anzuvertrauen,
— nach Z. 5 v. u. ist einzuschalten:

Ein anderer Vortheil der auf Actien oder Vergesellschaftung beruhenden Unternehmungen ist die Oeffentlichkeit ihrer Verhandlungen. Es ist dies nicht eine nothwendige oder eine natürliche Folge des Princips und sie könnte durchgängig zu einer Zwangsforderung gemacht werden, wie dies bereits in einigen wichtigen Fällen geschieht. Bei Bank-, Versicherungs- und anderen ganz und gar auf Vertrauen beruhenden Geschäften ist die Oeffentlichkeit ein noch wichtigeres Element des Erfolges als ein großes Gesellschaftscapital. Ein schwerer Verlust, den ein Privatbankgeschäft erleidet, kann geheim gehalten werden; wenn seine Größe auch den Ruin des Geschäftes herbeiführt, so kann der Bankier dasselbe dennoch durch Jahre fortführen, in der Hoffnung die Einbuße wieder gut zu machen, wodurch schließlich sein Sturz nur um so jäher werden mag. Dies kann bei einer Actiengesellschaft, deren Rechnungen periodisch veröffentlicht werden, nicht so leicht geschehen. Diese Rechnungen üben, auch wenn sie zurecht gemacht sind, immer einige Wirkung, und der Verdacht der Actionäre, der in den Generalversammlungen laut wird, wird zu einem Warnruf für das Publicum.

S. 145, Z. 6 st. und die l. und jedenfalls die
— Z. 6—7 l. kein pecuniäres Interesse
— Z. 6—4 v. u. l. leitet. Es gibt hierauf bezügliche Erfahrungen, die jeden Zweifel ausschließen. Man

S. 147, Z. 12 l. und die stetige Steigerung des Associationsgeistes wie auch der entsprechenden Fähigkeit wird ohne Zweifel
— Z. 19 l. sind, daß sie selbst — Ueberlegenheit beträchtlich abschwächen.
S. 148, Z. 17 l. so wir der Aufsichts- und Controllbeamten in vielen
S. 149, Z. 5—6 st. ist — bedingt. l. wird — in hohem Maße begünstigt.
— Z. 13 v. u. st. theils mittelst l. theils, wie man annimmt, mittelst
— Z. 7 v. u. l. und nicht viel mehr
S. 150, Z. 5 v. u. l. leisten. Es ist viel besser, denselben ohne weiteres als eine öffentliche Leistung zu behandeln, und wenn es nicht heilsam erscheint, daß der Staat ihn selbst übernehme, so sollte er völlig — welche ihm unter
S. 151, Z. 12—15 l. lassen, besitzt gleich — entgegenstehen, in moralischem Sinne nur den Werth eines Anspruchs auf Entschädigung.
— Z. 18 l. steht in vielfacher Hinsicht auf einem verschiedenen Boden als die allgemeine Frage in Betreff der Erwerbsthätigkeit in großem oder kleinem Maßstabe.
— Z. 11 v. u. l. zu der von Hrn. Wakefield als einfaches Zusammenwirken bezeichneten Gattung, wobei
S. 152, Z. 8 v. u. (Text) l. namentlich da die mit Dampf betriebenen transportabel sind.
S. 155, Z. 3 v. u. l. Und dies halte ich für den wahren Grund, weshalb — Landwirthschaft die vortheilhafteste
S. 156, Z. 1—2 st. wirft -- nicht l. steht (in einem Sinne des Ausdrucks) nicht in so hoher Cultur: es wird bei weitem nicht
— Z. 10—11 l. jedoch nicht
— Z. 11 st. Mit — erhält l. Wenn die Beiden an Geschicklichkeit und Kenntniß sich irgend gleich stehen, so erhält
— Z. 13 st. Eigenthümer oder l. Eigenthümer, oder
— Z. 10 v. u. st. internalen l. nationalen
S. 157, Z. 2 l. Und doch scheint sogar Hr. Wakefield diese
— Z. 11 v. u. st. Betriebs l. Betriebs Frankreichs
S. 158, Z. 1 st. Frankreich durchschnittlich l. Frankreich (das Land als ein Ganzes genommen, nicht aber in den bestcultivirten Landstrichen) durchschnittlich
— Z. 23—24 st. oft — geringeren Geschicklichkeit l. sehr — geringeren wirthschaftlichen Geschicklichkeit
— Z. 15 v. u. l. häufig zu klein
— Z. 1 v. u. st. Volkswirthschaft, stellt l. Volkswirthschaft — ein Schriftsteller, der jene umfassende fachmännische Sach- und Literaturkenntniß besitzt, die seine Landsleute auszuzeichnen pflegt — stellt
S. 160, Z. 3 st. diesem Maßstabe l. diesem unbilligen und unangemessenen Maßstabe
— vor Z. 12 ist folgender Absatz einzuschalten:
In der Ueberzeugung, daß ein Schriftsteller, der über politische und sociale Gegenstände in wissenschaftlicher Weise handelt, sich vor keinem Fehler mehr zu hüten hat als vor dem der Uebertreibung, und davor, mehr zu behaupten als er beweisen kann, habe ich mich in den früheren Auflagen dieses Werkes auf die voranstehenden sehr bescheidenen Angaben beschränkt. Ich wußte nicht, um wieviel stärker ich mich hätte ausdrücken können ohne die Grenzen der Wahrheit zu überschreiten und wie sehr der wirkliche Fortschritt des französischen Aderbaues Alles übertraf, was ich zu jener Zeit mit Fug behaupten zu dürfen glaubte. Die auf Verlangen der Akademie der moralischen und politischen Wissenschaften unternommenen Forschungen jener hervorragenden Autorität auf dem Gebiete der Agricultur - Statistik, des Hrn. Léonce de Lavergne, haben zu dem Ergebniß geführt, daß seit der Revolution von 1789 der Gesammt - Ertrag der französischen Landwirthschaft sich verdoppelt hat, während der Capitalgewinn und die Arbeitslöhne ungefähr in demselben und die Bodenrente in noch größerem Verhältniß gestiegen ist. Und die Darstellung des Hrn. von Lavergne dessen Unparteilichkeit einer größten Vorzüge ist, trifft in diesem Falle um so weniger der Verdacht irgend einer Absichtlichkeit, weil er darauf ausgeht zu zeigen, nicht wie viel der französische Aderbau geleistet hat, sondern wie viel ihm noch zu leisten übrig bleibt. „Wir haben nicht weniger als siebzig Jahre gebraucht" (so bemerkt er) „um zwei Millionen Hectaren urbar zu machen, um die Hälfte unserer Brachen zu beseitigen, unsere landwirthschaftlichen Erzeugnisse zu verdoppeln, unsere Bevölkerung um 30, unsere Löhne um 100 und unsere Bodenrente um 150 Procent zu vermehren. Auf diese Weise werden wir drei weitere Vierteljahrhunderte brauchen um zu dem Punkt zu gelangen, den England bereits erreicht hat." (Economie rurale de la France depuis 1789. 2me éd. p. 59.)
Nunmehr werden wir sicherlich von der Unvereinbarkeit kleiner Landloose und kleiner Pachtungen mit landwirthschaftlichem Fortschritt nichts mehr zu hören bekommen. Die einzige Frage, die offen bleibt, ist eine Frage des Grades, bei welchem der zwei Systeme der Fortschritt ein rascherer ist; und Jene, die mit beiden gleich vertraut sind, sind zumeist der Meinung, daß der Fortschritt bei einer richtigen Mischung derselben am größten ist.
S. 160, Z. 1—2 v. u. (Anmerkung) st. eine solche Zunahme l. eine Zunahme
S. 211, Z. 12 st. Nation l. Nationen
S. 235, Z. 9—8 v. u. st. Es kommt — Macht haben, l. Nicht um der Kinder sondern um ihrer selbst willen muß den Eltern die Macht verbleiben,

316 Nachtrag.

S. 246, Z. 19—20 st. Berggegend l. Gebirgslandschaft
S. 263 ist an die Stelle des letzten Absatzes des fünften Capitels ein neuer unter dem frischen Eindrucke des amerikanischen Bürgerkriegs geschriebener getreten. Der Verfasser spricht darin seine wärmsten Sympathien mit der Sache der freien Nordstaaten eben so wie seine zuversichtliche Hoffnung aus, daß der „Fluch der Sclaverei nun aus der großen amerikanischen Republik verschwinden wird, um seine letzte zeitweilige Zuflucht in Cuba und Brasilien zu finden." Er brandmarkt in kräftigen Worten die Haltung der „höheren und der Mittelclassen" von England während des Bürgerkriegs. „Glücklicherweise haben die Söhne der Befreier der west-indischen Neger nur durch Worte und nicht auch durch Thaten das ruchlose Unternehmen unterstützt, denn sie sich nicht enthlößeten Erfolg zu wünschen." Schließlich werden die auf die Abschaffung der Sclaverei und der Leibeigen-schaft bezüglichen Thatsachen der neuesten Zeitgeschichte vorgeführt; insbesondere wird auf die folgenreiche Initiative hingewiesen, welche „die vielverleumdete heldenmüthige provisorische Regierung von Frankreich" auch in diesem Betracht ergriffen hatte.

S. 266, Z. 17 v. u. l. Rente zu zahlen sei, so wenig als daß keine
—   Z. 11 v. u. st. longholder l. copyholder
S. 289, Z. 6 v. u. (Anmerkung) st. zur l. zu
S. 296, Z. 1. v. u. (Anmerkung) st. Wateln l. Whately

Inhalt.

Zweites Buch.

Vertheilung.

Capitel I. Vom Eigenthum.